信息系统项目管理师备考一本通

倪奕文　编著

中国水利水电出版社
www.waterpub.com.cn
·北京·

内 容 提 要

信息系统项目管理师考试是计算机技术与软件专业技术资格（水平）考试（简称"软考"）系列中的一个重要的高级专业技术资格考试，是计算机专业技术人员获得信息系统项目管理师职称的一个重要途径。但信息系统项目管理师考试涉及的知识面极广，几乎涵盖了项目管理的全部内容，并且有一定的难度。目前市面上关于信息系统项目管理师考试的辅导书籍大部分都是侧重于某一个方向，例如单纯的知识点、真题等，而没有从该考试的三个科目（综合知识、案例专题、论文专题）去全面地阐述，这样就增加了考生复习上的困难。

本书结合作者多年从事软考教育培训和试题研究的心得体会，详细阐述了信息系统项目管理师考试三个科目所涉及的大部分知识点及真题。读者通过学习本书中的知识，可以全面且快速地提高复习效率，做到复习时有的放矢，考试时得心应手。书中还给出了一套模拟试卷并作了详细点评。

本书可作为参加信息系统项目管理师考试的考生的自学用书，也可作为软考培训班的教材。

图书在版编目（CIP）数据

信息系统项目管理师备考一本通 / 倪奕文编著. --北京：中国水利水电出版社，2022.8
ISBN 978-7-5226-0886-0

Ⅰ．①信… Ⅱ．①倪… Ⅲ．①信息系统－项目管理－资格考试－自学参考资料 Ⅳ．①G202

中国版本图书馆CIP数据核字（2022）第136227号

策划编辑：周春元　　责任编辑：王开云　　封面设计：李 佳

书　　名	信息系统项目管理师备考一本通 XINXI XITONG XIANGMU GUANLISHI BEIKAO YIBENTONG
作　　者	倪奕文　编著
出版发行	中国水利水电出版社 （北京市海淀区玉渊潭南路1号D座　100038） 网址：www.waterpub.com.cn E-mail：mchannel@263.net（万水） 　　　　sales@mwr.gov.cn 电话：（010）68545888（营销中心）、82562819（万水）
经　　售	北京科水图书销售有限公司 电话：（010）68545874、63202643 全国各地新华书店和相关出版物销售网点
排　　版	北京万水电子信息有限公司
印　　刷	三河市德贤弘印务有限公司
规　　格	184mm×240mm　16开本　28.5印张　688千字
版　　次	2022年8月第1版　2022年8月第1次印刷
印　　数	0001—3000册
定　　价	118.00元

凡购买我社图书，如有缺页、倒页、脱页的，本社营销中心负责调换
版权所有·侵权必究

前　言

项目管理和软件开发不同，是 IT 行业从业人员的另一个职业发展方向，其对应的岗位一般是软件项目经理。据笔者了解，很多人对项目经理的工作都存在误解，觉得项目经理不太懂技术，其实不然，项目经理作为项目的主要领导，承担了绝大部分的协调和沟通工作，他们不需要深入地研究技术，而是要做好管理调度。一个好的项目经理能够让整个团队如臂使指，能够让团队成员都人尽其才，这需要丰富的项目管理知识作为支撑。

凡是计算机行业从业者，心中都会有一个"项目经理的梦"，想要自学相关知识却发现市面上很难找到真正的项目实战管理培训，基于此，笔者认为考生可以先从项目管理的基础理论知识开始学习，正所谓万丈高楼平地起，只有具备了相应的理论基础，在后续职业生涯的发展中面对项目管理才能游刃有余。这也是"信息系统项目管理师"考试的价值和热度所在。同时，随着某些大城市积分落户制度的实施，"软考"中级以上职称证书也是获得积分的重要一项，使得"信息系统项目管理师"证书的价值大大提升。但也正是因为该证书价值高，报考人数多，以至于近些年考试难度越来越大，除了官方大纲本身的计算机基础和项目管理知识外，还考查信息化时政热点知识，同时对于教材本身的知识点也挖掘得更加细致，也更偏向于具体的应用。这无疑加大了考生，尤其是零基础考生的学习负担。

为了帮助广大考生顺利通过考试，笔者结合多年来"信息系统项目管理师"辅导的经验，将整个考试的知识点划分为三大模块内容。第一模块是信息化和计算机基础知识，包括国家信息化政策法规、企业新系统规划、软件工程、计算机网络、新一代信息技术等。该类知识在选择题里约考查 20 分，在案例分析和论文写作中不考查。第二模块是项目管理基础以及整体管理、范围管理、进度管理、成本管理等十大领域知识。该类知识在选择题里约考查 35 分，在案例分析和论文写作中都会考查多道大题，是重中之重。第三模块是其他管理领域知识，包括合同管理、配置管理、项目集和项目组合管理、组织战略管理、安全测试等。该类知识在选择题里约考查 15 分，在案例分析和论文写作中可能会考查到。至于选择题最后 5 分固定考查的是计算机专业英语知识，笔者也汇总了常考的专业英语词汇作为本书附录部分供考生参考。

本书的"三大模块"是这样来安排的：

第 1 篇，综合知识。结合最新考试大纲及历年真题趋势，凝练出 27 章主题内容，每个章节都包含备考指南、考点梳理及精讲、课后演练及答案解析，保证考生学练结合，从而快速掌握知识点。

第 2 篇，案例专题。首先对案例分析做了概述分析以及考点归类，将案例分析所有试题归纳为简答专题和计算专题，然后对每一专题进行专门的考点梳理及精讲，补充案例相关的技术知识点，并且也有配套的案例真题及详细解析，同样是学练结合，使得考生能把握案例考点。

第 3 篇，论文专题。首先对论文写作做了整体分析，将论文整体拆分成多个部分，并且给出了一套"万能模板"，考生可以据此搭建自己的论文模板。接着给出了常考的 12 大论文主题以及对应的范文供考生参考、研究。

本书还新增了第 4 篇，模拟试卷及答案解析，帮助考生在考前整体检测自己的学习成果。

在此，要感谢中国水利水电出版社万水分社周春元副总经理，他的辛勤劳动和真诚约稿，也是我能编写此书的动力之一。感谢王建平女士、倪晋平先生对本书的编写给出的许多宝贵的建议，感谢我的同事们、助手们，是他们帮我做了大量的资料整理，甚至参与了部分编写工作。

然而，虽经多年锤炼，本人毕竟水平有限，敬请各位考生、各位培训师批评指正，不吝赐教。我的联系邮箱是：709861254@qq.com。

关注"文老师软考教育"公众号，然后回复"高项一本通，信息系统项目管理师一本通"，可免费观看指定视频课程。

编　者

2022 年 5 月

文老师软考教育

目 录

前言

第1篇 综合知识

第1章 信息化和信息系统 ⋯⋯⋯⋯⋯ 2
- 1.1 备考指南 ⋯⋯⋯⋯⋯⋯⋯⋯⋯⋯ 2
- 1.2 考点梳理及精讲 ⋯⋯⋯⋯⋯⋯⋯ 2
  - 1.2.1 信息系统与信息化概述 ⋯⋯⋯ 2
  - 1.2.2 信息系统开发方法 ⋯⋯⋯⋯⋯ 6
  - 1.2.3 计算机网络技术 ⋯⋯⋯⋯⋯⋯ 8
  - 1.2.4 软件工程 ⋯⋯⋯⋯⋯⋯⋯⋯ 16
  - 1.2.5 新一代信息技术 ⋯⋯⋯⋯⋯ 24
  - 1.2.6 信息系统安全技术 ⋯⋯⋯⋯ 28
  - 1.2.7 信息化发展与应用 ⋯⋯⋯⋯ 32
  - 1.2.8 信息系统服务管理 ⋯⋯⋯⋯ 34
  - 1.2.9 信息系统规划 ⋯⋯⋯⋯⋯⋯ 36
  - 1.2.10 CIO及职责 ⋯⋯⋯⋯⋯⋯⋯ 39
- 1.3 课后演练（精选真题）⋯⋯⋯⋯ 40
- 1.4 课后演练答案解析 ⋯⋯⋯⋯⋯⋯ 42

第2章 信息系统项目管理基础 ⋯⋯ 46
- 2.1 备考指南 ⋯⋯⋯⋯⋯⋯⋯⋯⋯ 46
- 2.2 考点梳理及精讲 ⋯⋯⋯⋯⋯⋯ 46
  - 2.2.1 项目管理基础 ⋯⋯⋯⋯⋯⋯ 46
  - 2.2.2 组织结构 ⋯⋯⋯⋯⋯⋯⋯⋯ 47
  - 2.2.3 信息系统项目的生命周期 ⋯⋯ 49
  - 2.2.4 单个项目的管理过程 ⋯⋯⋯ 51
- 2.3 课后演练（精选真题）⋯⋯⋯⋯ 52
- 2.4 课后演练答案解析 ⋯⋯⋯⋯⋯⋯ 53

第3章 项目立项管理 ⋯⋯⋯⋯⋯⋯ 55
- 3.1 备考指南 ⋯⋯⋯⋯⋯⋯⋯⋯⋯ 55
- 3.2 考点梳理及精讲 ⋯⋯⋯⋯⋯⋯ 55
  - 3.2.1 立项管理内容 ⋯⋯⋯⋯⋯⋯ 55
  - 3.2.2 可行性研究 ⋯⋯⋯⋯⋯⋯⋯ 56
  - 3.2.3 项目论证与评估 ⋯⋯⋯⋯⋯ 58
- 3.3 课后演练（精选真题）⋯⋯⋯⋯ 59
- 3.4 课后演练答案解析 ⋯⋯⋯⋯⋯⋯ 60

第4章 项目整体管理 ⋯⋯⋯⋯⋯⋯ 61
- 4.1 备考指南 ⋯⋯⋯⋯⋯⋯⋯⋯⋯ 61
- 4.2 考点梳理及精讲 ⋯⋯⋯⋯⋯⋯ 61
  - 4.2.1 项目整体管理概述 ⋯⋯⋯⋯ 61
  - 4.2.2 制订项目章程 ⋯⋯⋯⋯⋯⋯ 63
  - 4.2.3 制订项目管理计划 ⋯⋯⋯⋯ 67
  - 4.2.4 指导与管理项目工作 ⋯⋯⋯ 67
  - 4.2.5 监控项目工作 ⋯⋯⋯⋯⋯⋯ 68
  - 4.2.6 实施整体变更控制 ⋯⋯⋯⋯ 69
  - 4.2.7 结束项目或阶段（项目收尾）⋯ 70
- 4.3 课后演练（精选真题）⋯⋯⋯⋯ 71
- 4.4 课后演练答案解析 ⋯⋯⋯⋯⋯⋯ 72

第5章 项目范围管理 ⋯⋯⋯⋯⋯⋯ 73
- 5.1 备考指南 ⋯⋯⋯⋯⋯⋯⋯⋯⋯ 73

5.2　考点梳理及精讲 ························· 73
　　　　5.2.1　范围管理概述 ··················· 73
　　　　5.2.2　规划范围管理 ··················· 75
　　　　5.2.3　收集需求 ························· 76
　　　　5.2.4　范围定义 ························· 78
　　　　5.2.5　创建工作分解结构 ············ 79
　　　　5.2.6　范围确认 ························· 82
　　　　5.2.7　范围控制 ························· 83
　　5.3　课后演练（精选真题） ················ 83
　　5.4　课后演练答案解析 ······················ 84
第6章　项目进度管理 ·································· 86
　　6.1　备考指南 ···································· 86
　　6.2　考点梳理及精讲 ························· 86
　　　　6.2.1　进度管理概述 ··················· 86
　　　　6.2.2　规划进度管理 ··················· 88
　　　　6.2.3　定义活动 ························· 89
　　　　6.2.4　排列活动顺序 ··················· 89
　　　　6.2.5　估算活动资源 ··················· 91
　　　　6.2.6　估算活动持续时间 ············ 91
　　　　6.2.7　制订进度计划 ··················· 92
　　　　6.2.8　进度控制 ························· 95
　　　　6.2.9　时标网络图 ······················ 96
　　6.3　课后演练（精选真题） ················ 97
　　6.4　课后演练答案解析 ······················ 98
第7章　项目成本管理 ······························· 101
　　7.1　备考指南 ·································· 101
　　7.2　考点梳理及精讲 ······················· 101
　　　　7.2.1　成本管理概述 ················· 101
　　　　7.2.2　规划成本管理 ················· 103
　　　　7.2.3　估算成本 ······················· 103
　　　　7.2.4　成本预算 ······················· 104
　　　　7.2.5　成本控制 ······················· 105
　　7.3　课后演练（精选真题） ·············· 108
　　7.4　课后演练答案解析 ···················· 109
第8章　项目质量管理 ······························· 110

　　8.1　备考指南 ·································· 110
　　8.2　考点梳理及精讲 ······················· 110
　　　　8.2.1　质量管理概述 ················· 110
　　　　8.2.2　质量管理 ······················· 113
　　　　8.2.3　质量保证 ······················· 114
　　　　8.2.4　质量控制 ······················· 114
　　8.3　课后演练（精选真题） ·············· 118
　　8.4　课后演练答案解析 ···················· 119
第9章　项目人力资源管理 ······················· 120
　　9.1　备考指南 ·································· 120
　　9.2　考点梳理及精讲 ······················· 120
　　　　9.2.1　人力资源管理概述 ·········· 120
　　　　9.2.2　规划人力资源管理 ·········· 124
　　　　9.2.3　组建项目团队 ················· 125
　　　　9.2.4　建设项目团队 ················· 126
　　　　9.2.5　管理项目团队 ················· 128
　　9.3　课后演练（精选真题） ·············· 129
　　9.4　课后演练答案解析 ···················· 129
第10章　项目沟通管理和干系人管理 ······ 131
　　10.1　备考指南 ································ 131
　　10.2　考点梳理及精讲 ····················· 131
　　　　10.2.1　项目沟通管理 ··············· 131
　　　　10.2.2　项目干系人管理 ··········· 136
　　10.3　课后演练（精选真题） ············ 141
　　10.4　课后演练答案解析 ·················· 142
第11章　项目风险管理 ····························· 144
　　11.1　备考指南 ································ 144
　　11.2　考点梳理及精讲 ····················· 144
　　　　11.2.1　风险管理概述 ··············· 144
　　　　11.2.2　规划风险管理 ··············· 147
　　　　11.2.3　风险识别 ······················ 147
　　　　11.2.4　定性风险分析 ··············· 148
　　　　11.2.5　定量风险分析 ··············· 149
　　　　11.2.6　规划风险应对 ··············· 150
　　　　11.2.7　控制风险 ······················ 151

11.3　课后演练（精选真题） 152
11.4　课后演练答案解析 153

第12章　项目采购管理 154
12.1　备考指南 154
12.2　考点梳理及精讲 154
　　12.2.1　采购管理概述 154
　　12.2.2　规划采购管理 156
　　12.2.3　实施采购 158
　　12.2.4　控制采购 158
　　12.2.5　结束采购 159
12.3　课后演练（精选真题） 159
12.4　课后演练答案解析 160

第13章　项目合同管理 161
13.1　备考指南 161
13.2　考点梳理及精讲 161
　　13.2.1　合同定义及分类 161
　　13.2.2　合同管理 164
13.3　课后演练（精选真题） 167
13.4　课后演练答案解析 168

第14章　信息文档管理与配置管理 169
14.1　备考指南 169
14.2　考点梳理及精讲 169
　　14.2.1　信息文档管理 169
　　14.2.2　配置管理 170
14.3　课后演练（精选真题） 176
14.4　课后演练答案解析 177

第15章　知识管理 179
15.1　备考指南 179
15.2　考点梳理及精讲 179
　　15.2.1　知识管理 179
　　15.2.2　知识产权保护 182
15.3　课后演练（精选真题） 184
15.4　课后演练答案解析 184

第16章　项目变更管理 186
16.1　备考指南 186
16.2　考点梳理及精讲 186
16.3　课后演练（精选真题） 188
16.4　课后演练答案解析 189

第17章　战略管理 190
17.1　备考指南 190
17.2　考点梳理及精讲 190
17.3　课后演练（精选真题） 193
17.4　课后演练答案解析 193

第18章　组织级项目管理 194
18.1　备考指南 194
18.2　考点梳理及精讲 194
18.3　课后演练（精选真题） 195
18.4　课后演练答案解析 196

第19章　流程管理 197
19.1　备考指南 197
19.2　考点梳理及精讲 197
19.3　课后演练（精选真题） 201
19.4　课后演练答案解析 202

第20章　项目集管理 203
20.1　备考指南 203
20.2　考点梳理及精讲 203
　　20.2.1　项目集管理概述 203
　　20.2.2　项目集管理过程 204
　　20.2.3　项目集治理 205
　　20.2.4　项目集生命周期管理 206
　　20.2.5　项目集管理过程域 207
20.3　课后演练（精选真题） 207
20.4　课后演练答案解析 208

第21章　项目组合管理 209
21.1　备考指南 209
21.2　考点梳理及精讲 209
　　21.2.1　项目组合管理概述 209
　　21.2.2　项目组合管理 210
　　21.2.3　项目组合组件 212
　　21.2.4　项目组合管理过程实施 212

        21.2.5　项目组合治理……………………212
        21.2.6　项目组合管理过程组…………213
        21.2.7　项目组合风险管理……………213
    21.3　课后演练（精选真题）………………214
    21.4　课后演练答案解析……………………215
第22章　信息系统安全管理………………………216
    22.1　备考指南………………………………216
    22.2　考点梳理及精讲………………………216
        22.2.1　信息安全和信息系统安全………216
        22.2.2　信息安全技术……………………220
        22.2.3　网络安全技术……………………222
    22.3　课后演练（精选真题）………………225
    22.4　课后演练答案解析……………………225
第23章　信息系统综合测试与管理………………228
    23.1　备考指南………………………………228
    23.2　考点梳理及精讲………………………228
        23.2.1　软件测试模型……………………228
        23.2.2　软件测试类型……………………231
        23.2.3　软件测试技术……………………235
        23.2.4　信息系统测试管理………………238
    23.3　课后演练（精选真题）………………239
    23.4　课后演练答案解析……………………239
第24章　项目管理成熟度模型……………………241
    24.1　备考指南………………………………241
    24.2　考点梳理及精讲………………………241
        24.2.1　OPM3……………………………241
        24.2.2　CMMI……………………………244
    24.3　课后演练（精选真题）………………246
    24.4　课后演练答案解析……………………247
第25章　量化的项目管理…………………………248
    25.1　备考指南………………………………248
    25.2　考点梳理及精讲………………………248

        25.2.1　量化的项目管理概述……………248
        25.2.2　量化的项目管理过程……………248
        25.2.3　量化的项目管理过程指标………249
        25.2.4　项目度量方法……………………249
    25.3　课后演练（精选真题）………………251
    25.4　课后演练答案解析……………………251
第26章　知识产权与标准规范……………………253
    26.1　备考指南………………………………253
    26.2　考点梳理及精讲………………………253
        26.2.1　招投标法…………………………253
        26.2.2　政府采购法………………………258
        26.2.3　著作权法…………………………264
        26.2.4　合同法……………………………265
        26.2.5　招投标法实施条例………………267
        26.2.6　政府采购法实施条例……………274
        26.2.7　标准规范…………………………281
        26.2.8　软件工程标准规范………………282
        26.2.9　综合布线标准……………………292
        26.2.10　机房建设标准……………………294
    26.3　课后演练（精选真题）………………298
    26.4　课后演练答案解析……………………299
第27章　管理科学基础知识………………………301
    27.1　备考指南………………………………301
    27.2　考点梳理及精讲………………………301
        27.2.1　最小生成树………………………301
        27.2.2　最短（长）路径…………………302
        27.2.3　网络与最大流量…………………303
        27.2.4　决策论……………………………305
        27.2.5　线性规划…………………………307
        27.2.6　伏格尔法…………………………308
    27.3　课后演练（精选真题）………………308
    27.4　课后演练答案解析……………………310

第2篇　案例专题

第28章　案例分析总论……………………………314　　　　28.1　案例分析考查的题型…………………314

28.2 学习方法 …… 314
28.3 答题技巧 …… 315
28.4 历年真题考查情况 …… 315

第29章 案例简答专题 …… 317
29.1 简答回复技巧 …… 317
29.2 典型案例简答真题 …… 318
 29.2.1 典型案例简答真题1（整体管理）… 318
 29.2.2 典型案例简答真题2（范围管理）… 320
 29.2.3 典型案例简答真题3（质量管理）… 322
 29.2.4 典型案例简答真题4（人力资源管理） …… 324
 29.2.5 典型案例简答真题5（沟通及干系人管理） …… 326
 29.2.6 典型案例简答真题6（采购管理）… 328
 29.2.7 典型案例简答真题7（风险管理）… 330
 29.2.8 典型案例简答真题8（变更管理）… 332

29.2.9 典型案例简答真题9（配置管理、测试管理） …… 334
29.2.10 典型案例简答真题10（收尾管理） …… 335
29.2.11 典型案例简答真题11（项目集和项目组合管理） …… 337

第30章 案例计算专题 …… 339
30.1 计算专题类型 …… 339
30.2 典型案例计算真题 …… 340
 30.2.1 典型案例计算真题1 …… 340
 30.2.2 典型案例计算真题2 …… 341
 30.2.3 典型案例计算真题3 …… 343
 30.2.4 典型案例计算真题4 …… 345
 30.2.5 典型案例计算真题5 …… 348
 30.2.6 典型案例计算真题6 …… 351

第3篇 论文专题

第31章 论文整体分析 …… 355
31.1 论文写作概述 …… 355
31.2 论文考卷样例（请关注子题目） …… 355
31.3 历年真题题目 …… 357
31.4 写作原则 …… 357
31.5 常见问题 …… 358
31.6 评分标准 …… 359

第32章 搭建自己的万能模板 …… 360
32.1 选择合适的项目 …… 360
32.2 提前准备论文摘要 …… 360
32.3 提前准备项目背景 …… 361
32.4 正文写作 …… 361
32.5 提前准备结尾 …… 362
32.6 万能模板（重要） …… 362

第33章 正文素材及范文 …… 364
33.1 论项目的整体管理 …… 364
 33.1.1 整体管理过程素材 …… 364

33.1.2 整体管理范文 …… 365
33.2 论项目的范围管理 …… 367
 33.2.1 范围管理过程素材 …… 367
 33.2.2 范围管理范文 …… 368
33.3 论项目的进度管理 …… 371
 33.3.1 进度管理过程素材 …… 371
 33.3.2 进度管理范文 …… 371
33.4 论项目的成本管理 …… 374
 33.4.1 成本管理过程素材 …… 374
 33.4.2 成本管理范文 …… 374
33.5 论项目的质量管理 …… 376
 33.5.1 质量管理过程素材 …… 376
 33.5.2 质量管理范文 …… 377
33.6 论项目人力资源管理 …… 379
 33.6.1 人力资源管理过程素材 …… 379
 33.6.2 人力资源管理范文 …… 379
33.7 论项目的沟通管理 …… 382

33.7.1 沟通管理过程素材 …………… 382
33.7.2 沟通管理范文 …………………… 382
33.8 论项目的干系人管理 …………………… 384
　33.8.1 干系人管理过程素材 …………… 384
　33.8.2 干系人管理范文 ………………… 385
33.9 论项目的风险管理 ……………………… 387
　33.9.1 风险管理过程素材 ……………… 387
　33.9.2 风险管理范文 …………………… 387
33.10 论项目的采购管理 …………………… 390
33.10.1 采购管理过程素材 …………… 390
33.10.2 采购管理范文 ………………… 390
33.11 "双拼"论文 ………………………… 392
33.11.1 "双拼"论文写法 …………… 392
33.11.2 "双拼"范文 ………………… 393
33.12 大型复杂项目管理范文 ……………… 395
33.12.1 大型项目管理写法 …………… 395
33.12.2 大型项目管理范文 …………… 397

第4篇　模拟试卷

第34章　综合知识模拟卷 ……………… 402
第35章　案例分析模拟卷 ……………… 412
　试题一（25分）……………………… 412
　试题二（25分）……………………… 413
　试题三（25分）……………………… 413
第36章　论文写作模拟卷 ……………… 415

试题一　论信息系统工程项目的沟通管理… 415
试题二　论信息系统项目的采购管理 …… 415
第37章　综合知识答案解析 …………… 416
第38章　案例分析答案解析 …………… 431
附录　专业英语词汇表 ………………… 435

第1篇　综合知识

第1章 信息化和信息系统

1.1 备考指南

信息化和信息系统在上午综合知识的考试中占比较大，大约会考查25分左右，但是仅考查选择题，不会考查案例分析和论文，因此，需要对这部分内容有个整体的映像，能够拿到15~20分即可。

本章节内容是信息系统项目管理师考试的第一部分内容，同样也是非技术类人员学习入门最大的难点。其知识体系来源于软考其他技术类考试（系统分析师、系统架构设计师、网络规划设计师等），知识体系十分庞大。

我们会结合历年真题给大家做大量的补充和归纳，确保知识点覆盖在 90%以上，如果确实存在个别题目知识点比较偏的没法面面俱到，大家可以在后面做历年真题的时候看看解析即可，无需过于纠结，不要在第 1 章花费太多时间，建议利用一周的时间完成第 1 章所有内容的学习。

1.2 考点梳理及精讲

1.2.1 信息系统与信息化概述

1. 三大社会基础资源

三大社会基础资源是指信息、材料、能源，它们可以相互转化。

香农是信息论的奠基者，他提出信息是"用以消除随机不确定性的东西"，确定了信息量的单位为比特（bit）。

信息具有价值，而价值的大小取决于信息的质量，这就要求信息满足一定的**质量属性**，包括：
（1）精确性：对事物状态描述的精准程度。
（2）完整性：对事物状态描述的全面程度，完整信息应包括所有重要事实。
（3）可靠性：信息的来源、采集方法、传输过程是可以信任的，符合预期。
（4）及时性：获得信息的时刻与事件发生时刻的间隔长短。昨天的天气信息不论怎样精确、完整，对指导明天的穿衣并无帮助，从这个角度出发，这个信息的价值为零。

（5）经济性：信息获取、传输带来的成本在可以接受的范围之内。

（6）可验证性：信息的主要质量属性可以被证实或者证伪的程度。

（7）安全性：在信息的生命周期中，信息可以被非授权访问的可能性，可能性越低，安全性越高。

2. 信息的传输模型

信息的传输技术（通常指通信、网络等）是信息技术的核心。信息的传输模型如图1-1所示。

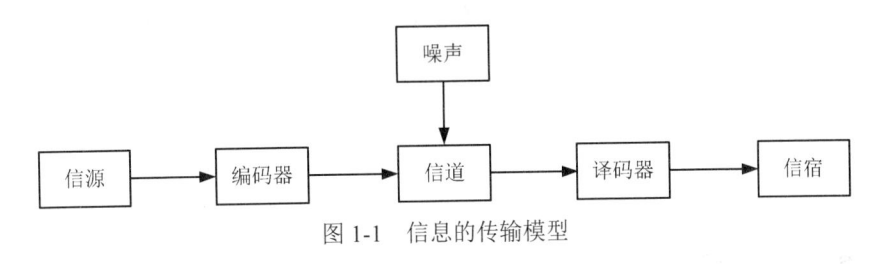

图 1-1 信息的传输模型

信源：产生信息的实体，信息产生后，由这个实体向外传播。

信宿：信息的归宿或接收者。

信道：传送信息的通道，如TCP/IP网络，也可以是物理上的，如双绞线、4G网络、卫星等。

编码器：在信息论中是泛指所有变换信号的设备，实际上就是终端机的发送部分，如调试器。

译码器：是编码器的逆变换设备，把信道上送来的信号（原始信息与噪声的叠加）转换成信宿能接受的信号，包括解调器、译码器、数模转换器等。

噪声：可以理解为干扰，干扰可以来自于信息系统分层结构的任何一层，当噪声携带的信息大到一定程度的时候，在信道中传输的信息可以被噪声掩盖导致传输失败。

3. 信息系统的基本概念

以计算机为基础的信息系统可以定义为：结合管理理论和方法，应用信息技术解决管理问题，提高生产效率，为生产或信息化过程以及管理和决策提供支撑的系统。管理模型、信息处理模型和系统实现条件三者的结合产生信息系统。

计算机信息系统的组成有硬件、软件、数据库、网络、存储设备、感知设备、外设、人员以及把数据处理成信息的规程等。

4. 信息化的基本概念

信息化是推动经济社会发展转型的一个历史性过程（信息化社会）。

传输模型的图本质是编码和解码，描述的是信息的流动，而文字的编码器和译码器分别是实现这个功能的工具。

信息化的应用范围可以分为以下五个层次。

（1）产品信息化。产品信息化是信息化的基础。有两个含义：一是指传统产品中越来越多地融合了计算机化（智能化）器件，使产品具有处理信息的能力，如智能电视等；另一个含义是产品携带了更多的信息，这些信息是数字化的，便于被计算机设备识别读取或被信息系统管理，如集成了车载电脑系统的小轿车。

（2）企业信息化。企业信息化是指企业在产品的设计、开发、生产、管理、经营等多个环节中广泛利用信息技术，辅助生产制造，优化工作流程，管理客户关系，建设企业信息管理系统，培养信息化人才并建设完善信息化管理制度的过程。企业信息化是国民经济信息化的基础，涉及生产制造系统、ERP、CRM、SCM等。

（3）产业信息化。产业信息化是指农业、工业、交通运输业、生产制造业、服务业等传统产业广泛利用信息技术来完成工艺、产品的信息化。

（4）国民经济信息化。国民经济信息化是指在经济大系统内实现统一的信息大流动，使金融、贸易、投资、计划、通关、营销等组成一个信息大系统。使生产、流通、分配、消费等经济的四个环节通过信息进一步联成一个整体。

（5）社会生活信息化。社会生活信息化指包括商务、教育、政务、公共服务、交通、日常生活等在内的整个社会体系采用先进的信息技术，融合各种信息网络。如智慧城市、互联网金融等。

5. 信息化知识

（1）信息化基本内涵：信息化的主体是全体社会成员，包括政府、企业、事业、团体和个人；它的时域是一个长期的过程；它的空域是政治、经济、文化、军事和社会的一切领域；它的手段是基于现代信息技术的先进社会生产工具；它的途径是创建信息时代的社会生产力，推动社会生产关系及社会上层建筑的改革；它的目标是使国家的综合实力、社会的文明素质和人民的生活质量全面提升。

（2）我国陆续建成了以"**两网、一站、四库、十二金**"工程为代表的国家级信息系统。

"两网"：是指政务内网和政务外网。

"一站"：是指政府门户网站。

"四库"：即建立人口、法人单位、空间地理和自然资源、宏观经济等四个基础数据库。

"十二金"：以"金"字冠名的12个重点业务系统。分为三类：

第一类是对加强监管、提高效率和推进公共服务起到核心作用的办公业务资源系统、宏观经济管理系统建设（金宏）。

第二类是增强政府收入能力、保证公共支出合理性的金税、金关、金财、金融监管（含金卡）、金审五个业务系统建设。

第三类是保障社会秩序、为国民经济和社会发展打下坚实基础的金盾、金保、金农、金水、金质五个业务系统建设。

（3）国家信息化体系六要素如图1-2所示。

1）信息技术应用：是信息化体系六要素中的龙头，是国家信息化建设的主阵地，集中体现了国家信息化建设的需求与利益。

2）信息资源：其开发利用是国家信息化的核心任务，是国家信息化建设取得实效的关键，也是我国信息化的薄弱环节。

3）信息网络：是信息资源开发利用和信息技术应用的基础，是信息传输、交换、共享的必要手段。

4）信息技术和产业：是我国进行信息化建设的基础。

5）信息化人才：是国家信息化成功之本，对其他各要素的发展速度和质量起着决定性的影响，是信息化建设的关键。

6）信息化政策法规和标准规范：用于规范和协调信息化体系六要素之间的关系，是国家信息化快速、持续、有序、健康发展的根本保障。

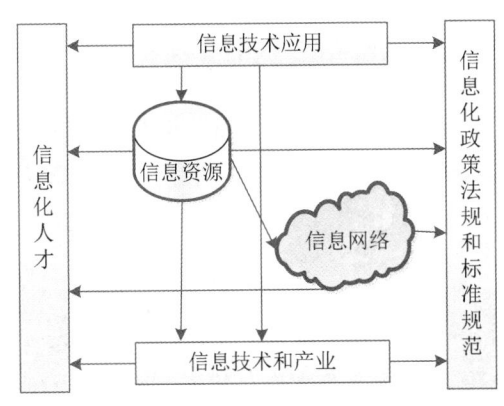

图 1-2　国家信息化体系六要素

6. 信息系统生命周期

针对信息系统的项目管理，信息系统的生命周期分为四阶段模型和五阶段模型。

（1）四阶段生命周期模型：立项、开发、运维及消亡四个阶段。

（2）五阶段生命周期模型：系统规划、系统分析、系统设计、系统实施、系统运行和维护。

1）系统规划阶段：解决系统"该不该做"的问题。进行可行性研究确定系统可以做，并给出初步的建设方案。

输出：可行性研究报告、系统设计任务书。

2）系统分析阶段：解决系统"做什么"的问题。确定系统的需求和边界，是系统的逻辑设计阶段，会产出逻辑设计模型。

输出：系统说明书。

3）系统设计阶段：解决系统"怎么做"的问题。根据系统说明书，设计具体的技术实现方案，产出系统的物理设计模型。

输出：系统设计说明书（概要设计、详细设计说明书）。

4）系统实施阶段：是将设计的系统付诸实施的阶段。包括编码和测试。系统实施是按实施计划分阶段完成的，每个阶段应写出实施进展报告。系统测试之后写出系统测试分析报告。

输出：实施进展报告、系统测试分析报告。

5）系统运行和维护阶段：系统投入运行后，需要经常进行维护和评价，记录系统运行的情况，根据一定的规则对系统进行必要的修改，评价系统的工作质量和经济效益。

1.2.2 信息系统开发方法

信息系统常用的开发方法有结构化方法、面向对象方法、原型化方法、面向服务的方法。

1. 结构化方法

（1）结构是指系统内各个组成要素之间的相互联系、相互作用的框架。结构化方法也称为生命周期法，是一种传统的信息系统开发方法，由结构化分析（Structured Analysis，SA）、结构化设计（Structured Design，SD）和结构化程序设计（Structured Programming，SP）三部分有机组合而成，其精髓是自顶向下、逐步求精和模块化设计。

（2）结构化方法的主要特点为自顶向下，逐层分解，面向数据流。在开发过程中，将系统划分了多个阶段，并且严格按阶段顺序执行，前一个阶段执行完之后才能继续下一个阶段。因此其只适合需求明确的项目，例如同一个项目的二次开发或者类似项目的开发。概括来说主要是：①开发目标清晰化；②开发工作阶段化；③开发文档规范化；④设计方法结构化。结构化方法特别适合于数据处理领域的问题，但不适应于规模较大、比较复杂的系统开发，这是因为结构化方法具有以下不足和局限性：①开发周期长；②难以适应需求变化；③很少考虑数据结构。

（3）结构化开发模型如图1-3所示，包括数据模型、行为模型和功能模型。

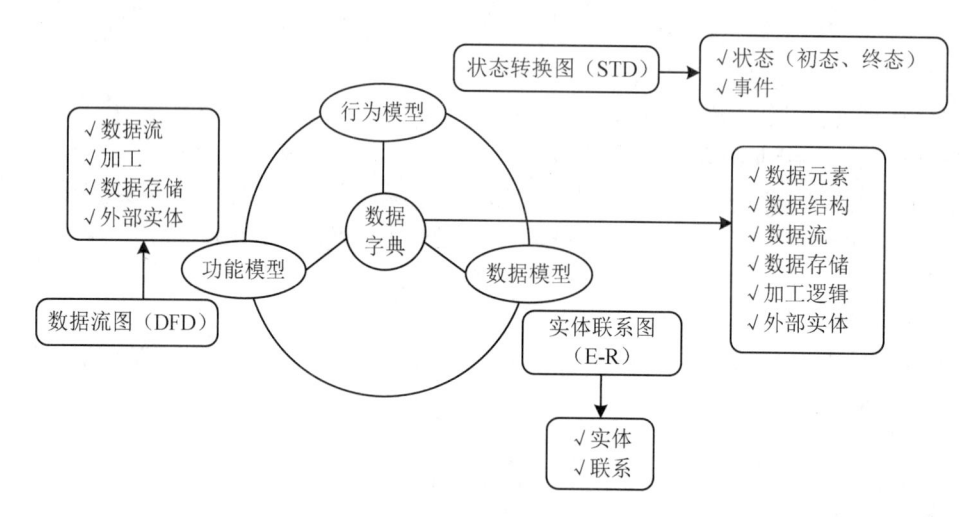

图1-3 结构化开发模型

（4）结构化方法一般利用图形表达用户需求，常用工具有数据流图、数据字典、结构化语言、判定表以及判定树等。其中，数据流图从数据传递和加工角度，以图形方式来表达系统的逻辑功能、数据在系统内部的逻辑流向和逻辑变换过程，是结构化系统分析方法的主要表达工具及用于表示软件模型的一种图示方法。数据流图（Data Flow Diagram，DFD）由数据流、加工、数据存储和外部实体四个要素组成，如图1-4所示。

(a) 外部实体　　　　　　　　　　(b) 加工

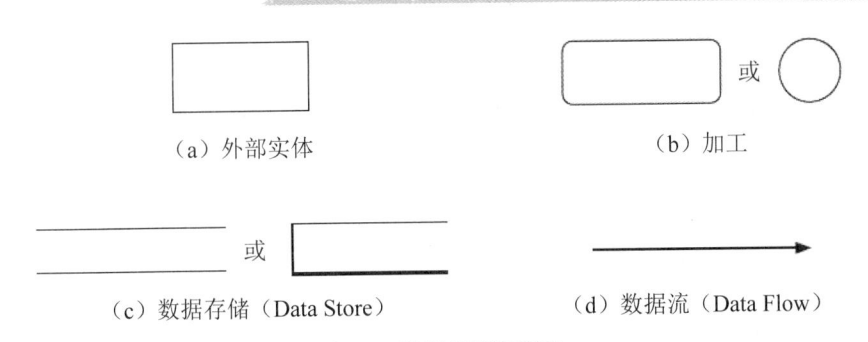

(c) 数据存储（Data Store）　　　　(d) 数据流（Data Flow）

图 1-4　数据流图四要素

2. 面向对象方法

（1）面向对象（Object-Oriented，OO）方法认为，客观世界是由各种对象组成的，任何事物都是对象，每一个对象都有自己的运动规律和内部状态，都属于某个对象类，是该对象类的一个元素。复杂的对象可由相对简单的各种对象以某种方式而构成，不同对象的组合及相互作用就构成了系统。要理解面向对象方法，首先要理解对象和类，对象是现实生活中真实存在的人或物或系统，而类是对象的抽象。例如在一个电子购物网站中，有买家张三、李四、王五，这是真实存在的人，是对象，而这些人都有共同的身份和特点，可以抽象成一个类，即买家类。

（2）面向对象方法是当前主流的开发方法，具有普适性，可以普遍适用于各类信息系统的开发。OO 方法也划分阶段，但其中的系统分析、系统设计和系统实现三个阶段之间已经没有"缝隙"。也就是说，这三个阶段的界限变得不明确。

面向对象方法的不足之处是必须依靠一定的面向对象技术支持，在大型项目的开发上具有一定的局限性，不能涉足系统分析以前的开发环节。

（3）当前，一些大型信息系统的开发，通常是将结构化方法和 OO 方法结合起来。首先，使用结构化方法进行自顶向下的整体划分；然后，自底向上地采用 OO 方法进行开发。因此，结构化方法和 OO 方法仍是两种在系统开发领域中相互依存的、不可替代的方法。

3. 原型化方法

原型化方法也称为快速原型法，或者简称为原型法。它是一种根据用户初步需求，利用系统开发工具，快速地建立一个系统模型展示给用户，在此基础上与用户交流，最终实现用户需求的信息系统快速开发的方法。其分类如下：

（1）按是否实现功能分为：水平原型（行为原型，功能的导航）、垂直原型（结构化原型，实现了部分功能）。

（2）按最终结果分为：抛弃式原型、演化式原型。

原型法的特点：可以使系统开发的周期缩短、成本和风险降低、速度加快，获得较高的综合开发效益。以用户为中心，适合于需求不明确的系统。

从严格意义上来说，原型法只是一种开发思想，必须与其他信息系统开发方法结合使用。

4. 面向服务（Service-Oriented，SO）的开发方法

如何使信息系统快速响应需求与环境变化，提高系统可复用性、信息资源共享和系统之间的互操作性，成为影响信息化建设效率的关键问题，而 SO 的思维方式恰好满足了这种需求。

1.2.3 计算机网络技术

1. 计算机网络拓扑结构

按照分布范围分类的计算机网络，见表 1-1。

表 1-1 按分布范围分类的计算机网络

网络分类	缩写	分布距离	计算机分布范围	传输速率范围
局域网	LAN	10m 左右	房间	4Mb/s～1Gb/s
		100m 左右	楼寓	
		1000m 左右	校园	
城域网	MAN	10km	城市	50kb/s～100Mb/s
广域网	WAN	100km 以上	国家或全球	9.6kb/s～45Mb/s

按照拓扑结构分类的计算机网络如图 1-5 所示，包括总线型（利用率低、干扰大、价格低）、星型（交换机形成的局域网、中央单元负荷大）、环型（流动方向固定、效率低、扩充难）、树型（总线型的扩充、分级结构）、分布式（任意节点连接、管理难、成本高）。

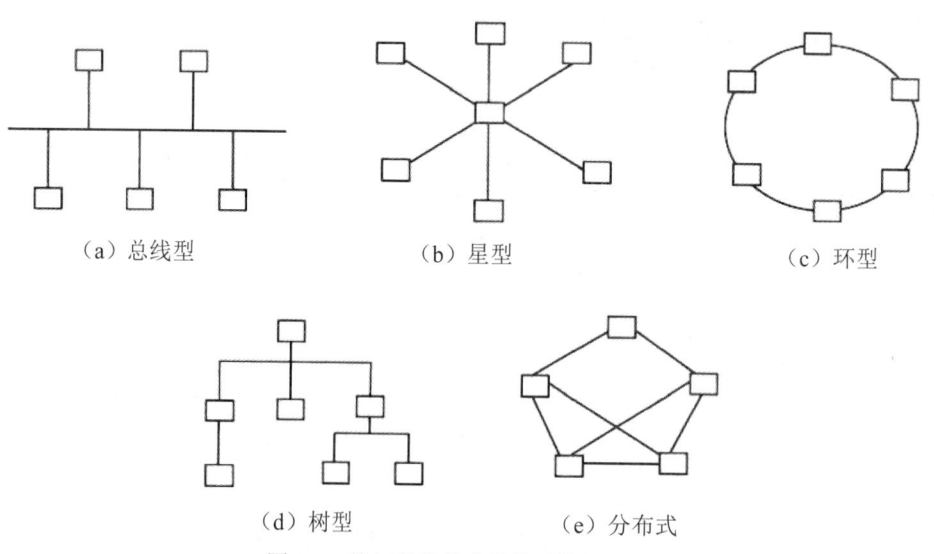

（a）总线型　　（b）星型　　（c）环型

（d）树型　　（e）分布式

图 1-5 按拓扑结构分类的计算机网络

一般来说，办公室局域网是星型拓扑结构，中间节点就是交换机，一旦交换机损坏，整个网络都瘫痪了，这就是星型结构。同理，由路由器连接起来的小型网络也是星型结构。

2. 传输介质

（1）双绞线。将多根铜线按规则缠绕在一起，能够减少干扰；分为无屏蔽双绞线（Unshielded Twisted Pair，UTP）和屏蔽双绞线（Shielded Twisted Pair，STP），都是由一对铜线簇组成。即我们常说的网线；双绞线的**传输距离在 100m** 以内。

1）无屏蔽双绞线 UTP：价格低，安装简单，但可靠性相对较低，分为 CAT3（3 类 UTP，速率为 10Mb/s）、CAT4（4 类 UTP，与 3 类差不多，无应用）、CAT5（5 类 UTP，速率为 100Mb/s，用于快速以太网）、CAT5E（超 5 类 UTP，速率为 1000Mb/s）、CAT6（6 类 UTP，用来替代 CAT5E，速率也是 1000Mb/s）。

2）屏蔽双绞线（STP）：比之 UTP 增加了一层屏蔽层，可以有效提高可靠性，但对应的价格高，安装麻烦，一般用于对传输可靠性要求很高的场合。

（2）光纤。由纤芯和包层组成，传输的光信号在纤芯中传输，然而从 PC 端出来的信号都是电信号，要经过光纤传输，就必须将电信号转换为光信号。

1）多模光纤（Multi Mode Fiber，MMF）：纤芯半径较大，因此可以同时传输多种不同的信号，光信号在光纤中以全反射的形式传输，采用发光二极管（LED）为光源，成本低，但是传输的效率和可靠性都较低，适合于短距离传输，其传输距离与传输速率相关，速率为 100Mb/s 时为 2km，速率为 1000Mb/s 时为 550m。

2）单模光纤（Single Mode Fiber，SMF）：纤芯半径很小，一般只能传输一种信号，采用激光二极管 LD 作为光源，并且只支持激光信号的传播，同样是以全反射形式传播，只不过反射角很大，看起来像一条直线，成本高，但是传输距离远，可靠性高。传输距离可达 5km。

3. OSI/RM 七层模型

（1）OSI/RM 七层模型功能及协议内容，见表 1-2。

表 1-2　OSI/RM 七层模型功能及协议

层	功能	协议	设备
1. 物理层	包括物理连网媒介，如电缆连线连接器。该层的协议产生并检测电压以便发送和接收携带数据的信号。单位：比特	EIA/TIA RS-232、RS-449、V.35、RJ-45、FDDI	中继器、集线器
2. 数据链路层	控制网络层与物理层之间的通信。主要功能是将从网络层接收到的数据分割成特定的可被物理层传输的帧。作用：物理地址寻址、数据的成帧、流量控制、数据的检错、重发等。单位：帧	SDLC（同步数据链路控制）、HDLC（高级数据链路控制）、PPP（点对点协议）、STP（生成树协议）、帧中继等、IEEE 802、ATM（异步传输）	交换器、网桥
3. 网络层	主要功能是将网络地址翻译成对应的物理地址并决定如何将数据从发送方路由到接收方；还可以实现拥塞控制、网际互联等功能。单位：分组	IP（网络互连）、IPX（互联网数据包交换协议）、ICMP（网际控制报文协议）、IGMP（网络组管理协议）、ARP（地址转换协议）、RARP	路由器

续表

层	功能	协议	设备
4. 传输层	负责确保数据可靠、顺序、无错地从 A 点传输到 B 点。如提供简历、维护和拆除传送连接的功能；选择网络层提供最合适的服务；在系统之间提供可靠的透明的数据传送，提供端到端的错误恢复和流量控制	TCP（传输控制协议）、UDP（用户数据报协议）、SPX（序列分组交换协议）	网关
5. 会话层	负责在网络中的两个节点之间建立和维持通信，以及提供交互会话的管理功能，如三种数据流方向的控制，即一路交互、两路交替和两路同时会话模式	RPC（远程过程调用）、SQL（结构化查询语言）、NFS（网络文件系统）	网关
6. 表示层	如同应用程序和网络之间的翻译官，在表示层，数据将按照网络能理解的方案进行格式化。表示层管理数据的解密加密、数据转换、格式化和文本压缩	JPEG、ASCII、GIF、MPEG、DES	网关
7. 应用层	负责对软件提供接口以使程序能使用网络服务，如事务处理程序、文件传送协议和网络管理等	Telnet、FTP、HTTP、SMTP、POP3、DNS、DHCP 等	网关

（2）以太网规范 IEEE 802.3 是重要的局域网协议，包括：

IEEE 802.3	标准以太网	10Mb/s	传输介质为细同轴电缆
IEEE 802.3u	快速以太网	100Mb/s	双绞线
IEEE 802.3z	千兆以太网	1000Mb/s	光纤或双绞线
IEEE 802.3ae	万兆以太网	10Gb/s	光纤

（3）无线局域网（WLAN）技术标准：IEEE 802.11。

（4）广域网协议包括 PPP（点对点协议）、ISDN（综合业务数字网）、xDSL（DSL 数字用户线路 HDSL、SDSL、MVL、ADSL 的统称）、DDN（数字专线）、X.25、FR 帧中继、ATM 异步传输模式。

4. TCP/IP 分层协议

网络协议三要素：语法、语义、时序。

（1）网络层协议。

1）IP：网络层最重要的核心协议，在源地址和目的地址之间传送数据报，无连接、不可靠。

2）ICMP：因特网控制报文协议，用于在 IP 主机、路由器之间传递控制消息。控制消息是指网络通不通、主机是否可达、路由是否可用等网络本身的消息。

3）ARP 和 RARP：地址解析协议，ARP 是将 IP 地址转换为物理地址，RARP 是将物理地址转换为 IP 地址。

4）IGMP：网络组管理协议，允许因特网中的计算机参加多播，是计算机用作向相邻多目路由器报告多目组成员的协议，支持组播。

（2）传输层协议。

1）TCP：整个 TCP/IP 协议族中最重要的协议之一，在 IP 协议提供的不可靠数据基础上，采用了重发技术，为应用程序提供了一个可靠的、面向连接的、全双工的数据传输服务。一般用于传输数据量比较少，且对可靠性要求高的场合。

2）UDP：是一种不可靠、无连接的协议，有助于提高传输速率，一般用于传输数据量大，对可靠性要求不高，但要求速度快的场合。

（3）应用层协议。

基于 TCP 的 FTP、HTTP 等都是可靠传输。基于 UDP 的 DHCP、DNS 等都是不可靠传输。

1）FTP：可靠的文件传输协议，用于因特网上的控制文件的双向传输。

2）HTTP：超文本传输协议，用于从 WWW 服务器传输超文本到本地浏览器的传输协议。使用 SSL 加密后的安全网页协议为 HTTPS。

3）SMTP 和 POP3：简单邮件传输协议，是一组用于由源地址到目的地址传送邮件的规则，邮件报文采用 ASCII 格式表示。

4）Telnet：远程连接协议，是因特网远程登录服务的标准协议和主要方式。

5）TFTP：不可靠的、开销不大的小文件传输协议。

6）SNMP：简单网络管理协议，由一组网络管理的标准协议，包含一个应用层协议、数据库模型和一组资源对象。该协议能够支持网络管理系统，用于监测连接到网络上的设备是否有任何异常行为能够引起网络管理员关注的情况。

7）DHCP：动态主机配置协议，基于 UDP，基于 C/S 模型，为主机动态分配 IP 地址，有固定分配、动态分配、自动分配三种方式。

8）DNS：域名解析协议，通过域名解析出 IP 地址。

5. 网络存储技术

（1）直接附加存储（Direct Attached Storage，DAS）：是指将存储设备通过 SCSI 接口直接连接到一台服务器上使用，其本身是硬件的堆叠，存储操作依赖于服务器，不带有任何存储操作系统。

存在的问题：在传递距离、连接数量、传输速率等方面都受到限制。容量难以扩展升级；数据处理和传输能力降低；服务器异常会波及存储器。

（2）网络附加存储（Network Area Storage，NAS）：通过网络接口与网络直接相连，由用户通过网络访问，有独立的存储系统。如图 1-6 所示。NAS 存储设备类似于一个专用的文件服务器，去掉了通用服务器大多数计算功能，而仅仅提供文件系统功能。类似于大家工作中使用的 FTP 或者网盘。

NAS 的性能特点是进行小文件级的共享存取；支持即插即用；但是因为其和用户共用一个 TCP/IP 网络，会占用用户的带宽，所以很难获得满意的性能，其存储系统结构如图 1-6（a）所示。

（3）存储区域网（Storage Area Network，SAN）：SAN 是通过专用交换机将磁盘阵列与服务器连接起来的高速专用子网。采用块（block）级别存储。最大的特点是将存储设备从传统的以太网中分离了出来，成为独立的存储区域网络 SAN 的系统结构，此时访问数据就不会占用用户原本的带宽。根据数据传输过程采用的协议，其技术划分为 FC SAN（光纤通道）、IP SAN（IP 网络）和 IB SAN（无线带宽）技术，其存储系统结构如图 1-6（b）所示。

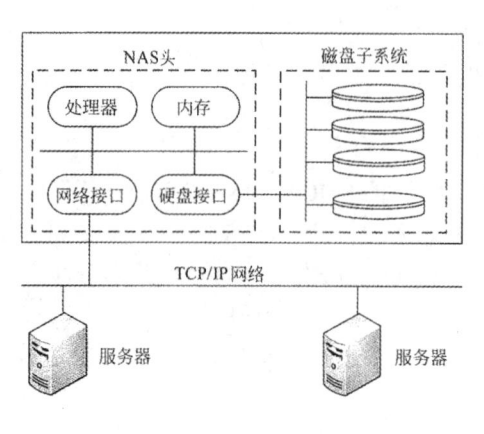

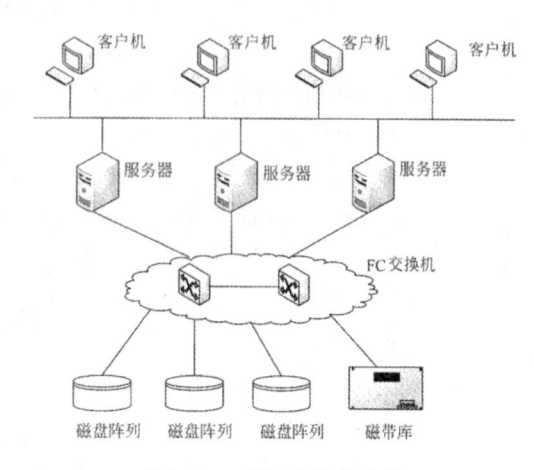

（a）NAS 存储系统的结构　　　　　　　（b）SAN 存储系统的结构

图 1-6　NAS 和 SAN 存储系统的结构

6. 网络规划与设计

网络工程可分为网络规划、网络设计和网络实施三个阶段。

网络规划包括网络需求分析、可行性分析和对现有网络的分析与描述。

网络系统的设计阶段包括确定网络总体目标和设计原则。

网络实施就是按照设计好的目标和结构进行部署安装和调试。

7. 三层设计模型

（1）核心层提供不同区域之间的最佳路由和高速数据传送。

（2）汇聚层将网络业务连接到接入层，并且实施与安全、流量、负载和路由相关的策略。

（3）接入层为用户提供了在本地网段访问应用系统的能力，还要解决相邻用户之间的互访需要，接入层要负责一些用户信息（例如用户 IP 地址、MAC 地址和访问日志等）的收集工作和用户管理功能（包括认证和计费等）。

8. 建筑物综合布线系统

（1）工作区子系统：实现工作区终端设备到水平子系统的信息插座之间的互联。

（2）水平布线子系统：实现信息插座和管理子系统之间的连接。

（3）设备间子系统：实现中央主配线架与各种不同设备之间的连接。

（4）垂直干线子系统：实现各楼层设备间子系统之间的互连。

（5）管理子系统：为连接其他子系统提供连接手段。

（6）建筑群子系统：各个建筑物通信系统之间的互联。

9. 网络设计

网络设计工作包括网络拓扑结构设计；主干网络（核心层）设计；汇聚层和接入层设计；广域网连接与远程访问设计；无线网络设计；网络安全设计；设备选型。

10. 网络规划设计原则

（1）可靠性原则。可靠性指网络的运行是稳固的。

（2）安全性原则。安全性包括选用安全的操作系统、设置网络防火墙、网络防杀病毒、数据加密和信息工作制度的保密。

（3）高效性原则。高效性指性能指标高，软/硬件性能充分发挥。

（4）可扩展性。可扩展性指能够在规模和性能两个方向上进行扩展。

11. 移动通信技术

2G 标准：欧洲电信的 GSM（全球移动通信），采用 TDMA 技术；美国高通的 CDMA（码分多址通信）。

3G 标准：W-CDMA、CDMA-2000、TD-SCDMA、WMAN。

4G 标准：UMB（超移动宽带）、LTE Advanced（长期演进技术，中国）、WiMAX II（全球微波互连接入）。4G 标准理论下载速率为 100Mb/s。

5G 理论下载速率：1Gb/s。

12. 无线网络技术

无线网络技术无物理传输介质，相比有线局域网，其优点有：移动性、灵活性、成本低、容易扩充；其缺点有：速度和质量略低，安全性低。

WLAN 通过接入点（Access Point，AP）接入，AP 是组建小型无线局域网时最常用的设备。AP 相当于一个连接有线网和无线网的桥梁，工作在数据链路层。其主要作用是将各个无线网络客户端连接到一起，然后将无线网络接入以太网。

WLAN 通信技术：红外线、扩展频谱、窄带微波。

WLAN 安全加密技术：安全级别从低到高分别为 WEP<WPA<WPA2，其中，WEP 使用 RC4 协议进行加密，并使用 CRC-32 校验保证数据的正确性。WPA 在此基础上增加了安全认证技术，增大了密钥和初始向量的长度。WPA2 采用了 AES 对称加密算法。

13. 下一代互联网和 IPv6

IPv6 是从根本上解决 IPv4 全局地址数不够用的情况而提出的设计方案，具有以下特性：

（1）IPv6 地址长度为 128 位，相比于 IPv4，地址空间增大了 2^{96} 倍。

（2）扩展的地址层次结构，使用十六进制表示 IPv6 地址。

（3）灵活的首部格式，使用一系列固定格式的扩展首部取代了 IPv4 中可变长度的选项字段。IPv6 中选项部分的出现方式也有所变化，使路由器可以简单路过选项而不做任何处理，加快了报文处理速度。

（4）提高安全性、身份认证和隐私权是 IPv6 的关键特性。

（5）支持即插即用，自动配置，支持更多的服务类型。

（6）允许协议继续演变，增加新的功能，使之适应未来技术的发展。

IPv4 和 IPv6 的过渡期间，主要采用**三种基本技术：**

（1）双协议栈：主机同时运行 IPv4 和 IPv6 两套协议栈，同时支持两套协议，一般来说 IPv4 和 IPv6 地址之间存在某种转换关系，如 IPv6 的低 32 位可以直接转换为 IPv4 地址，实现互相通信。

（2）隧道技术：这种机制用来在 IPv4 网络之上建立一条能够传输 IPv6 数据报的隧道，例如可以将 IPv6 数据报当作 IPv4 数据报的数据部分加以封装，只需要加一个 IPv4 的首部，就能在 IPv4 网络中传输 IPv6 报文。

（3）翻译技术：利用一台专门的翻译设备（如转换网关），在纯 IPv4 和纯 IPv6 网络之间转换 IP 报头的地址，同时根据协议不同对分组做相应的语义翻译，从而使纯 IPv4 和纯 IPv6 站点之间能够透明通信。

14. 数据仓库技术

数据仓库是一个面向主题的、集成的、非易失的、且随时间变化的数据集合，用于支持管理决策。

（1）数据仓库的四大特点。

1）面向主题：按照一定的主题域进行组织。

2）集成的：数据仓库中的数据是在对原有分散的数据库数据抽取、清理的基础上经过系统加工、汇总和整理得到的，必须消除源数据中的不一致性，以保证数据仓库内的信息是关于整个企业的一致的全局信息。

3）相对稳定的：数据仓库的数据主要供企业决策分析之用，所涉及的数据操作主要是数据查询，一旦某个数据进入数据仓库以后，一般情况下将被长期保留，也就是数据仓库中一般有大量的查询操作，但修改和删除操作很少，通常只需要定期加载、刷新。

4）反映历史变化：数据仓库中的数据通常包含历史信息，系统记录了企业从过去某一时点（如开始应用数据仓库的时点）到目前的各个阶段的信息，通过这些信息，可以对企业的发展历程和未来趋势做出定量分析和预测。

（2）数据仓库的结构通常包含四个层次，如图 1-7 所示。

1）数据源：是数据仓库系统的基础，是整个系统的数据源泉。

2）数据的存储与管理：是整个数据仓库系统的核心。

3）OLAP（联机分析处理）服务器：对分析需要的数据进行有效集成，按多维模型组织，以便进行多角度、多层次的分析，并发现趋势。

4）前端工具：主要包括各种报表工具、查询工具、数据分析工具、数据挖掘工具以及各种基于数据仓库或数据集市的应用开发工具。

15. 商业智能

商业智能（Business Intelligence，BI）系统主要包括数据预处理、建立数据仓库、数据分析和数据展现四个主要阶段。

（1）数据预处理是整合企业原始数据的第一步，它包括数据的抽取（Extraction）、转换（Transformation）和加载（Load）三个过程（ETL 过程）。

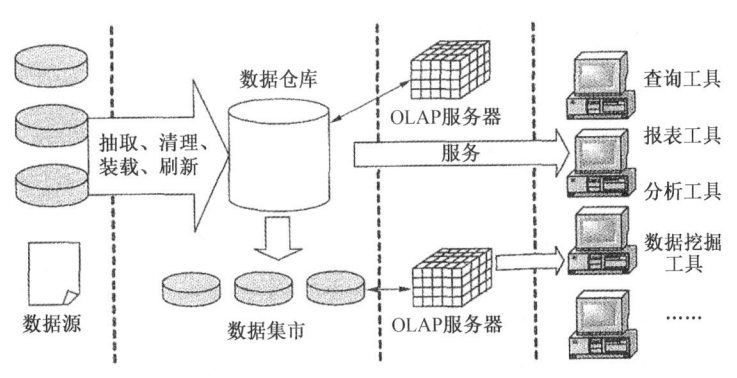

图 1-7 数据仓库体系结构

（2）建立数据仓库则是处理海量数据的基础。

（3）数据分析是体现系统智能的关键，一般采用联机分析处理（OLAP）和数据挖掘两大技术。联机分析处理不仅进行数据汇总/聚集，同时还提供切片、切块、下钻、上卷和旋转等数据分析功能，用户可以方便地对海量数据进行多维分析。数据挖掘的目标则是挖掘数据背后隐藏的知识，通过关联分析、聚类和分类等方法建立分析模型，预测企业未来发展趋势和将要面临的问题。

（4）在海量数据和分析手段增多的情况下，数据展现则主要保障系统分析结果的可视化。

16．中间件技术

中间件是一种独立的系统软件或服务程序，分布式应用软件借助这种软件在不同的技术之间共享资源，中间件位于客户机服务器的操作系统之上，管理计算资源和网络通信。

中间件技术的优越性：缩短应用的开发周期、节约应用的开发成本、减少系统初期的建设成本、降低应用开发的失败率、保护已有的投资、简化应用集成、减少维护费用、提高应用的开发质量、保证技术进步的连续性、增强应用的生命力。

主要的中间件有五类：

（1）数据库访问中间件：通过一个抽象层访问数据库，从而允许使用相同或相似的代码访问不同的数据库资源。典型的技术如 Windows 平台的 ODBC 和 Java 平台的 JDBC 等。

（2）远程过程调用：是一种广泛使用的分布式应用程序处理方法。一个应用程序使用 RPC 来"远程"执行一个位于不同地址空间内的过程，从效果上看和执行本地调用相同。

（3）面向消息中间件：利用高效可靠的消息传递机制进行平台无关的数据交流，并可基于数据通信进行分布系统的集成。通过提供消息传递和消息排队模型，可在分布环境下扩展进程间的通信，并支持多种通信协议、语言、应用程序、硬件和软件平台。典型的产品如 IBM 的 MQSeries。

（4）分布式对象中间件：随着对象技术与分布式计算技术的发展，两者相互结合形成了分布式对象技术，并发展成为当今软件技术的主流方向。典型的产品如 OMG 的 CORBA、Sun 的 RMI/EJB、Microsoft 的 DCOM 等。

（5）事务中间件：也称事务处理监控器，最早出现在大型机上。事务处理监控程序位于客户和服务器之间，完成事务管理与协调、负载平衡、失效恢复等任务，提高系统的整体性能。

17. 高可用性和高可靠性的规则与设计

可用性（availability）：系统能够正常远行的时间比例。经常用两次故障之间的时间长度或在出现故障时系统能够恢复正常的速度来表示。

可靠性（reliability）：软件系统在应用或系统错误面前，在意外或错误使用的情况下维持软件系统的功能特性的基本能力。

平均无故障时间（Mean Time To Failure，MTTF）：计算机系统平均能够正常运行多长时间，才发生一次故障。用来衡量计算机系统的可用性，系统的可用性越高，平均无故障时间越长。

平均维修时间（Mean Time To Repair，MTTR）：系统发生故障后维修和重新恢复正常运行平均花费的时间。用来衡量计算机系统的可维护性，系统的可维护性越好，平均维修时间越短。

计算机系统的可用性=MTTF/(MTTF+MTTR)×100%。

想要提高一个系统的可用性，要么提升系统的单次正常工作的时长，要么减少故障修复时间。常见的保证可用性的措施包括：错误检测、错误恢复、错误预防。

1.2.4 软件工程

1. 软件需求

软件需求是指用户对系统在功能、行为、性能、设计约束等方面的期望，是用户解决问题或达到目标所需的条件或能力，是系统或系统部件要满足合同、标准、规范或其他正式规定文档所需具有的条件或能力，以及反映这些条件或能力的文档说明。

软件需求分为需求开发和需求管理两大过程，如图 1-8 所示。

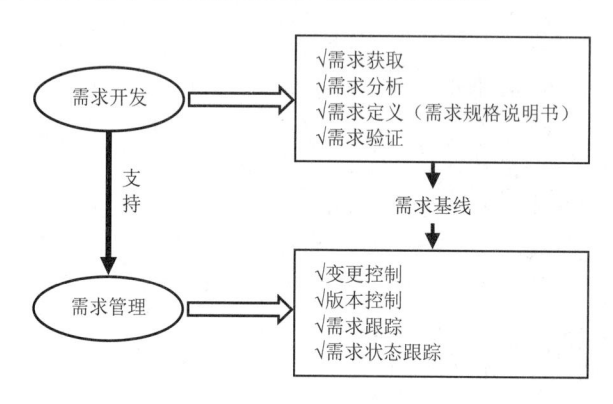

图 1-8　需求工程

2. 需求的层次

（1）业务需求：反映企业或客户对系统高层次的目标要求，通常来自项目投资人、客户、市场营销部门或产品策划部门。通过业务需求可以确定项目视图和范围。

（2）用户需求：描述的是用户的具体目标，或用户要求系统必须能完成的任务。即描述了用户能使用系统来做什么。通常采取用户访谈和问卷调查等方式，对用户使用的场景进行整理，从而建立用户需求。

（3）系统需求：从系统的角度来说明软件的需求，包括功能需求、非功能需求和设计约束等。

1）功能需求：也称为行为需求，规定了开发人员必须在系统中实现的软件功能，用户利用这些功能来完成任务，满足业务需要。

2）非功能需求：指系统必须具备的属性或品质，又可以细分为软件质量属性（如可维护性、可靠性、效率等）和其他非功能需求。

3）设计约束：也称为限制条件或补充规约，通常是对系统的一些约束说明，例如必须采用国有自主知识产权的数据库系统，必须运行在 UNIX 操作系统之下等。

3．质量功能部署

质量功能部署（Quality Function Deployment，QFD）是一种将用户要求转化成软件需求的技术，其目的是最大限度地提升软件工程过程中用户的满意度。为了达到这个目标，QFD 将软件需求分为三类，分别是常规需求、期望需求和意外需求。

（1）常规需求。用户认为系统应该做到的功能或性能，实现越多用户会越满意。

（2）期望需求。用户想当然认为系统应具备的功能或性能，但并不能正确描述自己想要得到的这些功能或性能需求。如果期望需求没有得到实现，会让用户感到不满意。

（3）意外需求。意外需求也称为兴奋需求，是用户要求范围外的功能或性能（但通常是软件开发人员很乐意赋予系统的技术特性），实现这些需求用户会更高兴，但不实现也不影响其购买的决策。

4．需求获取

需求获取是一个确定和理解不同的项目干系人的需求和约束的过程。

常见的需求获取法包括用户访谈、问卷调查、采样、情节串联板、联合需求计划等。

5．需求分析

一个好的需求应该具有无二义性、完整性、一致性、可测试性、确定性、可跟踪性、正确性、必要性等特性，因此，需要分析人员把杂乱无章的用户要求和期望转化为用户需求，这就是需求分析的工作。

6．需求定义

需求定义是需求开发活动的产物，编制该文档的目的是使项目干系人与开发团队对系统的初始规定有一个共同的理解，使之成为整个开发工作的基础。软件需求规格说明书（Software Requirements Specification，SRS）是软件开发过程中最重要的文档之一，对于任何规模和性质的软件项目都不应该缺少。

7．需求验证

需求验证，也称为需求确认，目的是与用户一起确认需求无误，对需求规格说明书进行评审和测试，包括两个步骤：

（1）需求评审：正式评审和非正式评审。

（2）需求测试：设计概念测试用例。

需求验证通过后，要请用户签字确认，作为验收标准之一，此时，这个需求规格说明书就是需求基线，不可以再随意更新，如果需要更改必须走需求变更流程。

8. 统一建模语言

统一建模语言（Unified Modeling Language，UML）是一种可视化的建模语言，而非程序设计语言，支持从需求分析开始的软件开发的全过程。

从总体上来看，UML 的结构包括构造块、公共机制和规则三个部分。

（1）构造块。UML 有三种基本的构造块，分别是事物（thing）、关系（relationship）和图（diagram）。事物是 UML 的重要组成部分，关系把事物紧密联系在一起，图是多个相互关联的事物的集合。

（2）公共机制。公共机制是指达到特定目标的公共 UML 方法。

（3）规则。规则是构造块如何放在一起的规定。

UML 中的关系如下所述。

依赖：是两个事物之间的语义关系，其中一个事物发生变化会影响另一个事物的语义。

关联：描述一组对象之间连接的结构关系。分为组合和聚合，都是部分和整体的关系，其中组合事物之间关系更强，部分和整体之间有共同的生命周期。

泛化：一般/特殊的关系，子类和父类之间的关系。

实现：是类之间的语义关系，一个类元指定了另一个类元保证执行的契约。

关系 UML 图形代号如图 1-9 所示。

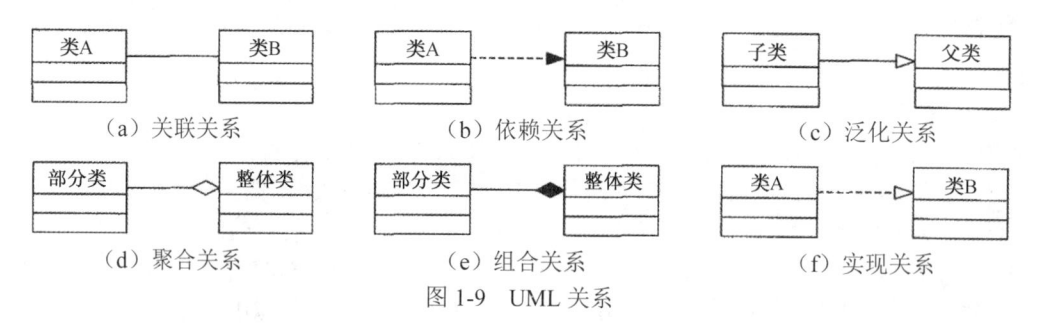

图 1-9　UML 关系

UML2.0 中的图，共有 14 种。

（1）类图：描述一组类、接口、协作和它们之间的关系。在 OO 系统的建模中，最常见的图就是类图。类图给出了系统的静态设计视图，活动类的类图给出了系统的静态进程视图。

（2）对象图：描述一组对象及它们之间的关系。对象图描述了在类图中所建立的事物实例的静态快照。和类图一样，这些图给出系统的静态设计视图或静态进程视图。

（3）构件图：描述一个封装的类和它的接口、端口，以及由内嵌的构件和连接件构成的内部结构。构件图用于表示系统的静态设计实现视图。

（4）组合结构图：描述结构化类（例如构件或类）的内部结构，包括结构化类与系统其余部分的交互点。组合结构图用于画出结构化类的内部内容。

（5）用例图：描述一组用例、参与者及它们之间的关系。用例图给出系统的静态用例视图。

（6）顺序图（也称序列图）：是一种交互图，交互图展现了一种交互，它由一组对象或参与者以及它们之间可能发送的消息构成。交互图专注于系统的动态视图。顺序图是强调消息的时间次序的交互图。

（7）通信图：也是一种交互图，它强调收发消息的对象或参与者的结构组织。

（8）定时图（也称计时图）：也是一种交互图，它强调消息跨越不同对象或参与者的实际时间，而不仅仅只是关心消息的相对顺序。

（9）状态图：描述一个状态机，它由状态、转移、事件和活动组成。状态图给出了对象的动态视图。它对于接口、类或协作的行为建模尤为重要，而且它强调事件导致的对象行为，这非常有助于对反应式系统建模。

（10）活动图：将进程或其他计算结构展示为计算内部一步步的控制流和数据流。活动图专注于系统的动态视图。它对系统的功能建模和业务流程建模特别重要，并强调对象间的控制流程。

（11）部署图：描述对运行时的处理节点及在其中生存的构件的配置。部署图给出了架构的静态部署视图，通常一个节点包含一个或多个部署图。

（12）制品图：制品图描述计算机中一个系统的物理结构。制品包括文件、数据库和类似的物理比特集合。制品图通常与部署图一起使用。制品图给出了它们实现的类和构件。

（13）包图：描述由模型本身分解而成的组织单元以及它们之间的依赖关系。

（14）交互概览图：交互概览图是活动图和顺序图的混合物。

9. 面向对象分析

面向对象分析（Object Oriented Analysis，OOA）的基本任务是运用 OO 方法，对问题域进行分析和理解，正确认识其中的事物及它们之间的关系，找出描述问题域和系统功能所需的类和对象；定义它们的属性和职责，以及它们之间所形成的各种联系。最终产生一个符合用户需求，并能直接反映问题域和系统功能的 OOA 模型及其详细说明。OOA 的任务是"做什么"，面向对象设计（Object Oriented Design，OOD）的任务是"怎么做"。

面向对象分析阶段的核心工作是建立系统的用例模型与分析模型。

10. 用例模型

从用户的角度来看，他们并不想了解系统的内部结构和设计。他们所关心的是系统所能提供的服务。用例方法是一种需求合成技术，先获取需求，记录下来，然后从这些零散的要求和期望中进行整理与提炼，从而建立用例模型。在 OOA 方法中，构建用例模型一般需要经历四个阶段，分别是识别参与者、合并需求获得用例、细化用例描述和调整用例模型，其中前三个阶段是必需的。

用例之间的关系主要有包含、扩展和泛化。

11. 分析模型

分析模型描述系统的基本逻辑结构，展示对象和类如何组成系统（静态模型），以及它们如何保持通信，实现系统行为（动态模型）。

类之间的关系主要有：关联、依赖、泛化、聚集、组合、实现。

12. 面向对象基本概念

（1）对象：由数据及其操作所构成的封装体，是系统中用来描述客观事务的一个实体，是构成系统的一个基本单位。其三要素为对象标识、对象状态和对象行为。

（2）类：现实世界中实体的形式化描述，类将该实体的属性（数据）和操作（函数）封装在一起。对象是类的实例，类是对象的模板。

（3）抽象：通过特定的实例抽取共同特征以后形成概念的过程。它强调主要特征，忽略次要特征。一个对象是现实世界中一个实体的抽象，一个类是一组对象的抽象，抽象是一种单一化的描述，它强调给出与应用相关的特性，抛弃不相关的特性。

（4）封装：将相关的概念组成一个单元模块，并通过一个名称来引用。面向对象封装是将数据和基于数据的操作封装成一个整体对象，对数据的访问或修改只能通过对象对外提供的接口进行。

（5）继承：表示类之间的层次关系（父类与子类），这种关系使得某类对象可以继承另外一类对象的特征，又可分为单继承和多继承。

（6）多态性：使得在多个类中可以定义同一个操作或属性名，并在每个类中可以有不同的实现。多态使得某个属性或操作在不同的时期可以表示不同类的对象特性。

（7）接口：描述对操作规范的说明，其只说明操作应该做什么，并没有定义操作如何做。

（8）消息：体现对象间的交互，通过它向目标对象发送操作请求。

（9）组件：表示软件系统可替换的、物理的组成部分，封装了模块功能的实现。

（10）复用：指将已有的软件及其有效成分用于构造新的软件或系统。组件技术是软件复用实现的关键。

（11）模式：描述了一个不断重复发生的问题，以及该问题的解决方案。

13. 软件架构设计

软件架构研究的主要内容涉及软件架构描述、软件架构风格、软件架构评估和软件架构的形式化方法等。解决好软件的复用、质量和维护问题，是研究软件架构的根本目的。

（1）软件架构风格：软件架构设计的一个核心问题是能否达到架构级的软件复用，也就是说，能否在不同的系统中，使用同一个软件架构。软件架构风格是描述某一特定应用领域中系统组织方式的惯用模式。

软件架构风格的分类如下。

1）数据流风格：面向数据流，按照一定的顺序从前向后执行程序，代表的风格有批处理序列、管道-过滤器。

2）调用/返回风格：构件之间存在互相调用的关系，一般是显式的调用，代表的风格有主程序/子程序、面向对象、层次结构。

3）独立构件风格：构件之间是互相独立的，不存在显式的调用关系，而是通过某个事件触发、异步的方式来执行，代表的风格有进程通信、事件驱动系统（隐式调用）。

4）虚拟机风格：自定义了一套规则供使用者使用，使用者基于这个规则来开发构件，能够跨平台适配，代表的风格有解释器、基于规则的系统。

5）仓库风格：以数据为中心，所有的操作都是围绕建立的数据中心进行的，代表的风格有数据库系统、超文本系统、黑板系统。

（2）软件架构评估

1）敏感点：是指为了实现某种特定的质量属性，一个或多个构件所具有的特性。

2）权衡点：是影响多个质量属性的特性，是多个质量属性的敏感点。

3）软件架构评估在架构设计之后，系统设计之前，因此与设计、实现、测试都没有关系。评估的目的是为了评估所采用的架构是否能解决软件系统需求，但不是单纯地确定是否满足需求。

常用的架构评估方式：

1）基于调查问卷（检查表）的方式：类似于需求获取中的问卷调查方式，只不过是架构方面的问卷，要求评估人员对领域熟悉。

2）基于度量的方式：制订一些定量来度量架构，如代码行数等。要制订质量属性和度量结果之间的映射，要求评估人员对架构熟悉。

3）基于场景的方式：主要方法。首先要确定应用领域的功能和软件架构的结构之间的映射，然后要设计用于体现待评估质量属性的场景，最后分析软件架构对场景的支持程度。要求评估人员既对领域熟悉，也对架构熟悉。包含软件架构分析法、架构权衡分析法、成本效益分析法。

14. 软件设计

软件设计解决"怎么做"的问题。分为结构化设计（Structured Design，SD）和面向对象设计。

（1）结构化设计：面向数据流，面向过程，以 SRS 和 SA 阶段所产生的 DFD 和数据字典等文档为基础，是一个自顶向下、逐步求精和模块化的过程。分为概要设计和详细设计两个阶段。

在 SD 中，需要遵循一个基本原则：高内聚、低耦合。

（2）面向对象设计：主要任务是对类和对象进行设计，包括类的属性、方法，以及类与类之间的关系。OOD 的结果就是设计模型。对于 OOD 而言，在支持可维护性的同时，提高软件的可复用性是一个至关重要的问题，如何同时提高软件的可维护性和可复用性，是 OOD 需要解决的核心问题之一。

（3）设计模式：是前人经验的总结，它使人们可以方便地复用成功的软件设计。设计模式包含模式名称、问题、目的、解决方案、效果、实例代码和相关设计模式等基本要素。

1）根据处理范围不同，设计模式可分为类模式（静态关系）和对象模式（动态性）。

2）根据目的和用途不同，设计模式可分为创建型模式（创建对象）、结构型模式（处理类或对象的组合）和行为型模式（描述类或对象的交互及职责分配）三种。

15. 软件测试及其管理

软件测试方法可分为静态测试和动态测试。

（1）静态测试：指被测试程序不在机器上运行，而采用人工检测和计算机辅助静态分析的手段对程序进行检测，包括对文档的静态测试和对代码的静态测试。对文档的静态测试主要以检查单的形式进行，而对代码的静态测试，包括桌前检查、代码审查、代码走查的方式。使用这种方法能够有效地发现 30%～70%的逻辑设计和编码错误。

（2）动态测试：指在计算机上实际运行程序进行软件测试，一般采用白盒测试和黑盒测试的方法。

1）黑盒测试法：功能性测试，不了解软件代码结构，根据功能设计用例，测试软件功能。

2）白盒测试法：结构性测试，明确代码流程，根据代码逻辑设计用例，进行用例覆盖。

软件测试的类型有如下几种。

（1）单元测试：也称为模块测试，测试的对象是可独立编译或汇编的程序模块、软件构件或

OO 软件中的类（统称为模块），测试依据是软件详细设计说明书。

（2）集成测试：目的是检查模块之间，以及模块和已集成的软件之间的接口关系，并验证已集成的软件是否符合设计要求。测试依据是软件概要设计文档。

（3）确认测试：主要用于验证软件的功能、性能和其他特性是否与用户需求一致。根据用户的参与程度，通常包括以下类型：

1）内部确认测试：主要由软件开发组织内部按照 SRS 进行测试。

2）Alpha 测试：用户在开发环境下进行测试。

3）Beta 测试：用户在实际使用环境下进行测试，通过该测试后，产品才能交付用户。

4）验收测试：针对 SRS，在交付前以用户为主进行的测试。其测试对象为完整的、集成的计算机系统。验收测试的目的是在真实的用户工作环境下，检验软件系统是否满足开发技术合同或 SRS。验收测试的结论是用户确定是否接收该软件的主要依据。除应满足一般测试的准入条件外，在进行验收测试之前，应确认被测软件系统已通过系统测试。

（4）系统测试：测试对象是完整的、集成的计算机系统；测试的目的是在真实系统工作环境下，验证完成的软件配置项能否和系统正确连接，并满足系统/子系统设计文档和软件开发合同规定的要求。测试依据是用户需求或开发合同。

主要内容包括功能测试、健壮性测试、性能测试、用户界面测试、安全性测试、安装与反安装测试等，其中，最重要的工作是进行功能测试与性能测试。功能测试主要采用黑盒测试方法；性能测试主要指标有响应时间、吞吐量、并发用户数和资源利用率等。

（5）配置项测试：测试对象是软件配置项，测试目的是检验软件配置项与 SRS 的一致性。测试的依据是 SRS。在此之间，应确认被测软件配置项已通过单元测试和集成测试。

（6）回归测试：测试目的是测试软件变更之后，变更部分的正确性和对变更需求的符合性，以及软件原有的、正确的功能、性能和其他规定的要求的不损害性。

16. 软件维护

软件维护是软件生命周期的一个完整部分。可以将软件维护定义为需要提供软件支持的全部活动。这些活动包括在交付前完成的活动，以及交付后完成的活动。交付前完成的活动包括交付后运行的计划和维护计划等。交付后的活动包括软件修改、培训和帮助资料等。

软件维护包括如下类型：

（1）更正性维护：软件产品交付后进行的修改，以更正发现的问题。

（2）适应性维护：软件产品交付后进行的修改，以保持软件产品能在变化后或变化中的环境中可以继续使用。

（3）完善性维护：软件产品交付后进行的修改，以改进性能和可维护性。

（4）预防性维护：软件产品交付后进行的修改，以在软件产品中的潜在错误成为实际错误前，检测和更正它们。

17. 评审与审计

评审与审计的过程包括管理评审、技术评审、检查、走查、审计等。

（1）管理评审的目的是监控进展，决定计划和进度的状态，或评价用于达到目标所用管理方法的有效性。

（2）技术评审的目的是评价软件产品，以确定其对使用意图的适合性，目标是识别规范说明和标准的差异，并向管理提供证据，以表明产品是否满足规范说明并遵从标准，而且可以控制变更。

（3）软件走查的目的是评价软件产品，走查也可以用于培训软件产品的听众，主要目标是发现异常、改进软件产品、考虑其他实现、评价是否遵从标准和规范说明。走查类似于检查，但通常不那么正式。走查通常主要由同事评审其工作，以作为一种保障技术。

（4）软件审计的目的是提供软件产品和过程对于可应用的规则、标准、指南、计划和流程的遵从性的独立评价。审计是正式组织的活动，识别违例情况，并产生一个报告，采取更正性行动。

18. 软件质量保证

通过制订计划、实施和完成等活动保证项目生命周期中的软件产品和过程符合其规定的要求。

19. 软件过程管理

软件过程是一个为建造高质量软件所需完成的任务的框架，即形成软件产品的一系列步骤，包括中间产品、资源、角色及过程中采取的方法、工具等范畴。不同的体系会有不同的划分，美国 PMI 将其划分为启动、规划、执行、监控、收尾五大过程组。软件过程管理即将软件的各过程组过程使用系统的方法管理起来。

20. 软件集成技术

企业应用集成（Enterprise Application Integration，EAI），可以适用于大多数要实施电子商务的企业，以及企业之间的应用集成。

（1）表示集成：即界面集成，是最原始的集成，黑盒集成。是将多个信息系统的界面集成在一起，统一入口，为用户提供一个看上去统一，但是由多个系统组成的应用系统的集成，例如桌面。其结构如图 1-10 所示。

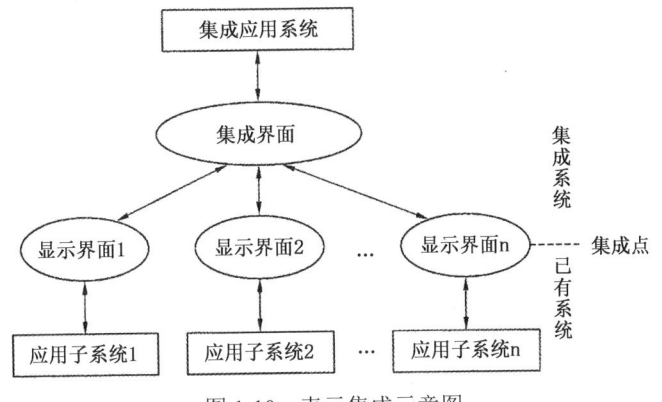

图 1-10 表示集成示意图

（2）数据集成：白盒集成，把不同来源、格式、特点性质的数据在逻辑上或者物理上有机地集中，从而为企业提供全面的数据共享，如数据仓库。其结构如图 1-11（a）所示。

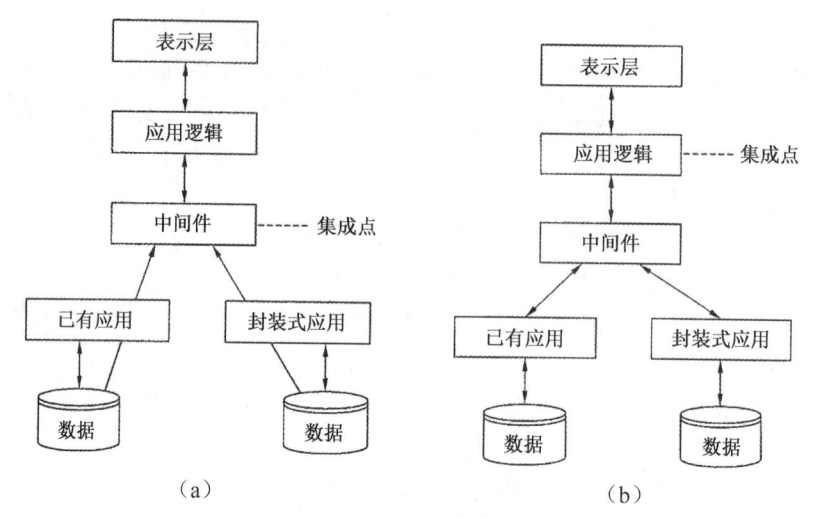

图 1-11 数据集成示意图和控制集成示意图

（3）控制集成（功能集成、应用集成）：黑盒集成，业务逻辑层次的集成，可以借助于远程过程调用或远程方法调用、面向消息的中间件等技术，将多个应用系统功能进行绑定，使之像一个实时运行的系统一样接受信息输入和产生数据输出，实现多个系统功能的叠加，如钉钉。其结构如图1-11（b）所示。

（4）业务流程集成：即过程集成，最彻底的、综合的集成，这种集成超越了数据和系统，由一系列基于标准的、统一数据格式的工作流组成。当进行业务流程集成时，企业必须对各种业务信息的交换进行定义、授权和管理，以便于改进操作、减少成本、提高响应速度。它包括应用集成、B2B集成、自动化业务流程管理、人工流程管理、企业门户，以及对所有应用系统和流程的管理和监控等。如电子购物网站－第三方支付平台－银行－物流等流程的集成。

1.2.5 新一代信息技术

1. 物联网（The Internet of Things）

物联网是指通过信息传感设备，按约定的协议，将任何物品与互联网相连接，进行信息交换和通信，以实现智能化识别、定位、跟踪、监控和管理的一种网络。

（1）物联网主要解决物品与物品（Thing to Thing，T2T）、人与物品（Human to Thing，H2T）、人与人（Human to Human，H2H）之间的互连。

（2）物联网的核心和基础仍然是互联网，是在互联网基础上的延伸和扩展的网络。

（3）物联网是把用户端延伸和扩展到了任何物品与物品之间的信息交换和通信。

（4）在物联网应用中有**两项关键技术**，分别是传感器技术和嵌入式技术。

1）传感器（Sensor） 是一种检测装置，能感受到被测量的信息，并能将检测感受到的信息，按一定规律变换成为电信号或其他所需形式的信息输出，以满足信息的传输、处理、存储、显示、记录和控制等要求。在计算机系统中，传感器的主要作用是将模拟信号转换成数字信号。

射频识别（Radio Frequency IDentification，RFID）是物联网中使用的一种传感器技术，可通过无线电信号识别特定目标并读写相关数据，而无需识别系统与特定目标之间建立机械或光学接触。

2）嵌入式技术是综合了计算机软硬件、传感器技术、集成电路技术、电子应用技术为一体的复杂技术。

（5）物联网架构可分为三层，即感知层、网络层和应用层。

1）感知层由各种传感器构成，包括温湿度传感器、二维码标签、RFID 标签和读写器、摄像头、GPS 等感知终端。感知层是物联网识别物体、采集信息的来源。

2）网络层由各种网络，包括互联网、广电网、网络管理系统和云计算平台等组成，是整个物联网的中枢，负责传递和处理感知层获取的信息。

3）应用层是物联网和用户的接口，它与行业需求结合，实现物联网的智能应用。

物联网在城市管理中的综合应用就是所谓的智慧城市。智慧城市建设主要包括以下几部分：①通过传感器或信息采集设备全方位地获取城市系统数据；②通过网络将城市数据关联、融合、处理、分析为信息；③通过充分共享、智能挖掘将信息变成知识；④结合信息技术，把知识应用到各行各业形成智慧。

2. 智慧城市建设参考模型

智慧城市建设参考模型包括有依赖关系的五层和对建设有约束关系的三个支撑体系。

（1）五层。

1）物联感知层：提供对城市环境的智能感知能力，通过各种信息采集设备、各类传感器、监控摄像机、GPS 终端等实现对城市范围内的基础设施、大气环境、交通、公共安全等方面信息采集、识别和监测。

2）通信网络层：广泛互联，以互联网、电信网、广播电视网以及传输介质为光纤的城市专用网作为骨干传输网络，以覆盖全城的无线网络（如 WiFi）、移动 4G 为主要接入网组成网络通信基础设施。

3）计算与存储层：包括软件资源、计算资源和存储资源，为智慧城市提供数据存储和计算，保障上层对于数据汇聚的相关需求。

4）数据及服务支撑层：利用 SOA（面向服务的体系架构）、云计算、大数据等技术，通过数据和服务的融合，支撑承载智慧应用层中的相关应用，提供应用所需的各种服务和共享资源。

5）智慧应用层：各种基于行业或领域的智慧应用及应用整合，如智慧交通、智慧家政、智慧园区、智慧社区、智慧政务、智慧旅游、智慧环保等，为社会公众、企业、城市管理者等提供整体的信息化应用和服务。

（2）支撑体系。

1）安全保障体系：为智慧城市建设构建统一的安全平台，实现统一入口、统一认证、统一授权、日志记录服务。

2）建设和运营管理体系：为智慧城市建设提供整体的运维管理机制，确保智慧城市整体建设管理和可持续运行。

3）标准规范体系：标准规范体系用于指导和支撑我国各地城市信息化用户、各行业智慧应用信息系统的总体规划和工程建设，同时规范和引导我国智慧城市相关 IT 产业的发展，为智慧城市建设、管理和运行维护提供统一规范，便于互联、共享、互操作和扩展。

3. 云计算（Cloud Computing）

云计算是一种基于互联网的计算方式，通过这种方式，在网络上配置为共享的软件资源、计算资源、存储资源和信息资源可以按需求提供给网上终端设备和终端用户。云计算也可以理解为向用户屏蔽底层差异的分布式处理架构，在云计算环境中，用户与实际服务提供的计算资源相分离，云端集合了大量计算设备和资源。

云计算通过互联网来提供动态易扩展而且经常是虚拟化的资源，并且计算能力也可作为一种资源通过互联网流通。

云计算的特点：

（1）宽带网络连接，用户需要通过宽带网络接入"云"中并获得有关的服务，"云"内节点之间也通过内部的高速网络相连。

（2）快速、按需、弹性的服务，用户可以按照实际需求迅速获取或释放资源，并可以根据需求对资源进行动态扩展。

（3）客户端可以根据需要，动态申请计算、存储和应用服务，在降低硬件、开发和运维成本的同时，大大拓展了客户端的处理能力。云计算通过网络提供可动态伸缩的廉价计算能力。

按照云计算服务提供的资源层次，可以分为**以下三种服务类型：**

（1）基础设施即服务（Infrastructure-as-a-Service，IaaS），向用户提供计算机能力、存储空间等基础设施方面的服务。这种服务模式需要较大的基础设施投入和长期运营管理经验。

（2）平台即服务（Platform-as-a-Service，PaaS），向用户提供虚拟的操作系统、数据库管理系统、Web 应用等平台化的服务。PaaS 服务的重点不在于直接的经济效益，而更注重构建和形成紧密的产业生态。

（3）软件即服务（Software-as-a-Service，SaaS）向用户提供应用软件（如 CRM、办公软件等）、组件、工作流等虚拟化软件的服务。

4. 大数据（Big Data）

大数据指无法在一定时间范围内用常规软件工具进行捕捉、管理和处理的数据集合，是需要新处理模式才能具有更强的决策力、洞察发现力和流程优化能力的海量、高增长率和多样化的信息资产。

大数据的 5V 特点如下：

Volume（大量）：数据体量巨大，从 TB 级别跃升到 PB、EB 甚至 ZB 级别。

Variety（多样）：数据类型繁多。

Value（价值）：价值密度低，价值密度的高低与数据总量的大小成反比。

Velocity（高速）：处理速度快，这是大数据区分与传统数据挖掘的最显著特征。

Veracity（真实性）：数据的准确性和可信赖度，即数据的质量。

大数据是具有体量大、结构多样、时效性强等特征的数据，处理大数据需要采用新型计算架构和智能算法等新技术。大数据从数据源经过分析挖掘到最终获得价值一般需要经过 5 个主要环节，即数据准备、数据存储与管理、计算处理、数据分析和知识展现。

5. 移动互联

移动互联是移动互联网的简称，它是通过将移动通信与互联网二者结合到一起而形成的。其工作原理为用户端通过移动终端来对因特网上的信息进行访问，并获取一些所需要的信息，人们可以享受一系列的信息服务带来的便利。

（1）从用户使用终端去定义：用户使用手机、上网本、笔记本电脑、平板电脑、智能本等移动终端，通过移动网络获取移动通信网络服务和互联网服务。

移动互联网的核心是互联网，因此一般认为移动互联网是桌面互联网的补充和延伸，应用和内容仍是移动互联网的根本。

（2）移动互联网的特点。

1）终端移动性：移动互联网业务使得用户可以在移动状态下接入和使用互联网服务，移动的终端便于用户随身携带和随时使用。

2）业务使用的私密性：在使用移动互联网业务时，所使用的内容和服务更私密，如手机支付业务等。

3）终端和网络的局限性：网络能力方面，受到无线网络传输环境、技术能力等因素限制；终端能力方面，受到终端大小、处理能力、电池容量等的限制。

4）业务与终端、网络的强关联性：由于移动互联网业务受到了网络及终端能力的限制，因此，其业务内容和形式也需要适合特定的网络技术规格和终端类型。

（3）移动互联在市场领域和应用开发领域的特点。

1）重视对传感技术的应用。

2）有效地实现人与人的连接。

3）浏览器竞争及孤岛问题突出。

6. 人工智能

人工智能是研究使计算机来模拟人的某些思维过程和智能行为（如学习、推理、思考、规划等）的学科，主要包括计算机实现智能的原理、制造类似于人脑智能的计算机，使计算机能实现更高层次的应用。

人工智能包含了自识别和自学习能力。其主要研究方向包括人机对弈、人脸识别、自动驾驶等。

7. 区块链

区块链是一种按照时间顺序将数据区块以顺序相连的方式组合成的一种链式数据结构，并以密码学方式保证的不可篡改和不可伪造的分布式账本。

（1）区块链主要解决交易的信任和安全问题，最初是作为比特币的底层技术出现的。

（2）区块链是分布式数据存储、点对点传输、共识机制、加密算法等计算机技术的新型应用模式。

（3）区块链的四个技术创新如下。

1）分布式账本：交易记账由分布在不同地方的多个节点共同完成，而且每一个节点记录的都是完整的账目。因此它们都可以参与监督交易合法性，也可以共同为其作证。

2）非对称加密和授权技术：存储在区块链上的交易信息是公开的，但是账户身份信息是加密的，只有在数据拥有者授权的情况下才能访问。

3）共识机制：所有记账节点之间达成共识去认定一个记录的有效性。

4）智能合约：基于这些可信的不可篡改的数据，可以自动化地执行一些预先定义好的规则和条款。

（4）区块链系统由数据层、网络层、共识层、激励层、合约层和应用层组成。

1）数据层封装了底层数据区块以及相关的数据加密和时间戳等基础数据和基本算法。

2）网络层则包括分布式组网机制、数据传播机制和数据验证机制等。

3）共识层主要封装网络节点的各类共识算法。

4）激励层将经济因素集成到区块链技术体系中来，主要包括经济激励的发行机制和分配机制等。

5）合约层主要封装各类脚本、算法和智能合约，是区块链可编程特性的基础。

6）应用层则封装了区块链的各种应用场景和案例。

1.2.6 信息系统安全技术

1. 信息安全属性

信息安全属性主要包括以下内容：

（1）秘密性：信息不被未授权者知晓的属性。

（2）完整性：信息是正确的、真实的、未被篡改的、完整无缺的属性。

（3）可用性：信息可以随时正常使用的属性。

信息安全可以划分为以下**四个层次**：

（1）设备安全：信息系统设备的安全是信息系统安全的首要问题，主要包括设备的稳定性（不出故障的概率）、设备的可靠性（正常执行任务的概率）、设备的可用性（随时可以正常使用的概率）。

（2）数据安全：其安全属性包括秘密性、完整性和可用性，是传统的信息安全。

（3）内容安全：信息安全在政治、法律、道德层次上的要求。

（4）行为安全：数据安全本质上是一种静态安全，而行为安全是一种动态安全。包括行为的秘密性；行为的完整性；行为的可控性。

2. 信息系统安全保护等级

第一级，信息系统受到破坏后，会对公民、法人和其他组织的合法权益造成损害，但不损害国家安全、社会秩序和公共利益。第一级信息系统运营、使用单位应当依据国家有关管理规范和技术标准进行保护。

第二级，信息系统受到破坏后，会对公民、法人和其他组织的合法权益产生严重损害，或者对社会秩序和公共利益造成损害，但不损害国家安全。第二级信息系统运营、使用单位应当依据国家有关管理规范和技术标准进行保护。国家信息安全监管部门对该级信息系统信息安全等级保护工作进行指导。

第三级，信息系统受到破坏后，会对社会秩序和公共利益造成严重损害，或者对国家安全造成损害。第三级信息系统运营、使用单位应当依据国家有关管理规范和技术标准进行保护。国家信息安全监管部门对该级信息系统信息安全等级保护工作进行监督、检查。

第四级，信息系统受到破坏后，会对社会秩序和公共利益造成特别严重损害，或者对国家安全造成严重损害。第四级信息系统运营、使用单位应当依据国家有关管理规范、技术标准和业务专门需求进行保护。国家信息安全监管部门对该级信息系统信息安全等级保护工作进行强制监督、检查。

第五级，信息系统受到破坏后，会对国家安全造成特别严重损害。第五级信息系统运营、使用单位应当依据国家管理规范、技术标准和业务特殊安全需求进行保护。国家指定专门部门对该级信息系统信息安全等级保护工作进行专门监督、检查。

3．计算机系统安全保护能力的五个等级

（1）用户自主保护级：适用于普通内联网的用户。

（2）系统审计保护级：适用于通过内联网或国际网进行商务活动，需要保密的非重要单位。

（3）安全标记保护级：适用于地方各级国家机关、金融机构、邮电通信、能源与水源供给部门、交通运输、大型工商与信息技术企业、重点工程建设单位。

（4）结构化保护级：适用于中央级国家机关、广播电视部门、重要物资储备单位、社会应急服务部门、尖端科技企业集团、国家重点科研机构和国际建设等部门。

（5）访问验证保护级：适用于国防关键部门和依法需要对计算机信息系统实施特殊隔离的单位。

4．信息加密

（1）对称加密技术（非公开密钥）。对称加密就是对数据的加密和解密的密钥（密码）是相同的，属于不公开密钥加密算法。其缺点是加密强度不高（因为只有一个密钥），且密钥分发困难（因为密钥还需要传输给接收方，也要考虑保密性等问题）。

常见的对称密钥加密算法如下：

1）DES：替换+移位、56位密钥、64位数据块、速度快，密钥易产生。

2）3DES：三重DES，两个56位密钥K1、K2。

加密：K1加密→K2解密→K1加密。

解密：K1解密→K2加密→K1解密。

3）AES：是美国联邦政府采用的一种区块加密标准，这个标准用来替代原先的DES。对其的要求是"至少像3DES一样安全"。

4）RC-5：RSA数据安全公司的很多产品都使用了RC-5。

5）IDEA：128位密钥、64位数据块，比DES的加密性好，对计算机功能要求相对低。

（2）非对称加密技术（公开密钥）。非对称加密就是对数据的加密和解密的密钥是不同的，是公开密钥加密算法。其缺点是加密速度慢（密钥有1024位，计算量大，不适合加密大数据）。

非对称技术的原理是：发送方甲方和接收方乙方都分别有各自的公钥和私钥，且甲方的公钥加密只能由甲方的私钥解密，乙方同。双方的公钥是可以共享的，但是私钥只能自己保密，此时，甲方要传输数据给乙方，明显应该使用乙方的公钥来加密，这样，只有使用乙方的私钥才能解密，而乙方的私钥只有乙方才有，保证了数据的保密性，也不用分发解密的密钥。

常见的非对称加密算法如下：

1）RSA：512 位（或 1024 位）密钥，计算量极大，难破解。

2）Elgamal、ECC（椭圆曲线算法）、背包算法、Rabin、D-H 等。

相比较可知，对称加密算法密钥一般只有 56 位，因此加密过程简单，适合加密大数据，也因此加密强度不高；而非对称加密算法密钥有 1024 位，相应的解密计算量庞大，难以破解，却不适合加密大数据，一般用来加密对称算法的密钥，这样，就将两个技术组合使用了，这也是数字信封的原理。

5. Hash 函数的概念

Hash 函数将任意长的报文 M 映射为定长的 Hash 码。Hash 函数的目的就是要产生文件、报文或其他数据块的"指纹"——Hash 码。Hash 码也称报文摘要，它是所有报文位的函数。它具有错误检测能力，即改变报文的任何一位或多位，都会导致 Hash 码的改变。

在实现认证过程中发送方将 Hash 码附于要发送的报文之后发送给接收方，接收方通过重新计算 Hash 码来认证报文。Hash 函数可提供保密性、报文认证以及数字签名功能。

6. 数字签名

数字签名是只有信息的发送者才能产生的别人无法伪造的一段数字串，这段数字串同时也是对信息的发送者发送信息真实性的一个有效证明。

数字签名属于非对称加密体制，主要功能有：不可否认、报文鉴别、报文的完整性。

完善的数字签名体系应满足以下 3 个条件：

（1）签名者事后不能抵赖自己的签名。

（2）任何其他人不能伪造签名。

（3）如果当事的双方关于签名的真伪发生争执，能够在公正的仲裁者面前通过验证签名来确认其真伪。

利用 RSA 密码可以同时实现数字签名和数据加密。

7. 认证的概念

认证又称鉴别、确认，它是证实某事是否名副其实或是否有效的一个过程。

认证和加密的区别在于：加密用以确保数据的保密性，阻止对手的被动攻击，如截取、窃听等；而认证用以确保报文发送者和接收者的真实性以及报文的完整性，阻止对手的主动攻击，如冒充、篡改、重播等。认证往往是许多应用系统中安全保护的第一道设防，因而极为重要。

认证系统常用的参数有口令、标识符、密钥、信物、智能卡、指纹、视网纹等。认证和数字签名技术都是确保数据真实性的措施，但两者有着明显的区别。

（1）认证总是基于某种收发双方共享的保密数据来认证被鉴别对象的真实性，而数字签名中用于验证签名的数据是公开的。

（2）认证允许收发双方互相验证其真实性，不准许第三者验证，而数字签名允许收发双方和第三者都能验证。

（3）数字签名具有发送方不能抵赖、接收方不能伪造和具有在公证人前解决纠纷的能力，而认证则不一定具备。

8. 信息系统安全

信息系统安全主要包括：计算机设备安全、网络安全、操作系统安全、数据库系统安全和应用系统安全等。

（1）计算机设备安全：保证计算机设备的运行安全，主要包括计算机实体及其信息的完整性、机密性、抗否认性、可用性、可审计性、可靠性等几个关键因素，包括以下几个方面：

物理安全：保护计算机网络设备、设施以及其他媒体免遭地震、水灾、火灾等环境事故（如电磁污染等）及人为操作失误或错误及各种计算机犯罪行为导致的破坏。物理安全是整个计算机信息系统安全的前提。

设备安全：包括设备的防盗和防毁，防止电磁信息泄漏，防止线路截获、抗电磁干扰以及电源的保护。

存储介质安全：介质本身和介质上存储数据的安全。

可靠性技术：一般采用容错系统设计，容错主要依靠冗余设计来实现。

（2）网络安全：网络作为信息的主要收集、存储、分配、传输、应用的载体，其安全对整个信息的安全起着至关重要甚至是决定性的作用。

1）常见的网络威胁包括：网络监听；口令攻击；拒绝服务攻击（DoS）；漏洞攻击，例如利用WEP 安全漏洞和 OpenSSL 安全漏洞实施攻击；僵尸网络（Botnet）；网络钓鱼（Phishing）；网络欺骗，主要有 ARP 欺骗、DNS 欺骗、IP 欺骗、WEB 欺骗、E-mail 欺骗等；网站安全威胁，主要有SQL 注入攻击、跨站攻击、旁注攻击等。

2）网络安全防御技术。

防火墙：主要用于逻辑隔离外部网络和受保护的内部网络，是一种静态安全技术，遵循策略控制，分为应用级防火墙和网络级防火墙。

入侵检测与防护：入侵检测系统（IDS）注重的是网络安全状况的监管，找寻攻击迹象并报警；入侵防护系统（IPS）倾向于提供主动防护，注重对入侵行为的控制。

虚拟专用网络（Virtual Private Network，VPN）：在公用网络中建立专用的、安全的数据通信通道的技术。VPN 可以认为是加密和认证技术在网络传输中的应用。

安全扫描：包括漏洞扫描、端口扫描、密码类扫描（发现弱口令密码）等。

蜜罐（Honeypot）技术：是一种主动防御技术，是入侵检测技术的一个重要发展方向，也是一个"诱捕"攻击者的陷阱。

（3）操作系统安全：是计算机系统软件安全的必要条件，是信息系统安全性的基础。

1）针对操作系统的安全威胁按照行为方式划分，通常有以下四种：

切断：这是对可用性的威胁。系统的资源被破坏或变得不可用或不能用，如破坏硬盘、切断通信线路或使文件管理失效。

截取：这是对机密性的威胁。未经授权的用户、程序或计算机系统获得了对某资源的访问，如在网络中窃取数据及非法拷贝文件和程序。

篡改：这是对完整性的攻击。未经授权的用户不仅获得了对某资源的访问，而且进行篡改，如修改数据文件中的值，修改网络中正在传送的消息内容。

伪造：这是对合法性的威胁。未经授权的用户将伪造的对象插入到系统中，如非法用户把伪造的消息加到网络中或向当前文件加入记录。

2）按照表现形式来分，操作系统面临的安全威胁有以下几种：
- 计算机病毒。
- 逻辑炸弹。
- 特洛伊木马。
- 后门。后门指的是嵌在操作系统中的一段非法代码，渗透者可以利用这段代码侵入系统。安装后门就是为了渗透。
- 隐蔽通道。隐蔽通道可定义为系统中不受安全策略控制的、违反安全策略、非公开的信息泄露路径。

3）操作系统安全性的主要目标是标识系统中的用户，对用户身份进行认证，对用户的操作进行控制，防止恶意用户对计算机资源进行窃取、篡改、破坏等非法存取，防止正当用户操作不当而危害系统安全，从而既保证系统运行的安全性，又保证系统自身的安全性。具体包括如下几个方面：

身份认证机制：实施强认证方法，比如口令、数字证书等。

访问控制机制：实施细粒度的用户访问控制，细化访问权限等。

数据保密性：对关键信息，数据要严加保密。

数据完整性：防止数据系统被恶意代码破坏，对关键信息进行数字签名技术保护。

系统的可用性：操作系统要加强应对攻击的能力，比如防病毒，防缓冲区溢出攻击等。

审计：审计是一种有效的保护措施，它可以在一定程度上阻止对计算机系统的威胁，并在系统检测、故障恢复方面发挥重要作用。

（4）**数据库系统安全**：主要指数据库管理系统安全，其安全问题可以认为是用于存储而非传输的数据的安全问题。

（5）**应用系统安全**：是以计算机设备安全、网络安全和数据库安全为基础的。同时，采取有效的防病毒、防篡改和版本检查审计，确保应用系统自身执行程序和配置文件的合法性、完整性是极其重要的安全保证措施。

Web 威胁防护技术主要包括：

1）Web 访问控制技术：保证网络资源不被非法访问者访问。

2）单点登录（Single Sign On，SSO）技术：为应用系统提供集中统一的身份认证，实现"一点登录，多点访问"。

3）网页防篡改技术：包括时间轮询技术、核心内嵌技术、事件触发技术、文件过滤驱动技术。

4）Web 内容安全：内容安全管理分为电子邮件过滤、网页过滤、反间谍软件三项技术。

1.2.7 信息化发展与应用

我国在"十三五"规划纲要中，将培育**人工智能**、**移动智能终端**、**第五代移动通信（5G）**、**先进传感器**等作为新一代信息技术产业创新重点发展，拓展新兴产业发展空间。

1. 工业化与信息化"两化融合"的含义

工业化与信息化"两化融合"是信息化与工业化发展战略的融合,即信息化发展战略与工业化发展战略要协调一致,信息化发展模式与工业化发展模式要高度匹配,信息化规划与工业化发展规划、计划要密切配合;是指信息资源与材料、能源等工业资源的融合;是指虚拟经济与工业实体经济融合;是指信息技术与工业技术、IT 设备与工业装备的融合。

当前,信息技术发展的总趋势是从典型的技术驱动发展模式向应用驱动与技术驱动相结合的模式转变,**信息技术发展趋势和新技术应用主要包括以下几个方面:**

(1) 高速度大容量。

(2) 集成化和平台化。

(3) 智能化。

(4) 虚拟计算。

(5) 通信技术。

(6) 遥感和传感技术。

(7) 移动智能终端。

(8) 以人为本。

(9) 信息安全。

2. 我国信息化发展的主要任务和发展重点

(1) 促进工业领域信息化深度应用。

(2) 加快推进服务业信息化。

(3) 积极提高中小企业信息化应用水平。

(4) 协力推进农业农村信息化。

(5) 全面深化电子政务应用。

(6) 稳步提高社会事业信息化水平。

(7) 统筹城镇化与信息化互动发展。

(8) 加强信息资源开发利用。

(9) 构建下一代国家综合信息基础设施。

(10) 促进重要领域基础设施智能化改造升级。

(11) 着力提高国民信息能力。

3. 电子政务

G2G:政府上级部门和下级部门之间的政务处理。

G2B:政府对企业提供的信息查询办事通道。

G2C:政府对公民提供的信息查询和办事通道。

G2E:政府公务员及内部工作人员办公系统,是其他模式的基础。

4. 电子商务

电子商务分三个方面:电子商情广告、电子选购和交易;电子交易凭证的交换、电子支付与结算;网上售后服务等。

参与电子商务的实体有四类：顾客（个人消费者或集团购买）、商户（包括销售商、制造商和储运商）、银行（包括发卡行和收单行）及认证中心。

按照交易对象，电子商务模式包括：

B2B：企业和企业之间的电子商务活动。

B2C：企业和消费者之间的电子商务活动。

C2C：消费者和消费者之间的电子商务活动，例如电商平台上个人买家和卖家。

O2O：线上购买商品或服务，线下消费，例如团购电影票等。

电子商务的基础设施包括：网络基础设施、多媒体内容和网络出版的基础设施、报文和信息传播的基础设施、商业服务的基础设施。此外，技术标准、政策、法律等是电子商务系统的重要保障和应用环境。

1.2.8 信息系统服务管理

1. 信息系统运行维护的概念和发展

运行维护是信息系统生命周期中**最重要**，也是**最长**的一个阶段。

运行维护服务是应用信息技术手段及方法，依据需方提出的服务级别要求，对其信息系统的基础环境、硬件、软件及安全等提供的各种技术支持和管理服务。**可分为以下六类**：

（1）基础环境运维：对保证信息系统正常运行所必需的电力、空调、消防、安防等基础环境的运维。

（2）硬件运维服务：对硬件设备及其附带软件的例行检查及状态监控、响应支持、故障处理、性能优化等服务。

（3）软件运维服务：对软件的功能修改完善、性能调优、例行检查、状态监控、响应支持等服务。

（4）安全运维服务：安全巡检、安全加固脆弱性检查、渗透性测试、安全风险评估、应急保障等。

（5）运维管理服务：整体承担基础环境、硬件、软件、安全等综合性运维而提供的管理服务。

（6）其他运行维护服务：数据迁移、应用迁移、机房或设备搬迁等服务。

2. IT 服务管理

IT 服务管理（IT Service Management，ITSM）是一套帮助组织对 IT 系统的规划、研发、实施和运营进行有效管理的方法，是一套方法论。ITSM 是一套通过**服务级别协议（Service Level Agreement，SLA）**来保证 IT 服务质量的协同流程，它融合了系统管理、网络管理、系统开发管理等管理活动和变更管理、资产管理、问题管理等许多流程的理论和实践。

3. ITSM 的核心思想

ITSM 的核心思想是：IT 组织不管是组织内部的还是外部的，都是 IT 服务提供者，其主要工作就是提供低成本、高质量的 IT 服务。而 IT 服务的质量和成本则需从 IT 服务的客户（购买 IT 服务）方和用户（使用 IT 服务）方加以判断。

（1）ITSM 是一种 IT 管理，与传统的 IT 管理不同，它是一种**以服务为中心**的 IT 管理。

（2）ITSM 是要把 IT 部门从成本中心转化为服务中心和利润中心；由以职能为中心转化为流程为中心。

（3）实施 ITSM 的根本目标有以下三个：

1）以客户为中心提供 IT 服务。

2）高质量、低成本的服务。

3）提供的服务是可准确计价的。

4. IT 基础架构库

IT 基础架构库（Information Technology Infrastructure Library，ITIL）是一个基于行业最佳实践的框架，将 IT 服务管理业务过程应用到 IT 管理中。ITIL 的实现包括以下方面：

（1）事件管理：管理偶然事件、突发事件。

（2）问题管理：管理经常性发生的问题。

（3）服务级别管理：确保服务提供方通过定义、签订和管理服务级别协议，满足服务需求方对服务质量的要求。

（4）服务台管理：服务台是 IT 部门和 IT 服务用户之间的单一联系点。它通过提供一个集中和专职的服务联系点促进了组织业务流程与服务管理基础架构集成。服务台的主要目标是协调客户（用户）和 IT 部门之间的联系，为 IT 服务运作提供支持，从而提高客户的满意度。

（5）服务级别协议：是指提供服务的企业与客户之间就服务的品质、水准、性能等方面所达成的双方共同认可的协议或契约。典型的服务级别协议的内容有：

1）与各方对所提供服务及协议有效期限的规定。

2）服务提供期间的时间规定，包括测试、维护和升级。

3）对用户数量、地点以及/或提供的相应硬件的服务的规定。

4）对故障报告流程的说明，包括故障升级到更高水平支持的条件。应包括对故障报告期望的应答时间的规定。

5）对变更请求流程的说明。可能包括完成例行的变更请求的期望时间。

6）对服务级别目标的规定。

7）与服务相关的收费规定。

8）用户责任的规定（用户培训、确保正确的桌面配置、没有不必要的软件、没有妨碍变更管理流程等）。

9）对解决与服务相关的不同意见的流程说明。

5. 信息技术服务管理的标准和框架

IT 服务标准体系（Information Technology Service Standards，ITSS）包含了 IT 服务的规划设计、部署实施、服务运营、持续改进和监督管理等全生命周期阶段应遵循的标准。

涉及信息系统建设、运行维护、服务管理、治理及外包等业务领域，是一套体系化的信息技术服务标准库，全面规范了信息技术服务产品及其组成要素，用于指导实施标准化和可信赖的信息技术服务。

ITSS 体系框架内容有：

（1）基础标准阐述 IT 服务分类、服务原理、从业人员能力规范等。

（2）服务管控标准阐述服务管理的通用要求/实施指南以及技术要求；阐述治理的通用要求、实施指南、绩效评价、审计以及对数据的治理；阐述信息技术服务监理规范等。

（3）服务业务标准按业务类型分为面向 IT 的服务标准（咨询设计，集成实施和运行维护）和 IT 驱动的服务标准（云服务运营、数据服务、互联网服务）。分为通用要求、服务规范和实施指南等，其中通用要求是对各业务类型基本能力要素的要求，服务规范是对服务内容和行为的规范，实施指南是对服务的落地指导。

（4）服务外包标准是信息技术服务采用外包方式时的通用要求及规范。

（5）服务安全标准确保服务安全可控。

（6）服务对象按照对象类型分为数据中心和终端。

（7）行业应用标准包含各行业应用的实施指南和结合行业特点的相关标准。

1.2.9 信息系统规划

1. 信息系统规划的定义

信息系统规划（也称为信息系统战略规划）是一个组织有关信息系统建设与应用的全局性谋划，主要包括战略目标、策略和部署等内容。

信息化规划是企业信息化建设的纲领和指南，是信息系统建设的前提和依据。

信息系统（战略）规划关注的是如何通过信息系统来支撑业务流程的运作，进而实现企业的关键业务目标，其重点在于对信息系统远景、组成架构、各部分逻辑关系进行规划。

2. 大型信息系统的特征

大型信息系统是以信息技术和通信技术为支撑的大系统，具有规模庞大、分布广阔、采用多级网络结构，跨越多个安全域，处理海量的、复杂且形式多样的数据，提供多种类型的应用等特征：

（1）规模庞大：包含的独立运行和管理的子系统甚多。

（2）跨地域性：分布广阔、部署不集中。

（3）网络结构复杂：采用多级网络结构，跨越多个安全域，网络关系复杂，接口众多。

（4）业务种类多：应用种类繁多，业务的处理逻辑复杂，各种业务之间的关联关系复杂。

（5）数据量大：处理的业务和信息量大，存储的数据复杂，内容多且形式多样。

（6）用户多：使用者多，角色多，对系统的访问、操作多。

3. 信息系统规划原则

信息系统规划原则如下所述。

（1）规划要支持企业的战略目标。

（2）规划整体上着眼于高层管理，兼顾各管理层、各业务层的要求。

（3）规划中涉及的各信息系统结构要有好的整体性和一致性。

（4）信息系统应该适应企业组织结构和管理体制的改变，弱化信息系统对组织机构的依从性，提高信息系统的应变能力。组织机构可以有变动，但最基本的活动和决策大体上是不变的。

（5）便于实施。

4. 企业实施信息系统规划

企业实施信息系统规划主要包括以下步骤：

（1）分析企业信息化现状。

（2）制订企业信息化战略。

（3）信息系统规划方案拟定和总体构架设计（包括技术路线、实施方案、运行维护方案等）。

5. 信息系统规划方法

信息系统规划（Information System Planning，ISP）方法经历了三个主要阶段：

第一阶段：以数据处理为核心，围绕职能部门需求。

企业系统规划法（Business System Planning，BSP）：重视数据的创建和使用，以数据的创建和使用归类，提供一个信息系统规划，建立 CU 矩阵（创建使用矩阵）。

关键成功因素法（Critical Success Factors，CSF）：重视关键因素，每个企业在某阶段都有关键因素，抓住关键信息。

战略集合转化法（Strategy Set Transformation，SST）：将企业的战略信息（环境、目标等）收集起来，转换为信息系统的战略信息，全方位地注重企业的战略信息。

第二阶段：以企业内部管理信息系统（Management Information System，MIS）为核心，围绕企业整体需求。

战略数据规划法（Strategy Data Planning，SDP）：强调建立企业模型和主题数据库（重点和关键是面向业务主题，整个企业的），数据类基本上是稳定的，而业务和流程是多变的。

信息工程法（Information Engineering，IE）：第一次提出以工程的方法来建立信息系统，信息工程是面向企业计算机信息系统建设，以数据为中心的开发方法。

战略栅格法（Strategy Grid，SG）：建立一个 2×2 的矩阵，每个矩阵元素代表过程对数据类的创建和使用等。栅格即划分矩阵。

第三阶段：综合考虑企业内外环境，以集成为核心，围绕企业战略需求。

价值链分析法（Value Chain Analysis，VCA）：将所有对企业有影响的信息作为一个个活动，其都有可能对企业造成增值，分析其中对企业增值最大的信息。

战略一致性模型（Strategic Alignment Model，SAM）：保证企业战略和信息系统战略要一致。

6. 企业系统规划（BSP）方法

企业系统规划方法主要用于大型信息系统的开发。BSP 采取的是自上而下的系统规划，而实现时自下而上分布进行。BSP 方法是通过全面调查，分析企业信息需求，制订信息系统总体方案的一种方法。BSP 方法步骤如图 1-12 所示。

信息系统的规划工具有如下几种。

（1）在制订计划时，可以利用 PERT 图和甘特图。

（2）访谈时，可以应用各种调查表和调查提纲。

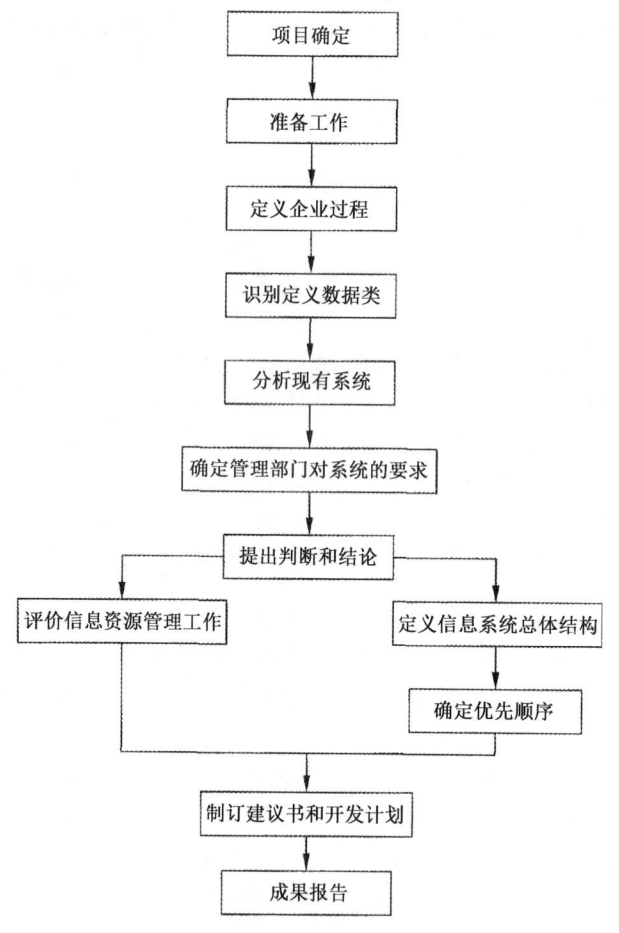

```
         项目确定
            ↓
         准备工作
            ↓
         定义企业过程
            ↓
         识别定义数据类
            ↓
         分析现有系统
            ↓
      确定管理部门对系统的要求
            ↓
         提出判断和结论
         ↓          ↓
  评价信息资源管理工作   定义信息系统总体结构
                        ↓
                     确定优先顺序
            ↓
        制订建议书和开发计划
            ↓
          成果报告
```

图 1-12　BSP 方法步骤

（3）在确定各部门、各层管理人员的需求，梳理流程时，可以采用会谈和正式会议的方法。

（4）为把企业组织结构与企业过程联系起来，说明每个过程与组织的联系，指出过程决策人，可以采用建立过程/组织（Process/Organization，P/O）矩阵的方法，见表 1-3。

表 1-3　P/O 矩阵示例

过程		组织		
		总经理	财务副总	业务副总
人事	人员计划	√	*	
	招聘培训			
	合同支付	√	*	+

注：表中"√""*""+"表示不同组织人员对于不同过程的参与程度，"+"大于"√"大于"*"。

（5）为定义数据类，在调查研究和访谈的基础上，可以采用实体法归纳出数据类。实体法首先列出企业资源，再列出一个资源/数据（Resource/Data，R/D）矩阵，见表1-4。

表1-4 R/D矩阵示例

数据类型	企业资源						
	产品	顾客	设备	材料	厂商	资金	人事
存档数据	产品 零部件	客户	设备 负荷	原材料 付款单	厂家	财务会计 总账	雇员 工资
事务数据	订购	运输			材料接收	收款/付款	
计划数据	产品计划	销售区域 销售行业	设备计划 能力计划	需求 生产计划表		预算	人员计划
统计数据	产品需求	销售历史	设备利用率	分类需求	厂家行为	财务统计	生产率

（6）功能法也称为过程法，它利用所识别的企业过程，分析每个过程的输入数据类和输出数据类，与RD矩阵进行比较并调整，最后归纳出系统的数据类。功能法可以用输入-处理-输出（Input-Process-Output，IPO）图表示。

（7）CU矩阵。企业过程和数据类定义好后，可以企业过程为列，以数据类为行，按照企业过程生成数据类关系填写C（Create），使用数据类关系填写U（User），形成CU矩阵，见表1-5。

表1-5 CU矩阵示例

企业过程	数据类						
	顾客	预算	产品	费用	销售	价格	计划
市场分析	U		U		U	U	U
产品调查	U		U			U	U
销售预测	U	C	U		U	U	C
财务计划		U		U			C

1.2.10 CIO及职责

CIO（企业首席信息官），与CFO、CTO等这一类职务相对应，是相当于副总裁或副经理地位的重要职务，是决策层中的重要角色。

CIO的主要职责：

（1）提供信息，帮助企业作出决策。
（2）帮助企业制订中长期发展战略。
（3）有效管理IT部门。
（4）制订信息系统发展规划。

(5) 建立积极的 IT 文化。

1.3 课后演练（精选真题）

- 国家信息化体系包括六个要素，其中__(1)__是信息化体系六要素中的龙头，是国家信息化建设的主阵地，集中体现了国家信息化建设的需求和效益。**（2021 年 5 月第 1 题）**

    (1) A. 信息资源　　　　　　　　　　B. 信息技术应用

    　　C. 信息网络　　　　　　　　　　D. 信息化政策法规和标准规范

- 某行业协会计划开发一个信息管理系统，现阶段用户无法明确该系统的全部功能要求，希望在试用后再逐渐改进并最终实现用户需求。则该信息系统应采用的开发方法是__(2)__。**（2021 年 5 月第 2 题）**

    (2) A. 结构化方法　　　　　　　　　　B. 面向对象方法

    　　C. 原型化方法　　　　　　　　　　D. 面向服务方法

- 路由器工作在__(3)__，通过逻辑地址进行网络之间的信息转发。**（2021 年 5 月第 3 题）**

    (3) A. 物理层　　　B. 数据链路层　　　C. 传输层　　　D. 网络层

- 关于网络存储技术的描述，不正确的是__(4)__。**（2021 年 5 月第 4 题）**

    (4) A. 当存储容量增加时，采用直接附加存储（DAS）方式很难扩容

    　　B. 网络附加存储（NAS）支持即插即用，可经济地解决存储容量不足的问题

    　　C. 光纤通道存储区域网络（FC SAN）相对成本较低，配置简单

    　　D. 网际协议存储区域网络（IP SAN）设备成本低，可共享和使用大容量存储空间

- 主流的软件开发工具（IDE）均提供一些稿件，用来进行代码的静态检查，帮助开发人员做出质量高的软件，这种稿件所进行的测试不属于__(5)__。**（2021 年 11 月第 11 题）**

    (5) A. 静态测试　　　B. 白盒测试　　　C. 代码走查　　　D. 功能测试

- 企业内的应用集成可以包括表示集成、数据集成、控制集成和业务流程集成等多个层次和方面，对于这些集成关系的描述，不正确的是__(6)__。**（2021 年 11 月第 12 题）**

    (6) A. 在业务逻辑比较稳定的情况下，数据集成比表示集成更灵活

    　　B. 控制集成比表示集成和数据集成灵活性更高

    　　C. 数据集成比控制集成复杂性高，控制集成比表示集成复杂性高

    　　D. 业务流程集成的复杂性最高，这种集成超越了数据和系统

- 当前我国政府信息化和电子政务建设发展迅速，人民群众办理很多业务只需要通过浏览器就可以完成，这些业务单位信息系统架构规划属于__(7)__。**（2021 年 11 月第 17 题）**

    (7) A. 文件服务器架构　　　　　　　　B. 典型客户端/服务器两层架构

    　　C. 客户/服务器 N 层架构　　　　　D. 基于 Web 的架构

- 下图中的软件架构设计属于__(8)__风格。**（2021 年 11 月第 9 题）**

    (8) A. 虚拟机风格　　B. 调用返回风格　　C. 独立构件风格　　D. 数据流风格

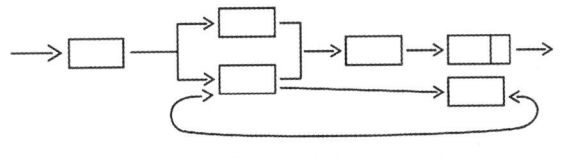

某软件架构设计风格

- 项目成员张工绘制了四张类图，其中不正确的是 __(9)__ 。（2019年5月第27题）

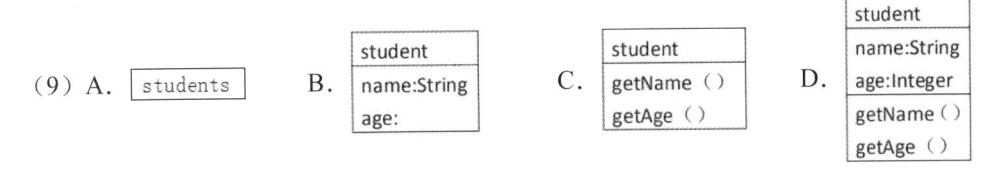

（9）A. students　　B. student / name:String / age:　　C. student / getName() / getAge()　　D. student / name:String / age:Integer / getName() / getAge()

- 对象和类是面向对象中两个重要的概念，关于对象和类，不正确的是 __(10)__ 。（2019年11月第1题）

（10）A. 对象是类的实例　　　　　　　B. 类是对象的抽象
　　　C. 一个类只能产生一个对象　　　D. 类中包含方法和属性

- 依据2021年印发的《5G应用"扬帆行动计划（2021－2023年）"》，到2023年，我国5G应用发展水平显著提升，综合实力持续加强，打造 __(11)__ 深度融合新生态。（2021年11月第16题）
①信息技术　②通信技术　③运营技术　④网络技术
（11）A. ①②③　　B. ①②④　　C. ②③④　　D. ①③④

- 关于大数据特点的描述，正确的是 __(12)__ 。（2021年5月第7题）
①数据体量巨大　②数据处理速度快　③数据价值密度高　④数据真实　⑤结构化数据为主
（12）A. ①②③　　B. ②④⑤　　C. ①②④　　D. ①④⑤

- 小王用智能手环来督促自己每天走路10000步，这是将 __(13)__ 应用到移动互联网中，为用户提供智能化服务。（2021年5月第8题）
（13）A. 用户画像　　B. 传感技术　　C. 数据挖掘　　D. 射频识别

- 影院向消费者线上提供订票、卖品优惠及其他会员服务，线下提供商品或服务，此模式称为 __(14)__ 。（2020年11月第4题）
（14）A. O2O　　B. B2B　　C. B2G　　D. C2C

- 关于信息安全的描述，不正确的是 __(15)__ 。（2020年11月第12题）
（15）A. 数据安全属性包括秘密性、完整性、可用性
　　　B. 信息的完整性是指信息随时可以正常使用
　　　C. 内容安全包括信息内容保密、信息隐私保护等
　　　D. 数据安全是静态安全，行为安全是动态安全

- 关于RSA算法的描述，不正确的是 __(16)__ 。（2021年11月第15题）
（16）A. RSA算法是非对称算法的代表

B．RSA 算法加密密钥与解密密钥不同

C．RSA 算法中解密密钥公开，而加密密钥需要保密

D．利用 RSA 密码可以同时实现数字签名和数据加密

● "十四五"期间，我国关注推动政务信息化共建共用，推动构建网络安全空间命运共同体，属于＿＿（17）＿＿建设内容。（**2021 年 11 月第 1 题**）

（17）A．科技中国　　　B．数字中国　　　C．制造中国　　　D．创新中国

● 信息系统规划（ISP）的第三阶段以集成为核心，围绕＿＿（18）＿＿进行，主要方法包括价值链分析法等。（**2021 年 5 月第 16 题**）

（18）A．职能部门需求　　　　　　　　B．企业战略需求

　　　C．市场环境需求　　　　　　　　D．企业整体需求

● 能把企业组织结构和企业过程联系起来的信息系统规划工具为＿＿（19）＿＿。（**2021 年 5 月第 17 题**）

（19）A．P/O 矩阵　　　B．R/D 矩阵　　　C．IPO 图　　　D．CU 矩阵

1.4　课后演练答案解析

（1）**参考答案**：B

解析：信息化体系六要素如图 1-13 所示。

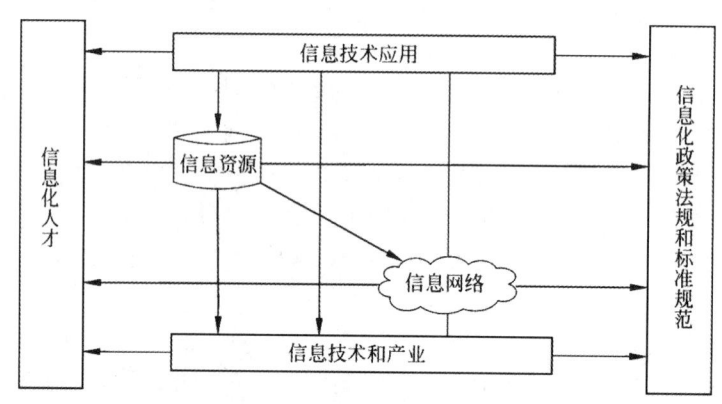

图 1-13　信息化体系六要素

（2）**参考答案**：C

解析：需求不明确，采用原型开发方法。

（3）**参考答案**：D

解析：路由器是网络层设备。

（4）**参考答案**：C

解析：光纤的成本比电缆的更高。

（5）**参考答案**：D

解析：软件测试方法可分为静态测试和动态测试。

静态测试是指被测试程序不在机器上运行，而采用人工检测和计算机辅助静态分析的手段对程序进行检测。静态测试包括对文档的静态测试和对代码的静态测试。对文档的静态测试主要以检查单的形式进行，而对代码的静态测试一般采用桌前检查（Desk Checking）、代码走查和代码审查。经验表明，使用这种方法能够有效地发现 30%～70% 的逻辑设计和编码错误。

动态测试是指在计算机上实际运行程序进行软件测试，一般采用白盒测试和黑盒测试方法。白盒测试也称为结构测试，主要用于软件单元测试中。它的主要思想是，将程序看作是一个透明的白盒，测试人员完全清楚程序的结构和处理算法，按照程序内部逻辑结构设计测试用例，检测程序中的主要执行通路是否都能按预定要求正确工作。白盒测试方法主要有控制流测试、数据流测试和程序变异测试等。另外，使用静态测试的方法也可以实现白盒测试。黑盒测试也称为功能测试，主要用于集成测试、确认测试和系统测试中。黑盒测试将程序看作是一个不透明的黑盒，完全不考虑（或不了解）程序的内部结构和处理算法，而只检查程序功能是否能按照 SRS 的要求正常使用，程序是否能适当地接收输入数据并产生正确的输出信息，程序运行过程中能否保持外部信息（例如，文件和数据库等）的完整性等。黑盒测试根据 SRS 所规定的功能来设计测试用例，一般包括等价类划分、边界值分析、判定表、因果图、状态图、随机测试、猜错法和正交试验法等。

（6）参考答案：C

解析：此题考查的是企业应用集成，必须掌握，为高频考点。

控制集成可能需要添加附加的代码来实现，控制集成与表示集成、数据集成相比，灵活性更高。所以 C 项错误。

由于控制集成是在业务逻辑层进行的，其复杂度更高一些。

（7）参考答案：D

解析：此题考查的是软件架构，必须掌握，为高频考点。

只需要通过浏览器就可以完成，相当于 B/S 架构，也就是基于 Web 的架构。

（8）参考答案：D

解析：此题考查的是软件架构设计风格，必须掌握，为高频考点。软件架构风格是用来解决软件的复用、质量和维护问题，是研究软件架构的根本目的。

Garlan 和 Shaw 对通用软件架构风格进行了分类，他们将软件架构分为数据流风格、调用/返回风格、独立构件风格、虚拟机风格和仓库风格。

1）数据流风格：包括批处理序列和管道/过滤器两种风格。
2）调用/返回风格：包括主程序/子程序、数据抽象和面向对象，以及层次结构。
3）独立构件风格：包括进程通信和事件驱动的系统。
4）虚拟机风格：包括解释器和基于规则的系统。
5）仓库风格：包括数据库系统、黑板系统和超文本系统。

其中，管道过滤器架构风格如图 1-14 所示。

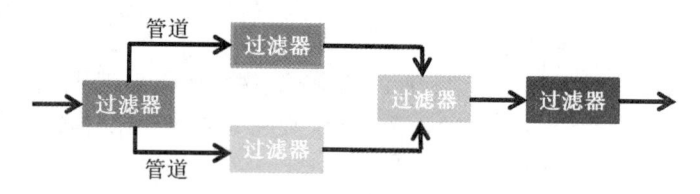

图 1-14　管道过滤器架构风格

（9）**参考答案**：B

解析：类图一般包括三个组成部分：第一个是类名；第二个是属性；第三个是该类提供的方法（类的性质可以放在第四部分；如果类中含有内部类，则会出现第五个组成部分）。类名部分是不能省略的，其他组成部分可以省略。所以 A 项是正确的。B 项不正确。定义了属性，则须定义其类型，如字符、整型、引用类型（String）等，这个相当于字段类型。B 答案中 age 没有定义属性类型，是错误的。属性的完整格式：可见性名称：类型[=缺省值]，其中名称和类型不可缺少，[=缺省值]是可选的。

（10）**参考答案**：C

解析：此题考查的是类和对象的基本概念，类是用户定义的一种数据类型，对象是类的实例，类定义了属于该类的所有对象的共同特性。一个类作为一种数据类型，它可以定义多个对象。

（11）**参考答案**：A

解析：此题考查的是 5G，为高频考点；此题知识点比较偏，超出了教材内容范围。

《5G 应用"扬帆行动计划（2021－2023 年）"》结合当前 5G 应用现状和未来趋势，确立了未来三年我国 5G 发展目标。到 2023 年，我国 5G 应用发展水平显著提升，综合实力持续增强。打造 IT（信息技术）、CT（通信技术）、OT（运营技术）深度融合新生态，实现重点领域 5G 应用深度和广度双突破，构建技术产业和标准体系双支柱，网络、平台、安全等基础能力进一步提升，5G 应用"扬帆远航"的局面逐步形成。

（12）**参考答案**：D

解析：此题考查的是数据治理，了解即可；此题知识点比较偏，超出了教材内容范围。

理：梳理业务流程，规划数据资源。

对于企业来说，每天的实时数据都会超过 TB 级别，需要采集用户的哪些数据，这么多的数据放在哪里，如何放，以什么样的方式放？这些问题都是需要事先进行规划的，需要有一套从无序变为有序的流程，这个过程需要跨部门的协作，包括了前端、后端、数据工程师、数据分析师、项目经理等角色的参与。

采：前后端将采集到的数据给到数据部门，数据部门通过 ETL（Extraction 抽取，Transformation 转换，Loading 加载）工具将数据从来源端经过抽取、转换、加载至目的端的过程，目的是将散落和零乱的数据集中存储起来。

存：大数据高性能存储及管理。

这么多的业务数据存在哪里？这需要有一高性能的大数据存储系统,在这套系统里面将数据进行分门别类放到其对应的库里面，为后续的管理及使用提供最大的便利。

用：即时查询、报表监控、智能分析、模型预测数据的最终目的就是辅助业务进行决策，前面的几个流程都是为最终的查询、分析、监控做铺垫。这个阶段就是数据分析师的主场，分析师们运用这些标准化的数据可以进行即时查询、指标体系和报表体系的建立、业务问题的分析，甚至是模型的预测。

（13）参考答案：B

解析：智能手环采集个人步数，是传感器。

（14）参考答案：A

解析：线上购买，线下消费，属于O2O。

（15）参考答案：B

解析：信息随时可以正常使用是可用性。

（16）参考答案：C

解析：此题考查的是信息安全知识，必须掌握，为高频考点。

非对称加密通常以RSA算法为代表。对称加密的加密密钥和解密密钥相同，而非对称加密的加密密钥和解密密钥不同，加密密钥可以公开而解密密钥需要保密。

（17）参考答案：B

解析：此题考查的是"十四五"规划，尽量掌握，为高频考点；超出教材内容范围。

题干中"推动政务信息化共建共用"属于打造"数字政府"的内容；"推动构建网络空间命运共同体"属于营造良好数字生态的内容。

（18）参考答案：B

解析：ISP第三个阶段的方法是在综合考虑企业内外环境的情况下，以集成为核心，围绕企业战略需求进行的信息系统规划，主要的方法包括价值链分析法和战略一致性模型。

（19）参考答案：A

解析：为把企业组织结构与企业过程联系起来,说明每个过程与组织的联系,指出过程决策人,可以采用建立过程/组织（Process/Organization，P/O）矩阵的方法。

第2章 信息系统项目管理基础

2.1 备考指南

本章节主要阐述信息系统项目管理的基础知识,如什么是项目,什么是项目管理以及项目生命周期和组织结构等,由此延伸出项目管理最重要的五大过程组和十大知识领域的内容,这些知识是后续学习具体项目管理知识领域和过程的重要基础。

本章节内容在上午综合知识的考试中会占3~4分,属于比较重要的章节,主要都是纯理论内容,需要大家理解并掌握。

2.2 考点梳理及精讲

2.2.1 项目管理基础

1. 项目的定义

项目是为提供一项独特产品、服务或成果所做的临时性努力。

项目的特点有:

(1)临时性(一次性):临时性是指每一个项目都有确定的开始和结束日期。

(2)独特的产品、服务或成果:项目创造独特的可交付成果,如产品、服务或成果。

(3)逐步完善:逐步完善是项目伴随临时性和独特性两个概念的特点之一。逐步完善意味着分步、连续的积累。

(4)资源约束:每一个项目都需要具备各种资源来作为实施的保证,而资源是有限的。所以,资源成本是项目成功实施的一个约束条件。

(5)目的性:项目工作的目的在于得到特定的结果,即项目是面向目标的。

2. 项目与日常运作的关系

(1)日常运作是持续不断和重复进行的,而项目是临时性的、独特的。

(2)项目和日常运作的目标有本质的不同。项目的目标是实现其目标,然后结束项目,而持续进行的日常运作的目标一般是为了维持经营。

（3）项目的实现机制与日常运作大相径庭，因为当目标实现时，项目就结束了。而日常运作是确定一组新目标，然后持续进行。

3．项目管理的定义

项目管理就是把各种知识、技能、手段与技术应用于项目活动之中，以达到项目的要求。

项目管理的特点有：

（1）项目管理是一项复杂的工作，由多个部分组成。
（2）项目管理具有创造性。
（3）项目管理需要集权领导和建立专门的项目组织。
（4）项目负责人在项目管理中起着非常重要的作用。
（5）社会经济、政治、文化、自然环境等对项目有影响。

4．项目管理知识体系构成

项目管理知识体系包括以下五个方面。

（1）项目管理知识体系：项目管理领域独特知识以及与其他管理领域交叉的部分。
（2）应用领域的知识、标准和规定：项目在具体应用领域的分类，包含职能部门和支持领域、技术因素、管理专业领域、工业组织。
（3）项目环境知识：项目管理团队应该在项目的社会、政治和自然环境背景下来考虑该项目。
（4）通用的管理知识和技能：一般的管理知识包括计划、组织、人事、执行和控制一个正在运行的企业的运营。
（5）软技能或人际关系技能：包括人际关系管理。

2.2.2 组织结构

1．职能型组织

职能型组织没有专门的项目经理，而是以职能部门经理为主导，项目团队由各个职能部门员工抽调组成。

职能型组织的优点有：

（1）强大的技术支持，便于知识、技能和经验的交流。
（2）清晰的职业生涯晋升路线。
（3）直线沟通、交流简单、责任和权限很清晰。
（4）有利于重复性工作为主的过程管理。

同时，职能型组织也存在着如下缺点：职能利益优先于项目，具有狭隘性；组织横向之间的联系薄弱，部门间沟通、协调难度大；项目经理极少或缺少权力、权威；项目管理发展方向不明，缺少项目基准等。

2．项目型组织

项目型组织有专门的项目经理负责项目团队，无职能部门的概念，项目经理权利大。

项目型组织的优点有：

（1）结构单一，责权分明，利于统一指挥。

（2）目标明确单一。

（3）沟通简洁、方便。

（4）决策快。

同时，项目型组织也存在着如下缺点：管理成本过高，如项目的工作量不足则资源配置效率低；项目环境比较封闭，不利于沟通、技术知识等共享；员工缺乏事业上的连续型和保障等。

3. 矩阵型组织

矩阵型组织既有职能部门，也有项目经理，分为弱矩阵、平衡矩阵、强矩阵三种，在三种矩阵型组织结构中项目经理的权利依次递增。

矩阵型组织的优点有：

（1）项目经理负责制、有明确的项目目标。

（2）改善了项目经理对整体资源的控制。

（3）及时响应。

（4）获得职能组织更多的支持。

（5）最大限度地利用公司的稀缺资源。

（6）降低了跨职能部门间的协调合作难度。

（7）使质量、成本、时间等制约因素得到更好的平衡。

（8）团队成员有归属感、士气高、问题少。

（9）出现的冲突较少，且易处理。

同时，矩阵型组织也存在着如下缺点：管理成本增加；多头领导；难以监测和控制；资源分配与项目优先的问题产生冲突；权利难以保持平衡等。

4. 组织结构对项目的影响

组织结构对项目的影响见表 2-1。

表 2-1　组织结构对项目的影响

项目特点	组织类型			
	职能型组织	矩阵型组织			项目型组织
		弱矩阵型组织	平衡矩阵型组织	强矩阵型组织	
项目经理的权力	很小和没有	有限	小～中等	中等～大	大～全权
组织中全职参与项自工作的职员比例	没有	0%～25%	15%～60%	50%～95%	85%～100%
项目经理的职位	部分时间	部分时间	全时	全时	全时
项目经理的一般头衔	项目协调员/项自主管	项目协调员/项目主管	项目经理/项目主任	项目经理/计划经理	项目经理/计划经理
项目管理行政人员	部分时间	部分时间	部分时间	全时	全时

5. 项目管理办公室

项目管理办公室（Project Mangement office，PMO）可以存在于任何组织结构中，包括职能型组织。PMO 的主要职能：

（1）在所有 PMO 管理的项目之间共享和协调资源。

（2）明确和制订项目管理方法、最佳实践和标准。

（3）负责制订项目方针、流程、模板和其他共享资料。

（4）为所有项目进行集中的配置管理。

（5）对所有项目的集中的共同风险和独特风险存储库加以管理。

（6）项目工具（如企业级项目管理软件）的实施和管理中心。

（7）项目之间的沟通管理协调中心。

（8）对项目经理进行指导的平台。

（9）通常对所有 PMO 管理的项目的时间基线和预算进行集中监控。

（10）在项目经理和任何内部或外部的质量人员或标准化组织之间协调整体项目的质量标准。

PMO 的类型有：支持型、控制型、指令型（对项目的控制强度由弱到强）。

2.2.3 信息系统项目的生命周期

1. 通用的生命周期结构

通用的生命周期结构具有以下特征：

（1）成本与人力投入在开始时较低，在工作执行期间达到最高，并在项目快要结束时迅速回落。

（2）风险与不确定性在项目开始时最大，并在项目的整个生命周期中随着决策的制订与可交付成果的验收而逐步降低。

2. 项目阶段

一个项目可以划分为任意数量的阶段。项目阶段是一组具有逻辑关系的项目活动的集合，通常以一个或多个可交付成果的完成作为结束。

所有的项目阶段都具有以下类似特征：

（1）各阶段的工作重点不同，通常涉及不同的组织，处于不同的地理位置，需要不同的技能组合。

（2）为了成功实现各阶段的主要可交付成果或目标，需要对各阶段及其活动进行独特的控制或采用独特的过程。

（3）阶段的技术以作为阶段性可交付成果的工作产品的转移或移交为标志。

阶段与阶段的关系有两种基本类型：

（1）顺序关系。在顺序关系中，一个阶段只能在前一阶段完成后开始。项目的多个阶段完全按顺序排列。其按部就班的特点减少了项目的不确定性，但也排除了缩短项目总工期的可能性。

（2）交叠关系。在交叠关系中，一个阶段在前一阶段完成前就开始。这有时可作为进度压缩的一种技术，被称为"快速跟进"。阶段交叠可能需要增加额外的资源来并行开展工作，可能增加风险，也可能因尚未获得前一阶段的准确信息就开始后续工作而造成返工。

3. 信息系统典型生命周期模型

信息系统典型生命周期模型有如下几种。

（1）**瀑布模型（SDLC）**。瀑布模型是一个经典的软件生命周期模型，一般将软件开发分为可行性分析（计划）、需求分析、软件设计（概要设计、详细设计）、编码（含单元测试）、测试、运行维护等几个阶段。

瀑布模型的特点：自顶向下，逐层分解，将软件开发生命周期划分为多个阶段，上一个阶段的输出作为下一个阶段的输入，阶段之间界限清晰，一般不能并行，适合于需求明确的项目开发。

（2）**螺旋模型**。螺旋模型是一个演化软件过程模型，将原型实现的迭代特征与线性顺序（瀑布）模型中控制的和系统化的方面结合起来。在螺旋模型中，软件开发是一系列的增量发布。

螺旋模型的开发过程具有周期性重复的螺旋线状，其一次迭代过程包括制订计划、风险分析、实施工程、客户评估四个阶段。

螺旋模型强调了风险分析，特别适用于庞大而复杂的、高风险的系统。

（3）**迭代模型**。迭代模型的水平方向为时间维，从组织管理的角度描述整个软件开发生命周期，分初始、细化、构造、移交四个阶段；核心工作流从技术角度描述迭代模型的静态组成部分，包括业务建模、需求获取、分析与设计、实现、测试、部署。各阶段的主要任务如下。

1）初始阶段：系统地阐述项目的范围，选择可行的系统构架，计划和准备业务案例。

2）细化阶段：细化构想，细化过程和基础设施，细化构架并选择构件。

3）构造阶段：资源管理、控制和过程最优化，完成构件的开发并依评价标准进行测试，依构想的验收标准评估产品的发布。

4）移交阶段：同步并使并发的构造增量集成到一致的实施基线中，包括与实施有关的工程活动（商业包装和生产、人员培训等），同时根据完整的构想和需求集的验收标准评估实施基线。

（4）**V 模型**。V 模型从整体上看起来，就是一个 V 字形的结构，由左右两边组成，强调测试要尽早开始。左边的下画线分别代表了需求分析、概要设计、详细设计、编码。右边的上画线代表了单元测试、集成测试、系统测试与验收测试。注意测试阶段和开发阶段的对应关系是考点，如图 2-1 所示。

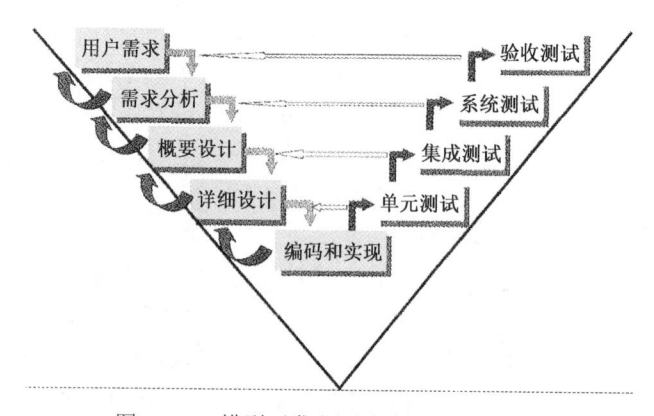

图 2-1 V 模型开发和测试阶段对应关系图

（5）**原型化模型**。原型化模型第一步就是创建一个快速原型，能够满足项目干系人与未来的用户可以与原型进行交互，再通过与相关干系人进行充分的讨论和分析，最终弄清楚当前系统的需求，充分了解之后，在原型的基础上开发出用户满意的产品。适合于需求不明确的项目开发。

（6）**敏捷开发**。敏捷开发是一种以人为核心、迭代、循序渐进的开发方法，相对于传统软件开发方法的"非敏捷"，更强调程序员团队与业务专家之间的紧密协作、面对面的沟通（认为比书面的文档更有效）、频繁交付新的软件版本、紧凑而自我组织型的团队、能够很好地适应需求变化的代码编写和团队组织方法，也更注重软件开发中人的作用。

Scrum 是一种迭代式增量软件开发过程，通常用于敏捷软件开发。敏捷软件开发宣言：个体和交互胜过过程和工具；可以工作的软件胜过面面俱到的文档；客户合作胜过合同谈判；响应变化胜过遵循计划。

（7）**统一过程**（Rational Unified Process，RUP）。统一过程提供了在开发组织中分派任务和责任的纪律化方法，它的目标是在可预见的日程和预算前提下，确保满足最终用户需求的高质量产品。

1）3 个显著特点：用例驱动、以架构为中心、迭代和增量。

2）4 个流程：初始阶段、细化阶段、构建阶段和交付阶段。每个阶段结束时都要安排一次技术评审，以确定这个阶段的目标是否已经达到。

3）适用：一个通用过程框架，可以用于种类广泛的软件系统、不同的应用领域、不同的组织类型、不同性能水平和不同的项目规模。

2.2.4 单个项目的管理过程

1. 项目管理过程

按项目管理过程在项目管理中的职能可以将组成项目的各个过程归纳为 5 组，即项目管理过程组。

（1）启动过程组：定义并批准项目或项目阶段。

（2）计划过程组：定义和细化目标，并为实现项目而要达到的目标和完成项目要解决的问题范围而规划必要的行动路线。

（3）执行过程组：整合人员和其他资源，在项目的生命周期或某个阶段执行项目管理计划。

（4）监督与控制过程组：要求定期测量和监控项目绩效情况，识别与项目管理计划的偏差，以便在必要时采取纠正措施，确保项目或阶段目标达成。

（5）收尾过程组：正式验收产品、服务或工作成果，有序地结束项目或项目阶段。

2. 十大知识领域、五大过程组、47 个过程

十大知识领域总览见表 2-2。

表 2-2 十大知识领域总览

	启动	计划	执行	控制	收尾
整体	制订项目章程	制订项目管理计划	指导和管理项目执行	监督和控制项目工作 实施整体变更控制	项目收尾
范围		编制范围管理计划 收集需求 范围定义 创建 WBS		范围确认 范围控制	
进度		编制进度管理计划 活动定义 活动排序 活动资源估算 活动历时估算 制订进度计划		进度控制	
成本		编制成本管理计划 成本估算 成本预算		成本控制	
质量		制订质量管理计划	质量保证	质量控制	
人力资源		制订人力资源计划	组建项目团队 建设项目团队 管理项目团队		
沟通		编制沟通管理计划	管理沟通	控制沟通	
风险		制订风险管理计划 风险识别 风险定性分析 风险定量分析 风险应对计划		风险监督与控制	
采购		编制采购管理计划	实施采购	控制采购	结束采购
干系人	识别干系人	编制干系人管理计划	管理干系人参与	控制干系人参与	

2.3 课后演练（精选真题）

- 关于项目管理的描述，不正确的是___(1)___。（2020 年 11 月第 23 题）
  (1) A. 项目管理的主要目的是实现企业管理目标
  　　B. 在项目管理中，时间是一种特殊的资源
  　　C. 项目管理的职能是对资源进行计划、组织、指挥、协测、控制
  　　D. 项目管理把各种知识、技能、手段和技术应用于项目活动中

- 某项目组织结构中，项目经理全职管理项目，拥有很大的职权，且组织中全参与项目工作的职员比例占 70%。该项目组织结构属于__(2)__。（2020年11月第24题）

  （2）A．弱矩阵型　　　　B．强矩阵型　　　　C．平衡矩阵型　　　　D．职能型

- 软件开发项目中，产品实现的过程不包含__(3)__。（2020年11月第25题）

  （3）A．需求获取　　　　B．编码　　　　C．集成测试　　　　D．挣值分析

- 以下__(4)__属于项目管理知识体系中的软技能。（2021年5月第23题）

  （4）A．激励　　　　B．培训　　　　C．规划　　　　D．研发

- 关于项目生命周期特征的描述，正确的是__(5)__。（2021年5月第24题）

  （5）A．项目生命周期越长，越有利于项目执行

  　　B．风险会随着项目的执行越来越大

  　　C．风险和不确定性在项目开始时最大，并随项目进展而减弱

  　　D．项目生命周期应保持投入人力始终不变

- 项目人力资源管理中的"组建项目团队"过程属于__(6)__。（2021年5月第25题）

  （6）A．启动过程组　　　　　　　　B．计划过程组

  　　C．监督与控制过程组　　　　　D．执行过程组

- 某100人的公司承接了一个大型项目，所有部门都参与了该项目，其中55人为全职参与。项目经理小A专职负责项目管理，公司配置管理人员小B兼职负责该项目的行政工作。则该公司的组织结构类型是__(7)__。（2021年11月第24题）

  （7）A．强矩阵型组织　　　　　　　B．弱矩阵型组织

  　　C．项目型组织　　　　　　　　D．平衡矩阵型组织

- 关于项目阶段、项目生命周期及项目管理过程的描述，不正确的是__(8)__。（2021年11月第25题）

  （8）A．项目生命周期与项目管理过程组含义相同，即同一事物的两个说法

  　　B．做出变更和纠正错误的成本，随着项目越来越接近完成而显著增高

  　　C．成本与人力投入在项目开始时较低，在执行期间达到最高，在项目快要结束时快速回落

  　　D．在螺旋模型中，每个周期一般划分为制定计划、风险分析、实施工程和客户评估四个阶段

2.4　课后演练答案解析

（1）参考答案：A

解析：项目管理的主要目的是实现项目的预定目标。

（2）参考答案：B

解析：权力很大，但是全职员工不是100%，只有选择强矩阵了。

（3）参考答案：D

解析：产品实现的过程，考查的是技术类的，挣值分析属于成本管理的内容。

（4）**参考答案**：A

解析：软技能或人际关系技能：包括人际关系管理。

（5）**参考答案**：C

解析：本题属于常识题。

（6）**参考答案**：D

解析：注意，管理项目团队也是执行过程组了。

（7）**参考答案**：D

解析：此题考查的是项目组织结构，必须掌握，此知识点为高频考点。

全职参与人数占比 55%，行政人员是兼职，结合表 2-1 可判断出是平衡矩阵型组织。

（8）**参考答案**：A

解析：此题考查的是项目生命周期，必须掌握，此知识点为高频考点。

项目生命周期与项目管理过程组的含义是不相同的。

第3章 项目立项管理

3.1 备考指南

本章节主要阐述项目立项管理知识，进行可行性研究，从多个维度评价是否需要立项，只有确定了项目有必要做且能做，才能正式开始项目的开发和管理工作。

本章节内容在上午综合知识的考试中会占 1~2 分，在下午案例中考查的概率也很小，主要都是纯理论内容，需要大家理解并记忆。

3.2 考点梳理及精讲

3.2.1 立项管理内容

项目立项一般包括提交项目建议书、项目可行性研究、项目招标与投标等内容。

1. 项目建议书

项目建议书（又称立项申请）是项目建设单位向上级主管部门提交项目申请时所必须的文件，是对拟建项目提出的框架性的总体设想。在项目建议书批准后，方可开展对外工作。

项目建议书应该包括的**核心内容**如下。

（1）项目的必要性。
（2）项目的市场预测。
（3）产品方案或服务的市场预测。
（4）项目建设必需的条件。

2. 可行性研究

可行性研究具有预见性、公正性、可靠性、科学性的特点。

可行性研究内容一般应**包括以下内容：**

（1）投资必要性。主要根据市场调查及预测的结果，以及有关的产业政策等因素，论证项目投资建设的必要性。

（2）技术的可行性。主要从事项目实施的技术角度，合理设计技术方案，并进行比较、选择和评价。

（3）财务可行性。主要从项目及投资者的角度，设计合理财务方案，从企业理财的角度进行资本预算，评价项目的财务盈利能力，进行投资决策，并从融资主体（企业）的角度评价股东投资收益、现金流量计划及债务偿还能力。

（4）组织可行性。制订合理的项目实施进度计划、设计合理的组织机构、选择经验丰富的管理人员、建立良好的协作关系、制订合适的培训计划等，保证项目顺利执行。

（5）经济可行性。主要是从资源配置的角度衡量项目的价值，评价项目在实现区域经济发展目标、有效配置经济资源、增加供应、创造就业、改善环境、提高人民生活等方面的效益。

（6）社会可行性。主要分析项目对社会的影响，包括政治体制、方针政策、经济结构、法律道德及社会稳定性等。

（7）风险因素及对策。主要是对项目的市场风险、技术风险、财务风险、组织风险、法律风险、经济及社会风险等因素进行评价，制订规避风险的对策，为项目全过程的风险管理提供依据。

3.2.2 可行性研究

1. 信息系统项目的可行性研究

信息系统项目的可行性研究就是从技术、经济、社会和人员等方面的条件和情况进行调查研究，对可能的技术方案进行论证，以最终确定整个项目是否可行。信息系统项目进行可行性研究包括很多方面的内容，可以归纳成以下几个方面：技术可行性分析、经济可行性分析、运行环境可行性分析以及其他方面的可行性分析等。

（1）技术可行性分析：是指在当前市场的技术、产品条件限制下，能否利用现在拥有的以及可能拥有的技术能力、产品功能、人力资源来实现项目的目标、功能、性能，能否在规定的时间期限内完成整个项目。技术可行性分析往往决定了项目的方向，一旦开发人员在评估技术可行性分析时估计错误，将会出现严重的后果，造成项目根本上的失败。

（2）经济可行性分析：主要是对整个项目的投资及所产生的经济效益进行分析，包括支出分析、收益分析、收益投资比、投资回收期分析、敏感性分析等。此外，一般还需要对项目的社会效益进行分析。例如，通过项目的实施，可以在管理水平、技术手段、人员素质等方面获得潜在的效益。

（3）运行环境可行性分析：运行环境是制约信息系统在用户单位发挥效益的关键。因此，需要从用户单位（企业）的管理体制、管理方法、规章制度、工作习惯、人员素质（甚至包括人员的心理承受能力、接受新知识和技能的积极性等）、数据资源积累、硬件（包含系统软件）平台等多方面进行评估，以确定软件系统在交付以后，是否能够在用户单位顺利运行。

（4）其他方面的可行性分析：包括诸如法律可行性、社会可行性等方面的可行性分析。信息系统项目也会涉及到合同责任、知识产权等法律方面的可行性。在可行性分析方面，还包括项目实施对社会环境、自然环境的影响，以及可能带来的社会效益分析。

2. 可行性研究的步骤

一般地，可行性研究分为初步可行性研究、详细可行性研究、可行性研究报告三个基本的阶段。

（1）初步可行性研究 一般是在对市场或者客户情况进行调查后，对项目进行的初步评估。初步可行性研究的结构及研究的主要内容基本与详细可行性研究相同，所不同的是占有的资源细节有较大差异。

初步可行性研究的主要内容大致如下：

1）市场和生产能力。
2）设备与材料投入分析。
3）网络规划、物理布局方案的选择。
4）项目设计包括项目总体规划、信息系统设计和设备计划、网络工程规划等。
5）项目进度安排。
6）项目投资与成本估算，包括投资估算、成本估算、筹集资金的渠道及初步筹集方案。

进行初步可行性评估，可以从几个方面进行衡量，以便决定是否开始详细可行性研究。

1）分析项目的前途，从而决定是否应该继续深入调查研究。
2）初步估计和确定项目中的关键技术及核心问题，以确定是否需要解决。
3）初步估计必须进行的辅助研究，以解决项目的核心问题，并判断是否具备必要的技术、实验、人力条件作为支持。

经过初步可行性研究，可以形成**初步可行性研究报告**。

（2）详细可行性研究 需要对项目在技术、经济、社会、运行环境、法律等方面进行深入的调查研究和分析，是一项费时、费力的工作，特别是大型的或比较复杂的项目更是如此。

机会研究、初步可行性研究、详细可行性研究、评估与决策是投资前期的四个阶段。在实际工作中，前三个阶段依项目的规模和繁简程度可把前两个阶段省略或合二为一，但详细可行性研究是不可缺少的。升级改造项目只做初步和详细研究，小项目一般只进行详细可行性研究。

详细可行性研究的基本原则：

1）科学性原则：即要求按客观规律办事，是可行性研究工作必须遵循的最基本原则。
2）客观性原则：要坚持从实际出发，实事求是的原则。即得出客观的结论（可行不可行）。
3）公正性原则：站在公正的立场上，不偏不倚。综合考虑各项目干系人的利益。

详细可行性研究的方法很多，如经济评价法、市场预测法、投资估算法和增量净效益法（有无比较法）等。

信息系统项目详细可行性研究的内容，一般可以归纳如下：

1）概述：提出项目开发的背景、必要性和经济意义，研究项目工作的依据和范围，产品交付的形式、种类、数量。
2）需求确定：调查研究国内外客户的需求情况，对国内外的技术趋势进行分析，确定项目的规模、目标、产品、方案和发展方向。
3）现有资源、设施情况分析：调查现有的资源（包括硬件设备、软件系统、数据、规章制度等种类与数量，以及这些资源的使用情况和可能的更新情况）。

4）设计（初步）技术方案：确定项目的总体和详细目标、范围、总体的结构和组成、核心技术和关键问题、产品的功能与性能。

5）项目实施进度计划建议。

6）投资估算和资金筹措计划。

7）项目组织、人力资源、技术培训计划，包括现有的人员规模、组织结构、人员层次、个人技术能力、人员技术培训计划等。

8）经济和社会效益分析（效果评价）。

9）合作/协作方式。

3.2.3 项目论证与评估

1. 项目论证

项目论证是指对拟实施项目在技术上的先进性、适用性、经济上的合理性、盈利性、实施上的可能性、风险性进行全面科学的综合分析，为项目决策提供客观依据的一种技术经济研究活动。项目论证应该围绕市场需求、开发技术、财务经济三个方面展开调查和分析，市场是前提、技术是手段、财务经济是核心。

项目论证的作用：

（1）项目论证是确定项目是否实施的依据。

（2）项目论证是筹措资金、向银行贷款的依据。

（3）项目论证是编制计划、设计、采购、施工以及机构设备、资源配置的依据。

（4）项目论证是防范风险、提高项目效率的重要保证。

项目论证一般分为机会研究、初步可行性研究和详细可行性研究三个阶段。

项目论证的一般程序，有以下七个主要步骤：

（1）明确项目范围和业主目标。

（2）收集并分析相关资料。

（3）拟定多种可行的能够相互替代的实施方案。

（4）多方案分析、比较。

（5）选择最优方案进一步详细、全面地论证。

（6）编制项目论证报告、环境影响报告书和采购方式审批报告。

（7）编制资金筹措计划和项目实施进度计划。

2. 项目评估

项目评估指在项目可行性研究的基础上，由第三方（国家、银行或有关机构）根据国家颁布的政策、法规、方法、参数和条例等，从项目（或企业）、国民经济、社会角度出发，对拟建项目建设的必要性、建设条件、生产条件、产品市场需求、工程技术、经济效益和社会效益等进行评价、分析和论证，进而判断其是否可行的一个评估过程。

项目评估是项目投资前期进行决策管理的重要环节，其目的是审查项目可行性研究的可靠性、真实性和客观性，为银行的贷款决策或行政主管部门的审批决策提供科学依据。

项目评估的最终成果是项目评估报告。项目评估工作一般可按以下程序进行。
（1）成立评估小组，进行分工，制订评估工作计划。
（2）开展调查研究，收集数据资料，并对可行性研究报告和相关资料进行审查和分析。
（3）分析与评估。
（4）编写评估报告。
（5）讨论、修改报告。
（6）专家论证会。
（7）评估报告定稿。

项目评估的依据有：
（1）项目建议书及其批准文件。
（2）项目可行性研究报告。
（3）报送单位的申请报告及主管部门的初审意见。
（4）有关资源、配件、燃料、水、电、交通、通信、资金（包括外汇）等方面的协议文件。
（5）必需的其他文件和资料。

3.3 课后演练（精选真题）

- 在信息系统项目的经济可行性分析中，__（1）__属于非一次性支出。**（2020年11月第21题）**
  （1）A．差旅费　　　　　　　　　B．培训费
  　　C．人员工资和福利　　　　　　D．设备购置费

- 在项目评估过程中，不可以由__（2）__进行评价、分析和论证。**（2020年11月第22题）**
  （2）A．政府主管部门　　　　　　　B．项目建设单位
  　　C．银行　　　　　　　　　　　D．第三方评估机构

- 关于可行性研究的描述，正确的是__（3）__。**（2021年5月第21题）**
  （3）A．详细可行性研究由项目经理负责　　B．可行性研究报告在项目章程制定之后编写
  　　C．详细可行性研究是不可省略的　　　D．可行性研究报告是项目执行文件

- 关于项目论证的描述，不正确的是__（4）__。**（2021年5月第22题）**
  （4）A．项目论证可分为项目建议书、机会研究和详细可行性研究三个阶段
  　　B．项目论证对技术进行分析，分析技术是否先进适用
  　　C．项目论证是筹措资金、向银行贷款的依据，是编制计划的依据
  　　D．项目论证是确定项目是否实施的依据

- __（5）__往往决定了项目的方向，一旦开发人员估计错误，将会出现严重的后果。**（2021年11月第21题）**
  （5）A．技术可行性分析　　　　　　B．人员可行性分析
  　　C．经济可行性分析　　　　　　D．社会可行性分析

3.4 课后演练答案解析

（1）**参考答案**：C

解析：非一次性支出，包括软、硬件租金、人员工资及福利、水电等公用设施使用费，以及其他消耗品支出等。

（2）**参考答案**：B

解析：项目评估应该由第三方进行。A、C、D 项都是第三方。

（3）**参考答案**：C

解析：初步可研一般可以省略，详细可研一般不能省略。

（4）**参考答案**：A

解析：项目论证一般分为机会研究、初步可行性研究和详细可行性研究三个阶段。

（5）**参考答案**：A

解析：技术可行性分析往往决定了项目的方向，一旦开发人员在评估技术可行性分析时估计错误，将会出现严重的后果，造成项目根本上的失败。

第4章 项目整体管理

4.1 备考指南

本章节主要阐述项目整体管理知识,这是十大知识领域里的第一个,也是系统性地进行项目管理的一个知识领域,从整体的角度去管理项目,包含从项目发起到项目收尾的整个过程。

本章节内容在上午综合知识的考试中会占 3~4 分,在下午案例中考查的概率很大,属于重点内容,主要都是纯理论内容,需要大家理解并记忆。

4.2 考点梳理及精讲

4.2.1 项目整体管理概述

项目整体管理过程见表 4-1。

表 4-1 项目整体管理过程

过程名	输入	工具和技术	输出
制订项目章程	1. 项目工作说明书 2. 商业论证 3. 协议 4. 事业环境因素 5. 组织过程资产	1. 专家判断 2. 引导技术	项目章程
制订项目管理计划	1. 项目章程 2. 其他过程的输出 3. 事业环境因素 4. 组织过程资产	1. 专家判断 2. 引导技术	项目管理计划

续表

过程名	输入	工具和技术	输出
指导与管理项目工作	1. 项目管理计划 2. 批准的变更请求 3. 事业环境因素 4. 组织过程资产	1. 专家判断 2. 项目管理信息系统 3. 会议	1. 可交付成果 2. 工作绩效数据 3. 变更请求 4. 项目管理计划更新 5. 项目文件更新
监控项目工作	1. 项目管理计划 2. 进度预测 3. 成本预测 4. 确认的变更 5. 工作绩效信息 6. 事业环境因素 7. 组织过程资产	1. 专家判断 2. 分析技术 3. 项目管理信息系统 4. 会议	1. 变更请求 2. 工作绩效报告 3. 项目管理计划更新 4. 项目文件更新
实施整体变更控制	1. 项目管理计划 2. 工作绩效报告 3. 变更请求 4. 事业环境因素 5. 组织过程资产	1. 专家判断 2. 会议 3. 变更控制工具	1. 批准的变更请求 2. 变更日志 3. 项目管理计划更新 4. 项目文件更新
结束项目或阶段	1. 项目管理计划 2. 验收的可交付成果 3. 组织过程资产	1. 专家判断 2. 分析技术 3. 会议	1. 最终产品、服务或成果移交 2. 组织过程资产更新

1. 小技巧：过程输入输出、技术工具的联想法

理解过程含义，知道这个过程是做什么的，来得到该过程的输入、输出及工具技术。

输入是前提条件，在执行过程时经过工具与技术的加工，会产生结果并输出，由此确定三者之间的逻辑关系。

前一个过程的输出一般会是下一个过程的输入。

2. 整体管理的 6 个过程

（1）制订项目章程。编写一份正式文件的过程，这份文件就是项目章程。通过发布项目章程，正式地批准项目并授权项目经理在项目活动中使用组织资源。

（2）制订项目管理计划。定义、准备和协调所有子计划，并把它们整合为一份综合项目管理计划的过程。项目管理计划包括经过整合的项目基准和子计划。

（3）指导与管理项目工作。为实现项目目标而领导和执行项目管理计划中所确定的工作，并实施已批准变更的过程。

（4）监控项目工作。跟踪、审查和报告项目进展，以实现项目管理计划中确定的绩效目标的过程。

（5）实施整体变更控制。审查所有变更请求，批准变更，管理对可交付成果、组织过程资产、项目文件和项目管理计划的变更，并对变更处理结果进行沟通的过程。

（6）结束项目或阶段。完成所有项目管理过程组的所有活动，以正式结束项目或阶段的过程。

3. 整合者

整合者是项目经理承担的重要角色之一，他要通过沟通来协调，通过协调来整合。作为整合者，项目经理必须从宏观视角来审视项目。

（1）通过与项目干系人进行主动、全面地沟通，来了解他们对项目的需求。

（2）在相互竞争的众多干系人之间寻求平衡点。

（3）通过认真、细致的协调工作，来达到各种需求间的平衡，实现整合。

4.2.2 制订项目章程

1. 项目章程

项目章程是正式批准项目的文件。由于项目章程要授权项目经理在项目活动中动用组织的资源，所以，项目经理任何时候都应在规划开始之前被委派，最好是在制订项目章程之时。

（1）项目章程是由项目实施组织外部签发的。

（2）项目章程的批准，标志着项目的正式启动。在项目启动时，应尽早确认并任命项目经理，由于项目章程将授权项目经理在项目活动中使用组织资源，项目经理应该参与制订项目章程。

（3）项目由项目以外的人员批准，如发起人、项目管理办公室或项目组合指导委员会。项目章程经启动者签字，即标志着项目获得批准。

（4）项目章程的作用：

1）确定项目经理，规定项目经理的权利。

2）正式确认项目的存在，给项目一个合法的地位。

3）规定项目的总体目标，包括范围、时间、成本和质量等。

4）通过叙述启动项目的理由，把项目与执行组织的日常经营运作及战略计划等联系起来。

（5）项目章程应当包括以下内容（直接列入或援引其他文件）：

1）项目目的或批准项目的原因。

2）可测量的项目目标和相关的成功标准。

3）项目的总体要求。

4）概括性的项目描述。

5）项目的主要风险。

6）总体里程碑进度计划。

7）总体预算。

8）项目审批要求（用什么标准评价项目成功，由谁对项目成功下结论，由谁来签署项目结束）。

9）委派的项目经理及其职责和职权。

10）发起人或其他批准项目章程的人员的姓名和职权。

2. 项目工作说明书

项目工作说明书是对应由项目提供的产品或服务的文字说明。对于内部项目，项目发起人或赞助人根据业务需求、产品或服务要求提供一份工作说明书。对于外部项目，工作说明书属于顾客招标文件的一部分，如建议邀请书、信息请求、招标邀请书或合同中的一部分。工作说明书指明如下事项之一：

（1）业务需求——组织的业务需求可能基于培训需求、市场需求、技术进步、法律要求或政府标准。

（2）产品范围说明书——是项目创造的产品或服务要求与特征的文件。

（3）战略计划——所有的项目都应支持组织的战略目标。

3. 事业环境因素

在制订项目章程时，必须考虑和项目成功息息相关的环境和组织因素，主要是内外部条件、设施、环境、系统，包括：

（1）组织或公司的文化与组成结构。

（2）政府或行业标准（如管理部门的规章制度、产品标准、质量标准与工艺标准）。

（3）基础设施（如现有的软件与硬件基础设施）。

（4）现有的人力资源（如技能、专业与知识；例如设计、开发、法律、合同发包与采购）。

（5）人事管理（如雇用与解雇指导方针、员工业绩评价与培训记录）。

（6）公司工作核准制度。

（7）市场情况。

（8）项目干系人风险承受力。

（9）商业数据库（如标准的成本估算数据、行业风险研究信息与风险数据库）。

（10）项目管理信息系统（如自动化工具套件，例如进度管理软件工具、配置管理系统、信息收集与分发系统，或者与其他在线自动化系统的连网接口）。

4. 组织过程资产

组织过程资产在制订项目章程及以后的项目文件时，任何一种以及所有用于影响项目成功的资产都可以作为组织过程资产，反映了组织从以前项目中吸取的教训和学习到的知识，如完成的进度表、风险数据和实现价值数据。可以分为以下两类：

（1）组织进行工作的过程与程序，主要包括以下内容：

组织标准过程，如标准、方针（安全健康方针，项目管理方针）；软件生命周期与项目生命周期，以及质量方针与程序（过程审计、目标改进、核对表，以及供组织内部使用的标准过程定义）。

标准指导原则、工作指令、建议评价标准与实施效果评价准则。

模板（如风险模板、工作分解结构模板与项目进度网络图模板）。

根据项目的具体需要修改组织标准过程的指导原则与准则。

组织沟通要求（如可利用的特定沟通技术，允许使用的沟通媒介、记录的保留，以及安全要求）。

项目收尾指导原则或要求（如最后项目审计、项目评价、产品确认，以及验收标准）。

财务控制程序（如进度报告、必要的开支与支付审查、会计编码，以及标准合同条文）。

确定问题与缺陷控制、问题与缺陷识别和解决，以及行动追踪的问题与缺陷管理程序。

变更控制程序，包括修改公司正式标准、方针、计划与程序，或者任何项目文件，以及批准与确认任何变更时应遵循的步骤。

风险控制程序，包括风险类型、概率的确定与后果，以及概率与后果矩阵。

批准与签发工作授权的程序。

（2）组织整体信息存储检索知识库，主要包括以下内容：

过程测量数据库，用于搜集与提供过程与产品实测数据。

项目档案（如范围、费用、进度以及质量基准、实施效果测量基准、项目日历、项目进度网络图、风险登记册、计划的应对行动，以及确定的风险后果）。

历史信息与教训知识库（如项目记录与文件，所有的项目收尾资料与文件记录，以前项目选择决策结果与绩效的信息，以及风险管理努力的信息）。

问题与缺陷管理数据库，包括问题与缺陷状态，控制信息，问题与缺陷解决和行动结果。

配置管理知识库，包括公司所有正式标准、方针、程序和任何项目文件的各种版本与基准。

财务数据库，包括工时、发生的费用、预算以及任何项目费用超支等信息。

5. 协议

协议定义了启动项目的初衷，有多种形式。通常为外部客户做项目时签订的合同。

6. 商业论证

商业论证能从商业角度提供必要的信息，决定项目是否值得投资。

7. 专家判断

专家判断经常用来评价制订项目章程所需要的依据。任何具有专门知识或训练的集体或个人都可提供专家知识。

8. 引导技术

引导技术可用于指导项目章程的制订。头脑风暴、冲突处理、问题解决和会议管理等，都是引导者可以用来帮助团队和个人完成项目活动的关键技术。

9. 项目选择方法

项目选择方法确定组织选择哪一个项目。财务方面的考虑向来是项目选择过程中的重要考虑因素。项目财务价值评价方法主要包括净现值分析、投资收益率和投资回收率分析三个方面。

以下运算结果数据来源于表 4-2。

（1）净现值分析（Net Present Value，NPV）：把所有预期的未来现金流入和流出都折算成现值，即考虑货币的时间价值。计算公式：

$$NPV = \sum_{i=1}^{n} A/(1+r)^t$$

式中，A 为每年现金流；r 为折现率；t 为年份。

（2）投资收益率分析（Return on Investment，ROI）：ROI 是将净收入除以投资额的所得值。ROI 越大越好。

ROI=(总的折现收益−总的折现成本)/折现成本=(9743−7427)/7427=31%

(3) 投资回收率分析：以净现金流入补偿净投资所用的时间，即收支平衡的时间点。在项目1中，第4～5年间收支由负转为正，因此收支平衡的时间点应该在此期间，其具体计算公式为：(累计净值出现正值的年份–1)+(累计净值出现正值年份上一年累计净值绝对值/出现正值年份净现值)=4+167/2484=4.07。

表 4-2　净现值分析实例

折现率	10%					
项目1	第1年	第2年	第3年	第4年	第5年	合计
成本	5000	1000	1000	1000	1000	–9000
折现因子	0.91	0.83	0.75	0.68	0.62	
折现成本	–4545	–826	–751	–683	–621	–7427
收益	0	2000	3000	4000	5000	14000
折现因子	0.91	0.83	0.75	0.68	0.62	
折现收益	0	1653	2254	2732	3105	9743
净现金流现值	–4545	826	1503	2049	2484	2316
累计净现金流现值	–4545	–3719	–2216	–167	2316	4633
ROI	31%					

10. 项目启动会议

项目启动会议是一个项目的开始，一般由项目经理负责组织和召开。

召开项目启动会议的主要目的在于使项目的主要利益相关者明确项目的目标、范围、需求、背景及各自的职责与权限。要做好如下五个方面工作：

(1) 确定会议目标。

(2) 做好会议前准备工作。

(3) 明确并通知参加会议的人员。

(4) 明确会议的主要议题。

(5) 做好记录。

项目目标包括成果性目标和约束性目标。成果性目标和约束性目标之间经常发生矛盾，甚至发生冲突。项目目标具有如下特性：①多目标性；②优先性；③层次性。

在制订一些目标来衡量项目管理的优劣或效率，或者将其作为激励项目班子成员的手段时，一定要注意以下几点：

(1) 将成果目标和约束目标区分开来。

(2) 将目的和手段区别开来。

(3) 不制订无法量化或无法实现的目标。

(4）不转移项目管理人员的努力方向。

4.2.3　制订项目管理计划

项目管理计划确定了执行、监视、控制和结束项目的方式与方法。项目管理计划是其他各子计划制订的依据和基础，它从整体上指导项目工作的有序进行。项目管理计划的内容包括：

（1）计划过程组的各个计划子过程的全部成果。

1）项目管理团队选择的各个项目管理过程。

2）每一选定过程的实施水平。

3）对实施这些过程时使用的工具与技术所做的说明。

4）在管理具体项目中使用选定过程的方式和方法，包括过程之间的依赖关系和相互作用，以及重要的依据和成果。

5）为了实现项目目标所执行工作的方式、方法。

6）监控变更的方式、方法。

7）实施配置管理的方式、方法。

8）使用实施效果测量基准并使之保持完整的方式、方法。

9）项目干系人之间的沟通需要与技术。

10）选定的项目生命期和多阶段项目的项目阶段。

11）高层管理人员为了加快解决未解决的问题和处理未做出的决策，对内容、范围和时间安排的关键审查。

（2）各个过程分计划：范围管理计划、需求管理计划、进度管理计划、成本管理计划、质量管理计划、过程改进计划、人力资源管理计划、沟通管理计划、风险管理计划、采购管理计划、干系人管理计划等。项目管理计划详略均可。

（3）其他组成部分：里程碑清单、资源日历、进度基准、成本基准、质量基准、风险登记册等。

4.2.4　指导与管理项目工作

1. 指导与管理项目执行过程

指导与管理项目执行过程要求项目经理和项目团队采取多种行动执行项目管理计划，完成项目范围说明书中明确的工作。**这些行动包括：**

- 开展活动实现项目目标。
- 付出努力与资金，实现项目目标。
- 配备、培训并管理分派到本项目上的项目团队成员。
- 根据具体情况取得报价、标书、要约或建议书。
- 在潜在的卖方中间进行比较，选定卖方。
- 取得、管理并使用资源，包括材料、工具、设备与设施。

- 实施已列入计划的方法和标准。
- 创造、控制、核实并确认项目可交付成果。
- 管理风险并实施风险应对活动。
- 管理卖方。
- 将批准的变更纳入项目的范围、计划和环境。
- 建立并管理项目团队内外的项目沟通渠道。
- 收集项目数据并报告费用、进度、技术与质量绩效,以及有助于预测的状态信息。
- 收集与记载吸取的教训,并实施批准的过程改进活动。

2. 项目管理信息系统

项目管理信息系统(Project Management Information System,PMIS)是由用于归纳、综合和传播项目管理程序输出的工具和技术组成。用于提供从项目开始到项目最终完成,包括人工系统和自动系统的所有信息。一个项目管理信息系统主要由计划系统和控制系统两部分组成。

配置管理系统和变更控制系统是项目管理信息系统的子系统。

(1)配置管理系统:该系统包括的过程用于提交变更建议,追踪变更建议的审查与批准制度,确定变更的批准级别,以及确认批准的变更方法。配置管理系统在软件项目中具有非常重要的作用,目前常用的配置管理软件工具有 CVS、VSS、ClearCase 等。

(2)变更控制系统:变更控制系统是正式形成文件的过程的全体,用于确定控制,改变和批准项目可交付成果和文件的方式、方法。

PMIS 提供下列工具:进度计划工具、工作授权系统、配置管理系统、信息收集与发布系统。也可以用于自动收集和报告关键绩效指标(Key Performance Indication,KPI)。

3. 可交付成果

可交付成果产品、服务和成果,一定是可验证的。

4. 工作绩效数据

工作绩效数据从执行活动中收集到的原始数据中观察结果并测量绩效值。

5. 变更请求

变更请求包括纠正措施、预防措施、缺陷补救。

纠正措施:为使项目工作绩效重新与项目管理计划一致而进行的有目的的活动。

预防措施:为确保项目工作的未来绩效符合项目管理计划而进行的有目的的活动。

缺陷补救:为了修正不一致的产品或产品组件而进行的有目的的活动。

4.2.5 监控项目工作

监视和控制项目工作过程是监视和控制启动、规划、执行和结束项目所需的各个过程。采取纠正或预防措施控制项目的实施效果。监视是贯穿项目始终的项目管理的一个方面。监视包括收集、测量并散发绩效信息,评价测量结果和实施过程改进的趋势。连续的监视使项目管理团队能够洞察项目的状态是否正常,并识别任何可能要求给予特别注意的方面。

1. 监控项目工作过程的对象

监控项目工作过程的对象是：

（1）对照项目管理计划比较项目的实际表现。

（2）评价项目的绩效，判断是否出现了需要采取纠正或预防措施的迹象，并在必要时提出采取行动的建议。

（3）分析、跟踪并监视项目风险，确保及时识别风险，报告其状态，执行适当的风险应对计划。

（4）建立有关项目产品以及有关文件的准确的和及时的信息库，并保持到项目完成。

（5）为状态报告、绩效测量和预测提供信息支持。

（6）为更新当前的成本和进度信息提供预测。

2. 确认的变更

批准的变更是实施整体变更控制过程的结果。需要对它们的执行情况进行确认，以保证它们都得到正确的落实。

3. 工作绩效信息

工作绩效信息是从各控制过程中收集并结合相关背景和跨领域关系，进行整合分析而得到的绩效数据。这样，工作绩效数据就转化为工作绩效信息。脱离背景的数据，本身不能用于决策。但是，工作绩效信息考虑了相互关系和所处背景，可以作为项目决策的可靠基础。工作绩效信息通过沟通过程进行传递。绩效信息可包括可交付成果的状态、变更请求的落实情况及预测的完工尚需估算。

4. 分析技术

分析技术在项目管理中，根据可能的项目或环境变量的变化，以及它们与其他变量之间的关系，采用分析技术来预测潜在的后果。

可用于项目的分析技术包括：回归分析；分组方法；因果分析；根本原因分析；预测方法（如时间序列、情景构建、模拟等）；失效模式与影响分析；故障树分析；储备分析；趋势分析；挣值管理；差异分析。

4.2.6 实施整体变更控制

1. 整体变更控制过程贯穿于项目的始终

（1）项目经理对此负最终责任。

（2）对于项目管理计划、项目范围说明书和其他可交付成果需要通过谨慎、持续地变更管理。应该通过否决或批准变更来确保只有经批准的变更才能纳入修改后的基准中。项目计划一经批准，就成为项目执行和考核的基准，也只有经过规定的变更程序才能做出修改。

（3）项目的任何干系人都可以提出变更请求。

（4）尽管可以口头提出，但所有变更请求都必须以书面形式记录，并纳入变更管理以及配置管理系统中。

（5）每项记录在案的变更请求都必须由一位责任人批准或否决，通常是项目发起人或项目经理。应该在项目管理计划或组织流程中指定这位责任人。

（6）必要时，应该由变更控制委员会（Configuration Control Board，CCB）来决策是否实施整体变更控制过程。

（7）变更请求得到批准后，可能要求调整项目管理计划和其他项目文件。

2. 变更控制流程

（1）变更申请：了解变更需求，提交书面申请。

（2）评估变更影响：变更会对质量、范围、成本、进度等造成影响，需通知相关方核对。

（3）变更审批：项目经理或 CCB 审批。

（4）更新计划及文件：审批通过后，需要更新受影响的计划等文件，并通知相关方。

（5）执行变更：执行批准的变更。

（6）监控变更执行：记录并监控变更执行过程，归档总结。

4.2.7 结束项目或阶段（项目收尾）

结束项目或阶段是完结所有项目管理过程组的所有活动，以正式结束项目或阶段的过程。本过程的主要作用是，总结经验教训，正式结束项目工作，为开展新工作而释放组织资源。在项目结束时，项目经理需要审查以前各阶段的收尾信息，确保所有工作都已经完成，确保项目目标已经实现。项目经理需要审查范围基准，确保在项目工作全部完成后才宣布项目结束。如果项目在完工前就提前终止，结束项目还需要制订程序，来调查和记录提前终止的原因。为了实现上述目的，项目经理应该邀请所有合适的干系人参与本过程。本过程涵盖进行项目或阶段行政收尾所需的全部计划活动。在本过程中，应该逐步实施：

（1）为达到阶段或项目的完工或退出标准所必需的行动和活动。

（2）为向下一个阶段或向生产和运营部门移交项目的产品、服务或成果所必需的行动和活动。

（3）为收集项目或阶段记录、审核项目成败、收集经验教训和存档项目信息（供组织未来使用）所必需的活动。

行政收尾（管理收尾）阶段的主要工作包括：

（1）确认项目或者阶段已满足所有赞助者、客户、以及其他项目干系人需求的行动和活动。

（2）确认已满足项目阶段或者整个项目的完成标准，或者确认项目阶段或者整个项目的退出标准的行动和活动。

（3）当需要时，把项目产品或者服务转移到下一个阶段，或者移交到生产和/或运作的行动和活动。

（4）活动需要收集项目或者项目阶段记录、检查项目成功或者失败、收集教训、归档项目信息，以方便组织未来的项目管理。

行政收尾和合同收尾的对比见表 4-3。

表 4-3 行政收尾和合同收尾的对比

	行政收尾	合同收尾
联系	都需要进行产品核实，都需总结经验教训，对相关资料进行整理和归档，更新组织过程资产	
区别	针对项目集项目各阶段	针对合同，每个合同需要且仅进行一次
	从整个项目角度看，合同收尾在行政收尾之前，先进行采购审计和合同收尾，再进行行政收尾	从某一个合同的角度看，合同收尾包括行政收尾工作（合同的行政收尾）
	由项目发起人或高级管理层给项目经理签发项目或阶段结束书面确认	负责采购管理成员向卖方签发合同结束的书面确认

4.3 课后演练（精选真题）

- 关于制定项目管理计划的描述，不正确的是 (1) 。（2021年5月第26题）
  - （1）A．进度基准、成本基准和风险登记册是制定项目管理计划过程的输入
    - B．项目管理计划确定了执行、监控和结束项目的方式和方法
    - C．制定项目管理计划时专家判断是常用的工具和技术
    - D．项目经理应基于实施细节制定项目管理计划

- 在接到一涉密系统集成项目后，项目经理要求信息技术部按公司规定，为每个项目组成员配置并安装数据防泄露工具的笔记本电脑。该项目经理采用的是 (2) 。（2021年5月第27题）
  - （2）A．批准的纠正措施　　　　　　B．批准的预防措施
    - C．批准的缺陷补救措施　　　　D．批准的变更请求

- (3) 是整体变更控制的依据。（2021年5月第28题）
  ①项目管理计划　②批准的变更请求　③验收的可交付成果　④配置管理系统　⑤组织过程资产
  - （3）A．①③④　　B．①②④　　C．②③⑤　　D．①④⑤

- 关于项目管理计划的描述，不正确的是 (4) 。（2021年11月第26题）
  - （4）A．头脑风暴、冲突管理和例会管理可帮助项目管理计划的制订
    - B．项目章程由项目经理签字、是编制项目管理计划的依据之一
    - C．项目管理不能理想化期望项目管理计划一步到位
    - D．组织的过程测量数据库也可以是项目管理计划制订的依据

- 在项目管理中，根据可能的项目或环境变量的变化，以及它们与其他变量之间的关系，利用 (5) 来预测潜在的后果。（2021年11月第27题）
  - （5）A．会议　　　　　　　　　　B．项目管理信息系统
    - C．分析技术　　　　　　　　D．专家判断

- 属于整体变更控制的成果是 (6) 。（2021年11月第28题）
  ①变更请求②项目管理计划更新③工价绩效信息④工作绩效报告⑤变更日志⑥项目文件更新
  - （6）A．①②③　　B．④⑤⑥　　C．②③⑥　　D．②⑤⑥

4.4 课后演练答案解析

（1）**参考答案**：D

解析：D项的顺序反了，先制定计划，才能按计划实施，因此制定计划时无实施细节，不过计划也会随着实施再调整。

（2）**参考答案**：B

解析：**变更请求**包括纠正措施、预防措施、缺陷补救。

纠正措施：为使项目工作绩效重新与项目管理计划一致而进行的有目的的活动。

预防措施：为确保项目工作的未来绩效符合项目管理计划而进行的有目的的活动。

缺陷补救：为了修正不一致的产品或产品组件而进行的有目的的活动。

可以看出，当前还没有泄密，这是应对未来泄密的预防措施。

（3）**参考答案**：D

解析：本题考查实施整体变更控制过程的输入，其中配置管理系统属于事业环境因素，因此也是输入。

（4）**参考答案**：B

解析：此题考查的是项目章程，必须掌握，为高频考点。

项目由项目以外的人员批准，如发起人、项目管理办公室或项目组合指导委员会。项目启动者或发起人应该具有一定的职权，能为项目提供资金。他们亲自编制项目章程，或授权项目经理代为编制。项目章程经启动者签字，即标志着项目获得批准。

（5）**参考答案**：C

解析：此题考查的是分析技术，必须掌握，为高频考点。

在项目管理中，根据可能的项目或环境变量的变化，以及它们与其他变量之间的关系，采用分析技术来预测潜在的后果。例如，可用于项目的分析技术包括回归分析。

（6）**参考答案**：D

解析：此题考查的是整体变更控制的输出，必须掌握，为高频考点。

整体变更控制的输出包括：①批准的变更请求；②变更日志；③项目管理计划（更新）；④项目文件更新。

第5章 项目范围管理

5.1 备考指南

本章节主要阐述项目范围管理的内容，包括范围规划、收集需求、范围定义、WBS分解、范围确认及范围控制等内容。

本章节内容在上午综合知识的考试中会占2~3分，在下午案例中考查的概率也很大，基本隔年就出一次，论文中也经常考查，属于重点内容，需要大家理解并记忆。

5.2 考点梳理及精讲

5.2.1 范围管理概述

范围管理过程见表5-1。

表5-1 范围管理过程

过程名	输入	工具和技术	输出
规划范围管理	1. 项目管理计划 2. 项目章程 3. 事业环境因素 4. 组织过程资产	1. 专家判断 2. 会议	1. 范围管理计划 2. 需求管理计划
收集需求	1. 范围管理计划 2. 需求管理计划 3. 干系人管理计划 4. 项目章程 5. 干系人登记册	1. 访谈 2. 焦点小组 3. 引导式研讨会 4. 群体创新技术 5. 群体决策技术 6. 问卷调查 7. 观察 8. 原型法 9. 标杆对照 10. 系统交互图 11. 文件分析	1. 需求分析 2. 需求跟踪矩阵

续表

过程名	输入	工具和技术	输出
范围定义	1．范围管理计划 2．项目章程 3．需求文件 4．组织过程资产	1．专家判断 2．产品分析 3．备选方案生成 4．引导式研讨会	1．项目范围说明书 2．项目文件更新
创建 WBS	1．范围管理计划 2．项目范围说明书 3．需求文件 4．事业环境因素 5．组织过程资产	1．分解 2．专家判断	1．范围基准 2．项目文件更新
范围确认	1．项目管理计划 2．需求文件 3．需求跟踪矩阵 4．核实的可交付成果 5．工作绩效数据	1．检查 2．群体决策技术	1．验收的可交付成果 2．变更请求 3．工作绩效信息 4．项目文件更新
范围控制	1．项目管理计划 2．需求文件 3．需求跟踪矩阵 4．工作绩效数据 5．组织过程资产	偏差分析	1．工作绩效信息 2．变更请求 3．项目管理计划更新 4．项目文件更新 5．组织过程资产更新

1. 范围管理确定的内容

范围管理确定在项目内包括什么工作和不包括什么工作，由此界定的项目范围在项目的全生命周期内可能因种种原因而变化，项目范围管理也要管理项目范围的这种变化。项目范围的变化也叫变更。

2. 管理过程

对项目范围的管理，是通过六个管理过程来实现的：

（1）规划范围管理（编制范围管理计划）。对如何定义、确认和控制项目范围的过程进行描述。

（2）收集需求。为实现项目目标，明确并记录项目干系人的相关需求的过程。

（3）定义范围。详细描述产品范围和项目范围，编制项目范围说明书，作为以后项目决策的基础。

（4）创建工作分解结构。把整个项目工作分解为较小的、易于管理的组成部分，形成一个自上而下的分解结构。

（5）范围确认。正式验收已完成的可交付成果。

（6）范围控制。监督项目和产品的范围状态、管理范围基准变更。

3. 项目范围管理

项目范围管理需要做以下三个方面的工作：

（1）明确项目边界，即明确哪些工作是包括在项目范围之内的，哪些工作是不包括在项目范围之内的。

（2）对项目执行工作进行监控，确保所有该做的工作都做了，而且没有多做。对不包括在范围内的额外工作说"不"，杜绝做额外工作。

（3）防止项目范围发生蔓延。范围蔓延是指未对时间、成本和资源做相应调整，未经控制的产品或项目范围的扩大。

4. 产品范围和项目范围

产品范围是指产品或者服务所应该包含的功能。产品范围是否完成，要根据产品是否满足了产品描述来判断。产品范围是项目范围的基础，产品范围的定义是产品要求的描述。

项目范围是指为了能够交付产品，项目所必须做的工作。项目范围的定义是产生项目管理计划的基础。判断项目范围是否完成，要以范围基准来衡量。项目的范围基准是经过批准的项目范围说明书、WBS 和 WBS 词典。

产品范围描述是项目范围说明书的重要组成部分，因此，产品范围变更后，首先受到影响的是项目的范围。

5.2.2 规划范围管理

规划范围管理是编制范围管理计划，书面描述将如何定义、确认和控制项目范围的过程，其主要作用是在整个项目中对如何管理范围提供指南和方向。

1. 范围管理计划

范围管理计划对团队如何管理项目范围提供指导，包含如下内容：

（1）如何制订项目范围说明书。

（2）如何根据范围说明书创建 WBS。

（3）如何维护和批准 WBS。

（4）如何确认和正式验收已完成的项目可交付成果。

（5）如何处理项目范围说明书的变更，该工作与实施整体变更控制过程直接相联。

2. 需求管理

需求管理贯穿于整个过程，它的最基本的任务就是明确需求，并使项目团队和用户达成共识，即建立需求基线。另外，还要建立需求跟踪能力联系链确保所有用户需求都被正确地应用，并且在需求发生变更时，能够完全地控制其影响范围，始终保持产品与需求的一致性。

需求管理计划描述在整个项目生命周期内如何分析、记录和管理需求，主要包括以下内容：

（1）如何规划、跟踪和汇报各种需求活动。

（2）需求管理需要使用的资源。

（3）培训计划。

（4）项目干系人参与需求管理的策略。

（5）判断项目范围与需求不一致的准则和纠正规程。

（6）需求跟踪结构，即哪些需求属性将列入跟踪矩阵，并可在其他哪些项目文件中追踪到这些需求。

（7）配置管理活动。

5.2.3 收集需求

1. 工具与技术

（1）访谈：通过与干系人直接交谈来获取信息的正式或非正式的方法。其形式包括结构化和非结构化两种。

1）结构化访谈：事先准备好一系列问题，有针对地进行。

2）非结构化访谈：只列出一个粗略的想法，根据访谈的具体情况发挥。

（2）焦点小组：将预先选定的干系人和主题专家集中在一起，了解他们对所提议产品、服务或成果的期望和态度。由一位受过训练的主持人引导大家进行互动式讨论。焦点小组往往比一对一的访谈更加热烈。

焦点小组是一种群体访谈而非一对一访谈，可以有 6～10 个被访谈者参加。针对访谈者提出的问题，被访谈者之间开展互动式讨论，以求得到更有价值的意见。

（3）引导式研讨会：通过邀请主要的跨职能干系人一起参加会议，对产品需求进行集中讨论与定义。研讨会是快速定义跨职能需求和协调干系人差异的重要技术。由于群体互动的特点，被有效引导的研讨会有助于建立信任、促进关系、改善沟通，从而有利于参加者达成一致意见。该技术的另一个好处是，能够比单项会议更快地发现和解决问题。

包括联合应用开发（Joint Application Development，JAD）、质量功能展开（Quality Function Deployment，QFD）。

（4）群体创新技术：指可以组织一些群体活动来识别项目和产品需求，群体创新技术包括头脑风暴法、名义小组技术、德尔菲技术、概念/思维导图、亲和图和多标准决策分析等。

1）头脑风暴：面对面，用来产生和收集对项目需求与产品需求的多种创意的一种技术。分为直接头脑风暴法和质疑头脑风暴法。人数 5～10 人，时长 1 小时左右。

原则：庭外判决原则；欢迎各抒己见；追求数量；探索取长补短和改进办法。

缺点：可能会屈服于权威。

2）名义小组技术：通过投票来排列最有用的创意，以便进行进一步的头脑风暴或优先排序。名义小组技术是头脑风暴法的深化应用，是更加结构化的头脑风暴法。

3）德尔菲技术：背对背，是一种组织专家就某一主题达成一致意见的信息收集技术。由一组选定的专家回答问卷，并对每一轮需求收集的结果再给出反馈。专家的答复只能交给主持人，以保持匿名状态。

优点：充分发挥各位专家的作用，集思广益，取各家所长；防止个人的观点被不正确地放大。

缺点：过程复杂、耗时。

4）概念/思维导图：是将从头脑风暴中获得的创意，用一张简单的图联系起来，以反映这些创意之间的共性与差异，从而引导出新的创意。

5）亲和图：又称为 KJ 法，是针对某一问题，充分收集各种经验、知识、想法和意见等语言、文字资料，通过图解方式进行汇总，并按其相互亲和性归纳整理这些资料，使问题明确起来，求得统一认识，以利于解决的一种方法。

亲和图的核心是头脑风暴法，是根据结果去找原因。主要用来确定范围分解的结构，有助于WBS的制订。

6）多标准决策分析是借助决策矩阵，用系统分析方法建立诸如风险水平、不确定性和价值收益等多种标准，从而对众多方案进行评估和排序的一种技术。

（5）群体决策就是为达成某种期望结果而对多个未来行动方案进行评估。群体决策技术可用来开发产品需求，以及对产品需求进行归类和优先排序。

1）一致同意。所有人都同意某个行动方案。

2）大多数原则。获得群体中50%以上的人的支持，就能做出决策。参与决策的人数定为奇数，防止因平局而无法达成决策。

3）相对多数原则。根据群体中相对多数者的意见做出决定，即便未能获得一部分人的支持。通常在候选项超过两个时使用该原则，例如，某个软件构件的功能有3种实现方案（标记为A、B、C），在群体决策时，同意A方案的人有40%，同意B方案的人有35%，同意C方案的人有25%，则最终确定采用A方案。

4）独裁。由某一个人（例如，项目经理）为群体做出决策。

（6）问卷调查：通过设计书面问题，向为数众多的受访者快速收集信息。适合受众多样化、需要快速完成调查、受访者地理位置分散且适合开展统计分析的特征人群。

（7）观察：直接观察个人在各自环境中如何开展工作和实施流程。可以挖掘隐藏需求。

（8）根据干系人初步需求，利用产品开发工具，快速地建立一个产品模型展示给干系人。在此基础上与干系人交流，最终实现干系人需求的产品快速开发的方法。

（9）标杆对照将实际或计划的做法与其他类似组织的做法（例如，流程、操作过程等）进行比较，以便识别最佳实践，形成改进意见，并为绩效考核提供依据，标杆对照所采用的"类似组织"可以是内部组织，也可以是外部组织。

（10）系统交互图是对产品范围的可视化描述，显示系统（过程、设备、信息系统等）与参与者（用户、独立于本系统之外的其他系统）之间的交互方式。系统交互图显示了业务系统的输入、输入提供者、业务系统的输出和输出接收者。如DFD、用例图等。

（11）文件分析就是通过分析现有文档，识别与需求相关的信息来挖掘需求。

2. 输出

需求文件描述各种单一的需求将如何满足与项目相关的业务需求。既可以是一份按干系人和优先级分类列出全部需求的简单文件，也可以是一份包括内容提要、细节描述和附件等的详细文件。

（1）需求文件的内容包括（但不限于）以下几个方面：

1）业务需求：高层次业务目标、项目目标。

2）干系人需求：组织其他领域、组织内外部影响、干系人沟通和报告需求。

3）解决方案需求：功能和非功能、技术和标准、支持和培训、质量需求和报告需求。

4）项目需求：服务水平、绩效、安全和合规性、验收标准。

5）过渡需求。

6）与需求有关的假设条件、依赖关系和制约因素。

（2）需求跟踪。

每个配置项的需求到其涉及的产品（或构件）需求都要具有双向可跟踪性。所谓双向跟踪，包括正向跟踪和反向跟踪，正向跟踪（追溯）是指检查需求文件中的每个需求是否都能在后继工作产品（成果）中找到对应点；反向跟踪（回溯）也称为逆向跟踪，是指检查设计文档、产品构件、测试文档等工作成果是否都能在需求文件中找到出处。具体来说，需求跟踪涉及五种类型，如图5-1所示。

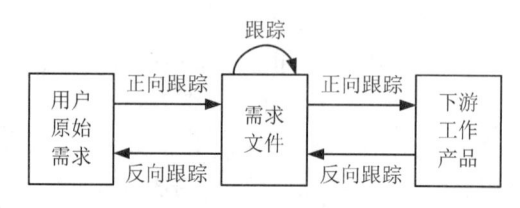

图5-1 五类需求跟踪图

第一类：从用户原始需求可向前追溯到需求文件，这样就能区分出项目过程中或项目结束后由于变更受到影响的需求，也确保了需求文件中包括所有用户需求。

第二类：从需求文件回溯到相应的用户原始需求，确认每个需求的出处。

第三类：通过定义单个需求和特定的产品元素之间的联系链，可以从需求文件追溯到产品元素。这种联系链使项目团队成员知道每个需求对应的产品元素，从而确保产品元素满足每个需求。

第四类：从产品元素回溯到需求文件，使项目团队成员知道每个产品元素存在的原因。

第五类联系链是需求文件之间的跟踪，这种跟踪便于更好地处理各种需求之间的逻辑相关性，检查需求分解中可能出现的错误或遗漏。

表示需求和其他产品元素之间的联系链的最普遍方式是使用**需求跟踪（能力）矩阵**，需求跟踪矩阵是将产品需求从其来源连接到能满足需求的可交付成果的一种表格。其示例见表5-2。

表5-2 用户原始需求到需求文件的跟踪矩阵示例

原始需求	用例				
	UC-1	UC-2	UC-3	……	UC-n
FR-1					
FR-2					
……					
FR-m					

5.2.4 范围定义

范围定义是制订项目和产品详细描述的过程，其主要作用是明确所收集的需求哪些将包含在项目范围内，哪些将排除在项目范由外，从而明确产品、服务或成果的边界。

1. 工具与技术

（1）产品分析是一种有效的工具。通常，针对产品提问并回答，形成对将要开发的产品的用途、特征和其他方面的描述。

产品分析技术包括：产品分解、系统分析、需求分析、系统工程、价值工程和价值分析等。

（2）备选方案生成是一种用来指定尽可能多的潜在可选方案的技术，用于识别执行项目工作的不同方法。包括头脑风暴、横向思维、备选方案分析等技术。

备选方案分析：一种对已识别的可选方案进行评估的技术，用来决定选择哪种方案或使用何种方法来执行项目工作。

横向思维：又称为戴勃诺理论、发散思维、水平思维，是指思维的广阔度，它要求人们能全面地观察问题，从事物多种多样的联系和关系中去认识事物，它不一定是有顺序的，同时也不能预测。

2. 项目范围说明书

作为范围定义过程的主要成果，项目范围说明书是对项目范围、主要可交付成果、假设条件和制约因素的描述。项目范围说明书记录了整个范围，包括项目范围和产品范围，详细描述项目的可交付成果，以及为提交这些可交付成果而必须开展的工作。

（1）项目范围说明书包括如下内容。

1）产品范围描述：包括项目目标，并且逐步细化在项目章程和需求文件中所描述的产品、服务或成果的特征。

2）验收标准：定义可交付成果通过验收前必须满足的一系列条件，以及验收的过程。

3）可交付成果：组成项目产品或服务的各种结果、各种辅助成果（项目管理报告和文件）。

4）项目的除外责任：通常需要识别出什么是被排除在项目之外的。明确说明哪些内容不属于项目范围，有助于管理干系人的期望。

5）制约因素：列出并说明与项目范围有关且限制项目团队选择的具体项目制约因素。

6）假设条件：在制订计划时，不需验证即可视为正确、真实或确定的因素。

（2）项目范围说明书的主要作用如下：

1）确定范围：描述了可交付成果和所要完成的工作。

2）沟通基础：表明项目干系人之间就项目范围所达成的共识。

3）规划和控制依据：使项目团队能开展更详细的规划，并可在执行过程中指导项目团队工作。

4）变更基础：为评价变更请求或额外工作是否超出项目边界提供基准。

5）规划基础：在项目范围说明书基础上，其他计划也将被编制出来，它同时还是滚动式规划的基础。

5.2.5 创建工作分解结构

创建工作分解结构（Work Breakdown Structure，WBS）是将项目可交付成果和项目工作分解成较小的、更易于管理的组件的过程，其主要作用是对所要交付的内容提供一个结构化的视图。

1. 项目工作范围

WBS 将项目整体或者主要的可交付成果分解成容易管理、方便控制的若干个子项目或者工作包，子项目需要继续分解为工作包，持续这个过程，直到整个项目被分解为可管理的工作包，这些工作包的总和是项目的所有工作范围。最普通的 WBS 见表 5-3。

表 5-3 WBS 示例

工作编号	工作任务	工期	负责人
0	远程教育项目	8 个月	×××
1	硬件	2 个月	×××
2	第三方软件	2 个月	×××
3	系统功能	5 个月	×××
3.1	设备管理	1 个月	×××
3.2	维护管理	1 个月	×××
3.3	工单管理	1 个月	×××
3.3.1	模块设计	5 天	×××
3.3.2	代码编制	5 天	×××
3.3.3	单元测试	10 天	×××
3.3.4	功能测试	5 天	×××
3.3.5	验证测试	5 天	×××
3.4	采购管理	1 个月	×××
3.5	库存管理	1 个月	×××
4	系统接口	1 个月	×××
5	现场实施	1 个月	×××

2．里程碑

里程碑标志着某个可交付成果或者阶段的正式完成。重要的检查点是里程碑、重要的里程碑是基线。

3．工作包

工作包是位于 WBS 每条分支最底层的可交付成果或项目工作组成部分，工作包应该非常具体，以便承担者能明确自己的任务、努力的目标和承担的责任。工作包的大小需要遵循 8/80 原则。

4．控制账户

控制账户是一种管理控制点，是 WBS 某个层次上的要素，既可以是工作包，也可以是比工作包更高层次上的一个要素。如果是后一种情况，一个控制账户中就包括若干个工作包，但一个工作包仅属于一个控制账户。项目管理团队在控制账户上考核项目的执行情况，即在控制账户的相应要素下，将项目执行情况与计划情况进行比较，以便评价执行情况好坏，并发现与纠正偏差。

5．规划包

规划包是指在控制账户之下，工作内容已知但尚缺详细进度活动的 WBS 组成部分。是在控制账户之下、工作包之上的 WBS 要素,是暂时用来做计划的。随着情况的逐渐清晰,规划包最终将被分解成工作包以及相应的具体活动。

6. WBS 词典

WBS 词典在制作 WBS 的过程中,要给 WBS 的每个部分赋予一个账户编码标志符,它们是成本、进度和资源使用信息汇总的层次结构。需要生成一些配套的文件,这些文件需要和 WBS 配套使用,称为 WBS 词典。WBS 词典也称为 WBS 词汇表,它是描述 WBS 各组成部分的文件。

7. 范围基准

范围基准是已批准的项目范围说明书、WBS 和 WBS 词典。只有走正式变更程序,才能变更范围基准。

8. 分解

(1) 要将整个项目工作分解为工作包,通常需要开展以下活动。

1) 识别和分析可交付成果及相关工作。

2) 确定 WBS 的结构和编排方法。

3) 自上而下逐层细化分解。

4) 为 WBS 组件制订和分配标识编码。

5) 核实可交付成果分解的程度是恰当的。

(2) 分解的原则。

1) 功能或者技术原则。在创建 WBS 时,需要考虑将不同人员的工作分开。

2) 组织结构。对于职能型的项目组织而言,WBS 也要适应项目的组织结构形式。

3) 系统或者子系统。总的系统划分为几个主要的子系统,然后对每个子系统再进行分解。

(3) 在进行 WBS 分解时,可以有如下三种方式。

1) 将项目生命周期的各阶段作为分解的第二层,产品和项目可交付成果放在第三层。

2) 主要可交付成果作为分解的第二层。

3) 外包的子项目结构,由卖方编制相同合同 WBS。

(4) 分解工作过程。

WBS 不是某个项目团队成员的责任,应该由全体项目团队成员、用户和项目干系人共同完成和一致确认。

(5) 常用的 WBS 表示形式主要有分级的树型结构(组织结构图式)和表格形式(列表式)。

1) 树型结构图的 WBS 层次清晰、直观性和结构性强,但不容易修改,对大的、复杂的项目很难表示出项目的全貌,一般用于中小型项目。

2) 表格形式的 WBS 直观性比较差,但能够反映出项目所有的工作要素,用于大型项目。

值得注意的是,虽然有些参考文献也使用鱼骨图形式的 WBS,但这种形式并不常用。

(6) 分解注意事项。

1) WBS 必须是面向可交付成果的。项目的目标是提供产品或服务,仅仅是一连串特别的活动。

2) WBS 必须符合项目的范围。WBS 必须包括,也仅包括为了完成项目的可交付成果的活动。

3）WBS 的底层应该支持计划和控制。WBS 是项目管理计划和项目范围之间的桥梁，WBS 的底层不但要支持项目管理计划，而且要让管理层能够监视和控制项目的进度和预算。

4）WBS 中的元素必须有人负责，而且只由一个人负责，尽管实际上可能需要多个人参与。

5）作为指导而不是原则，WBS 应控制在 4～6 层。如果项目规模比较大，以至于 WBS 要超过 6 层，此时可以使用项目分解结构将大项目分解成子项目，然后针对子项目来做 WBS。

6）WBS 应包括项目管理工作，也要包括分包出去的工作。

7）WBS 的编制需要所有（主要）项目干系人的参与，需要项目团队成员的参与。

8）WBS 并非是一成不变的，在完成了 WBS 之后的工作中，仍然有可能需要对 WBS 进行修改。WBS 通常要滚动式分解。

5.2.6 范围确认

正式验收现已完成的可交付成果的过程，其主要作用是使验收过程具有客观性，同时通过验收每个可交付成果，提高最终产品、服务或成果获得验收的可能性。

（1）范围确认应该贯穿项目的始终，一般步骤如下：

1）确定需要进行范围确认的时间。

2）识别范围确认需要哪些投入。

3）确定范围正式被接受的标准和要素。

4）确定范围确认会议的组织步骤。

5）组织范围确认会议。

（2）项目干系人进行范围确认时，一般需要检查以下六个方面的问题：

1）可交付成果是否是确定的、可确认的。

2）每个可交付成果是否有明确的里程碑，里程碑是否有明确的、可辨别的事件。

3）是否有明确的质量标准。

4）审核和承诺是否有清晰的表达。

5）项目范围是否覆盖了需要完成的产品或服务进行的所有活动，有没有遗漏或者错误。

6）项目范围的风险是否太高，管理层是否能够降低可预见的风险发生时对项目的冲击。

（3）范围确认与质量控制的不同之处在于：

1）范围确认主要强调可交付成果获得客户或发起人的接受；质量控制强调可交付成果的正确性，并符合为其制订的具体质量要求（质量标准）。

2）质量控制一般在范围确认前进行，也可同时进行；范围确认一般在阶段末尾进行，而质量控制并不一定在阶段末进行。

3）质量控制属内部检查，由执行组织的相应质量部门实施；范围确认则是由外部干系人（客户或发起人）对项目可交付成果进行检查验收。

（4）范围确认与项目收尾的不同之处在于：

1）虽然范围确认与项目收尾工作都在阶段末进行，但范围确认强调的是核实与接受可交付成果，而项目收尾强调的是结束项目（或阶段）所要做的流程性工作。

2）范围确认与项目收尾都有验收工作，范围确认强调验收项目可交付成果，项目收尾强调验收产品。

5.2.7 范围控制

1. 范围变更的原因

（1）政府政策的问题。

（2）项目范围的计划编制不周密详细，有一定的错误或遗漏。

（3）市场上出现了或是设计人员提出了新技术、新手段或新方案。

（4）项目执行组织本身发生变化。

（5）客户对项目、项目产品或服务的要求发生变化。

2. 范围变更控制的主要工作

（1）影响导致范围变更的因素，并尽量使这些因素向有利的方面发展。

（2）判断范围变更是否已经发生。

（3）范围变更发生时管理实际的变更，确保所有被请求的变更按照项目整体变更控制过程处理。

范围蔓延：未经控制的产品或项目范围的扩大（未对时间、成本和资源做相应调整）。

5.3 课后演练（精选真题）

- 项目小组正在对项目需求变化数量、变化频率以及变化方式等进行评估，该工作属于__(1)__的管理范畴。（**2021年5月第29题**）

  （1）A．配置管理计划　　　　　　　　B．范围管理计划
  　　 C．变更管理计划　　　　　　　　D．质量管理计划

- 在国家标准GB/T 8567－2006《计算机软件文档编制规范》中，将系统需求分成三大类，分别是__(2)__。（**2021年5月第30题**）

  （2）A．功能需求、业务需求和数据需求　　B．接口需求、资源需求和数据需求
  　　 C．功能需求、接口需求和安全需求　　D．业务需求、配置需求和维护需求

- 关于范围确认的描述，正确的是__(3)__。（**2021年5月第31题**）

  （3）A．范围确认是在正式验收阶段才执行的过程
  　　 B．分解技术是范围确认的主要工具与技术
  　　 C．客户主要关心产品范围和可交付成果
  　　 D．范围确认强调的是结束项目所要做的流程性工作

- 项目进入设计阶段时，GB/T 22239《信息安全技术网络安全等级保护基本要求》已经升级版本，而项目需求是按旧版本策划的。__(4)__直接影响项目进度。（**2021年5月第32题**）

  （4）A．提高需求评审频率　　　　　　B．执行项目范围变更
  　　 C．与项目干系人沟通　　　　　　D．重新进行成本估算

- 范围管理计划中不包含__(5)__。(**2021 年 11 月第 29 题**)

    (5) A．确定 WBS 满足项目和职能要求

    　　B．确定所有的工作职责需分配到个人或组织单方

    　　C．确定如何处理项目范围说明书的变更

    　　D．确定并正式验收可交付成果的正确性

- 关于收集需求的描述，不正确的是__(6)__。(**2021 年 11 月第 30 题**)

    (6) A．德尔菲技术通过组织专家讨论并投票来排列最有用创意

    　　B．QFD 对质量需求分为基本需求、期望需求和意外需求

    　　C．概括性的需求说明文件不能作为基准

    　　D．如果不能将设计元素或测试案例回溯到需求文件，就可能出现镀金行为

- 在范围确认过程中，__(7)__主要关注项目范围对项目进度、资金和资源的影响，这些因素是否超过了组织承受范围，是否在投入产出上具有合理性。(**2021 年 11 月第 31 题**)

    (7) A．客户　　　　B．管理层　　　　C．项目经理　　　　D．项目团队成员

5.4　课后演练答案解析

(1) **参考答案：C**

解析：针对需求变化进行的评估工作，属于需求变更里的评估影响步骤。

(2) **参考答案：A**

解析：在国家标准《计算机软件文档编制规范》(GB/T 8567—2006)中，将系统需求分成三大类，分别是功能需求、业务需求和数据需求。

(3) **参考答案：C**

解析：范围确认是正式验收现已完成的可交付成果的过程，其主要作用是使验收过程具有客观性，同时通过验收每个可交付成果，提高最终产品、服务或成果获得验收的可能性。

(4) **参考答案：B**

解析：范围变更的多少，会直接影响进度快慢。

(5) **参考答案：D**

解析：此题考查的是项目管理计划的内容，必须掌握，为高频考点。

范围管理计划的内容有：

1）如何制订项目范围说明书。

2）如何根据范围说明书创建 WBS。

3）如何维护和批准 WBS。

4）如何确认和正式验收已完成的项目可交付成果。

5）如何处理项目范围说明书的变更，该工作与实施整体变更控制过程直接相联。

D 选项错误在于应该是如何确认和正式验收，也就是做计划，而不是真正去确认和验收。

(6) **参考答案：B**

解析：此题考查的是收集需求，必须掌握，为高频考点。

QFD 将软件需求分为三类，分别是常规需求、期望需求和意外需求。其中常规需求也叫基本需求。

名义小组技术：通过投票来排列最有用的创意，以便进行进一步的头脑风暴或优先排序。是头脑风暴法的深化应用，是更加结构化的头脑风暴法。

（7）参考答案：B

解析：此题考查的是范围确认，必须掌握，为高频考点。

不同干系人对项目范围的关注点如下：

1）管理层所关注的项目范围是指范围对项目的进度、资金和资源的影响，这些因素是否超过了组织承受范围，是否在投入产出上具有合理性。

2）客户主要关注的是产品的范围，关心项目的可交付成果是否足够完成产品或服务。

3）项目管理人员主要关注可交付成果是否足够和必须完成，时间、资金和资源是否足够，主要的潜在风险和预备解决的方法。

4）项目团队成员主要关注项目范围中自己参与的元素和负责的元素，通过定义范围中的时间检查自己的工作时间是否足够，自己在项目范围中是否有多项工作，而这些工作又有冲突的地方。

第6章 项目进度管理

6.1 备考指南

本章节主要阐述项目进度管理的内容，主要包括规划进度管理、定义活动、活动排序、定义活动时间、进度计划和进度控制。

本章节内容在上午综合知识的考试中会占2～3分，在下午案例中必考一个进度管理相关的计算题或问答题，论文中也时有出现，属于重点内容，需要大家理解并记忆。

6.2 考点梳理及精讲

6.2.1 进度管理概述

进度管理过程见表6-1。

表6-1 进度管理过程

过程名	输入	工具和技术	输出
规划进度管理	1. 项目管理计划 2. 项目章程 3. 事业环境因素 4. 组织过程资产	1. 专家判断 2. 分析技术 3. 会议	进度管理计划
定义活动	1. 进度管理计划 2. 范围基准 3. 事业环境因素 4. 组织过程资产	1. 分解 2. 滚动式规划 3. 专家判断	1. 活动清单 2. 活动属性 3. 里程碑清单

续表

过程名	输入	工具和技术	输出
活动排序	1．进度管理计划 2．活动清单 3．活动属性 4．里程碑清单 5．项目范围说明书 6．事业环境因素 7．组织过程资产	1．紧前关系绘图法 2．确定依赖关系 3．提前量与滞后量	1．项目进度网络图 2．项目文件更新
估算活动资源	1．进度管理计划 2．活动清单 3．活动属性 4．资源日历 5．风险登记册 6．活动成本估算 7．事业环境因素 8．组织过程资产	1．专家判断 2．备选方案分析 3．发布的估算数据 4．自下而上估算 5．项目管理软件	1．活动资源需求 2．资源分解结构 3．项目文件更新
估算活动持续时间	1．进度管理计划 2．活动清单 3．活动属性 4．活动资源需求 5．资源日历 6．项目范围说明书 7．风险登记册 8．资源分解结构 9．事业环境因素 10．组织过程资产	1．专家判断 2．类比估算 3．参数估算 4．三点估算 5．群体决策技术 6．储备分析	1．活动持续时间估算 2．项目文件更新
制订进度计划	1．进度管理计划 2．活动清单 3．活动属性 4．项目进度网络图 5．活动资源需求 6．资源日历 7．活动持续时间估算 8．项目范围说明书 9．风险登记册 10．项目人员分解 11．资源分解结构 12．事业环境因素 13．组织过程资产	1．进度网络分析 2．关键路径法 3．关键链法 4．资源优化技术 5．建模技术 6．提前量与滞后量 7．进度压缩 8．进度计划编制工具	1．进度基准 2．项目进度计划 3．进度数据 4．项目日历 5．项目管理计划更新 6．项目文件更新

续表

过程名	输入	工具和技术	输出
进度控制	1. 项目管理计划 2. 项目进度计划 3. 工作绩效数据 4. 项目日历 5. 进度数据 6. 组织过程资产	1. 绩效审查 2. 项目管理软件 3. 资源优化技术 4. 建模技术 5. 提前量与滞后量 6. 进度压缩 7. 进度计划编制工具	1. 工作绩效信息 2. 进度预测 3. 变更请求 4. 项目管理计划更新 5. 项目文件更新 6. 组织过程资产更新

在 WBS 将项目范围分解为工作包的基础上，进一步将工作包分解为活动，对活动进行时间规划。

进度管理包括为管理项目按时完成所需的 7 个过程，具体为：

（1）规划进度管理——为规划、编制、管理、执行和控制项目进度而制订政策、程序和文档过程。

（2）定义活动——识别和记录为完成项目可交付成果而需采取的具体行动的过程。

（3）排列活动顺序——识别和记录项目活动之间的关系的过程。

（4）估算活动资源——估算执行各项活动所需的材料、人员、设备或用品的种类和数量的过程。

（5）估算活动持续时间——根据资源估算的结果，估算完成单项活动所需工期的过程。

（6）制订进度计划——分析活动顺序、持续时间、资源需求和进度制约因素，创建项目进度模型的过程。

（7）控制进度——监督项目活动状态、更新项目进展、管理进度基准变更，以实现计划的过程。

6.2.2 规划进度管理

规划进度管理是为实施项目进度管理制订政策、程序，并形成文档化的项目进度管理计划的过程。本过程的主要作用是为整个项目过程中管理、执行和控制项目进度提供指南和方向。

输出——项目进度管理计划是项目管理计划的组成部分，为编制、监督和控制项目进度建立准则和明确活动。进度管理计划会规定：

（1）项目进度模型制订。需要规定用于制订项目进度模型的进度规划方法论和工具。

（2）准确度。需要规定活动持续时间估算的可接受区间，以及允许的应急储备数量。

（3）计量单位。需要规定每种资源的计量单位，例如用于测量时间的人时数、人天数或周数；用于计量数量的米、升、吨、千米或立方米。

（4）组织程序链接。工作分解结构为进度管理计划提供了框架，保证了与估算及资源计划的协调一致。

（5）项目进度模型维护。需要规定在项目执行期间，将如何在进度模型中更新项目状态，记录项目进展。

（6）控制临界值。可能需要规定偏差临界值，用于监督进度绩效。它是在需要采取某种措施前，允许出现的最大偏差。通常用偏离基准计划中的参数的某个百分数来表示。

（7）绩效测量规则。需要规定用于绩效测量的挣值管理（EVM）规则或其他测量规则。

6.2.3 定义活动

为了更好地规划项目，工作包通常还应进一步细分为更小的组成部分，即"活动"。活动与工作包是 1 对 1 或多对 1 的关系，即有可能多个活动完成一个工作包。

定义活动过程就是识别和记录为完成项目可交付成果而需采取的所有活动。其主要作用是将工作包分解为活动，作为对项目工作进行估算、进度规划、执行、监督和控制的基础。

活动清单：是一份包含项目所需的全部活动的综合清单。还包括每个活动的标识及工作范围详述，使项目团队成员知道需要完成什么工作。

活动属性：是活动清单中活动属性的扩展，对活动进行详细说明。活动属性随时间演进。在项目初始阶段，活动属性包括活动标识、WBS 标识和活动标签或名称；在活动属性编制完成时，可能还包括活动编码、活动描述、紧前活动、紧后活动、逻辑关系、提前量与滞后量、资源需求、强制日期、制约的因素和假设条件。

里程碑清单：里程碑是项目中的重要时点或事件。里程碑清单列出了所有项目里程碑。里程碑是项目生命周期中的一个时刻，持续时间为零，既不消耗资源也不花费成本，通常是指一个主要可交付成果的完成。

6.2.4 排列活动顺序

排列活动顺序是识别和记录项目活动之间的关系的过程。本过程的主要作用是定义工作之间的逻辑顺序，以便在既定的所有项目制约因素下获得最高的效率。

工具与技术——确定依赖关系：活动之间的依赖关系可能是强制性的或选择性的，内部或外部的。

（1）强制性依赖关系。强制性依赖关系是法律或合同要求的或工作的内在性质决定的依赖关系。

（2）选择性依赖关系。选择性依赖关系有时又称首选逻辑关系、优先逻辑关系或软逻辑关系。

（3）外部依赖关系。外部依赖关系是项目活动与非项目活动之间的依赖关系。这些依赖关系往往不在项目团队的控制范围内。例如，软件项目的测试活动取决于外部硬件的到货。

（4）内部依赖关系。内部依赖关系是项目活动之间的紧前关系，通常在项目团队的控制之中。

工具与技术——前导图（Precedence Diagramming Method，PDM）：如图 6-1 所示，用节点表示活动，节点之间用箭头连接，又称为紧前关系绘图法、单代号网络图（只有节点需要编号）、活动节点图（Active On the Node，AON）。

PDM 的四种逻辑关系：F 表示结束，S 表示开始。

（1）结束-开始的关系（F-S 型）。前序活动结束后，后续活动才能开始。例如，只有比赛（紧前活动）结束，颁典典礼（紧后活动）才能开始。

图 6-1　PDM 示例

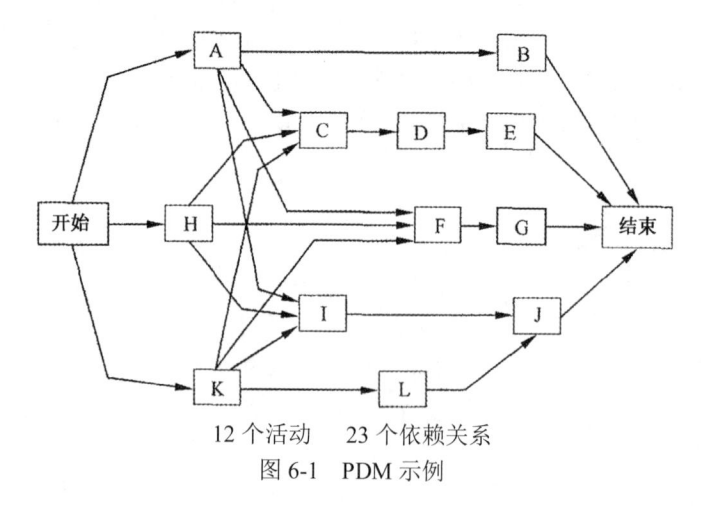

12 个活动　　23 个依赖关系

（2）结束-结束的关系（F-F 型）。前序活动结束后，后续活动才能结束。例如，只有完成文件的编写（紧前活动），才能完成文件的编辑（紧后活动）。

（3）开始-开始的关系（S-S 型）。前序活动开始后，后续活动才能开始。例如，开始地基浇灌（紧前活动）之后，才能开始混凝土的找平（紧后活动）。

（4）开始-结束的关系（S-F 型）。前序活动开始后，后续活动才能结束。例如，只有第二位保安人员开始值班（紧前活动），第一位保安人员才能结束值班（紧后活动）。

工具与技术——箭线图法（Arrow Diagram Method，ADM）：如图 6-2 所示，用箭线表示活动、节点表示事件的一种网络图绘制方法，又称为双代号网络图（节点和箭线都要编号）或活动箭线图（Activity On Arrow，AOA）。

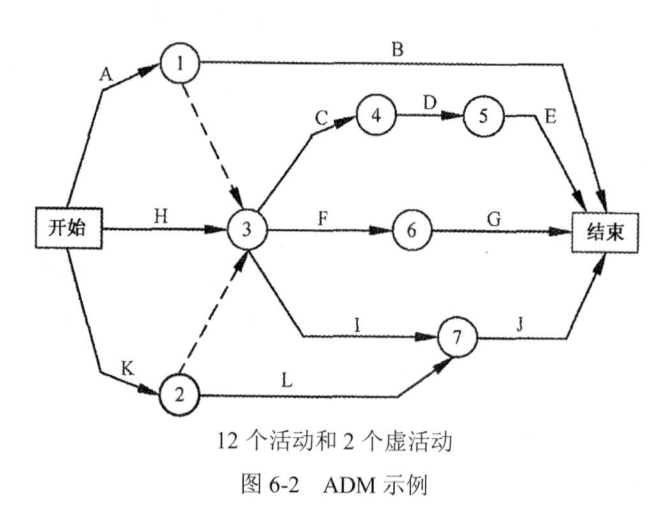

12 个活动和 2 个虚活动

图 6-2　ADM 示例

在箭线图法中，有如下三个基本原则。

（1）网络图中每一活动和每一事件都必须有唯一的一个代号，即网络图中不会有相同的代号。

（2）任两项活动的紧前事件和紧后事件代号至少有一个不相同，节点代号沿箭线方向越来越大。

（3）流入（流出）同一节点的活动，均有共同的紧后活动（或紧前活动）。

为了绘图的方便，在箭线图中又人为引入了一种额外的、特殊的活动，叫作虚活动，在网络图中由一个虚箭线表示。虚活动不消耗时间，也不消耗资源，只是为了弥补箭线图在表达活动依赖关系方面的不足。借助虚活动，我们可以更好地、更清楚地表达活动之间的关系，如图 6-3 所示。

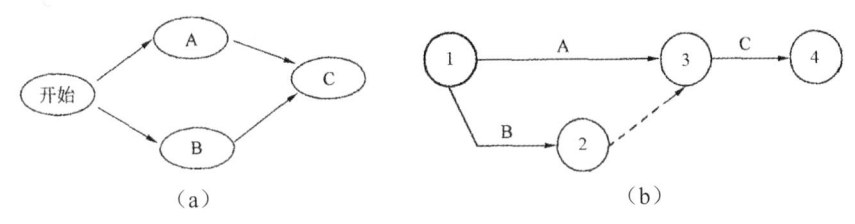

图 6-3 虚活动示例

工具与技术——提前量与滞后量。

（1）提前量：相对于紧前活动，紧后活动可以提前的时间量。例如系统设计（紧前活动）完成之前 N 天可以进行开发（紧前活动），提前量一般用负数表示。

（2）滞后量：相对于紧前活动，紧后活动需要推迟的时间量。例如为了保证混凝土有 10 天养护期，可以在两道工序之间加入 10 天滞后时间，滞后量一般用正数表示。

输出——项目进度网络图是表示项目活动之间的逻辑关系（也叫依赖关系）的图形。前导图法和箭线图法是绘制项目进度网络图的两种不同的方法。

6.2.5 估算活动资源

估算活动资源是估算执行各项活动所需的材料、人员、设备或用品的种类和数量的过程。本过程的主要作用是明确完成活动所需的资源种类、数量和特性，以便做出更准确的成本和持续时间估算。

（1）**输入——资源日历**：资源日历是表明每种具体资源的可用工作日或工作班次的日历。

（2）**输入——风险登记册**：风险事件可能影响资源的可用性及对资源的选择。

（3）**输入——活动成本估算**：资源的成本可能影响对资源的选择。

（4）**输出——活动资源需求**：明确了工作包中每个活动所需的资源类型和数量。

（5）**输出——资源分解结构**（Resource Breakdown Structure，RBS）：资源依类别和类型的层级展现。有助于结合资源使用情况，组织与报告项目的进度数据。

6.2.6 估算活动持续时间

估算活动持续时间是根据资源估算的结果，估算完成单项活动所需工作时段数的过程。本过程的主要作用是，确定完成每个活动所花费的时间量，为制订进度计划过程提供主要输入。

（1）输出：活动持续时间估算结果，一般以表格显示呈现。

（2）**工具与技术——Delphi 法**：专家评估技术，在没有历史数据的情况下，评定新技术与特定程序的差别。

（3）**工具与技术——类比估算法**：适合评估一些与历史项目在应用领域、环境和复杂度等方面相似的项目，通过新项目与历史项目的比较得到规模估计。由于类比估算法估计结果的精度取决于历史项目数据的完整性和准确度。

（4）**工具与技术——参数估算法**：是一种基于历史数据和项目参数，使用某种算法来计算成本或工期的估算技术，准确性取决于参数模型的成熟度加基础数据的可靠性。参数估算可以针对整个项目或项目中的某个部分，并可与其他估算方法联合使用。

例如：把需要实施的工作量乘以完成单位工作量所需的工时，计算出活动持续时间。

（5）**工具与技术——储备分析**：在进行工作量或者工期估算时，需考虑应急储备（有时称为时间储备或缓冲时间），并将其纳入项目进度计划中，用来应对进度方面的不确定性。应急储备是包含在进度基准中的一段持续时间，与"已知-未知"风险相关。也可以估算项目所需要的管理储备。管理储备是为管理控制的目的而特别留出的项目时段，用来应对项目范围中不可预见的工作。管理储备用来应对会影响项目的"未知-未知"风险。管理储备不包括在进度基准中，但属于项目总持续时间的一部分。依据合同条款，使用管理储备可能需要变更进度基准。

（6）工具与技术——三点估算法（计划评审技术 PERT）。

假设最乐观时间=30，最可能时间=60，最悲观时间=90。

1）估算活动时间有两种方式：

三角分布：平均值=(最乐观+最可能+最悲观)/3=60

贝塔分布（常考）：平均值=(最乐观+最可能×4+最悲观)/6=60

2）项目周期估算：PERT 认为整个项目的完成时间是各个活动完成时间之和，且服务正态分布。

计算平均值（工期）：平均值=(最乐观+最可能×4+最悲观)/6=60

计算标准差=(最悲观–最乐观)/6=10

绘制正态分布图，根据问题计算概率（一般是各阴影面积，需要记住下面三个面积），如图 6-4 所示。

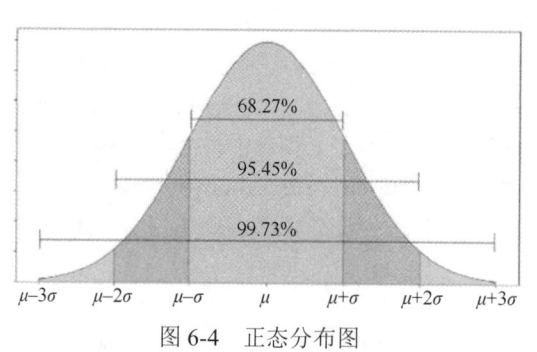

图 6-4　正态分布图

6.2.7　制订进度计划

制订进度计划是分析活动顺序、持续时间、资源需求和进度制约因素，创建项目进度模型的过程。本过程的主要作用是把活动、持续时间、资源、资源可用性和逻辑关系代入进度规划工具，从而形成包含各个项目活动的计划日期的进度模型。

（1）制订可行的项目进度计划，往往是一个反复进行的过程。经批准的最终进度计划将作为基准用于控制进度过程。

（2）工具与技术——进度网络分析：采用一种或多种进度分析技术，包括关键路径法、关键链法、资源优化技术等。

（3）工具与技术——关键路径法。

1）关键路径：是项目的最短工期，但却是从开始到结束时间最长的路径。进度网络图中可能有多条关键路径，因为活动会变化，因此关键路径也在不断变化中。

2）关键活动：关键路径上的活动，最早开始时间=最晚开始时间。

3）通常，每个节点的活动会有如下几个时间：

最早开始时间（ES），某项活动能够开始的最早时间。

最早结束时间（EF），某项活动能够完成的最早时间。EF=ES+工期。

最晚结束时间（LF）。为了使项目按时完成，某项活动必须完成的最晚时间。

最晚开始时间（LS）。为了使项目按时完成，某项活动必须开始的最晚时间。LS=LF−工期。

这几个时间通常作为每个节点的组成部分，如图 6-5 所示。

最早开始时间	工期	最早完成时间
活动名称		
最晚开始时间	总浮动时间	最晚完成时间

图 6-5　七格图示例

顺推：最早开始（ES）=所有前置活动最早完成（EF）的最大值；最早完成（EF）=最早开始（ES）+持续时间。

逆推：最晚完成（LF）=所有后续活动最晚开始（LS）的最小值；最晚开始（LS）=最晚完成（LF）−持续时间。

七格图推导过程如图 6-6 所示。

总浮动时间：在不延误项目完工时间且不违反进度制约因素的前提下，活动可以从最早开始时间推迟或拖延的时间量，就是该活动的进度灵活性。正常情况下，关键活动的总浮动时间为零。

总浮动时间=最晚开始（LS）−最早开始（ES）或最晚完成（LF）−最早完成（EF）或关键路径−非关键路径时长。

自由浮动时间：是指在不延误任何紧后活动的最早开始时间且不违反进度制约因素的前提下，活动可以从最早开始时间推迟或拖延的时间量。

自由浮动时间=紧后活动最早开始时间的最小值−本活动的最早完成时间。

总浮动时间和自由浮动时间对比见表 6-2。

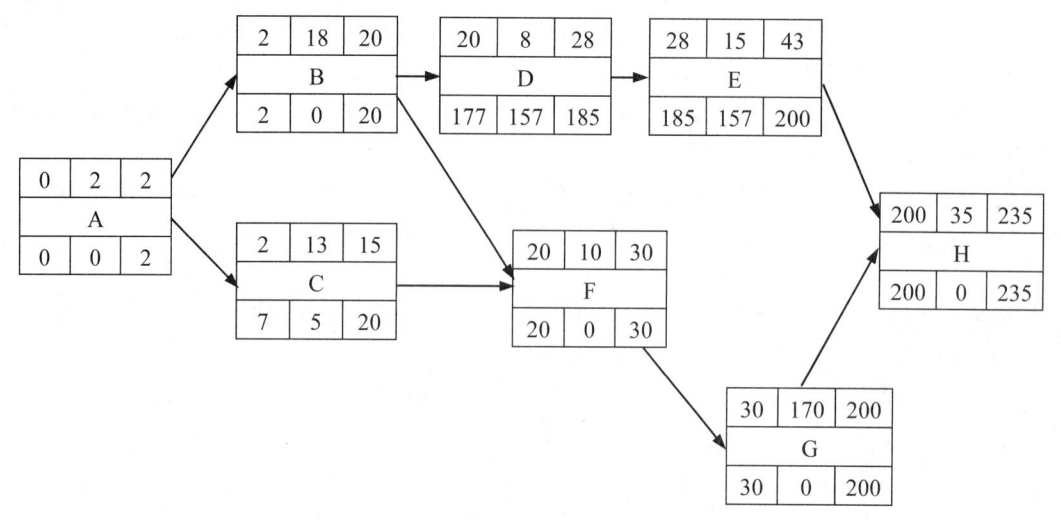

图 6-6　七格图推导关键路径

表 6-2　总浮动时间和自由浮动时间对比

对比项	总浮动时间	自由浮动时间
概念	不延误项目总工期，路径上活动可推迟的时间	不影响任何紧后活动最早开始日期的情况下，某活动可推迟的时间
公式	LS–ES=LF–EF（或关键路径–本路径时长）	紧后活动最早开始时间的最小值–本活动的最早完成时间
适用范围	针对路径，路径上所有活动共用，用完就不再有（注意不是累加）	针对单个活动
备注	关键路径，总时差一般为 0	关键路径上的活动没有自由时差；活动为唯一紧后活动的没有自由时差

从第一天开始（特殊情况），具体看题目说明，例如给出第 1 天早上开始，到第 5 天晚上结束，持续时间=5，开始是 1，结束是 5，而后续活动开始是第 6 天，与上述常规画法不一致。

（4）工具与技术——关键链法。关键链法（Critical Chain Method，CCM）是一种进度规划方法，允许项目团队在任何项目进度路径上设置缓冲，以应对资源限制和项目的不确定性。这种方法建立在关键路径法之上，考虑了资源分配、资源优化、资源平衡和活动历时不确定性对关键路径的影响，如图 6-7 所示。

最早开始法则即所有活动尽量越早越好，将每个活动的浮动时间集中到路径某段设置缓冲。

关键链法增加了作为"非工作活动"的持续时间缓冲，用来应对不确定性。如图 6-7 所示，放置在关键链末端的缓冲称为项目缓冲，用来保证项目不因关键链的延误而延误。其他缓冲，即接驳缓冲，则放置在非关键链与关键链的接合点，用来保护关键链不受非关键链延误的影响。

（5）工具与技术——资源优化技术。资源优化技术是根据资源供需情况来调整进度模型的技术，包括：

1）资源平衡，某时段需求超过可用资源；或资源水平发生变化。如一个资源在同一时段内被分配至两个或多个活动，即需要资源平衡。资源平衡往往导致关键路径改变，通常是延长。

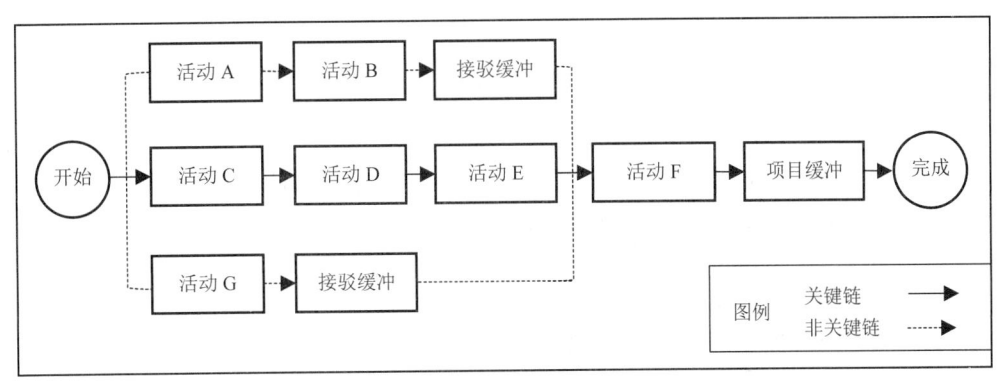

图 6-7　关键链法示例

2）资源平滑，利用活动的浮动时间，对活动进行调整，以使资源不超出限制或缓解资源冲突。资源平滑技术可能无法实现所有资源的优化，但不会改变项目关键路径。

（6）**工具与技术——进度压缩**。进度压缩是指在不缩减项目范围的前提下，缩短进度工期，以满足进度制约因素、强制日期或其他进度目标。进度压缩技术包括：

1）赶工。通过增加资源，以最小的成本增加来压缩进度工期的一种技术。

2）快速跟进。将正常情况下按顺序进行的活动或阶段改为至少是部分并行开展。快速跟进可能造成返工和风险增加。它只适用于能够通过并行活动来缩短项目工期的情况。

（7）**输出——进度基准**。进度基准是经过批准的项目进度计划。其中包含基准开始日期和基准结束日期。在监控过程中，将用实际开始和结束日期与批准的基准日期进行比较，以确定是否存在偏差。

（8）**输出——项目进度计划**。项目进度计划是进度模型的输出，展示活动之间的相互关联，以及计划日期、持续时间、里程碑和所需资源。项目进度计划中至少要包括每个活动的计划开始日期与计划结束日期。有横道图（也称为甘特图）、里程碑图、项目进度网络图、时标网络图等多种形式。

（9）**输出——进度数据**。进度数据用以描述和控制进度计划的信息、集合。进度数据至少包括里程碑、活动、活动属性，以及已知的全部假设条件与制约因素。一般包括资源需求（资源直方图表示），备选的进度计划，进度应急储备，现金流预测，订购与交付进度安排等。

（10）**输出——项目日历**。项目日历规定可以开展活动的工作日和工作班次。把可用于开展活动的时间段与不可用时间段区分开来。

6.2.8　进度控制

进度控制是监督项目活动状态、更新项目进展、管理进度基准变更，以实现计划的过程。本过程的主要作用是提供发现计划偏离的方法，从而可以及时采取纠正和预防措施，以降低风险。

进度控制关注如下内容：
（1）判断项目进度的当前状态。
（2）对引起进度变更的因素施加影响，以保证这种变化朝着有利的方向发展。
（3）判断项目进度是否已经发生变更。
（4）当变更实际发生时严格按照变更控制流程对其进行管理。

通常可用以下一些方法缩短活动的工期：
（1）赶工，投入更多的资源或增加工作时间，以缩短关键活动的工期。
（2）快速跟进，并行施工，以缩短关键路径的长度。
（3）使用高素质的资源或经验更丰富的人员。
（4）减小活动范围或降低活动要求。
（5）改进方法或技术，以提高生产效率。
（6）加强质量管理，及时发现问题，减少返工，从而缩短工期。

6.2.9 时标网络图

时标网络图如图 6-8 所示，其中箭线表示活动，数字编号无意义，可直接用黑点代替。

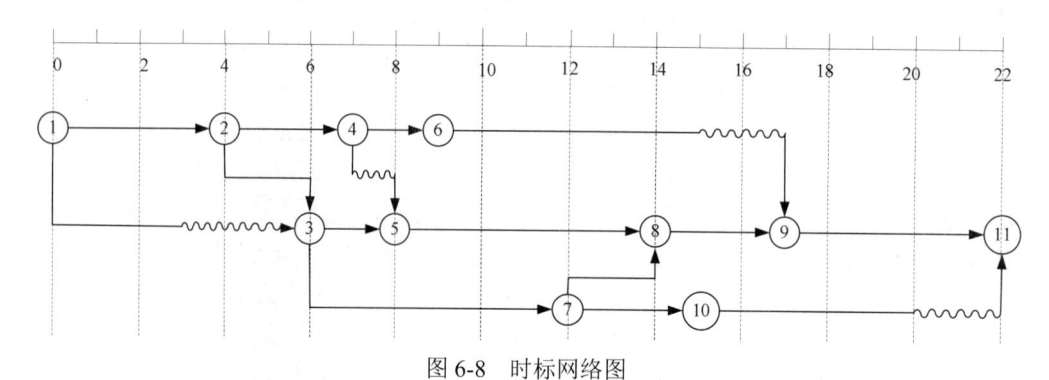

图 6-8 时标网络图

时标网络图一般需要自己绘制，建议步骤如图 6-9 所示。

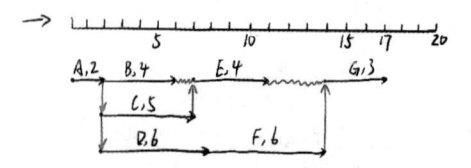

图 6-9 三步法绘制时标网络图过程

(1) 根据题目要求，首先绘制出单代号网络图。
(2) 调整单代号网络图使其尽量不交叉，看起来层次分明。
(3) 按单代号网络图层次绘制出时标网络图。

时标网络图可以解决的问题如下：

(1) 关键路径、自由时差和总时差。

所有活动都没有浮动时间的路径即为关键路径；总时差=关键路径时长–活动所在最长路径；自由时差即不影响任何紧后活动最早开始时间下本活动可推迟的时间。

(2) 资源平滑，移动活动，通过浮动时间优化资源需求。
(3) 计算监测点的 PV 及挣值数据。
(4) 工序安排。

6.3 课后演练（精选真题）

● 某项目各活动先后顺序及持续时间下表所示，该项目的关键路径为___(1)___。执行过程中一名工程师因病缺席，导致活动 D 延期 2 天，为了确保项目按时完成，___(2)___。（**2021 年 5 月第 33-34 题**）

某项目活动表

活动	持续时间	前序活动
A	4	C
B	3	C
C	4	
D	1	AB
E	7	C
F	5	B
G	2	DEF

(1) A. CBDG　　　B. CEFG　　　C. CADG　　　D. CBFG

(2) A. 应为活动 D 增加更多资源　　　B. 不需要采取任何措施
　　C. 需要为关键路径上的任务赶工　　D. 应改进项目所需技术

● 项目经理第一次承接移动端 APP 的软件开发项目，在做成本估算时，考虑了最不利的情况，估算出成本为 90 人日，最有利的情况下成本为 45 人日，公司的期望成本为 60 人日。基于贝塔分布的三点估算法，该项目的估算成本为___(3)___人日。（**2021 年 5 月第 35 题**）

(3) A. 55　　　B. 50.5　　　C. 65　　　D. 62.5

● 某个程序的两个模块，模块 A 实现设备的运行功能，模块 B 实现设备运行过程中实时监控设备状态数据的功能。则项目计划网络图中，模块 A 和模块 B 的依赖关系可表示为___(4)___型。（**2021 年 11 月第 32 题**）

（4）A．F-S   B．F-F   C．C-S   D．S-F

● 某项目各活动关系及乐观、最可能、悲观完成时间见下表，假设各活动的三种完成时间服从β分布，按照三点估算该项目标准差时间为3.2天。则项目在___(5)___完成的概率为95%。(**2021年11月第33题**)

项目活动表

活动	紧前活动	乐观	可能	悲观
A	—	8	12	16
B	A	15	18	27
C	—	5	7	9
D	C	11	13	14
E	B、D	4	5	12
F	E	5	13	15

（5）A．42.6天到55.4天   B．45.8天到52.2天
　　C．61.4天到74.6天   D．64.7天到71.3天

● 某项目的进度网络图如下图所示，在保障不会影响项目总工期的情况下，活动E最多能拖延___(6)___天。(**2021年11月第34题**)

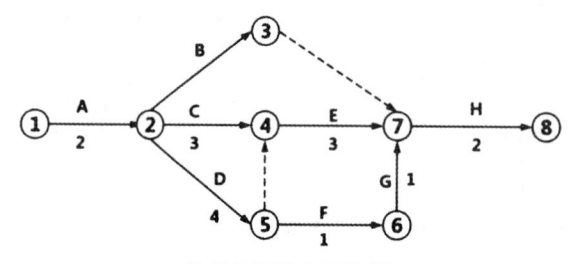

某项目的进度网络图

（6）A．0   B．1   C．2   D．3

● 某项目估算，最乐观成本105万元，利用三点估算，按三角分布计算出的值为94万元，按β分布计算出的值为94.5万元，则最悲观成本为___(7)___万元。(**2021年11月第35题**)

（7）A．80   B．81   C．82   D．83

6.4 课后演练答案解析

（1）（2）参考答案：D　B

解析：只需要画出单代号网络图，找出最长的即可，最长的是CBFG，工期是14天。

D延期两天，也就是包含D的路径都加2天，也就是CADG和CBDG变成13天和12天，对

关键路径 14 天没有任何影响，因此不需要采取任何措施。

（3）**参考答案**：D

解析：三点估算法，$(90+45+60×4)/6 = 62.5$。

（4）**参考答案**：A

解析：此题考查的是依赖关系，必须掌握，为高频考点。

前导图法包括活动之间存在的 4 种类型的依赖关系：

1）结束-开始的关系（F-S 型）。前序活动结束后，后续活动才能开始。例如，只有比赛（紧前活动）结束，颁奖典礼（紧后活动）才能开始。

2）结束-结束的关系（F-F 型）。前序活动结束后，后续活动才能结束。例如，只有完成文件的编写（紧前活动），才能完成文件的编辑（紧后活动）。

3）开始-开始的关系（S-S 型）。前序活动开始后，后续活动才能开始。例如，开始地基浇灌（紧前活动）之后，才能开始混凝土的找平（紧后活动）。

4）开始-结束的关系（S-F 型）。前序活动开始后，后续活动才能结束。例如，只有第二位保安人员开始值班（紧前活动），第一位保安人员才能结束值班（紧后活动）。

模块 A 实现设备的运行功能结束后，模块 B 才能开始监控运行过程中的数据，属于 F-S 型。

这里要特别注意的就是模块 A 只是实现设备的运行功能，不是设备运行本身，也就是说实现了设备运行功能结束后，设备开始运行，然后模块 B 开始监控。

（5）**参考答案**：A

解析：此题考查的是三点估算法，必须掌握，为高频考点。

根据题干表格画出单代号网络图如下所示：

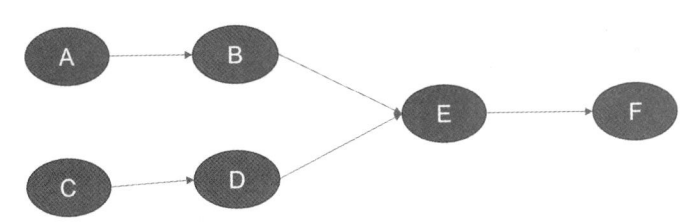

基于正态分布和贝塔分布得单个活动三点估算公式为：某活动估算时间=（最乐观时间+最悲观时间+最可能时间×4）/6，根据表格中数据以及三点估算的公式，求得 ABEF 的工期分别为：12、19、6 和 12，总工期为 49，因为标准差为 3.2，又因为正态分布是特殊的贝塔分布，所以也服从正态分布，正态分布中正负 2 个标准差的概率（即 49–3.2×2=42.6 到 49+3.2×2=55.4）为 95%，所以选 A 项。

（6）**参考答案**：A

解析：此题考查的是网络图计算，必须掌握，为高频考点。

关键路径为 ADEH，总工期为 11 天，E 在关键路径上，总时差为 0，所以选 A 项。

（7）**参考答案**：C

解析：此题考查的是三点估算法，必须掌握，为高频考点。

假设最悲观成本为 X，最可能成本为 Y：

用三角分布法计算：$(X+Y+105)/3=94$；

用 β 分布法计算：$(X+4Y+105)/6=94.5$；

求得 $X=82$，$Y=95$。

补充掌握相关公式：

1）基于正态分布和贝塔分布的单个活动三点估算 $T=(O+4M+P)/6$。

其中，T 为时间期望值；O 为最乐观时间；M 为最可能时间；P 为最悲观时间。

标准差=$(P–O)/6$（用来表示估算的偏差，越小表示估算得越准确）。

2）基于三角分布的单个活动三点估算 $T=(O+M+P)/3$。

3）当估算路径历时的时候：T=各个活动的 T 值之和。标准差=各个活动的方差汇总再开方。

第7章 项目成本管理

7.1 备考指南

本章节主要阐述规划成本管理、估算成本、成本预算和成本控制四个过程。

本章节内容在上午综合知识的考试中会占3~4分,在下午案例中必考一个成本管理相关的计算题或问答题,论文中也时有出现,属于重点内容,需要大家理解并记忆。

7.2 考点梳理及精讲

7.2.1 成本管理概述

成本管理过程见表7-1。

表7-1 成本管理过程

过程名	输入	工具和技术	输出
规划成本管理	1. 项目管理计划 2. 项目章程 3. 事业环境因素 4. 组织过程资产	1. 专家判断 2. 分析技术 3. 会议	成本管理计划
估算成本	1. 成本管理计划 2. 人力资源管理计划 3. 范围基准 4. 项目进度计划 5. 风险登记册 6. 事业环境因素 7. 组织过程资产	1. 专家判断 2. 类比估算 3. 参数估算 4. 自下而上估算 5. 三点估算 6. 储备分析 7. 质量成本 8. 项目管理软件 9. 卖方投标分析 10. 群体决策技术	1. 活动成本估算 2. 估算依据 3. 项目文件更新

续表

过程名	输入	工具和技术	输出
成本预算	1. 成本管理计划 2. 范围基准 3. 活动成本估算 4. 估算依据 5. 项目进度计划 6. 资源日历 7. 风险登记册 8. 协议 9. 组织过程资产	1. 成本汇总 2. 储备分析 3. 专家判断 4. 历史关系 5. 资金限制平衡	1. 成本基准 2. 项目资金需求 3. 项目文件更新
成本控制	1. 项目管理计划 2. 项目资金需求 3. 工作绩效数据 4. 组织过程资产	1. 挣值管理 2. 预测 3. 完工尚需绩效指数 4. 绩效审查 5. 项目管理软件 6. 储备分析	1. 工作绩效信息 2. 成本预测 3. 变更请求 4. 项目管理计划更新 5. 项目文件更新 6. 组织过程资产更新

项目成本管理包含为使项目在批准的预算内完成而对成本进行规划、估算、预算、融资、筹资、管理和控制的各个过程，从而确保项目在批准的预算内完工。

项目成本管理过程包括：

（1）规划成本：规划、管理、花费和控制项目成本而制订政策、程序和文档的过程。

（2）估算成本：对完成项目活动所需资金进行近似估算的过程。

（3）制订预算：汇总所有单个活动或工作包的估算成本，建立一个经批准的成本基准的过程。

（4）控制成本：监督项目状态，以更新项目成本，管理成本基准变更的过程。

产品的全生命周期成本：是在产品或系统的整个使用生命期内，在获得阶段（设计、生产、安装和测试等活动，即项目存续期间）、运营与维护及生命周期结束时对产品的处置所发生的全部成本。不仅要考虑当前开发成本，还要考虑交付后产品的维护成本。

（1）成本的类型。

1）可变成本：随着生产量、工作量或时间而变的成本为可变成本。可变成本又称变动成本。

2）固定成本：不随生产量、工作量或时间的变化而变化的非重复成本为固定成本。

3）直接成本：直接可以归属于项目工作的成本为直接成本。如项目团队差旅费、工资、项目使用的物料及设备使用费等。

4）间接成本：来自一般管理费用科目或几个项目共同担负的项目成本所分摊给本项目的费用，就形成了项目的间接成本，如税金、额外福利和保卫费用等。

5）机会成本：利用一定的时间或资源生产一种商品时，而失去的利用这些资源生产其他最佳替代品的机会，泛指一切在做出选择后其中一个最大的损失。

6）沉没成本：指由于过去的决策已经发生了的，而不能由现在或将来的任何决策改变的成本。沉没成本是一种历史成本，对现有决策而言是不可控成本，会很大程度上影响人们的行为方式与决策，在投资决策时应排除沉没成本的干扰。

（2）**学习曲线**：重复生成产品时，产品的单位成本会随着产量的扩大呈现规律性递减。估算成本时，也要考虑此因素。

7.2.2 规划成本管理

规划成本管理是为规划、管理、花费和控制项目成本而制订政策、程序和文档的过程。本过程的主要作用是在整个项目中为如何管理项目成本提供指南和方向。

成本管理计划是项目管理计划的组成部分，描述将如何规划、安排和控制项目成本。在成本管理计划中规定：①计量单位；②精确度；③准确度；④组织程序链接；⑤控制临界值；⑥绩效测量规则；⑦报告格式；⑧过程描述；⑨其他细节。

7.2.3 估算成本

估算成本是对完成项目活动所需资金进行近似估算的过程。本过程的主要作用是确定完成项目工作所需的成本数额。

1. 步骤

编制项目成本估算需要进行以下三个主要步骤：

（1）识别并分析成本的构成科目。

（2）根据已识别的项目成本构成科目，估算每一科目的成本大小。

（3）分析成本估算结果，找出各种可以相互替代的成本，协调各种成本之间的比例关系。

2. 工具与技术

（1）类比估算：又称为自上而下估算，在项目详细信息不足时，例如在项目的早期阶段，就经常使用这种技术来估算成本数值。类比估算通常成本较低、耗时较少，但准确性也较低。

（2）参数估算：指利用历史数据之间的统计关系和其他变量（如建筑施工中的平方英尺），来进行项目工作的成本估算。参数估算的准确性取决于参数模型的成熟度和基础数据的可靠性。

（3）自下而上估算：是对工作组成部分进行估算的一种方法。首先对单个工作包或活动的成本进行最具体、细致的估算；然后把这些细节性成本向上汇总或"滚动"到更高层次，用于后续报告和跟踪。自下而上估算的准确性及其本身所需的成本，通常取决于单个活动或工作包的规模和复杂程度。

（4）质量成本：在估算活动成本时，可能要用到关于质量成本的各种假设，如预防成本、评估成本、返工成本。

（5）卖方投标分析：在成本估算过程中，可能需要根据合格卖方的投标情况，分析项目成本。

3. 输出

（1）活动成本估算：对完成项目工作可能需要的成本的量化估算。应该覆盖活动所使用的全部资源。

（2）估算依据：成本估算所需的支持信息的数量和种类，因应用领域而异。应该清晰、完整地说明成本估算是如何得出的，包括估算依据的文件、全部假设条件、已知制约因素、估算区间说明、最终估算的置信水平说明。

7.2.4 成本预算

成本预算是汇总所有单个活动或工作包的估算成本，建立一个经批准的成本基准的过程。本过程的主要作用是确定成本基准，可据此监督和控制项目绩效。

1. 成本预算的步骤

（1）将项目总成本分摊到项目工作分解结构的各个工作包。分解按照自顶向下，根据占用资源数量多少而设置不同的分解权重。

（2）将各个工作包成本再分配到该工作包所包含的各项活动上。

（3）确定各项成本预算支出的时间计划及项目成本预算计划。

2. 成本汇总

成本按从小到大的分类是活动成本—WBS工作包—控制账户—项目预算（包括成本基准+管理储备），注意成本基准包含应急储备，不包含管理储备。

3. 储备分析

（1）应急储备是包含在成本基准内的一部分预算，用来应对已经接受的已识别风险，以及已经制订应急或减轻措施的已识别风险。应急储备通常是预算的一部分，用来应对那些会影响项目的"已知-未知"风险。

（2）管理储备是为了管理控制的目的而特别留出的项目预算，用来应对项目范围中不可预见的工作。管理储备用来应对会影响项目的"未知-未知"风险。管理储备不包括在成本基准中，但属于项目总预算和资金需求的一部分，使用前需要得到高层管理者审批。

注意：在考试中，储备金如果没有特别指明"管理储备"，应理解为"应急储备"，如果经批准后动用了管理储备，则需把动用部分增加到成本基准，导致成本基准变更。

4. 历史关系

有关变量之间可能存在一些可据以进行参数估算或类比估算的历史关系。可以基于这些历史关系，利用项目特征（参数）来建立数学模型，预测项目总成本。

5. 资金限制平衡

应该根据对项目资金的任何限制来平衡资金支出。如果发现资金限制与计划支出之间的差异，则可能需要调整工作的进度计划，以平衡资金支出水平。这可以通过在项目进度计划中添加强制日期来实现。

6. 成本基准

成本基准是经过批准的、按时间段分配的项目预算，不包括任何管理储备，只有通过正式的变更控制程序才能变更，用作与实际结果进行比较的依据。成本基准是不同进度活动经批准的预算的总和。

由于成本基准中的成本估算与进度活动直接关联，因此就可按时间段分配成本基准，得到一条S曲线，是成本在时间上的可读。

7. 项目资金需求

项目资金需求从成本基准获得，包括总和的和阶段性的。资金需求是阶段性的、不连续的。总资金需求=成本基准+管理储备。

预计支出：预付款，成本未发生，预先付出的款项，资金支出早于成本产生。
预计债务：应付款，成本已发生，在未来要偿还的，资金支出晚于成本产生。

7.2.5 成本控制

成本控制是监督项目状态，以更新项目成本，管理成本基准变更的过程。本过程的主要作用是发现实际与计划的差异，以便采取纠正措施，降低风险。

1. 项目成本控制

项目成本控制包括：

（1）对造成成本基准变更的因素施加影响。
（2）确保所有变更请求都得到及时处理。
（3）当变更实际发生时，管理这些变更。
（4）确保成本支出不超过批准的资金限额，既不超出按时段、按 WBS 组件、按活动分配的限额，也不超出项目总限额。
（5）监督成本绩效，找出并分析与成本基准间的偏差。
（6）对照资金支出，监督工作绩效。
（7）防止在成本或资源使用报告中出现未经批准的变更。
（8）向有关干系人报告所有经批准的变更及其相关成本。
（9）设法把预期的成本超支控制在可接受的范围内。

2. 挣值管理

挣值管理是一种综合了范围、时间、成本绩效测量的方法，将计划工作量、实际成本与实际挣得的收益进行对比，确定成本和进度是否按计划执行。

实例场景分析：

总规划：10 天造 100 个桌子，完工预算为 10000 元。
详细计划：每天造 10 个桌子，每个桌子的预算为 100 元，每天花费 1000 元。
现在是第 5 天结束了，预算及执行情况：
按计划应该造 50 张桌子，花费预算 5000 元；实际造了 30 张桌子，实际花费了 4500 元。
针对上述实例，相关挣值计算及公式见表 7-2。

表 7-2 挣值计算公式

术语	公式	实例计算
完工预算 （Budget at Completion，BAC）	项目完工预算（不含管理储备）	规划用 10 天造 100 张桌子，完成预算为 10000 元
实际成本 （Actual Cost，AC）	已完成工作的实际成本	实际造了 30 张桌子，实际花费 4500 元
计划价值 （Planned Value，PV）	应完成工作的计划价值	第 5 天结束，按计划应造 50 张桌子，花费预算 5000 元

续表

术语	公式	实例计算
挣值（Earned Value，EV）	实际已完成工作的计划价值	已造的 30 张桌子，按计划应该花费 30×100=3000 元
进度偏差（Schedule Variance，SV）	SV=EV-PV，SV<0，进度落后，SV>0，进度提前	EV(3000)元–PV(5000 元)，小于 0，进度落后
进度绩效指数（Schedule Performance Index，SPI）	SPI=EV/PV，小于 1，进度落后，大于 1，进度提前	3000/5000 小于 1，进度落后
成本偏差（Cost Variance，CV）	CV=EV-AC，小于 0，成本超支，大于 0，成本节约	EV(3000)–AC(4500)，小于 0，成本超支
成本绩效指数（Cost Performance Index，CPI）	CPI=EV/AC，小于 1，超支，大于 1，节约	3000/4500，小于 1，成本超支
助记：小于就不是好事（成本超支，进度落后），大于就是好事		

3. 预测

预测使用的公式和参数见表 7-3。

表 7-3 预测相关公式

术语	公式	实例计算
（1）非典型情况：之前的进度成本是特殊情况，以后还是按计划进行。接上例：BAC=10000；AC=4500；EV=3000		
完工尚需估算（Estimate to Complete，ETC）	ETC=BAC–EV	ETC=10000–3000=7000
完工估算（Estimate at Completion，EAC）	EAC=AC+ETC	EAC=4500+7000=11500
完工总时间	非典型：现有已发生的实际工期+剩余工作量计划工期	5+(100–30)/10=12 天
（2）典型情况：之前的进度成本不是特殊情况，后面还会一直保持这个进度。同样接上例		
完工尚需估算（ETC）	ETC=(BAC–EV)/CPI，CPI=EV/AC	ETC=(10000–3000)/(3000/4500)≈10499
完工估算（EAC）	EAC=AC+ETC 或 EAC=BAC/CPI	EAC=4500+10499 或 10000/(3000/4500)≈14999
完工总时间	计划总工期/SPI	10/(3000/5000)≈16.67 天

4. 完工尚需绩效指数

完工尚需绩效指数，相关公式见表 7-4。

表 7-4 完工尚需绩效指数公式

术语	公式	实例计算
TCPI（To-Complete Performance Index）是一种为了实现特定的管理目标，剩余资源的使用必须达到的成本绩效指标，剩余工作所需成本与剩余预算之比。接上例，BAC=10000；AC=4500；EV=3000；非典型 EAC=11500；典型 EAC=14999		

续表

术语	公式	实例计算
TCPI（按原预算）	若需按原计划完成，完成难度：(BAC-EV)/(BAC-AC)，>1，难完成；=1，正好完成；<1，容易完成	(10000-3000)/(10000-4500)=1.27>1，难完成。如果还按原预算，则后续工作的绩效水平需维持原计划 1.27 倍
TCPI（按新估算）	若预算已明显不可行，则按新完工估算 EAC 来计算 TCPI，完成难度：(BAC-EV)/(EAC-AC)，>1，难完成；=1，正好完成；<1，容易完成	非典型：(10000-3000)/(11500-4500)=1，正好完成；典型：(10000-3000)/(14999-4500)≈0.6667（=CPI），容易完成

EV 图示如图 7-1 所示。

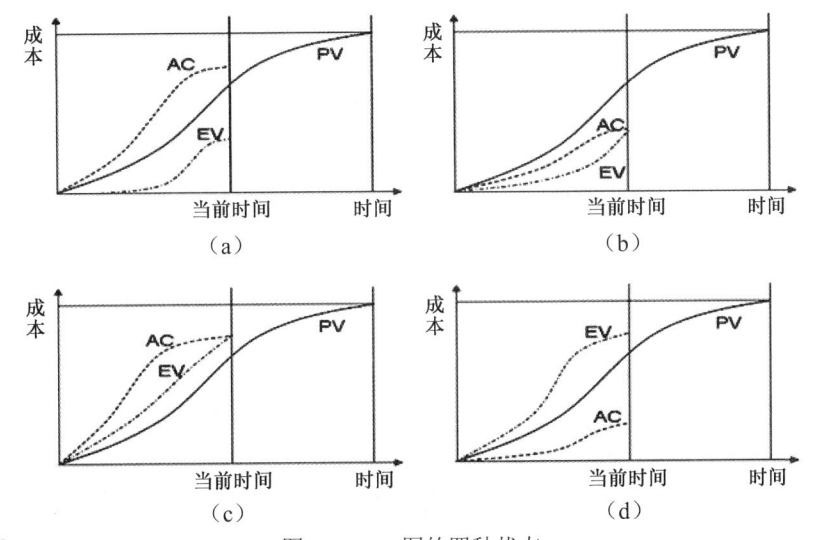

图 7-1 EV 图的四种状态

四种 EV 图对应的含义见表 7-5。

表 7-5 四种 EV 图对应的含义

序号	三参数关系	分析（含义）	措施
1	AC>PV>EV SV<0 CV<0	进度落后，成本超支	用工作效率高的人员更换一批工作效率低的人员；并行施工追赶进度
2	PV > AC =EV SV<0 CV=0	进度落后，成本持平	增加高效人员投入，或并行施工追赶进度
3	AC = EV > PV SV>0 CV=0	进度超前，成本持平	抽出部分人员，增加少量骨干人员
4	EV > PV > AC SV>0 CV>0	进度超前，成本节约	分析原因，检查质量，若偏离不大，维持现状，加强质量控制

通常对于独立型的工作,如果没有办法或不太需要准确测量实际状况,只能大概估计一下,可以用固定公式法进行估算,具体方法有如下三种:

(1) 0-100:最保守的,只有全部完成才记为完成。
(2) 100-100:最冒进的,只要工作开始就被记做完成。
(3) 50-50:常用的,工作开始记做完成50%,工作完成后再记50%。

7.3 课后演练(精选真题)

- 关于项目成本预算的描述,不正确的是__(1)__。(**2021年5月第36题**)
  (1) A. 范围基准、风险登记册和活动成本估算是制定预算过程的有效输入
     B. 资源日历中可获得项目资源种类和使用时间,以确定各阶段的资源成本
     C. 做项目成本预算时,需按照正态分布规律,依时间段分配成本
     D. 成本基准是经过批准的,包括应急储备,但不包括管理储备

- 某项目的估算成本为90万元,在此基础上,公司为项目设置10万元的应急储备和10万元的管理储备,项目工期为5个月。项目进行到第三个月的时候,项目SPI为0.6,实际花费为70万元,EV为60万元。以下描述正确的是__(2)__。(**2021年5月第37题**)
  (2) A. 项目的总预算为110万元
     B. 项目的成本控制到位,进度上略有滞后
     C. 基于典型偏差计算,到项目完成时,实际花费成本为100万元
     D. 基于非典型偏差计算,到项目完成时,实际花费成本为117万元

- 某项目按工作量平均分配到10个月完成,每月成本相同,项目管理储备15万元,在项目进行到第三个月时,项目实际花费为BAC的30%,完成总工作量的20%,如果不加纠偏根据当前进度,项目完工估算为120万元,则项目总预算为__(3)__万元。(**2021年11月第36题**)
  (3) A. 80　　　　　　B. 85　　　　　　C. 90　　　　　　D. 95

- 四个项目甲、乙、丙、丁的工期均是四年,在第一年末时,各项目进度数据见下表,则最有可能在按时完工的同时能更好控制成本的项目是__(4)__。(**2021年11月第37题**)

项目工期预算表

项目	预算	PV	EV	AC
甲	800	200	230	220
乙	800	200	210	200
丙	800	200	190	160
丁	800	200	200	200

(4) A. 甲　　　　　　B. 乙　　　　　　C. 丙　　　　　　D. 丁

7.4 课后演练答案解析

（1）**参考答案**：C

解析：成本预算要根据实际情况分配。

（2）**参考答案**：A

解析：总预算是需要加上管理储备的，因此是 110 万元。

（3）**参考答案**：D

解析：此题考查的是挣值计算，必须掌握，为高频考点；此题需要掌握公式变形，管理储备的问题。

$EAC=120$，则 $EAC=BAC/CPI=\dfrac{BAC}{\dfrac{EV}{PV}}=\dfrac{BAC}{BAC\times 20\%}{BAC\times 30\%}=\dfrac{BAC}{\dfrac{2}{3}}=120$，求得 $BAC=80$，总预算=BAC+管理储备=80+15=95。

（4）**参考答案**：B

解析：此题考查的是挣值计算，必须掌握，为高频考点。

丙和丁都是最差的，不考虑，甲和乙的 CV 均为 10，最有可能在按时完工的同时能更好控制成本，甲和乙进度均没问题，而乙的 CPI 大于甲的 CPI，所以选择 B 项。

第8章 项目质量管理

8.1 备考指南

本章属于 10 大管理的内容，主要内容有规划质量管理、质量保证和质量控制。

本章节内容在上午综合知识的考试中会占 3 分左右，常考这一部分的工具和技术，在下午案例中也会经常出现问答题，论文中也时有出现，属于重点内容，需要大家理解并记忆。

8.2 考点梳理及精讲

8.2.1 质量管理概述

质量管理过程见表 8-1。

表 8-1 质量管理过程

过程名	输入	工具和技术	输出
规划质量管理	1. 项目管理计划 2. 干系人登记册 3. 风险登记册 4. 需求文件 5. 事业环境因素 6. 组织过程资产	1. 成本效益分析 2. 质量成本 3. 七种基本质量工具 4. 标杆对照 5. 实验设计 6. 统计抽样 7. 其他质量管理工具 8. 会议	1. 质量管理计划 2. 过程改进计划 3. 质量测量指标 4. 质量核对单 5. 项目文件更新
质量保证	1. 质量管理计划 2. 过程改进计划 3. 质量测量指标 4. 质量控制测量结果 5. 项目文件	1. 质量管理与控制工具 2. 质量审计 3. 过程分析	1. 变更请求 2. 项目管理计划更新 3. 项目文件更新 4. 组织过程资产更新

续表

过程名	输入	工具和技术	输出
质量控制	1. 项目管理计划 2. 质量测量指标 3. 质量核对单 4. 工作绩效数据 5. 批准的变更请求 6. 可交付成果 7. 项目文件 8. 组织过程资产	1. 七种基本质量工具 2. 统计抽样 3. 检查 4. 审计已批准的变更请求	1. 质量控制测量结果 2. 确认的变更 3. 核实的可交付成果 4. 工作绩效信息 5. 变更请求 6. 项目管理计划更新 7. 项目文件更新 8. 组织过程资产更新

1. 有关质量的定义

（1）国际标准化组织（ISO）对质量（Quality）的定义是："反映实体满足主体明确和隐含需求的能力的特性总和。"

（2）国家标准（GB/T 19000-2008）对质量的定义为："一组固有特性满足要求的程度"。

（3）从用户的角度去定义质量：质量是对一个产品（包括相关的服务）满足程度的度量，是产品或服务的生命。

（4）质量方针是指"由组织的最高管理者正式发布的该组织总的质量宗旨和方向"。

（5）质量目标是指"在质量方面所追求的目的"，它是落实质量方针的具体要求。

2. 等级

等级是用途相同但技术特性不同的可交付成果的级别分类。

一个低等级（功能有限）、高质量（无明显缺陷，用户手册易读）的软件产品，适合一般使用，可以被认可。

一个高等级（功能繁多）、低质量（有许多缺陷，用户手册杂乱无章）的软件产品，该产品的功能会因质量低劣而无效或低效，不会被使用者接受。

3. 质量管理

质量管理（Quality Management）是指确定质量方针、目标和职责，并通过质量体系中的质量规划、质量保证和质量控制以及质量改进来使其实现所有管理职能的全部活动。质量管理包含如下三个过程：

（1）规划质量管理：确定适合于项目的质量标准并决定如何满足这些标准。

（2）实施质量保证：用于有计划、系统的质量活动，确保项目中的所有必须过程满足项目干系人的期望。

（3）质量控制：监控具体项目结果以确定其是否符合相关质量标准，制订有效方案，以消除产生质量问题的原因。

4. 质量管理标准体系

ISO 9000 认证标准是国际标准化组织（ISO）制定的国际标准，是一组标准的统称，其四个核心标准如下：

（1）ISO 9000：表述质量管理体系基础知识并规定质量管理体系术语。

（2）ISO 9001：质量管理体系要求，用于组织证实其具有提供满足顾客要求和适用的法规要求的产品的能力，目的在于增进顾客满意。

（3）ISO 9004：提供考虑质量管理体系的有效性和效率两方面的指南。该标准的目的是组织业绩改进和顾客及其他相关方满意。

（4）ISO 19011：提供审核质量和环境管理体系指南。

（5）ISO 9000 系列的 8 项基本原则有：①以顾客为中心；②领导作用；③全员参与；④过程方法；⑤管理的系统方法；⑥持续改进；⑦基于事实的决策方法；⑧与供方互利的关系。

5. 全面质量管理

全面质量管理（Total Quality Management，TQM）是一种全员、全过程、全企业的品质管理。它是一个组织以质量为中心，以全员参与为基础，通过让顾客满意和本组织所有成员及社会受益而达到永续经营的目的。全面质量管理注重顾客需要，并且强调要参与团队工作，并力争形成一种文化，以促进所有的员工设法并持续改进组织所提供产品/服务的质量、工作过程和顾客反应时间等。

全面质量管理有 4 个核心的特征，即全员参加的质量管理、全过程的质量管理、全面方法的质量管理和全面结果的质量管理。

6. 六西格玛

六西格玛（6σ）意为"六倍标准差"，在质量上表示为每百万不合格率 PPM 少于 3.4。采用 DMAIC（确定、测量、分析、改进、控制）改进方法对组织的关键流程进行改进，优越之处在于从项目实施过程中改进和保证质量，而不是从结果中检验控制质量。这样做不仅减少了检控质量的步骤，而且避免了由此带来的返工成本。更为重要的是，六西格玛管理培养了员工的质量意识，并把这种质量意识融入企业文化中。

7. 戴明环

戴明环（PDCA 模型），如图 8-1 所示。

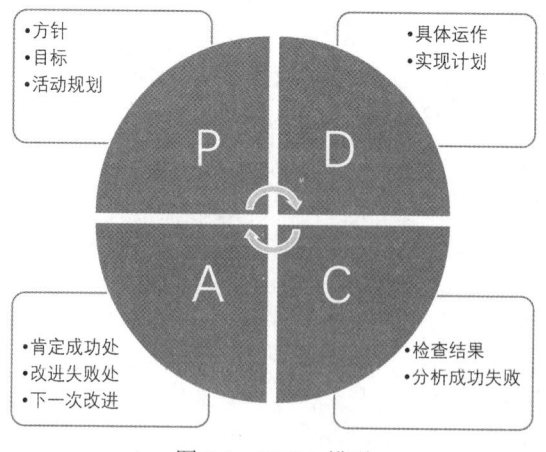

图 8-1 PDCA 模型

8.2.2 质量管理

质量管理是识别项目及其可交付成果的质量要求和标准，并准备对策确保符合质量要求的过程。本过程的主要作用是为整个项目中如何管理和确认质量提供指南和方向。

（1）工具与技术——成本收益分析法：对每个质量活动进行成本效益分析，就是要比较其可能的成本与预期的效益。达到质量要求的主要效益包括减少返工、提高生产率、降低成本、提升干系人满意度及提升赢利能力。

（2）工具与技术——质量成本法：质量成本指在产品生命周期中发生的所有成本，包括为预防不符合要求、为评价产品或服务是否符合要求，以及因未达到要求而发生的所有成本。

质量成本类型包括：

一致性成本：在项目期间用于防止失败的费用，分为预防成本（为了生产合格产品进行的培训、流程文档化、设备、选择正确的做事时间）、评估成本（为了评定质量进行的测试、破坏性测试导致的损失、检查）。

非一致性成本（故障成本）：项目期间和项目完成后用于处理失败的费用，分为内部失败成本（项目内部发现的，返工、废品等）、外部失败成本（客户发现的，责任、保修、业务流失）。

（3）工具与技术——标杆对照：标杆对照是将实际或计划的项目实践与可比项目的实践进行对照，以便识别最佳实践，形成改进意见，并为绩效考核提供依据。

补充：基准比较是指将项目的实际做法或计划做法与其他项目的实践相比较，从而产生改进的思路并提出度量绩效的标准。其他项目既可以是实施组织内部的也可以是外部的，既可以来自同一应用领域也可以来自其他领域。

（4）工具与技术——实验设计：实验设计（DOE）是一种统计方法，用来识别哪些因素会对正在生产的产品或正在开发的流程的特定变量产生影响。此项技术最常用于项目产品的分析，例如，计算机芯片设计者可能想确定材料与设备如何组合，才能以合理的成本生产最可靠的芯片。DOE也有助于产品或过程的优化，它用来降低产品性能对各种环境变化或制造过程变化的敏感度。该技术的一个重要特征是为系统改变所有重要因素（而不是每次只改变一个因素）提供了一种统计框架。

（5）工具与技术——统计抽样：应用统计方法从审计对象的总体中抽出样本，根据对样本的审计结论来推断总体的正确性和适当性的一种审计方法。

（6）工具与技术——其他质量管理工具：头脑风暴、力场分析（显示变更的推力和阻力）、名义小组技术。

（7）输出。

1）质量管理计划：是项目管理计划的组成部分，描述如何实施组织的质量政策，以及项目管理团队准备如何达到项目的质量要求。质量管理计划可以是正式的，也可以是非正式的，可以是非常详细的，也可以是高度概括的。

2）过程改进计划：详细说明对项目管理过程和产品开发过程进行分析的各个步骤，以识别增值活动。需要考虑过程边界、过程配置、过程测量指标、绩效改进目标。

3）质量测量指标：专用于描述项目或产品属性，以及控制质量过程将如何对属性进行测量。

质量测量指标的例子包括准时性、成本控制、缺陷频率、故障率、可用性、可靠性和测试覆盖度等。

4）质量核对单：核对单是一种结构化工具，通常具体列出各项内容，用来核实所要求的一系列步骤是否已得到执行。应该涵盖在范围基准中定义的验收标准。

8.2.3 质量保证

实施质量保证是审计质量要求和质量控制测量结果，确保采用合理的质量标准和操作性定义的过程。本过程的主要作用是促进质量过程改进。

质量保证旨在建立对未来输出或未完输出（也称正在进行的工作）将在完工时满足特定的需求和期望的信心。质量保证部门或类似部门经常要对质量保证活动进行监督。

（1）质量保证（Quality Assurance，QA），通过用规划过程预防缺陷，或者在执行阶段对正在进行的工作检查出缺陷来保证质量的确定性。

（2）质量保证工作属于质量成本框架中的一致性工作（预防、评估）。

（3）实施质量保证过程也为持续过程改进创造条件和提供保证。通过持续过程改进，可以减少浪费，消除非增值活动，使各过程在更高的效率与效果水平上运行。

工具与技术——质量审计，又称质量保证体系审核，是对具体质量管理活动的结构性的评审。质量审计的目标是：

（1）识别全部正在实施的良好及最佳实践。

（2）识别全部违规做法、差距及不足。

（3）分享所在组织或行业中类似项目的良好实践。

（4）积极、主动地提供协助，以改进过程的执行，从而帮助团队提高生产效率。

（5）强调每次审计都应对组织经验教训的积累作出贡献。

质量审计可以事先安排，也可随机进行。在具体领域中有专长的内部审计师或第三方组织都可以实施质量审计。

工具与技术——过程分析：过程分析是指按照过程改进计划中概括的步骤来识别所需的改进。过程分析包括根本原因分析，用于识别问题、探究根本原因，并制订预防措施的一种具体技术。

8.2.4 质量控制

质量控制（Quality Control，QC），是监督并记录质量活动执行结果，以便评估绩效，并推荐必要的变更过程。

1. 质量控制过程

质量控制过程的主要作用包括：

（1）识别过程低效或产品质量低劣的原因，建议并采取相应措施消除这些原因。

（2）确认项目的可交付成果及工作满足主要干系人的既定需求，足以进行最终验收。

2. QA 和 QC 的区别与联系

QA 和 QC 的区别与联系见表 8-2。

表 8-2　QA 和 QC 对比表

	质量保证	质量控制
区别	内容及目标：审计质量要求和质量控制测量结果，确保采用合理的质量标准和操作性定义的过程。 旨在建立对未来输出或未完输出（也称正在进行的工作）将在完工时满足特定的需求和期望的信心。 手段：通过用规划过程预防缺陷，或者在执行阶段对正在进行的工作检查出缺陷，来保证质量的确定性	内容及目标：监督并记录质量活动执行结果，以便评估绩效，并推荐必要的变更过程；确定消除产生不良结果的根源的方法和途径。 手段：主要是成果检查，是一种纠偏性和把关性的质量管理活动；主要是对已经完成的可交付成果进行质量合格性检查
联系	都是为了保证项目及产品符合质量要求；都应该贯穿项目始终；QA 为 QC 提供更好的保证和条件，同时质量控制的测量结果也是质量保证过程的输入	

3. 项目质量控制过程

项目质量控制过程一般要经历以下基本步骤：

（1）选择控制对象。项目进展的不同时期、不同阶段，质量控制的对象和重点也不相同，需要在项目实施过程中加以识别和选择。质量控制的对象可以是某个因素、某个环节、某项工作或工序，以及项目的某个里程碑或某项阶段成果等一切与项目质量有关的要素。

（2）为控制对象确定标准或目标。

（3）制订实施计划，确定保证措施。

（4）按计划执行。

（5）对项目实施情况进行跟踪监测、检查，并将监测的结果与计划或标准相比较。

（6）发现并分析偏差。

（7）根据偏差采取相应对策：如果监测的实际情况与标准或计划相比有明显差异，则应采取相应的对策。

4. 老七工具

老七工具包含因果图、流程图、核查表、帕累托图、直方图、控制图和散点图，如图 8-2 所示。

（1）因果图，又称鱼骨图或石川馨图，用来追溯问题来源，回推到可行动的根本原因，一般从人、机、料、法、环五个方面进行分析。

（2）流程图，也称过程图，用来显示在一个或多个输入转化成一个或多个输出的过程中，所需要的步骤顺序和可能分支。通过映射 SIPOC 模型（Supplier 供应者；Input 输入；Process 流程；Output 输出；Customer 客户）中的水平价值链的过程细节，来显示活动、决策点、分支循环、并行路径及整体处理顺序。流程图可能有助于了解和估算一个过程的质量成本。

（3）核查表，又称计数表，用于收集数据的查对清单。收集关于潜在质量问题的有用数据。

（4）帕累托图，又称排列图、ABC 分析图法，用于识别造成大多数问题的少数重要原因。在帕累托图中，通常按类别排列条形，以测量频率或后果。认为 80% 的问题是由 20% 的原因造成的，因此强调找出主要原因。

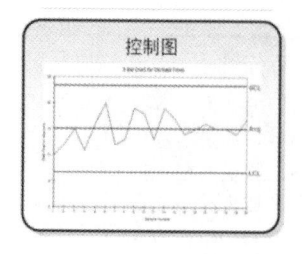

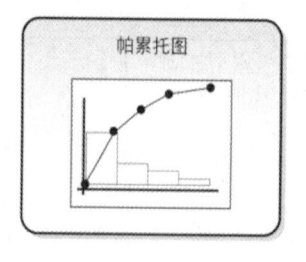

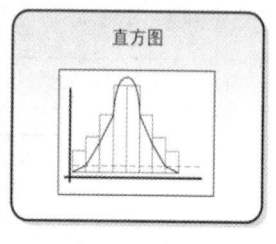

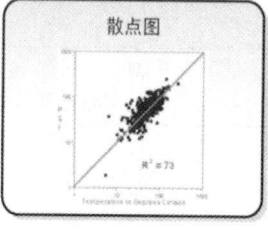

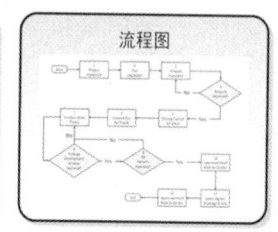

图 8-2　老七工具示例图

（5）直方图用于描述集中趋势、分散程度和统计分布形状。与控制图不同，直方图不考虑时间对分布内的变化的影响。

（6）控制图是一张实时展示项目进展信息的图表。可以判断某一过程处于控制之中还是失控状态。可以使用质量控制图及七点运行定律寻找数据中的规律。七点运行定律是指如果在一个质量控制图中，一行上的 7 个数据点都低于平均值或高于平均值，或者都是上升的，或者都是下降的，那么这个过程就需要因为非随机问题而接受检查。控制图可用于监测各种类型的输出变量。

（7）散点图：可以显示 2 个变量之间是否有关系，一条斜线上的数据点距离越近，2 个变量之间的相关性就越密切。

5．新七工具

新七工具包含亲和图、过程决策程序图、关联图、树形图、优先矩阵、活动网络图和矩阵图，如图 8-3 所示。

（1）亲和图。针对某个问题，产生出可联成有组织的想法模式的各种创意。

（2）过程决策程序图（PDPC）。用于理解一个目标与达成此目标的步骤之间的关系。PDPC 有助于制订应急计划，因为它能帮助团队预测那些可能破坏目标实现的中间环节。

（3）关联图。关联图是关系图的变种，有助于在包含相互交叉逻辑关系的中等复杂情形中创新性地解决问题。可以使用其他工具（诸如亲和图、树形图或鱼骨图）产生的数据，来绘制关联图。

（4）树形图。也称系统图，可用于表现诸如 WBS、RBS 和 OBS（组织分解结构）的层次分解结构。

（5）优先矩阵。用来识别关键事项和合适的备选方案，并通过一系列决策，排列出备选方案的优先顺序。先对标准排序和加权，再应用于所有备选方案，计算出数学得分，对备选方案排序。

图 8-3 新七工具示例图

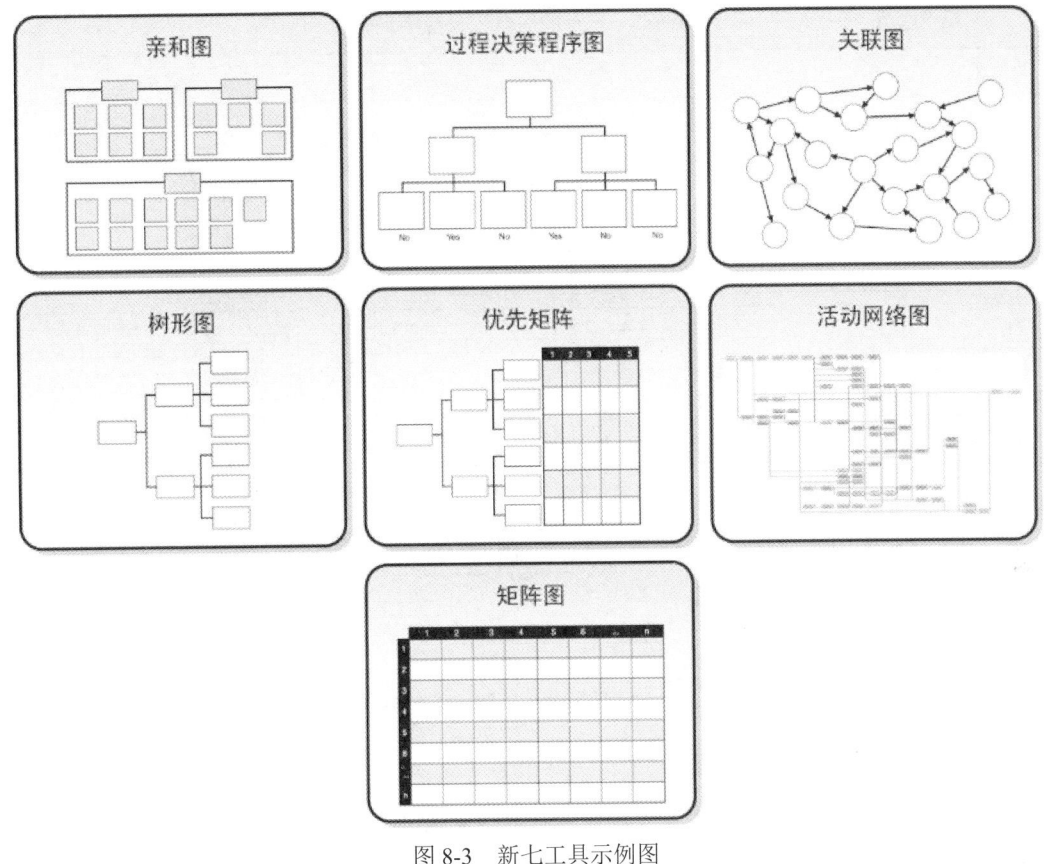

（6）活动网络图。又称箭条图法、矢线图法，是网络图在质量管理中的应用。它是计划评审法在质量管理中的具体运用，使质量管理的计划安排具有时间进度内容的一种方法。可以达到从全局出发、抓住关键路径、统筹安排、集中力量，从而达到按时或提前完成计划的目标。包括两种格式的网络图：活动箭线图（AOA）和最常用的活动节点图（AON）。

（7）矩阵图。一种质量管理和控制工具，使用矩阵结构对数据进行分析。在行列交叉的位置展示因素、原因和目标之间的关系强弱。

6. 工具与技术——统计抽样

统计抽样是指从目标总体中抽取一部分相关样本用于检查和测量，以满足质量管理计划中的规定。特点是可以降低质量控制的成本。

7. 工具与技术——检查

检查也可称为审查、同行审查、审计或巡检等。检查的目的是确定结果与要求是否一致。

8. 质量工具应用场景

常考的质量工具应用场景见表 8-3。

表 8-3 常考的质量工具应用场景

质量工具	应用场景	关键词
因果图	分析问题，找潜在原因、根本原因	潜在原因、根本原因
帕累托图	找出影响问题的关键（主要）原因	主要原因，二八原理，首要原因、ABC 分类、排列图
控制图	过程是否在控制内、是否出现偏差	过程控制，超出界限，七点分析
散点图	找出变量间的影响、关系	相关
流程图	了解和估算过程的质量成本，因果分析（第二选）	输入、输出，改进过程
直方图	缺陷数量、成因排列、不合规次数	条形图，集中趋势
统计抽样	检查产品是否符合要求，但时间、资源有限	从总体中抽取部分，成本低
实验设计	统计方法，识别哪些因素会对正在生产的产品或正在开发的流程的特定变量产生影响。确定最优的解决方案	因素对特定变量产生影响，权衡，选取最优搭配方案

8.3 课后演练（精选真题）

- ___(1)___ 不属于"规划质量管理"过程的输出。**（2021 年 5 月第 38 题）**
  (1) A．质量管理计划　　　　　　　　B．质量测量指标
  　　C．需求文件　　　　　　　　　　D．过程改进计划
- ___(2)___ 过程的主要作用是确认项目的可交付成果来满足干系人的既定需求。**（2021 年 5 月第 39 题）**
  (2) A．质量规划　　B．实施质量保证　　C．质量控制　　D．质量过程改进
- 项目 QA 列出各项检查内容，核实所要求的一系列步骤是否已经得到执行，该 QA 采取的质量管理工具为___(3)___。**（2021 年 5 月第 40 题）**
  (3) A．质量控制图　　B．乌龟图　　　　C．鱼骨图　　　　D．质量核对单
- 规划质量管理的目的是___(4)___。**（2021 年 11 月第 38 题）**
  (4) A．准备对策，确保符合质量要求
  　　B．建立对未来输出在完工时满足待定需求和期望的信心
  　　C．评估绩效
  　　D．确保项目满足承诺的需求
- 实施质量保证的主要作用是___(5)___。**（2021 年 11 月第 39 题）**
  (5) A．明确项目的质量意识和质量需求
  　　B．把质量目标分解落实到各部门及项目合体成员
  　　C．促进质量过程改进
  　　D．识别过程低效或产品质量低劣的原因

- 关于质量控制的描述，不正确的是__（6）__。**（2021年11月第40题）**

  （6）A．该过程所产生的数据为质量保证过程作用

  　　B．工作绩效数据是该过程的输入

  　　C．质量控制是审计质量要求

  　　D．确认的变更是该目标的输出

8.4　课后演练答案解析

（1）参考答案：C

解析：规划质量管理过程的输出包括质量管理计划、过程改进计划、质量测量指标、质量核对单以及项目文件更新。

（2）参考答案：C

解析：可交付成果是质量控制，过程是质量保证。

（3）参考答案：D

解析：通过质量核对单核实所要求的一系列步骤是否已经得到执行。

（4）参考答案：A

解析：此题考查的是规划质量管理的定义，必须掌握，为高频考点。

规划质量管理是识别项目及其可交付成果的质量要求和标准，并准备对策确保符合质量要求的过程。本过程的主要作用是为整个项目中如何管理和确认质量提供指南和方向。

（5）参考答案：C

解析：此题考查的是质量保证的定义，必须掌握，为高频考点。

实施质量保证是审计质量要求和质量控制测量结果，确保采用合理的质量标准和操作性定义的过程。本过程的主要作用是促进质量过程改进。

（6）参考答案：C

解析：此题考查的是质量控制，必须掌握，为高频考点。

审计质量要求应该是质量保证。

第 9 章 项目人力资源管理

9.1 备考指南

本章节主要阐述规划人力资源管理、组建项目团队、建设项目团队和管理项目团队四个过程。

本章节内容在上午综合知识的考试中会占 3 分左右,在下午案例中也会偶尔出现问答题,论文中也时有出现,属于重点内容,需要大家理解并记忆。

9.2 考点梳理及精讲

9.2.1 人力资源管理概述

人力资源管理过程见表 9-1。

表 9-1 人力资源管理过程

过程名	输入	工具和技术	输出
规划人力资源管理	1. 项目管理计划 2. 活动资源需求 3. 事业环境因素 4. 组织过程资产	1. 组织图和职位描述 2. 人际交往 3. 组织理论 4. 专家判断 5. 会议	人力资源管理计划
组建项目团队	1. 人力资源管理计划 2. 事业环境因素 3. 组织过程资产	1. 预分派 2. 谈判 3. 招募 4. 虚拟团队 5. 多标准决策分析	1. 项目人员分派 2. 资源日历 3. 项目管理计划更新

续表

过程名	输入	工具和技术	输出
建设项目团队	1. 人力资源管理计划 2. 项目人员分派 3. 资源日历	1. 人际关系技能 2. 培训 3. 团队建设活动 4. 基本规则 5. 集中办公 6. 认可与奖励 7. 人事测评工具	1. 团队绩效评价 2. 事业环境因素更新
管理项目团队	1. 人力资源管理计划 2. 项目人员分派 3. 团队绩效评价 4. 问题日志 5. 工作绩效报告 6. 组织过程资产	1. 观察和交谈 2. 项目绩效评估 3. 冲突管理 4. 人际关系技能	1. 变更请求 2. 项目管理计划更新 3. 项目文件更新 4. 事业环境因素更新 5. 组织过程资产更新

1. 项目人力资源管理

项目人力资源管理包括组织、管理与领导项目团队所需的4个过程，具体为：

（1）规划人力资源管理。识别和记录项目角色、职责、所需技能、报告关系，并编制人员配备管理计划。

（2）组建项目团队。确认人力资源的可用情况，并为开展项目活动而组建团队。

（3）建设项目团队。提高工作能力，促进团队成员互动，改善团队整体氛围，以提高项目绩效。

（4）管理项目团队。跟踪团队成员工作表现，提供反馈，解决问题并管理团队变更，以优化项目绩效。

2. 领导和管理

（1）领导者：确定方向、统一思想、激励和鼓舞。

（2）管理者：被组织赋予职位和权力，负责某件事情的管理或实现某个目标（关注流程、执行、交付成果、组织及理论等）。

（3）领导者设定目标，管理者率众实现目标，管理者的思路通常是：要造一艘船，要召集人员，要分配任务，要规划工期和预算，要派人去砍伐木头……领导者的思路则是去激发大家对海洋的渴望。

（4）项目经理有领导者和管理者的双重身份。对于大型复杂项目，领导能力尤为重要。

3. 冲突和竞争

冲突是指两个或两个以上的社会单元在目标上互不相容或互相排斥，从而产生心理上的或行为上的矛盾。竞争的双方则具有同一个目标，不需要发生势不两立的争夺。

项目经理对于有害的冲突要设法加以解决或减少；对有益的冲突要加以利用，要鼓励团队成员良性竞争。

4. 项目经理的权力

项目经理的权力有 5 种来源：

（1）职位权力，来源于管理者在组织中的职位和职权。

（2）惩罚权力，使用降职、扣薪、惩罚、批评等负面手段的能力。此手段有力、但可能会破坏团队气氛。

（3）奖励权力，给予下属奖励的能力。包括加薪、升职、福利、休假、表扬、认可、特殊的任务等。优秀管理者擅长使用奖励权力激励员工高水平完成工作。

（4）专家权力，来源于个人的专业技能。某些领域的专业权威，会让人产生遵从。

（5）参照权力，由于成为别人学习参照榜样所拥有的力量。是由于他人对你的认可和敬佩从而愿意模仿和服从你以及希望自己成为你那样的人而产生的，是一种个人魅力。

职位权力、惩罚权力、奖励权力来自于组织的授权，专家权力和参照权力来自于管理者自身。

项目经理应更注重运用奖励权力、专家权力和参照权力，尽量避免使用惩罚权力。

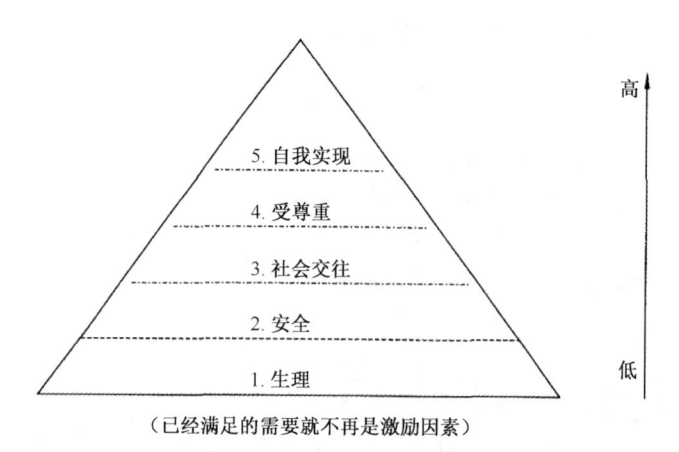

5. 马斯洛需求层次理论

马斯洛需求层次理论如图 9-1 所示。

图 9-1 马斯洛需求层次理论

（1）生理需求：对衣食住行等的需求。常见的激励措施有：员工宿舍、工作餐、班车、工资、奖金等。

（2）安全需求：对人身安全、生活稳定、不致失业以免遭痛苦、威胁或疾病等的需求。常见的激励措施：各种保险、长期劳动合同。

（3）社会交往的需求：对友谊、爱情以及隶属关系的需求。常见的激励措施：团建活动、聚会等。

（4）受尊重的需求：自尊心和荣誉感。常见的激励措施：荣誉性的奖励，形象、地位的提升、颁发奖章、作为导师。

（5）自我实现的需求：实现自己的潜力，发挥个人能力到最大程度，接受挑战，不断创新。

常见的激励措施：给他更多空间，更多责任、让他成为智囊团，参与决策等。

6. 赫兹伯格双因素理论

第一类是保健因素，这些因素是与工作环境或条件有关的，能防止人们产生不满意感的一类因素，包括工作环境、工资薪水、公司政策、个人生活、管理监督、人际关系等。当保健因素不健全时，人们就会对工作产生不满意感。但即使保健因素很好，也仅仅可以消除工作中的不满意，却无法增加人们对工作的满意感，所以这些因素是无法起到激励作用的。

第二类是激励因素，这些因素是与员工的工作本身或工作内容有关的，能促使人们产生工作满意感的一类因素，是高层次的需要，包括成就、承认、工作本身、责任、发展机会等。激励因素缺乏时，人们会缺乏进取心，对工作无所谓。

保健因素可以消除不满，激励因素可以产生满意。管理者若想持久而高效地激励员工，必须改进员工的工作内容，注意精神激励，给人以成长晋升的机会。

7. 麦格雷戈的 X 理论和 Y 理论

（1）X 理论。

1）人天性好逸恶劳，只要有可能就会逃避工作。

2）人生来就以自我为中心，漠视组织的要求。

3）人缺乏进取心，逃避责任，甘愿听从指挥，安于现状，没有创造性。

4）人们通常容易受骗，易受人煽动。

5）人们天生反对改革。

6）人的工作动机就是为了获得经济报酬。

（2）Y 理论。

1）人天生并不是好逸恶劳，他们热爱工作，从工作得到满足感和成就感。

2）外来的控制和处罚对人们实现组织的目标不是一个有效的办法，下属能够自我确定目标、自我指挥和自我控制。

3）在适当的条件下，人们愿意主动承担责任。

4）大多数人具有一定的想象力和创造力。

5）在现代社会中，人们的智慧和潜能只是部分地得到了发挥，如果给予机会，人们喜欢工作，并渴望发挥其才能。

用 X 理论可以加强管理，但项目团队成员通常比较被动地工作。用 Y 理论可以激发员工主动性，但对于员工把握工作而言可能又放任过度。我们在应用的时候应该因人、因项目团队发展的阶段而异。

8. 破窗效应

破窗效应是如果没有及时修复一个破窗，其他破窗就会越来越多。

9. 期望理论

期望理论认为，一个目标对人的激励程度受两个因素影响。

（1）目标效价，指实现该目标对个人有多大价值的主观判断。如果实现该目标对个人来说很有价值，个人的积极性就高；反之，积极性则低。

（2）期望值，指个人对实现该目标可能性大小的主观估计。只有个人认为实现该目标的可能性很大，才会去努力争取实现，从而在较高程度上发挥目标的激励作用；如果个人认为实现该目标的可能性很小，甚至完全没有可能，目标激励作用则小，以至完全没有。

期望理论认为，激励水平等于目标效价和期望值的乘积，即：激发力量=目标效价×期望值。

9.2.2 规划人力资源管理

规划人力资源管理是识别和记录项目角色、职责、所需技能、报告关系，并编制人员配备管理计划的过程。

（1）本过程的主要收益是：建立项目角色与职责、项目组织图，以及包含人员招募和遣散时间表的人员配备管理计划。

（2）**工具与技术——组织图与职位描述**：确保每一个工作包只有一个明确的责任人，而且每一个项目团队成员都非常清楚自己的角色和职责。包含层次型、矩阵型和文本型，在输出，人力资源管理计划中详述。

（3）**工具与技术——人际交往**：是指在组织、行业或职业环境中与他人的正式或非正式互动。人际交往活动的例子包括主动写信、行业会议、非正式对话、午餐会和座谈会等。

（4）**工具与技术——组织理论**：组织理论阐述个人、团队和组织部门的行为方式。有效利用组织理论中的通用知识，可以节约编制人力资源管理计划的时间、成本及人力投入，提高规划工作的效率。

（5）**输出——人力资源管理计划**：作为项目管理计划的一部分，人力资源管理计划提供了关于如何定义、配备、管理及最终遣散项目人力资源的指南。人力资源管理计划及其后续修订也是制订项目管理计划过程的输入。

人力资源管理计划包括（但不限于）以下内容：

1）角色与职责，定义项目所需的岗位、技能和能力。

角色：在项目中，某人承担的职务或分配给某人的职务。

职权：使用项目资源、做出决策、签字批准、验收可交付成果并影响他人开展项目工作的权力。

职责：为完成项目活动，项目团队成员必须履行的职责和工作。

能力：为完成项目活动，项目团队成员需具备的技能和才干。

2）可采用多种格式来记录团队成员的角色与职责。大多数格式属于以下三类：层级型、矩阵型和文本型。通常，层级型可用于规定高层级角色，而文本型更适合用于记录详细职责。

①层级型。可以采用传统的组织结构图，自上而下地显示各种职位及其相互关系，包括：

工作分解结构（WBS）用来显示如何把项目可交付成果分解为工作包，有助于明确高层级的职责。

组织分解结构（Organizational Breakdown Structure，OBS）与工作分解结构形式上相似，但是它不是根据项目的可交付成果进行分解，而是按照组织现有的部门、单元或团队排列，并在每个部门下列出其所负责的项目活动或工作包。

资源分解结构（RBS）是按资源类别和类型，对资源的层级列表，有利于规划和控制项目工作。

②矩阵型。责任分配矩阵（Responsibility Assignment Matrix，RAM）是用来显示分配给每个工作包的项目资源的表格。RAM 的一个例子是 RACI 矩阵，见表 9-2。

表 9-2　使用 RACI 格式的责任分配矩阵

RACI 矩阵	人员				
活动	张三	李四	王五	赵六	钱七
需求定义	A	R	I	I	I
系统设计	I	A	R	C	C
系统开发	I	A	R	C	C
测试	A	I	I	R	I

表中，R=执行；A=负责；C=咨询；I=知情。

③文本型。如果需要详细描述团队成员的职责，就可以采用文本型。

3）项目组织图，说明项目所需的人员数量。以图形方式展示项目团队成员及其报告关系。基于项目的需要，项目组织图可以是正式的或非正式的，非常详细或高度概括的。

4）人员配备管理计划，说明将在何时、以何种方式获得项目团队成员，以及他们需要在项目中工作多久。它描述了如何满足项目对人力资源的需求。包括：

人员招募：人员招募方式是内部还是外部；办公方式是集中还是虚拟等。

资源日历：表明每种具体资源的可用工作日和工作班次的日历。

人员遣散计划：事先确定遣散团队成员的方法与时间，对项目和团队成员都有好处。

培训需要：如果预计配给的团队成员不具备所要求的能力，则要进行培训。

认可和奖励：需要用明确的奖励标准和事先确定的奖励制度来促进并加强团队成员的优良行为。

合规性：遵循适用的政府法规、工会合同和其他现行的人力资源政策。

安全：规定一些政策和程序，使团队成员远离安全隐患。

9.2.3　组建项目团队

组建项目团队是确认人力资源的可用情况，并为开展项目活动而组建团队的过程。本过程的主要收益是指导团队选择和职责分配，组建一个成功的团队。

（1）工具与技术——预分派：事先指定或分派到项目的人员。

（2）工具与技术——谈判：同职能部门、其他项目管理团队、外部组织等谈判，争取资源。项目的优势和知名度是争取人才的砝码。

（3）工具与技术——招募：外部招募或者外包。

（4）工具与技术——虚拟团队：可定义为具有共同目标、在完成角色任务的过程中很少或没有时间面对面工作的一群人。虚拟团队模式使人们有可能：

1）在组织内部地处不同地理位置的员工之间组建团队。

2）为项目团队增加特殊技能，即使相应的专家不在同一地理区域。

3）将在家办公的员工纳入团队。

4）在工作班次、工作小时或工作日不同的员工之间组建团队。

5）将行动不便者或残疾人纳入团队。

6）执行那些原本会因差旅费用过高而被否决的项目。

虚拟团队有一些缺点，例如，可能产生误解，有孤立感，团队成员之间难以分享知识和经验，采用通信技术的成本高。

（5）工具与技术——多标准决策分析：在组建项目团队过程中，经常需要使用团队成员选择标准。通过多标准决策分析，制订选择标准，并据此对候选团队成员进行定级或打分。根据各种因素对团队的不同重要性，赋予选择标准不同的权重。标准可以包括可用性、成本、经验、能力、知识、技能、态度、国际因素。

（6）输出——项目人员分派：把团队成员分派到合适的项目岗位上。与之相关的文件是项目团队名录和通讯录。团队成员姓名需要插入到项目管理计划的其他部分（如项目组织图和进度计划）。

（7）输出——资源日历：每个团队成员在项目上的工作时间段。

9.2.4 建设项目团队

建设项目团队是提高工作能力，促进团队成员互动，改善团队整体氛围，以提高项目绩效的过程。本过程的主要收益是改进团队协作，增强人际技能，激励团队成员，降低人员离职率，提升整体项目绩效。

项目经理应定义、建立、维护、激励、领导和鼓舞项目团队，使团队高效运行，并实现项目目标。团队协作是项目成功的关键因素，而建设高效的项目团队是项目经理的主要职责之一。

（1）建设项目团队的目标包括（但不限于）：

1）提高团队成员的知识和技能，以提高他们完成项目可交付成果的能力，并降低成本、缩短工期和提高质量。

2）提高团队成员之间的信任和认同感，以提高士气、减少冲突和增进团队协作。

3）创建富有生气、凝聚力和协作性的团队文化，以便：①提高个人和团队生产率，振奋团队精神，促进团队合作；②促进团队成员之间的交叉培训和辅导，以分享知识和经验。

（2）工具与技术——人际关系技能：人际关系技能有时被称为"软技能"，是因富有情商，并熟练掌握沟通技巧、冲突解决方法、谈判技巧、影响技能、团队建设技能和团队引导技能而具备的行为能力。对于团队建设极为重要，了解成员的感情，预测其行动，解决其后顾之忧，帮助其解决问题，可大大减少麻烦，促进合作。

（3）工具与技术——培训：包括所有旨在提高项目团队成员能力的活动。可以是正式的或非正式的，包括课堂培训、在线培训等。也可以建立内部培训制度。

（4）工具与技术——团队建设活动：既可以是状态审查会上的五分钟议程，也可以是为改善人际关系而设计的、在非工作场所专门举办的体验活动。团队建设活动旨在帮助各团队成员更加有效地协同工作。团队建设是一个持续性过程，对项目成功至关重要。

（5）优秀团队的建设不是一蹴而就的，一般要依次经历图 9-2 所示的 5 个阶段［塔可曼（Tuckman）阶梯理论］。

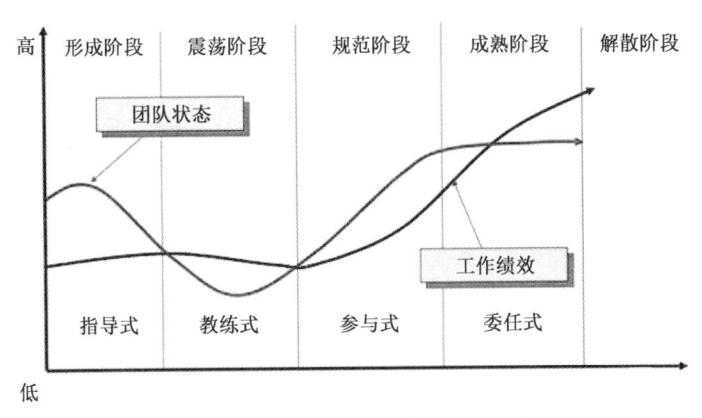

图 9-2　塔可曼阶梯理论的五个阶段

1）形成阶段，一个个的个体转变为团队成员，逐渐相互认识并了解项目情况及他们在项目中的角色与职责，开始形成共同目标。

2）震荡阶段，团队成员开始执行分配的项目任务，一般会遇到超出预想的困难，希望被现实打破。个体之间开始争执，互相指责，并且开始怀疑项目经理的能力。

3）规范阶段，经过一定时间的磨合，团队成员开始协同工作，并调整各自的工作习惯和行为来支持团队，团队成员开始相互信任，项目经理能够得到团队的认可。

4）成熟阶段，随着相互之间的配合默契和对项目经理的信任加强，团队就像一个组织有序的单位那样工作。团队成员之间相互依靠，平稳高效地解决问题。这时团队成员的集体荣誉感会非常强。

5）解散阶段，所有工作完成后，项目结束，团队解散。

不管目前处于什么阶段，增加一个人或减少一个人，都从形成期重新开始。

（6）工具与技术——**基本规则**：用基本规则对项目团队成员的可接受行为做出明确规定。尽早制订并遵守明确的规则，有助于减少误解，提高生产力。规则一旦建立，全体项目团队成员都必须遵守。

（7）工具与技术——**集中办公**：是指把部分或全部项目团队成员安排在同一个物理地点工作，以增强团队工作能力。"作战室"或"指挥部"、"紧密矩阵"是集中办公的一种策略。

（8）工具与技术——**认可和奖励**：对成员的优良行为给予认可与奖励、满足被奖励者的某个重要需求的奖励，才是有效的奖励；可以是正式的或非正式的，既可以是物质的，也可以是精神的；认可和奖励要及时，整个项目期尽可能给予表彰，而不是等到项目完成时。

（9）工具与技术——**人事评测工具**：能让项目经理和项目团队洞察成员的优势和劣势。这些工具可帮助项目经理评估团队成员的偏好和愿望。有各种可用的工具，如态度调查、细节评估、结构化面谈、能力测试及焦点小组讨论。这些工具有利于增进团队成员间的理解、信任、忠诚和沟通，在整个项目期间不断提高团队成效。

（10）输出——团队绩效评价：通过对团队整体绩效的评价，项目管理团队能够识别出所需的特殊培训、教练、辅导、协助或改变，以提高团队绩效。评价团队有效性的指标可包括：

1）个人技能的改进，从而使成员更有效地完成工作任务。
2）团队能力的改进，从而使团队更好地开展工作。
3）团队成员离职率的降低。
4）团队凝聚力的加强，从而使团队成员公开分享信息和经验，并互相帮助来提高项目绩效。

9.2.5 管理项目团队

管理项目团队是跟踪团队成员工作表现，提供反馈，解决问题并管理团队变更，以优化项目绩效的过程。本过程的主要收益是：影响团队行为，管理冲突，解决问题，并评估团队成员的绩效。

（1）工具与技术——观察和交谈：可通过观察和交谈，随时了解项目团队成员的工作和态度。项目管理团队应该监测项目可交付成果的进展，了解团队成员引以为荣的成就，了解各种人际关系问题。

（2）工具与技术——项目绩效评估：在项目过程中进行绩效评估的目的是澄清角色与职责、向团队成员提供建设性反馈、发现未知或未决问题、制订个人培训计划，以及确立未来目标。

对项目绩效评估的需求取决于：项目工期长短、项目复杂程度、组织政策、劳动合同要求，以及定期沟通的数量和质量。

（3）工具与技术——冲突管理：在项目环境中，冲突不可避免。不一致的需求、对稀缺资源的竞争、沟通不畅、进度优先级排序以及个人工作风格差异等诸多因素都可能成为冲突的起源。

项目经理应该认识到冲突的下列特点：
1）冲突是自然的，而且要找出一个解决办法。
2）冲突是一个团队问题，而不是某个人的问题。
3）应公开地处理冲突。
4）冲突的解决应聚焦在问题，而不是人身攻击。
5）冲突的解决应聚焦在现在而不是过去。

（4）5种常用的冲突解决方法：

1）撤退/回避。从实际或潜在冲突中退出，将问题推迟到准备充分的时候，或者将问题推给其他人员解决。双方在解决问题上都不积极，也不想合作。撤退是一种暂时性的冲突解决方法。

2）缓和/包容。强调一致、淡化分歧（甚至否认冲突的存在）；为维持和谐关系而单方面退让一步。这是一种慷慨而宽厚的做法，为了和谐和大局，而迁就对方，或者暂时放下争议点，谋求在其他非争议点与对方协作。缓和也是一种暂时性的冲突解决方法。

3）妥协/调解。为了暂时或部分解决冲突，寻找能让各方都在一定程度上满意的方案。双方在态度上都愿意果断解决冲突，也愿意合作。双方都得到了自己想要的东西，但只是一部分，而不是全部。双方都做了让步，都有得有失。妥协是双方面的包容，包容是单方面的妥协。

4）强迫/命令。以牺牲其他方为代价，推行某一方的观点；只提供赢输方案。通常是利用权力来强行解决紧急问题。一方赢，一方输。

5）合作/解决问题。综合考虑不同的观点和意见，采用合作的态度和开放式对话引导各方达成共识和承诺。这是冲突双方最理想的结果，前提是双方要相互尊重、愿意合作、愿意倾听对方。

9.3 课后演练（精选真题）

- 关于人力资源管理的描述，不正确的是___(1)___。（2021年5月第48题）
  (1) A．项目经理具有领导者和管理者的双重身份
  　　 B．冲突不一定是有害的，"一团和气"不一定是高效的集体
  　　 C．马斯洛需求层次理论中，受尊重是第三层的需求
  　　 D．在团队建设的五个阶段中，可以跳过某些阶段

- ___(2)___不是"建设项目团队"过程的输入。（2021年5月第49题）
  (2) A．认可与奖励　　　　　　　B．项目人员分派
  　　 C．资源日历　　　　　　　　D．人力资源管理计划

- 管理项目团队所获得的主要收益体现在___(3)___。（2021年5月第50题）
  ①指导团队选择和职责分配　②管理冲突　③解决问题　④改进团队协作
  ⑤影响团队行为　⑥评估团队成员绩效
  (3) A．①③⑤⑥　　B．②③④⑥　　C．①③④⑥　　D．②③⑤⑥

- 近期，国家多个部委发布相关文件，其中"督促及第三方合作单位为建立劳动关系的外卖送餐员参加社会保险，支持其他外卖送餐员参加社会保险"本条信息按照马斯洛的需求层次理论，属于___(4)___的需求。（2021年11月第48题）
  (4) A．生理　　　B．安全　　　C．社会交往　　　D．受尊重

- 团队成员的离职率降低，是___(5)___过程的输出。（2021年11月第49题）
  (5) A．规划人力资源管理　　　　B．组建项目团队
  　　 C．建设项目团队　　　　　　D．管理项目团队

- ___(6)___不是管理项目团队过程的输出。（2021年11月第50题）
  (6) A．冲突管理　　　　　　　　B．人员配备的变化
  　　 C．团队角色描述的更新　　　D．组织的标准流程

9.4 课后演练答案解析

(1) 参考答案：C

解析：在马斯洛需求层次理论中第三层是社交需求。

(2) 参考答案：A

解析：建设项目团队过程的输入包括人力资源管理计划、项目人员分派、资源日历。

（3）参考答案：D

解析：管理项目团队，主要是针对冲突和问题进行处理解决，评估项目团队成员绩效。

（4）参考答案：B

解析：此题考查的是马斯洛需求层次理论，必须掌握，为高频考点。根据题意，督促外卖员参加社保，是一种安全保证。

（5）参考答案：C

解析：此题考查的是建设项目团队的输出，必须掌握，为高频考点。

建设项目团队的输出有：①团队绩效评价；②事业环境因素（更新）。

评价团队有效性的指标可包括：

- 个人技能的改进，从而使成员更有效地完成工作任务。
- 团队能力的改进，从而使团队更好地开展工作。
- 团队成员离职率的降低。
- 团队凝聚力的加强，从而使团队成员公开分享信息和经验，并互相帮助，来提高项目绩效。

（6）参考答案：A

解析：此题考查的是管理项目团队的输出，必须掌握，为高频考点。

管理项目团队的输出有：①变更请求；②项目管理计划（更新）；③项目文件（更新）；④事业环境因素（更新）；⑤组织过程资产（更新）。冲突管理是管理项目团队的工具和技术。

B 项和 C 项属于项目文件（更新）的内容；D 项属于组织过程资产（更新）的内容。

第10章 项目沟通管理和干系人管理

10.1 备考指南

本章节主要阐述项目沟通管理和干系人管理两大领域的内容,由于本块内容属于10大管理的内容,所以上午试题、案例分析、论文写作都会进行考查。

本章节内容在上午综合知识的考试中会占4分左右,在下午案例中也会出现问答题,但是频率比较少,论文中也时有出现,属于次重点的内容,需要大家理解、记住过程和相关的内容。

10.2 考点梳理及精讲

10.2.1 项目沟通管理

沟通管理过程见表10-1。

表10-1 沟通管理过程

过程名	输入	工具和技术	输出
规划沟通管理	1. 项目管理计划 2. 干系人登记册 3. 事业环境因素 4. 组织过程资产	1. 沟通需求分析 2. 沟通技术 3. 沟通模型 4. 沟通方法 5. 会议	1. 沟通管理计划 2. 项目文件更新
管理沟通	1. 沟通管理计划 2. 工作绩效报告 3. 事业环境因素 4. 组织过程资产	1. 沟通技术 2. 沟通模型 3. 沟通方法 4. 信息管理系统 5. 报告绩效	1. 项目沟通 2. 项目管理计划更新 3. 项目文件更新 4. 组织过程资产更新

续表

过程名	输入	工具和技术	输出
控制沟通	1. 项目管理计划 2. 项目沟通 3. 问题日志 4. 工作绩效数据 5. 组织过程资产	1. 信息管理系统 2. 专家判断 3. 会议	1. 工作绩效信息 2. 变更请求 3. 项目管理计划更新 4. 项目文件更新 5. 组织过程资产更新

1. 概述

（1）项目沟通管理包括三个过程。

1）规划沟通管理。根据干系人的信息需要和要求及组织的可用资产情况，制订合适的项目沟通方式和计划的过程。

2）管理沟通。根据沟通管理计划，生成、收集、分发、储存、检索及最终处置项目信息的过程。

3）控制沟通。在整个项目生命周期中对沟通进行监督和控制的过程，以确保满足项目干系人对信息的需求。

（2）沟通的方式。

在进行沟通过程中，要根据沟通目标、参与者的特点选择适合的沟通方式。一般，沟通过程所采用的方式分为以下几类：参与讨论方式、征询方式、推销方式（说明）、叙述方式。

从参与者（发送信息方）的观点看，参与讨论方式的控制力最弱，随后逐步加强，以叙述方式的控制力最强。从参与者（发送信息方）的观点看，其他参与者的参与程度恰巧相反，也就是讨论方式下参与程度最高，然后逐步减弱，以叙述方式下参与程度最弱。

参与讨论：头脑风暴。征询：调查问卷。推销：说明解释。叙述：劝说鼓动。

（3）沟通渠道分为个人的和非个人的两大类型。

1）个人沟通渠道：两个或更多的人直接互相交流，他们可以面对面、通过对话、甚至通过邮件交流。口头传播影响。

2）非个人沟通渠道：包括主要媒体（报刊媒体、广播媒体、展示媒体）、氛围（特别设计的环境）和活动（安排好的事件）。

（4）在组织中的沟通渠道主要分为正式沟通渠道、非正式沟通渠道。

1）正式沟通渠道是指在组织系统内，依据一定的组织原则所进行的信息传递与交流。

优点：沟通效果好，比较严肃，约束力强，易于保密，可以使信息沟通保持权威性。重要信息的传达一般都采取这种方式。

缺点：由于依靠组织系统层层传递，所以较刻板，沟通速度慢。

2）非正式沟通渠道指的是正式沟通渠道以外的信息交流和传递以及相互之间的回馈，以达成双方利益和目的一种方式，它不受组织监督，自由选择沟通渠道。

优点：沟通形式不拘，直接明了，速度很快，容易及时了解到正式沟通难以提供的"内幕新闻"。非正式沟通能够发挥作用的基础是团体中良好的人际关系。

缺点：非正式沟通难以控制，传递的信息不确切，易于失真、曲解，而且它可能导致小集团、小圈子，影响人心稳定和团体的凝聚力。

沟通活动的分类见表10-2。

表 10-2 沟通活动的分类

沟通方式	特点
书面与口头、听与说	优点是清晰，二义性少以及可以作为备忘录，也可作为双方沟通的证据。而缺点是缺乏人性化
对内与对外	对内（项目团队内）和对外（对顾客、媒体和公众等）的沟通。对内沟通讲求的是效率和准确度，对外沟通强调的是信息的充分和准确。对内的沟通可以以非正式的方式出现，而对外的沟通要求项目经理以正式的方式进行
正式与非正式	通常情况下，正式（如报告、情况介绍会等）的沟通是在项目会议时进行的，而非正式（如备忘录、即兴谈话等）的项目沟通属于大多数场合的方式
垂直与水平	垂直方向（从下到上或者从上到下）沟通的特点是沟通信息传播速度快，准确程度高；水平方向沟通的特点是复杂程度高，往往不受当事人的控制

2．规划沟通管理

规划沟通管理是根据干系人的信息需要和要求及组织的可用资产情况，制订合适的项目沟通方式和计划的过程。本过程的主要作用是识别和记录与干系人最有效率且最有效果的沟通方式。

（1）沟通管理计划的编制过程一般分为如下几个步骤：

1）确定干系人的沟通信息需求，即哪些人需要沟通，谁需要什么信息，什么时候需要以及如何把信息发送出去。

2）描述信息收集和文件归档的结构。

3）信息交流的形式和方式，主要指创建信息发送的档案，获得信息的访问方法。

（2）**工具与技术——沟通需求分析**。通过沟通需求分析，确定项目干系人的信息需求，包括所需信息的类型和格式，以及信息对干系人的价值。项目经理还应该使用潜在沟通渠道或路径的数量，来反映项目沟通的复杂程度。潜在沟通渠道的总量为 $n*(n-1)/2$，其中，n 代表干系人的数量。

（3）**工具与技术——沟通技术**。可以采用各种技术在项目干系人之间传递信息。可能影响沟通技术选择的因素包括：

1）信息需求的紧迫性。需要考虑信息传递的紧迫性、频率和形式，它们可能因项目而异，也可能因项目阶段而异。

2）技术的可用性。需要确保沟通技术在整个项目生命周期中，对所有干系人，都具有兼容性、有效性和开放性。

3）易用性。需要确保沟通技术适合项目参与者，并制订合理的培训计划（如果必要）。

4）项目环境。需要确认团队将面对面工作或在虚拟环境下工作，成员将处于一个或多个时区，他们是否使用多种语言，以及是否存在影响沟通的其他环境因素。

5）信息的敏感性和保密性。需要确定相关信息是否属于敏感或机密信息，是否需要采取特别的安全措施，并在此基础上选择最合适的沟通技术。

（4）工具与技术——沟通方法。可以使用多种沟通方法在项目干系人之间共享信息。这些方法可以大致分为：

1）交互式沟通。在两方或多方之间进行多向信息交换。这是确保全体参与者对特定话题达成共识的最有效的方法，包括会议、电话、即时通信、视频会议等。

2）推式沟通。把信息发送给需要接收这些信息的特定接收方。这种方法可以确保信息的发送，但不能确保信息送达受众或被目标受众理解。推式沟通包括信件、备忘录、报告、电子邮件、传真、语音邮件、日志、新闻稿等。

3）拉式沟通。用于信息量很大或受众很多的情况。要求接收者自主自行地访问信息内容。这种方法包括企业内网、电子在线课程、经验教训数据库、知识库等。

（5）工具与技术——沟通模型。

沟通模型的关键要素包括：

1）编码。把思想或想法转化为他人能理解的语言。

2）信息和反馈信息。编码过程所得到的结果。

3）媒介。用来传递信息的方法。

4）噪声。干扰信息传输和理解的一切因素（如距离、新技术、缺乏背景信息等）。

5）解码。把信息还原成有意义的思想或想法。

（6）基本沟通模型包含5个基本状态。

1）已发送：当你传送信息给他人，这并不表示对方已经读取或听到了，这仅仅是信息已发送的状态。

2）已收到：当对方信息已收到，但这并不表示对方有任何意图去读取、理解或解决信息的问题。

3）已理解：正确的消化和理解信息中的内容是简单接收信息中关键的一环。

4）已认可：理解了传达的信息并不代表对方已同意这个观点。

5）已转化为积极的行动：这是整个过程中最难的一环，通常需要反复的沟通、一定的监督或帮助下才能较好地完成。

（7）输出——沟通管理计划。沟通管理计划是项目管理计划的组成部分，描述将如何对项目沟通进行规划、结构化和监控。该计划包括如下信息。

1）通用术语表。

2）干系人的沟通需求。

3）需要沟通的信息，包括语言、格式、内容、详细程度。

4）发布信息的原因。

5）发布信息及告知收悉或做出回应（如适用）的时限和频率。

6）负责沟通相关信息的人员。

7）负责授权保密信息发布的人员。

8）将要接收信息的个人或小组。

9）传递信息的技术或方法。

10）为沟通活动分配的资源，包括时间和预算。

11）问题升级程序，用于规定下层员工无法解决问题时的上报时限和上报路径。

12）随项目进展，对沟通管理计划进行更新与优化的方法。

13）项目信息流向图、工作流程（兼有授权顺序）、报告清单、会议计划等。

14）沟通制约因素，通常来自特定的法律法规、技术要求和组织政策等。

沟通管理计划中还可包括关于项目状态会议、项目团队会议、网络会议和电子邮件信息等的指南和模板。沟通管理计划中也应包含对项目所用网站和项目管理软件的使用说明。

3. 管理沟通

管理沟通是根据沟通管理计划，生成、收集、分发、储存、检索及最终处置项目信息的过程。本过程的主要作用是促进项目干系人之间实现有效率且有效果的沟通。

（1）**工具与技术——信息管理系统**：为项目经理获取、储存和向干系人发布有关项目成本、进度进展和绩效等方面的信息提供了标准工具，包括纸质文件管理、电子通信管理、项目管理电子工具。

（2）**工具与技术——绩效报告**：是指收集和发布绩效信息，包括状况报告、进展测量结果及预测结果。

1）状态报告：描述项目在某一特定时间点所处的项目阶段。状况报告是从达到范围、时间和成本三项目标上表明项目所处的状态。

2）进展报告：描述项目团队在某一特定时间段的工作完成情况。信息系统项目中，一般分为周进展报告和月进展报告。项目经理根据项目团队各成员提交的周报或月报提取工作绩效信息，完成统一的项目进展报告。

3）项目预测：在历史资料和数据基础上，预测项目的将来状况与进展。根据当前项目的进展情况，预计完成项目还要多长时间，还要花费多少成本。

应该定期收集基准数据与实际数据，并进行对比分析，以便了解和沟通项目进展与绩效，并对项目结果做出预测。较为详尽的报告可能包括：对过去绩效的分析；项目预测分析，包括时间与成本；风险和问题的当前状态；本报告期完成的工作；下个报告期需要完成的工作；本报告期被批准的变更的汇总；需要审查和讨论的其他相关信息。

4. 控制沟通

控制沟通是在整个项目生命周期中对沟通进行监督和控制的过程,以确保满足项目干系人对信息的需求。本过程的主要作用是随时确保所有沟通参与者之间的信息流动的最优化。

(1)输入——问题日志。出现问题时,记录问题发生的原因、解决的方法、负责人、问题处理的结果、遗留的问题等,方便问题追踪。管理沟通和控制沟通的区别见表10-3。

表 10-3 管理沟通和控制沟通的区别

区别项	管理沟通	控制沟通
过程说明	根据沟通管理计划,生成、收集、分发、储存、检索及最终处置项目信息的过程。 主要是创造沟通条件、按沟通计划实施沟通	在整个项目生命周期中对沟通进行监督和控制的过程,以确保满足项目干系人对信息的需求。 主要是监控沟通过程,解决问题
作用	促进项目干系人之间实现有效率且有效果的沟通	随时确保所有沟通参与者之间的信息流动的最优化
其他	不局限于发布相关信息,还要设法确保信息被正确地生成、接收和理解,并为干系人获取更多信息、展开澄清和讨论创造机会	仔细评估和控制项目沟通的影响和对影响的反应,以确保在正确的时间把正确的信息传递给正确的受众
过程组	执行过程组	监控过程组

(2)在信息系统项目中,为了提高沟通的效率和效果,需要把握如下一些基本原则:

1)沟通内外有别。团队同一性和纪律性是对项目团队的基本要求。团队作为一个整体对外意见要一致,一个团队要用一种声音说话。在客户面前出现项目组人员表现出对项目信心不足、意见不统一、争吵等都是比较忌讳的情况。

2)非正式的沟通有助于关系的融洽。在需求获取阶段,常常需要采用非正式沟通的方式以与客户拉近距离。在私下的场合,人们的语言风格往往是非正规和随意的,反而能获得更多的信息。

3)采用对方能接受的沟通风格。注意肢体语言、语态给对方的感受。沟通中需要传递一种合作和双赢的态度,使双方无论在问题的解决上还是在气氛上都达到"双赢"。

4)沟通的升级原则。需要合理把握横向沟通和纵向沟通关系,以有利于项目问题的解决。"沟通四步骤"反映了沟通的升级原则:第一步,与对方沟通;第二步,与对方的上级沟通;第三步,与自己的上级沟通;第四步,自己的上级和对方的上级沟通。

5)扫除沟通的障碍。职责定义不清、目标不明确、文档制度不健全、过多使用行话等都是沟通的障碍。必须进行良好的沟通管理,逐步消除这些障碍。

10.2.2 项目干系人管理

干系人管理过程见表10-4。

表 10-4　干系人管理过程

过程名	输入	工具和技术	输出
识别干系人	1．项目章程 2．采购文件 3．事业环境因素 4．组织过程资产	1．干系人分析 2．专家判断 3．会议	干系人登记册
规划干系人管理	1．项目管理计划 2．干系人登记册 3．事业环境因素 4．组织过程资产	1．专家判断 2．会议 3．分析技术	1．干系人管理计划 2．项目文件更新
管理干系人参与	1．干系人管理计划 2．沟通管理计划 3．变更日志 4．组织过程资产	1．沟通方法 2．人际关系技能 3．管理技能	1．问题日志 2．变更请求 3．项目管理计划更新 4．项目文件更新 5．组织过程资产更新
控制干系人参与	1．项目管理计划 2．问题日志 3．工作绩效数据 4．项目文件	1．信息管理系统 2．专家判断 3．会议	1．工作绩效信息 2．变更请求 3．项目管理计划更新 4．项目文件更新 5．组织过程资产更新

1．概述

项目干系人：影响项目的人（组织），受项目影响的人（组织）。包括：客户、用户、高层领导、项目团队，社会人员、其他等。

在项目的初期、在制订项目计划之前，就要识别项目干系人，并分析他们的利益层次、个人期望、重要性和影响力，这对项目成功非常重要。

（1）项目干系人管理 努力争取更多关系人的支持、努力降低干系人中的反对者的阻力，持续不断地推动项目向目标前进，从而能够确保项目取得成功。对项目干系人进行积极管理，可促使项目沿预期轨道行进，还可以提高团队成员协同工作的能力，并预防对项目产生的干扰。通常，由项目经理负责项目干系人管理。包含如下几个过程。

1）识别干系人：找出所有的项目干系人，分析他们对项目的影响或者项目对他们的影响，还要知道影响有多大。

2）编制项目干系人管理计划：识别出干系人后，项目经理还有依据项目跟干系人之间互相影响的大小、项目干系人的需要，确定干系人管理的思路，确定对项目干系人进行沟通的措施，并制订信息沟通等级。

3）管理干系人参与：在项目的整个生命周期中，还要与项目的干系人维持不断地沟通，解决他们之间的问题。

4）项目干系人参与的监控：需要定期地或者及时地监控干系人之间的关系，观察计划和实际之间的偏差，管理干系人之间的冲突，为项目推进助力，并尽量减少对项目的干扰。

（2）沟通管理和项目干系人管理的联系和区别。

沟通管理强调对项目信息的计划、收集、存储、组织、发布，以及监控沟通以保证它的高效性。

项目干系人管理强调的不仅是要管理干系人的期望，更要保证他们的适度参与，而后者是项目成功非常关键的因素之一。

（3）项目干系人管理能够带来以下好处。

1）将会赢得更多的资源，通过项目干系人管理，能够得到更多有影响力的干系人的支持，自然会得到更多的资源。

2）快速频繁的沟通将能确保对项目干系人需要和期望的完全理解；从某种意义上来说需求管理是项目干系人管理的一部分。

3）能够预测项目干系人对项目的影响，尽早进行沟通和制订相应的行动计划，以免受到项目干系人的干扰。

重要干系人对项目可能有重大影响，有时关键干系人能决定项目成败，因此在项目的早期就要尽早识别干系人。项目干系人对项目的影响可能是积极的也可能是消极的。项目中不同干系人的期望可能是互相矛盾的。管理干系人就是要管理他们的期望，避免他们在项目中分崩离析。干系人的满意度是一个关键的项目目标。

2．识别干系人

识别干系人是识别能影响项目决策、活动或结果的个人、群体或组织，以及被项目决策、活动或者结果影响的个人、群体或者组织，并分析和记录他们的相关信息的过程。这些信息包括他们的利益、参与度、互相依赖、影响力及对项目成功的潜在影响。

（1）工具与技术——干系人分析。系统地收集和分析各种定量与定性信息，以便确定在整个项目中应该考虑哪些人的利益。通过干系人分析，识别出干系人的利益、期望和影响，并把他们与项目的目的联系起来。干系人分析也有助于了解干系人之间的关系，以便利用这些关系来建立联盟或者伙伴合作，从而提高项目成功的可能性。在项目的不同阶段应该对干系人施加不同的影响。

（2）干系人分析的步骤如下：

1）识别干系人及其相关信息。

2）分析干系人可能的影响并把他们分类和排序。

3）评估干系人对不同情况可能做出的反应，以便制订相应策略对他们施加正面影响。

（3）工具与技术——干系人分析模型。

1）权利/利益方格。根据干系人的职权大小和对项目结果的关注（利益）程度进行分类。

2）权利/影响方格。按干系人的职权大小以及主动参与（影响）项目的程度进行分类。

3）影响/作用方格。按干系人主动参与（影响）项目的程度及改变项目计划或者执行的能力进行分类。

4）凸显模型。根据干系人的权力（施加自己意愿的能力）、紧迫程度和合法性对干系人进行分类。

权利/利益方格如图10-1所示。

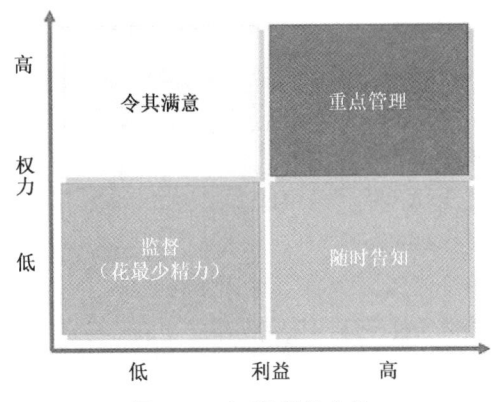

图 10-1 权利/利益方格

（4）输出——干系人登记册。干系人登记册用于记录已经识别的干系人的相关详细信息。包括：

1）基本信息：如干系人姓名、职位、角色、联系方式等。
2）评估信息：主要需求、期望、对项目的潜在影响。
3）干系人分类：如关键/非关键干系人，支持者/反对者/中立者等。

应定期查看并更新干系人登记册，因为整个项目生命周期中干系人可能发生变化，也可能识别出新的干系人。

3. 规划干系人管理

规划干系人管理是基于干系人的需求、利益及对项目成功的潜在影响的分析，制订合适的管理策略，以有效调动干系人参与整个项目生命周期的过程。此过程为项目干系人的互动提供清晰且可操作的计划，以确保项目干系人能支持项目利益。规划干系人管理是一个反复过程，应由项目经理定期开展。

（1）工具与技术——分析技术。比较所有干系人当前参与程度与计划参与程度（为项目成功所需要的）。可用干系人参与评估矩阵来分类显示，见表 10-5。

表 10-5 干系人参与评估矩阵

干系人	不知晓	抵制	中立	支持	领导
干系人 1	C			D	
干系人 2			C	D	
干系人 3				DC	

注：C 为当前参与程度；D 为所需参与程度（也可以用数字标识）。

（2）输出——干系人管理计划。干系人管理计划是为有效调动干系人参与而制订的管理策略，除了干系人登记册中的资料，通常还包括：

1）关键干系人的所需参与程度和当前参与程度。

2）干系人变更的范围和影响。

3）干系人之间相互关系和潜在关系。

4）项目现阶段的干系人沟通需求。

5）需要分发给干系人的信息。

6）分发相关信息的理由，以及可能产生的影响。

7）向干系人发送信息的频率和时限。

8）随着项目的进展，更新和优化干系人管理计划的方法。

干系人管理计划不能公开。项目经理应该定期维护更新。

4. 管理干系人参与

管理干系人参与是在整个项目生命周期中，与干系人进行沟通和协作，以满足他的需求与期望，解决实际出现的问题，并促进干系人合理参与项目活动的过程。此过程的作用是帮助项目经理提升来自干系人的支持，并把干系人的抵制降到最低，从而显著提高项目成功的机会。

（1）管理干系人参与包括以下活动：

1）调动干系人适时参与项目，以获得或确认他们对项目成功的持续承诺。

2）通过协商和沟通管理干系人的期望，确保项目目标实现。

3）处理尚未成为问题的干系人关注点，预测干系人未来可能提出的问题。需要尽早识别和讨论这些关注点，以便评估相关的项目风险。

4）澄清和解决已经识别出的问题。

（2）通过管理干系人参与，确保干系人清晰地理解项目目的、目标、收益和风险，提高项目的成功概率。这不仅仅能使项目干系人成为项目积极的支持者，而且能够使项目干系人协调和指导项目活动和项目决策。干系人对项目的影响能力通常在项目启动阶段最大，而后随着项目进展逐渐降低。

5. 控制干系人参与

（1）控制干系人参与是全面监督项目干系人之间的关系，调整策略和计划，以调动干系人参与的过程。本过程的作用是随着项目进展和环境变化，维持并提升干系人参与活动的效率和效果。管理干系人参与和控制干系人参与对比见表10-6。

表10-6 管理干系人参与和控制干系人参与对比

区别	管理干系人	控制干系人
过程说明	与干系人进行沟通和协作，以满足他的需求与期望，解决实际出现的问题，并促进干系人合理参与项目活动的过程	全面监督项目干系人之间的关系，调整策略和计划，以调动干系人参与的过程
作用	提升来自干系人的支持，并把干系人的抵制降到最低，从而显著提高项目成功的机会	随着项目进展和环境变化，维持并提升干系人参与活动的效率和效果
过程组	执行过程组	监控过程组

（2）输出——**工作绩效信息**。工作绩效信息是从各控制过程收集并结合相关背景和跨领域关系进行整合分析，得到的绩效数据。

10.3 课后演练（精选真题）

- ___(1)___ 属于拉式沟通方法。（**2021年5月第41题**）
  （1）A．电子邮件　　　　　　　　　　B．经验教训数据库
  　　　C．视频会议　　　　　　　　　　D．备忘录
- 关于沟通管理过程的描述，正确的是 ___(2)___ 。（**2021年5月第42题**）
  （2）A．控制沟通是为了促进项目干系人之间实现有效率且有效果的沟通
  　　　B．项目管理中出现的任何问题都可以通过沟通来解决
  　　　C．管理沟通是识别和记录与干系人有效沟通的方式
  　　　D．项目经理大多数的时间都用于与团队成员和其他干系人沟通
- 关于项目干系人管理的描述，不正确的是 ___(3)___ 。（**2021年5月第43题**）
  （3）A．项目成员的家属也可能成为项目干系人
  　　　B．整个项目周期中项目干系人都可能发生增减变化
  　　　C．规划干系人管理应由项目经理在项目规划阶段完成
  　　　D．应把干系人满意度作为一个关键的项目目标来管理
- 根据干系人的权力、紧迫度和合法性对干系人进行分类的是 ___(4)___ 。（**2021年5月第44题**）
  （4）A．凸显模型　　　　　　　　　　B．影响/作用方格
  　　　C．权利/利益方格　　　　　　　　D．权利/影响方格
- 工程师小王作为项目干系人之一，主动去访问项目相关知识库，这种沟通属于 ___(5)___ 。（**2021年11月第41题**）
  （5）A．交互式沟通　　　　　　　　　B．拉式沟通
  　　　C．推式沟通　　　　　　　　　　D．集中式沟通
- ___(6)___ 的目的是随时确保所有的参与者之间的信息流动的最优化。（**2021年11月第42题**）
  （6）A．规划沟通管理　B．管理沟通　　C．控制沟通　　D．改进沟通
- 干系人管理活动按时间顺序排列正确的是 ___(7)___ 。（**2021年11月第43题**）
  ①管理干系人期望，确保目标实现　　②看项目章程和采购文件
  ③识别干系人及其相关信息　　　　　④制定干系人管理计划
  （7）A．②③④①　　B．②④①③　　C．③④②①　　D．③①②④
- 根据干系人分类模式，"高利益—低权力"的干系人对项目最不可能的一种态度是 ___(8)___ 。（**2021年11月第44题**）
  （8）A．支持　　　　B．中立　　　　C．抵制　　　　D．领导

10.4 课后演练答案解析

(1) 参考答案：B

解析：拉式沟通用于信息量很大或受众很多的情况，要求接收者自主自行地访问信息内容。这种方法包括企业内网、电子在线课程、经验教训数据库、知识库等。

(2) 参考答案：D

解析：控制沟通是在整个项目生命周期中对沟通进行监督和控制的过程，以确保满足项目干系人对信息的需求。管理沟通是根据沟通管理计划，生成、收集、分发、储存、检索及最终处置项目信息的过程。B 项的表达太绝对，只有 D 项确实是对的，项目经理是整合和协调的角色。

(3) 参考答案：C

解析：规划干系人管理是一个反复的过程，应由项目经理定期开展，而不是仅在规划阶段进行。

(4) 参考答案：A

解析：权利/利益方格：根据干系人的职权大小和对项目结果的关注（利益）程度进行分类。

权利/影响方格：干系人的职权大小以及主动参与（影响）项目的程度进行分类。

影响/作用方格：干系人主动参与（影响）项目的程度及改变项目计划或者执行的能力进行分类。

凸显模型：根据干系人的权力（施加自己意愿的能力）、紧迫程度和合法性对干系人进行分类。

(5) 参考答案：B

解析：此题考查的是沟通方法，必须掌握，为高频考点。

沟通方法有如下几种：

1）交互式沟通：在两方或多方之间进行多向信息交换。这是确保全体参与者对特定话题达成共识的最有效的方法，包括会议、电话、即时通信、视频会议等。

2）推式沟通：把信息发送给需要接收这些信息的特定接收方。这种方法可以确保信息的发送，但不能确保信息送达受众或被目标受众理解。包括信件、备忘录、报告、电子邮件、传真、语音邮件、日志、新闻稿等。

3）拉式沟通：用于信息量很大或受众很多的情况。要求接收者自主自行地访问信息内容。包括企业内网、电子在线课程、经验教训数据库、知识库等。

(6) 参考答案：C

解析：此题考查的是沟通管理的过程，必须掌握，为高频考点。

项目沟通管理的过程包括：

1）规划沟通管理：根据干系人的信息需要和要求及组织的可用资产情况，制订合适的项目沟通方式和计划的过程。本过程的作用是识别和记录与干系人的最有效率且最有效果的沟通方式。

2）管理沟通：根据沟通管理计划，生成、收集、分发、储存、检索及最终处置项目信息的过程。本过程的作用是促进项目干系人之间实现有效率且有效果的沟通。

3）控制沟通：在整个项目生命周期中对沟通进行监督和控制的过程，以确保满足项目干系人对信息的需求。本过程的作用是随时确保所有沟通参与者之间的信息流动的最优化。

（7）参考答案：A

解析：此题考查的是干系人管理的过程，必须掌握，为高频考点。

项目章程和采购文件是识别干系人的输入，然后识别干系人，制定干系人管理计划，识别干系人及其相关信息。

（8）参考答案：D

解析：此题考查的是项目干系人参与评估矩阵，必须掌握，为高频考点。

高利益－低权力的干系人应该随时告知,这类干系人因为权力低,无法对项目产生太大的影响,因此最不可能领导项目。

第11章 项目风险管理

11.1 备考指南

本章节主要阐述风险管理的几个过程,包括规划风险管理、识别风险、定性风险分析、定量风险分析、规划风险应对和风险控制。

本章节内容在上午综合知识的考试中会占3~5分,在下午案例中也会考到问答题,论文中也时有出现,属于重点内容,需要大家理解并记忆。

11.2 考点梳理及精讲

11.2.1 风险管理概述

风险管理过程见表11-1。

表 11-1 风险管理过程

过程名	输入	工具和技术	输出
规划风险管理	1. 项目管理计划 2. 项目章程 3. 干系人登记册 4. 事业环境因素 5. 组织过程资产	1. 分析技术 2. 专家判断 3. 会议	风险管理计划

续表

过程名	输入	工具和技术	输出
识别风险	1. 风险管理计划 2. 成本管理计划 3. 进度管理计划 4. 质量管理计划 5. 人力资源管理计划 6. 范围基准 7. 活动成本估算 8. 活动持续时间估算 9. 干系人登记册 10. 项目文件 11. 采购文件 12. 事业环境因素 13. 组织过程资产	1. 文档审查 2. 信息收集技术 3. 核对单分析 4. 假设分析 5. 图解技术 6. SWOT 分析 7. 专家判断	风险登记册
定性风险分析	1. 风险管理计划 2. 范围基准 3. 风险登记册 4. 事业环境因素 5. 组织过程资产	1. 风险概率和影响评估 2. 概率和影响矩阵 3. 风险数据质量评估 4. 风险分类 5. 风险紧迫性评估 6. 专家判断	项目文件更新
定量风险分析	1. 风险管理计划 2. 成本管理计划 3. 进度管理计划 4. 风险登记册 5. 事业环境因素 6. 组织过程资产	1. 数据收集和展示技术 2. 定量风险分析和建模技术 3. 专家判断	项目文件更新
规划风险应对	1. 风险管理计划 2. 风险登记册	1. 消极风险或威胁的应对策略 2. 积极风险或机会的应对策略 3. 应急应对策略 4. 专家判断	1. 项目管理计划更新 2. 项目文件更新
控制风险	1. 项目管理计划 2. 风险登记册 3. 工作绩效数据 4. 工作绩效报告	1. 风险再评估 2. 风险审计 3. 偏差与趋势分析 4. 技术绩效测量 5. 储备分析 6. 会议	1. 工作绩效信息 2. 变更请求 3. 项目管理计划更新 4. 项目文件更新 5. 组织过程资产更新

1. 项目风险

项目风险是作用于项目上的不确定的事件或条件，既可能产生威胁，也可能带来机会。

通过积极、合理地规划，超过 90%的风险都可以进行提前应对和管理。风险应该尽早识别出来，高层次风险应记录在章程里。应由对风险最有控制力的一方承担相应的风险。承担风险程度与所得回报相匹配，承担的风险要有上限。

2. 风险的属性

（1）随机性：风险事件发生及其后果都具有偶然性（双重偶然），遵循一定的统计规律。

（2）相对性：风险是相对项目活动主体而言的。承受力不同，影响不同。风险承受力影响因素有收益大小（收益越大，越愿意承担风险）；投入大小（投入越大，承受能力越小）；主体的地位和资源（级别高的人能承担较大的风险）。

（3）风险的可变性：条件变化，会引起风险变化。包括性质、后果的变化，以及出现新风险。

3. 风险态度

风险态度是个人或组织对风险的总体态度，如认为是否应该冒险，可以冒多大的险。

（1）风险偏好：为了预期的回报，一个实体愿意承受不确定性的程度，有风险回避者、风险中立者、风险追随者三种类型。

（2）风险承受力：组织或个人能承受的风险程度、数量或容量（超出承受力，会导致破产或项目失败，所以风险偏好应小于承受力）。

（3）风险临界值：干系人特别关注的特定的不确定性程度或影响程度（如本金损失不能超过20%，或成本超支不能超过10%）。

4. 风险的分类

（1）按照后果的不同，风险可划分为纯粹风险（无任何收益）和投机风险（可能带来收益）。

（2）按风险来源划分，可分为自然风险（天灾）和人为风险（人的活动，又可分为行为风险、经济风险、技术风险、政治和组织风险等）。

（3）按是否可管理划分，可分为可管理（如内部多数风险）和不可管理（如外部政策），也要看主体管理水平。

（4）按影响范围划分，可分为局部风险（非关键路径活动延误）和总体风险（关键路径活动延误）。

（5）按后果承担者划分，可分为业主、政府、承包商、投资方、设计单位、监理单位、保险公司等。

（6）按可预测性划分，可分为已知风险（已知的进度风险）、可预测风险（可能服务器故障）、不可预测风险（地震、洪水、政策变化等）。

5. 风险成本

风险事件造成的损失或减少的收益以及为防止发生风险事件采取预防措施而支付的费用，都构成了风险成本。风险成本包括有形成本、无形成本以及预防与控制风险的成本。

风险损失的有形成本包括风险事件造成的直接损失（如火灾造成的直接财产损失）和间接损失（其他的，如火灾造成的停工，灭火等）。

风险损失的无形成本指由于风险所具有的不确定性而使项目主体在风险事件发生之前或之后付出的代价。主要表现在如下几个方面：

（1）风险损失减少了机会。

（2）风险阻碍了生产率的提高。

（3）风险造成资源分配不当。

6．项目风险管理

项目风险管理包括以下内容：

（1）规划风险管理，是定义如何实施项目风险管理活动的过程。

（2）识别风险，是判断哪些风险可能影响项目并记录其特征的过程。

（3）实施定性风险分析，是评估并综合分析风险的发生概率和影响，对风险进行优先排序，从而为后续分析或行动提供基础的过程。

（4）实施定量风险分析，是就已识别风险对项目整体目标的影响进行定量分析的过程。

（5）规划风险应对，是针对项目目标，制订提高机会、降低威胁的方案和措施的过程。

（6）控制风险，是在整个项目中实施风险应对计划、跟踪已识别风险、监督残余风险、识别新风险，以及评估风险过程有效性的过程。

11.2.2　规划风险管理

规划风险管理指决定如何进行项目风险管理活动的过程。风险管理过程的规划对保证风险管理（包括风险管理程度、类型和可见度）与项目风险程度和项目对组织的重要性相适应起着重要作用，它可保证为风险管理活动提供充足的资源和时间，并确立风险评估一致同意的基础。风险管理规划过程应在项目规划过程的早期完成。

1．风险管理计划

风险管理计划包括以下内容：

（1）方法论。确定实施项目风险管理可使用的方法、工具及数据来源。

（2）角色与职责。确定风险管理计划中每项活动的领导、支援与风险管理团队的成员组成。为这些角色分配人员并澄清其职责。

（3）预算。

（4）时间安排。

（5）风险类别：风险分解结构（Risk Breakdown Structure，RBS）。

（6）风险概率和影响的定义。

（7）概率和影响矩阵。根据风险可能对实现项目目标产生的潜在影响，对风险进行优先排序。

（8）修改的项目干系人承受度。

（9）报告格式。

（10）跟踪。

2．风险分解结构

风险分解结构有助于风险归类、项目团队在识别风险的过程中发现有可能引起风险的多种原因、在统一框架下识别风险；不同的 RBS 适用于不同类型的项目或组织。

11.2.3　风险识别

风险识别指确定哪些风险会影响项目。

（1）风险识别参与人员尽可能广泛，甚至可全员参与。如项目团队成员、风险管理团队、客户、专家、用户等，尽可能识别所有风险。

解决问题可能带来新问题，风险识别是不断重复的过程。

项目不同阶段有不同的风险，风险识别应贯穿项目全过程。

（2）风险识别的主要内容：

1）识别并确定项目有哪些潜在风险。

2）识别引起这些风险的主要因素。

3）识别项目风险可能引起的后果和后果的严重程度。

（3）工具与技术——文档审查：对项目文档（包括各种计划、假设条件、以往的项目文档、协议和其他信息）进行结构化审查。项目计划的质量，以及这些计划与项目需求和假设之间的匹配程度，都可能是项目的风险指示器。

（4）工具与技术——信息收集技术：头脑风暴、德尔菲法、访谈、根本原因分析（因果图）。

（5）工具与技术——核对表分析：风险识别所用的核对表可根据历史资料，以往类似项目所积累的知识，以及其他信息来源着手制订。风险分解结构的最底层可用作风险核对表。使用核对表的优点之一是风险识别过程迅速简便，其缺点之一就是所制订的核对表不可能包罗万象。

（6）工具与技术——假设分析：每个项目都是根据一套假定、设想或者假设进行构思与制订的。假设分析是检验假设有效性（即假设是否成立）的一种技术。它辨认不精确、不一致、不完整的假设对项目所造成的风险（如假设需求人员无法按时完成工作）。

（7）工具与技术——图解技术：利用因果图、系统或过程流程图、影响图（变量与结果之间的因果关系，变量与结果之间的其他关系）等来列举出风险发生的可能原因，从而识别出相应的风险。

（8）工具与技术——SWOT 分析：SWOT 技术从项目的每个优势（Strength）、劣势（Weakness）、机会（Opportunity）和威胁（Threat）出发，对项目进行考查，把产生于内部的风险都包括在内，从而更全面地考虑风险。

（9）输出——风险登记册：已识别的风险清单及内容（最初的，还将包括其他风险过程成果），包括：

1）已识别风险清单：对已识别的风险进行描述，如根本原因、不确定项目的假设等。

2）潜在应对措施清单：识别出风险的潜在应对措施。

3）风险根本原因：指可导致已识别风险的根本状态或事件。

4）风险类别更新：可能识别出新的风险类别，要进行更新。

11.2.4 定性风险分析

定性风险分析包括为了采取进一步行动，对已识别风险进行优先排序的方法。

（1）工具与技术——风险概率与影响评估：风险概率评估指调查每项具体风险发生的可能性。风险影响评估旨在调查风险对项目目标（如时间、成本、范围或质量）的潜在影响，既包括消极影响或威胁，也包括积极影响或机会。

（2）工具与技术——概率和影响矩阵：如图 11-1 所示，具体风险值=概率×影响。

概率	威胁					机会				
0.09	0.05	0.09	0.18	0.36	0.72	0.72	0.36	0.18	0.09	0.05
0.70	0.04	0.07	0.14	0.28	0.56	0.56	0.28	0.14	0.07	0.04
0.50	0.03	0.05	0.10	0.20	0.40	0.40	0.20	0.10	0.05	0.03
0.30	0.02	0.03	0.06	0.12	0.24	0.24	0.12	0.06	0.03	0.02
0.10	0.01	0.01	0.02	0.04	0.08	0.08	0.04	0.02	0.01	0.01
	0.05	0.10	0.20	0.40	0.80	0.80	0.40	0.20	0.10	0.05

图 11-1　概率和影响矩阵

（3）工具与技术——风险数据质量评估：定性风险分析要具有可信度，就要求使用准确和无偏颇的数据。风险数据质量分析就是一种评估有关风险的数据对风险管理的有用程度的技术。它包括检查人们对风险的理解程度以及风险数据的精确性、质量、可靠性和完整性。

（4）工具与技术——风险紧迫性评估：需要近期采取应对措施的风险可被视为亟须解决的风险。实施风险应对措施所需的时间、风险征兆、警告和风险等级等都可作为确定风险优先级或紧迫性的指标。

（5）输出——项目文件更新：主要是风险登记册和假设条件日志。

1）风险登记册（更新）：包括项目风险的相对排序或优先级清单；按照类别分类的风险；需要在近期采取应对措施的风险清单；需要进一步分析和应对的风险列表；低优先级风险观察清单；定性风险分析结果的趋势（特定风险趋势愈加明显）。

2）假设条件日志：属于定性风险评估过程输出的新内容，其含义是原项目的假设条件可能会发生变化。

11.2.5　定量风险分析

定量风险分析指对定性风险分析过程中对项目需求存在潜在重大影响而排序在先的风险进行分析。对这些风险事件的影响进行分析，并就风险分配一个数值。是在不确定情况下进行决策的一种量化方法。

（1）工具与技术——数据收集和表示技术：包括访谈、概率分布（贝塔分布、三角分布）。

（2）工具与技术——定量风险分析和模型技术，包括：

1）敏感性分析：其典型表现形式是龙卷风图。有助于确定哪些风险对项目具有最大的潜在影响，分析较高不确定性与相对稳定的变量之间的相对重要程度。考查每项要素的不确定性对目标产生多大程度的影响。

2）预期货币价值（Expected Monetary Value，EMV）分析：是一个统计概念，用以计算在将来某种情况发生或不发生情况下的平均结果（即不确定状态下的分析）。最通常的用途是用于决策树分析。

3）决策树分析：是对所考虑的决策以及采用现有方案可能产生的后果进行描述的一种图解方法。它综合了每种可用选项的费用和概率，以及每条事件逻辑路径的收益。当所有收益和后续决策全部量化之后，决策树的求解过程可得出每项方案的预期货币价值（EMV），具体计算过程如图 11-2 所示。此决策树反映了在环境（即产品需求状态）具有不确定性的情况下，如何在各种可选投资方案中进行选择。组织选择采用对现有工厂进行升级的方案，因为该方案的 EMV 为 49.0 美元，而新建工厂方案的 EMV 仅为 41.5 美元。

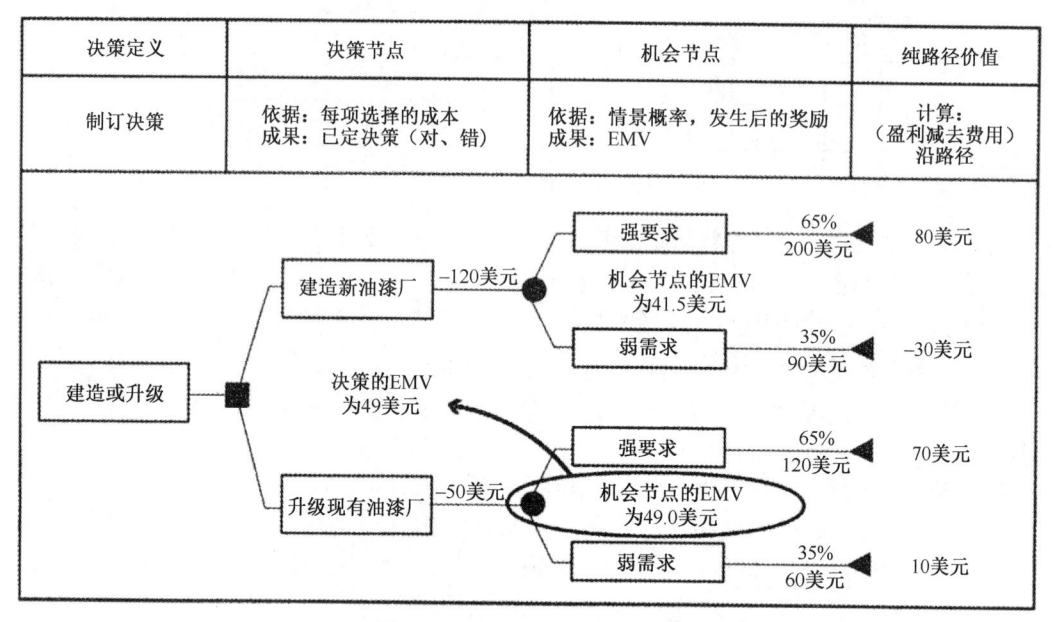

决策定义	决策节点	机会节点	纯路径价值
制订决策	依据：每项选择的成本 成果：已定决策（对、错）	依据：情景概率，发生后的奖励 成果：EMV	计算： （盈利减去费用） 沿路径

建造或升级
- 建造新油漆厂 −120美元
  - 强要求 65% / 200美元 → 80美元
  - 弱需求 35% / 90美元 → −30美元
  - 机会节点的EMV 为41.5美元
- 升级现有油漆厂 −50美元
  - 强要求 65% / 120美元 → 70美元
  - 弱需求 35% / 60美元 → 10美元
  - 机会节点的EMV 为49.0美元

决策的EMV 为49美元

图 11-2　决策树分析计算示例

4）模型和模拟：项目模拟用一个模型，将详细规定的各项不明确性换算为它们对整个项目层次上的目标所产生的潜在影响。一般采用蒙特卡洛技术，也叫作建模和仿真技术。

（3）输出——项目文件更新：主要是风险登记册更新，包括项目的概率分析；实现成本和目标的概率；量化风险优先级清单；定量风险分析结果的趋势。

11.2.6　规划风险应对

规划风险应对指为项目目标增加实现机会，减少失败威胁而制订方案，决定应采取对策的过程。

1. 消极风险或威胁的应对策略

工具与技术——消极风险或威胁的应对策略包括如下内容。

（1）回避：改变项目计划，排除风险或条件，或者保护项目目标，使其不受影响，或对受到威胁的一些目标放松要求，如延长进度或减少范围等。项目早期风险可以通过澄清要求、取得信息、改善沟通或获取技术专长而解决。

（2）转移：将风险的后果连同应对的责任转移到第三方身上。如保险、保证书、分包等，几乎都需要向风险承担者支付风险成本。

（3）减轻：把不利的风险事件的概率或后果降低到一个可接受的临界值。如采用不太复杂的工艺，实施更多的测试，选用比较稳定可靠的卖方等，可能需要制作原型、设计冗余等。

（4）接受：接受风险的存在，不采取任何措施（除非风险真的发生）。在不可能用其他方法，或者其他方法不具经济有效性时使用。包含被动接受（只记录，不采取措施）和主动接受（建立应急储备，预留一定的时间、资金或资源）。

2．积极风险或机会的应对策略

工具与技术——积极风险或机会的应对策略包括如下内容。

（1）开拓：积极进取，确保机会实现。如为项目分配更多的有能力的资源，以便缩短完成时间或实现超过最初预期的高质量。

（2）分享：同第三方一起分享积极风险，互惠互利。如提供信息给第三方（专门团队、特殊目的的项目公司或合作合资企业），建立风险分享合作关系。

（3）提高：提高积极风险的概率或其积极影响，识别并最大程度发挥这些积极风险的驱动因素。如为尽早完成工作增加培训。

（4）接受：机会发生时利用，但不主动追求机会。如来了一个支持项目的新领导。

3．工具与技术——应急应对策略

可以针对某些特定事件，专门设计一些应对措施。对于有些风险，项目团队可以制订应急应对策略，即只有在某些预定条件发生时才能实施的应对计划。如未实现阶段性里程碑，或者未获得供应商更高程度的重视。采用这一技术制订的风险应对方案，通常称为应急计划或弹回计划。

4．输出——项目文件更新

风险登记册的更新包括：

（1）已识别的风险、风险的描述、所影响的项目领域（如工作分解结构组成要素）、风险原因（如风险分解结构元素），以及它们如何影响项目的目标。

（2）风险负责人及分派给他们的职责。

（3）风险定性与定量分析过程的结果，包括项目风险优先级清单以及项目概率分析。

（4）商定的应对措施。

（5）实施选定的应对策略所需的具体行动。

（6）风险发生的触发条件、征兆和警示。

（7）实施选定的应对策略所需的预算和进度活动。

（8）在考虑利害关系者风险承受度水平的情况下，预留的时间和成本应急储备金。

（9）应急计划以及应急计划实施的触动因素。

（10）对已经发生的风险或首要应对措施被证明不利的情况下，使用备用计划。

（11）对策实施之后预计仍将残留的风险，以及主动接受的风险。

（12）实施风险应对措施直接造成的二次风险。

（13）根据项目定量分析以及组织风险限界值计算的应急储备金。

11.2.7 控制风险

控制风险是识别、分析和规划新生风险，追踪已识别风险和"观察清单"中的风险，重新分析现有风险，监测应急计划的触发条件，监测残余风险，审查风险应对策略的实施并评估其效力的过程。

（1）**工具与技术——风险再评估**：对新风险进行识别并对风险进行重新评估、删除过时风险。应定期进行项目风险再评估。

（2）**工具与技术——风险审计**：检查并记录风险应对措施在处理已识别风险及其根源方面的有效性，以及风险管理过程的有效性。定期进行风险评审。

（3）**工具与技术——偏差和趋势分析**：分析偏差、预估趋势，揭示金额度、成本等项目风险。可使用挣值分析等方法，对项目总体绩效进行监控。

（4）**工具与技术——技术绩效测量**：是把项目执行期间所取得的技术成果与关于取得技术成果的计划进行比较。可包括重量、处理时间、缺陷数量和存储容量等。

11.3 课后演练（精选真题）

- 关于风险的描述，不正确的是 __(1)__ 。（2021年5月第45题）

  （1）A．具有不确定性的事件不一定是风险

  B．项目风险既包括对项目目标的威胁，也包括促进项目目标的机会

  C．风险是零和游戏，有风险受益者，同时也有风险受害者

  D．在项目中应规避投机风险向纯粹风险的转化

- 在识别风险时，先采用问卷匿名方式对项目重要风险进行征询，汇总后再由专家传阅并发表意见，多轮最终得出项目风险的一致看法，该风险识别方法称为 __(2)__ 。（2021年5月第46题）

  （2）A．头脑风暴　　　B．德尔菲技术　　　C．根本原因识别　　　D．专家访谈

- 在项目定量风险分析技术中，__(3)__ 需用一个模型，将详细规定的各项不确定性换算为它们对项目目标所产生的潜在影响。（2021年5月第47题）

  （3）A．蒙特卡洛技术　　B．极本影响分析　　C．帕累托分析　　　D．SWOT分析法

- 关于风险和风险管理的描述，不正确的是 __(4)__ 。（2021年11月第45题）

  （4）A．项目投入越多，愿意冒的风险越小

  B．具有不确定性的事件是风险

  C．投机风险在一定条件下可以转化为纯粹风险

  D．项目风险管理的目标在于增加积极事件的概率和影响

- 项目经理在风险识别时，需求分析政策，气候，运输条件等因素与活动所需原材料成本之间的关系，此时采用的决策工具是 __(5)__ 。（2021年11月第46题）

  （5）A．因果图　　　　　　　　　　B．石川图

  C．系统或过程流程图　　　　　　D．影响图

- 某厂房建设或者升级的两种方案的决策树分析如图11-3所示，由图可知，组织宜选择 __(6)__ 的方案，因为该方案的EMV为17万元。（2021年11月第47题）

  （6）A．升级现有厂房42　　　　　　B．建设新厂房67

  C．升级现有厂房60　　　　　　D．建设新厂房10

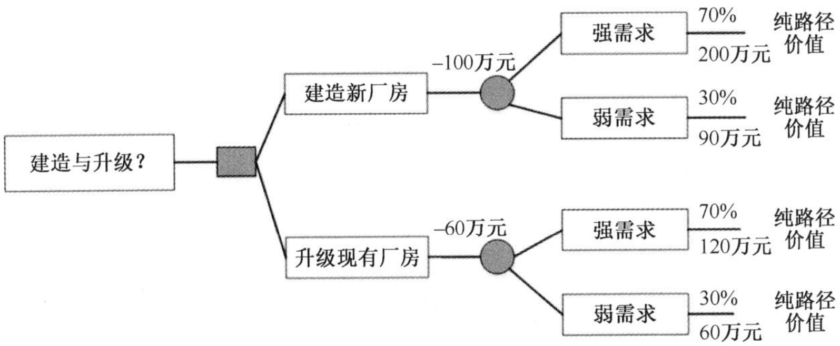

项目风险管理　第 11 章

图 11-3　某厂房建设或者升级决策树

11.4　课后演练答案解析

（1）**参考答案**：C

解析：风险不是零和游戏。

（2）**参考答案**：B

解析：由题干说明，该方式是由专家之间匿名传递信息，并且经过多轮传递之后结束，是典型的德尔菲方法，专家之间互相不知道对方身份，仅靠信息传递来交流意见，又称为背靠背的方法。

（3）**参考答案**：A

解析：模型和模拟：项目模拟用一个模型，将详细规定的各项不明确性换算为它们对整个项目层次上的目标所产生的潜在影响。一般采用蒙特卡洛技术。也叫作建模和仿真技术。

（4）**参考答案**：B

解析：此题考查的是风险的常识，必须掌握，为高频考点。

当事件、活动或项目有损失或收益与之相联系，涉及到某种或然性或不确定性和涉及到某种选择时，才称为有风险。以上三条，每一个都是风险定义的必要条件，不是充分条件。具有不确定性的事件不一定是风险。

（5）**参考答案**：C

解析：此题考查的是风险识别的工具和技术，必须掌握，为高频考点。

系统或过程流程图显示系统各要素之间如何相互联系，以及因果传导机制。

（6）**参考答案**：B

解析：此题考查的是 EMV 的计算，必须掌握，为高频考点。和 2021 年上半年案例计算类似。

建设新厂房　　EMV=(200–100)×70%+(90–100)×30%=67。

升级现有厂房　EMV=(120–60)×70%+(60–60)×30%=42。

第12章 项目采购管理

12.1 备考指南

本章节主要阐述采购管理的过程，包括规划采购管理、实施采购、控制采购和结束采购四个主要过程。

本章节内容在上午综合知识的考试中会占 1 分左右，在下午案例题中会出现问答题，但是考的概率较低，论文中也时有出现，建议写论文的时候结合招投标流程来写，这样会简单很多，本章内容相对来说比较重要，需要大家理解并记忆。

12.2 考点梳理及精讲

12.2.1 采购管理概述

采购管理过程见表 12-1。

表 12-1 采购管理过程

过程名	输入	工具和技术	输出
规划采购管理	1. 项目管理计划 2. 需求文件 3. 风险登记册 4. 活动资源需求 5. 项目进度计划 6. 活动成本估算 7. 干系人登记册 8. 事业环境因素 9. 组织过程资产	1. 自制或外购分析 2. 专家判断 3. 市场调研 4. 会议	1. 采购管理计划 2. 采购工作说明书 3. 采购文件 4. 供方选择标准 5. 自制或外购决策 6. 变更请求 7. 项目文件更新

续表

过程名	输入	工具和技术	输出
实施采购	1. 项目管理计划 2. 采购文件 3. 供方选择标准 4. 卖方建议书 5. 项目文件 6. 自制或外购决策 7. 采购工作说明书 8. 组织过程资产	1. 投标人会议 2. 建议书评价技术 3. 独立估算 4. 专家判断 5. 广告 6. 分析技术 7. 采购谈判	1. 选定的卖方 2. 协议 3. 资源日历 4. 变更请求 5. 项目管理计划更新 6. 项目文件更新
控制采购	1. 项目管理计划 2. 采购文件 3. 协议 4. 批准的变更请求 5. 工作绩效报告 6. 工作绩效数据	1. 合同变更控制系统 2. 采购绩效评审 3. 检查与审计 4. 报告绩效 5. 支付系统 6. 索赔管理 7. 记录管理系统	1. 工作绩效信息 2. 变更请求 3. 项目管理计划更新 4. 项目文件更新 5. 组织过程资产更新
结束采购	1. 项目管理计划 2. 采购文件	1. 采购审计 2. 采购谈判 3. 记录管理系统	1. 结束的采购 2. 组织过程资产更新

必须摒弃"以企业为中心"的传统管理模式，代之以现代战略合作的管理模式。战略合作的管理本质是供应链管理。供应链成员企业间应建立战略合作伙伴关系，即供应链中相互独立的上下游企业间基于信任和共同目标，共享资源、共担风险、共同获利的非正式长期协议关系。

1. 项目采购管理

项目采购管理是为完成项目工作，从项目团队外部购买或获取所需产品、服务或成果的过程。采购管理过程包括：

（1）编制采购计划。决定采购什么，何时采购，如何采购，还要记录项目对于产品、服务或成果的需求，并且寻找潜在的供应商。

（2）实施采购。从潜在的供应商处获取适当的信息、报价、投标书或建议书。选择供方，审核所有建议书或报价，在潜在的供应商中选择，并与选中者谈判最终合同。

（3）控制采购。管理合同以及买卖双方之间的关系，监控合同的执行情况。审核并记录供应商的绩效以采取必要的纠正措施，并作为将来选择供应商的参考。管理与合同相关的变更。

（4）结束采购。完结单次项目采购的过程。完成合同收尾等工作。

2. 采购相关说明

通常情况下，项目经理无权签署对组织有约束力的法律协议，这项工作仅由具备相关职权的人员执行。

项目采购管理过程涉及用协议来描述买卖双方之间的关系。协议可以是合同、服务水平协议（Service Level Agreement，SLA）、谅解备忘录、协议备忘录或订购单。鉴于其法律约束力，合同或协议需要经过更多的审批程序，而且通常会涉及法务部。

因应用领域不同，卖方可以是承包商、供货商、服务提供商或供应商；买方可能是最终产品的所有人、分包商、收购机构、服务需求者或购买方。在合同生命周期中，卖方首先是投标人，然后是中标人，之后是签约供应商。

采购管理的前提是假设项目所需物品或服务的买方是项目团队。

3. 外包

外包也是一种"采购"。外包是企业利用外部的专业资源为己服务，从而达到降低成本、提高效率、充分发挥自身核心竞争力乃至增强自身应变能力的一种管理模式。

（1）外包的好处。

1）因获得服务所产生的成本降低。

2）企业组织降低的人事成本。

3）服务交送的弹性。

4）取得专业知识。

5）服务改善。

6）额外的管理时间。

7）专注于核心服务。

8）品质改善。

9）资金投资减少。

10）现金流通。

11）其他的"杠杆利益"。

（2）外包的害处。

1）无法达到预期的成本降低目标。

2）以前内部自行管理领域的整体品质降低。

3）未和服务供应商达成真正的合作关系。

4）企业雇主和服务提供商在服务品质和酬劳层面议题上时有争议。

5）无法借机开拓出满足客户新层次需求和符合弹性运作需求的机会。

12.2.2 规划采购管理

规划采购管理决定采购什么，何时采购，如何采购，还要记录项目对于产品、服务或成果的需求，并且寻找潜在的供应商。

（1）工具与技术——自制或外购。

自制或外购分析见表12-2。

表12-2 自制或外购分析

自制的决策考虑	外购的决策考虑
期望成本更低（自制成本比外购低）	期望成本更低（外购成本比自制低）
业务功能更全面且便于操作	有效利用供应商的技术和能力
利用闲置的现有资源	较少的要求
保密需要	技术能力有限或匮乏
避免对供应商的依赖、或不可靠的供应商	增加现有人力
稳定现有的人力资源	保持多渠道来源
保证产品质量、需求独特	间接进行控制、通用产品

（2）输出——采购管理计划。采购管理计划描述从形成采购文件到合同收尾的采购过程。包括如下方面：

1）拟采用的合同类型。

2）风险管理事项。

3）是否采用独立估算作为评估标准，由谁来准备独立估算、何时进行独立估算。

4）如果项目的执行组织设有采购、合同或者发包部门，项目管理团队本身能采取哪些行动。

5）标准的采购文件（如果需要的话）。

6）如何管理多个供应商。

7）如何协调采购与项目的其他方面，例如确定进度与绩效报告。

8）可能对计划的采购造成影响的任何约束和假定。

9）如何处理从卖方购买产品所需的提前订货期，并与他们一起协调项目进度制订过程。

10）如何进行"自制/外购"决策，并与活动资源估算过程、制订进度计划过程联系起来。

11）如何确定每个合同中规定的可交付成果的日期安排，并与进度制订过程、进度控制过程相协调。

12）如何确定履约保证金或者保险合同，以减轻项目的风险。

13）如何为卖方提供指导，以帮助其制订与维护工作分解结构。

14）如何确定用于采购或合同工作说明书的形式和格式。

15）如何识别通过资格预审的卖方。

16）如何管理合同和评估卖方的衡量指标。

（3）输出——采购工作说明书（Statement of Work，SOW）。SOW描述足够的细节，以允许预期的卖方确定他们是否有提供买方所需的产品、成果或服务的能力。这些细节将随采购物的性质、买方的需要或预期的合同形式而变化。采购工作说明书描述了由卖方提供的产品、服务或者成果。

1）采购工作说明书定义了与合同相关的部分项目范围。每个采购工作说明书都来自于项目范围基准。

2）工作说明书包括的主要内容有前言、服务范围、方法、假定、服务期限和工作量估计、双方角色和责任、交付资料、完成标准、顾问组人员、收费和付款方式、变更管理等。

3）SOW 应力求清晰、完整和简练。它也应该说明任何所需的附带服务，如绩效报告或售后运维支持等，某些应用领域对 SOW 有特定的内容和格式要求。每次进行采购，都需要编制 SOW。不过可以把多个产品或服务组合成一个采购包，由一个 SOW 全部覆盖。在采购过程中，应根据需求对 SOW 进行修订和改进，直到合同签订、SOW 成为合同的一部分。

4）采购工作说明书与项目范围说明书的区别：采购工作说明书是对项目所要提供的产品或服务的叙述性描述；项目范围说明书则通过明确项目应该完成的工作而确定项目的范围。

（4）输出——采购文件：用来得到潜在卖方的报价建议书。有建议（方案）邀请书、报价邀请书、征求供应商意见书（信息邀请书）、投标邀请书、招标通知、洽谈邀请书及承包商初始应答邀请书等（如果主要依据是报价来选择卖方，通常用标书、投标或报价；如果是其他因素至关重要，则通常用建议书之类的术语）。

（5）输出——供方选择标准：用于从潜在的卖方中选中符合要求的、合格的卖方。包括卖方对需求的理解；技术、资金实力；生产、管理能力；企业规模及以往业绩；提供方案、证明文件；知识产权等。

（6）输出——自制外购决策：自制或外购的分析结果及决策理由说明。

12.2.3 实施采购

实施采购是从潜在的供应商处获取适当的信息、报价、投标书或建议书。选择供方，审核所有建议书或报价，在潜在的供应商中选择，并与选中者谈判最终合同。

（1）投标人会议：标前会议、发包会、承包商会议、供应商会议、竞标会议，是指在准备建议书之前与潜在卖方的碰头会，确保所有潜在卖方对采购目的（如技术和合同要求）有清晰、共同的理解。

（2）建议书评价技术：对各潜在卖方的建议书进行评价。如加权系统，通过定性数据的定量分析方法，减少人为偏见的影响。包括设定标准权重（如需求、实力、资质等权重）、给标准打分、权重与分数乘积、得出卖方总分。

（3）独立估算：采购方会自行估算费用，并且将自行估算的费用与卖方报价或第三方专业估算的结果做比较，以保证估算的是"合理费用"。

（4）刊登广告：在报纸或专业期刊做广告，大部分政府机构要求政府合同必须做公开广告。

（5）采购谈判：选中卖方后，在合同签署前，就采购内容进行谈判以达成双方一致意见。

12.2.4 控制采购

控制采购是管理合同以及买卖双方之间的关系，监控合同的执行情况。审核并记录供应商的绩效以采取必要的纠正措施，并作为将来选择供应商的参考。管理与合同相关的变更。

（1）控制采购过程是买卖双方都需要的。该过程确保卖方的执行过程符合合同需求，确保买方可以按合同条款去执行。

（2）工具与技术。

1）合同变更控制系统：规定了合同变更的过程。包括变更过程的书面记录工作、变更跟踪系统、变更争议解决程序，以及授权变更所需的审批层次。

2）采购绩效审查：是一种结构化审查，买方依据合同来审查卖方在规定的成本和进度内完成项目范围和达到质量要求的情况。包括对卖方所编文件的审查、买方开展的检查，以及在卖方实施工作期间进行的质量审计（管理活动,针对绩效及管理,评价卖方在履行工作时所表现出来的能力）。

3）检查和审计：合同中规定的，由买方开展的相关检查和审计。验证卖方的工作过程或可交付成果对合同的遵守程度（检查活动，针对可交付成果及交付过程）。

4）报告绩效：评估卖方提供的工作绩效数据和工作绩效报告，形成工作绩效信息，向买方管理层报告。

5）支付系统：依据经检查核实后的卖方绩效，通常先由负责的项目团队成员证明卖方的工作合格，再通过买方的应付账款系统根据合同条款向卖方付款。

6）索赔管理：有争议性的变更。索赔是经济补偿行为，不是惩罚。解决时谈判是首选，顺序是谈判—调解或仲裁—诉讼（注意仲裁后一般不能再诉讼）。

7）记录管理系统：防止"口说无凭"，对采购过程进行书面记录。包含特定的过程、相关控制功能，用来管理合同、采购文档和相关记录的系统。可检索合同文件和往来函件等档案。

12.2.5　结束采购

结束采购是完结单次项目采购的过程。进行合同收尾、未尽事宜处理、归档及总结等工作是项目收尾或者收尾过程的一部分。

（1）输入——合同：合同各方进行自己的采购管理的法律依据，也为结束采购提供了指南。

（2）输入——合同收尾程序：整体管理知识领域中的"项目收尾"过程规定了合同收尾的方法，合同里也有关于结束采购的指南。

（3）工具与技术。

1）采购审计：从编制采购计划过程一直到结束采购过程的一种系统和结构性审核。目标是找出采购过程中的成功和失败之处，以供买方组织内的其他项目借鉴。

2）采购谈判：在所有采购关系中，一个重要的目标是通过谈判公正地解决全部未解决事项、索赔和争议。

（4）输出——合同收尾：买方通过其负责的合同管理人员，正式以书面形式通知卖方合同已经完成。

12.3　课后演练（精选真题）

- 根据供方选择标准，选择最合适的供方属于__(1)__阶段的工作。**（2019年5月第53题）**
  （1）A．规划采购　　　B．实施采购　　　C．控制采购　　　D．结束采购
- __(2)__不属于建立战略合作伙伴关系的目的。**（2019年11月第54题）**
  （2）A．加快资金周转　B．降低管理费用　C．共享企业资质　D．提高管理水平

- 关于控制采购的描述，不正确的是 __(3)__ 。（**2021 年 5 月第 54 题**）

    (3) A．采购设备不符合采购计划或合同规定的要求，即为不合格品

    　　B．经验证确定为不合格品，应及时处理

    　　C．严格控制，不允许不合格品降级并改作他用

    　　D．不合格品都应进行标识区分

- 关于采购管理过程的描述，不正确的是 __(4)__ 。（**2021 年 11 月第 54 题**）

    (4) A．当订购物资规格和技术条件复杂时，采用协商选择法比较合适

    　　B．确定后的采购需求在履行中发生变更，需走变更控制流程

    　　C．原厂有相关协议的采购，实施采购时不采用调价比价方法

    　　D．不合格品可以退货或调换，也可以由采购员确定是否降级改作他用

12.4　课后演练答案解析

（1）**参考答案**：B

解析：选择最合适的供方并签订合同是实施采购过程的工作。

（2）**参考答案**：C

解析：此题考查的是建立供应商战略合作伙伴关系的意义。建立供应商战略合作伙伴关系可以缩短供应商的供应周期，提高供应灵活性。可以降低企业采购设备的库存水平，降低管理费用、加快资金周转。提高采购设备的质量。可以加强与供应商沟通，改善定单的处理过程，提高设备需求的准确度。可以共享供应商的技术与革新成果，加快产品开发速度，缩短产品开发周期。可以与供应商共享管理经验，推动企业整体管理水平的提高。

（3）**参考答案**：C

解析：不合格品可以退货、换货或者降级改做他用。

（4）**参考答案**：D

解析：此题考查的是采购管理，必须掌握，为高频考点。

经进货验证确定为不合格的产品，采购应及时处理：

1）退货。

2）调换。

3）降级改作他用，但降级处理需主管领导批准，并在相关部门备案。

第13章 项目合同管理

13.1 备考指南

本章节主要阐述合同管理的内容，包括合同概念和主要合同类型，合同过程（包括合同签订管理、合同履行管理、合同变更管理、合同档案管理、合同违约索赔管理）。

本章节内容在上午综合知识的考试中会占1~2分，在下午案例题中会结合合同法进行考查，是稍微有点难度的，论文中也时有出现，属于相对重点的内容，需要大家理解并记忆。

13.2 考点梳理及精讲

13.2.1 合同定义及分类

合同，又称为"契约"，是指平等主体的自然人、法人或其他组织之间设立、变更、终止民事权利义务关系的协议。但不包括婚姻、收养、监护等有关身份关系的协议。

1. 合同形式

合同可以是书面形式、口头形式和其他形式。

书面形式是指合同书、信件和数据电文（包括电报、电传、传真、电子数据交换和电子邮件）等可以有形地表现所载内容的形式。

2. 无效合同

无效合同通常需具备下列任一情形：

（1）一方以欺诈、胁迫的手段订立合同。
（2）恶意串通，损害国家、集体或者第三人利益。
（3）以合法形式掩盖非法目的。
（4）损害社会公共利益。
（5）违反法律、行政法规的强制性规定。

3. 合同的类型

按项目范围划分，合同可以分为以下几种。

（1）项目总承包合同：买方将项目的全过程作为一个整体发包给同一个卖方的合同。

采用总承包合同的方式一般适用于经验丰富、技术实力雄厚且组织管理协调能力强的卖方，这样有利于发挥卖方的专业优势，保证项目的质量和进度，提高投资效益。采用这种方式，买方只需与一个卖方沟通，容易管理与协调。

（2）项目单项承包合同：一个卖方只承包项目中的某一项或某几项内容，买方分别与不同的卖方订立项目单项承包合同。

采用项目单项承包合同的方式有利于吸引更多的卖方参与投标竞争，使买方可以选择在某一单项上实力强的卖方。同时也有利于卖方专注于自身经验丰富且技术实力雄厚的部分的建设，但这种方式对于买方的组织管理协调能力提出了较高的要求。

（3）项目分包合同：经合同约定和买方认可，卖方将其承包项目的某一部分或某几个部分项目（非项目的主体结构）再发包给具有相应资质条件的分包方，与分包方订立的合同称为项目分包合同。

4. 订立项目分包合同的条件

订立项目分包合同必须同时满足 5 个条件，即：

（1）经过买方认可。

（2）分包的部分必须是项目非主体工作。

（3）只能分包部分项目，而不能转包整个项目。

（4）分包方必须具备相应的资质条件。

（5）分包方不能再次分包。

如果分包的项目出现问题，买方既可以要求卖方承担责任，也可以直接要求分包方承担责任。

5. 合同的类型

按付款方式划分，合同可以分为以下几种。

（1）总价合同：为既定产品或服务的采购设定一个总价。采用总价合同，买方必须准确定义要采购的产品或服务。从付款的类型上来划分，总价合同又可以分为固定总价合同、总价加激励费用合同、总价加经济价格调整合同和订购单（单边合同）。

1）固定总价合同（Firm Fixed Price，FFP）：最常用，买方收益，采购的价格一开始就确定，并且不允许更改（除非工作范围发生变更），卖方风险大。

2）总价加激励费用合同（Fixed Price Incentive Fee，FPIF）：除了规定的总价之外，对于卖方实现目标的绩效衡量会有额外奖金。要设置一个价格上限，是买方付款的最高上限。示例见表 13-1。

表 13-1 总价加激励费用合同示例

科目明细	合同内容	实际执行情况 A 项目	实际执行情况 B 项目	说明
目标成本	10	8	13	假设买方和卖方对目标成本、目标费用、分摊比例和价格上限已达成一致
目标费用	1	1	0	

续表

科目明细	合同内容	实际执行情况 A项目	实际执行情况 B项目	说明
分摊比例	60:40	0.8	0	如果实际的花费比目标成本低，买方支付目标费用和激励费用（假设约定为目标成本和实际花费差价的40%）
价格上限	12		12	买方能支付的最高限价
实际支付		9.8	12	买方实际支付的款项
实际利润		1.8	−1	卖方有可能亏本，例如，B项目

3）总价加经济价格调整合同（Fixed Price with Economic Price Adjustment，FP-EPA）：卖方履约要跨越相当长的周期（数年）时使用，考虑通货膨胀等。

4）订购单：当非大量采购标准化产品时，卖方直接填写买方提供的订购单，一般无需谈判。

（2）成本补偿合同：向卖方支付为完成工作而发生的全部合法实际成本（可报销成本），外加一笔费用作为卖方的利润。成本补偿合同也可为卖方超过或低于预定目标而规定财务奖励条款。又可以分为成本加固定费用合同、成本加激励费用合同、成本加奖励费用合同。

在这种合同下，买方的成本风险最大。这种合同适用于买方仅知道要一个什么产品但不知道具体工作范围的情况，也就是工作范围很不清楚的项目。当然，成本补偿合同也适用于买方特别信得过的卖方，想要与卖方全面合作的情况。

1）成本加固定费用合同（Cost Plus Fixed Fee，CPFF）：成本+固定费用（利润，一般是初始成本的一个百分比）。最常见，除非范围变更，否则费用不变，示例见表13-2。

表13-2 成本加固定费用合同示例

科目明细	合同内容	实际执行情况 A项目	实际执行情况 B项目	说明
目标成本	10	8	13	假设买方和卖方对目标成本和固定费用已达成一致
固定费用	1	1	1	固定费用为估算成本的10%
总价	11			
实际支付		9	14	买方实际支付的款项
实际利润		1	1	卖方总是有正的利润

2）成本加激励费用合同（Cost Plus Incentive Fee，CPIF）：除成本外，当卖方达到合同规定的绩效目标时，支付相应激励费用。若最终成本高于或低于估算成本，按预定比例双方一起分担，示例见表13-3。

3）成本加奖励费用合同（Cost Price Award Fee，CPAF）：成本+奖励（买方凭主观自己决定，卖方无权申诉）。

表 13-3 成本加激励费用合同示例

科目明细	合同内容	实际执行情况 A 项目	实际执行情况 B 项目	说明
目标成本	10	8	13	假设买方和卖方对目标成本、目标费用和分摊比例已达成一致
目标费用	1	1	1	
分摊比例	60:40	0.8	−1.2	
实际支付		9.8	12.8	买方实际支付的款项
实际利润		1.8	−0.2	卖方有可能亏本，例如，B 项目

（3）工料合同：即单价合同，是指按项目工作所花费的实际工时数和材料数，按事先确定的单位工时费用标准和单位材料费用标准进行付款。这类合同适用于工作性质清楚，工作范围比较明确，但具体的工作量无法确定的项目。工料合同在金额小、工期短、不复杂的项目上可以有效使用，但在金额大、工期长的复杂项目上不适用。

6. 合同类型的选择

（1）如果工作范围很明确，且项目的设计已具备详细的细节，则使用总价合同。

（2）如果工作性质清楚，但范围不是很清楚，而且工作不复杂，又需要快速签订合同，则使用工料合同。

（3）如果工作范围尚不清楚，则使用成本补偿合同。

（4）如果双方分担风险，则使用工料合同；如果买方承担成本风险，则使用成本补偿合同；如果卖方承担成本风险，则使用总价合同。

（5）如果是购买标准产品，且数量不大，则使用单边合同。

13.2.2 合同管理

合同管理包括：合同签订管理、合同履行管理、合同变更管理、合同档案管理、合同违约索赔管理。

1. 合同签订管理

签订合同前要进行谈判，为了使签约各方对合同有一致的理解。

（1）合同签订建议如下：

1）使用国家或行业标准的合同格式。

2）为避免因条款的不完备或歧义而引起合同纠纷，卖方应认真审阅买方拟定的合同条款。

3）对合同中质量条款应具体写清规格、型号、适用的标准等，避免合同订立后因为适用标准产生纠纷。

4）对于合同中需要变更、转让、解除等内容也应详细说明。

5）如果合同有附件，对于附件的内容也应精心准备，并注意保持与主合同一致，不要产生矛盾。

6）对于既有投标书，又有正式合同书、附件等包含多项内容的合同，要在条款中列明适用顺序。

7）为避免合同纠纷保证合同订立的合法性、有效性、当事人可以将签订的合同到公证机关进行公证。

8）避免方案变更导致工程变更，从而引发新的误解。

9）注意合同内容的前后一致性。

（2）要约、要约邀请、承诺。

1）要约是希望和他人订立合同的意思，要约的内容应具体明确，并且表明经受要约人承诺，要约人即受该要约的约束。

2）要约邀请是希望他人向自己发出要约的意思表示。

3）承诺是受要约人同意要约的意思表示。

例如：文老师的课程非常好，快去买（要约邀请）；试听了确实很好，我要买一份（要约）；好，卖给你（承诺）。

2. 合同履行管理

合同履行管理包括对合同的履行情况进行跟踪管理，主要指对合同当事人按合同规定履行应尽的义务和应尽的职责进行检查，及时、合理地处理和解决合同履行过程中出现的问题，包括合同争议、合同违约和合同索赔等事宜。

（1）合同当事人之间无法就某一事项协商达成一致意见，该事项就成为一个争议事项。解决争议的方法主要有替代争议解决方法（包括调解、仲裁等）和诉讼。替代争议解决方法由双方共同聘请的第三方提出解决方案；诉讼是向执法机关提出控告、申诉，要求评判曲直是非。按照惯例，这两种解决方法通常是相互排斥的，即如果约定了仲裁且约定了仲裁裁决的终局性，就不能向法院诉讼。仲裁是当事人自愿约定的。

（2）在解决合同争议的方法中，其优先顺序为谈判（协商）、调解、仲裁、诉讼。

1）当事人对标的物的质量要求不明确的，按国家标准和行业标准。没有这些标准的，按产品通常标准或符合合同目的的标准。

2）履行地点不明确时，按标的性质不同而定：接受货币在接受方，交付不动产的在不动产所在地，其他标的在履行义务方所在地。履行地在法律上具有非常重要的意义，它可以确定由谁负担，货物的所有权何时何处转移，货物丢失风险由谁承担等，在诉讼中，也是确定管辖权的重要依据，所以签订合同对履行地条款要特别注意。

3）履行期限不明的，债务人可随时履行，债权人可随时要求履行，但应给对方必要的准备时间。在这里特别提醒债权人要注意诉讼时效，关于随时履行受不受诉讼时效的制约目前仍有争议，不过最好在时效以内主张权利。

4）履行费用负担不明确的，由履行义务一方负担。履行费用是履行义务过程中各种附随发生的费用。在合同中应该考虑各种费用的分担，如果没有约定，视为由履行义务一方承担。

3. 合同变更管理

项目的建设过程中难免出现一些不可预见的事项，包括要求修改或变更合同条款的情况，例如，改变系统的功能、开发进度、成本支付及双方各自承担的责任等。一般在合同订立之后，引起项目范围、合同有关各方权利责任关系变化的事件，均可以看作是合同变更。

合同变更指出于一定的法律事实而改变合同的内容的法律行为，其一般特征有：项目合同的双方当事人必须协商一致；改变了合同的内容；变更的法律后果是将产生新的债权和债务关系。

一般具备以下条件才可以变更合同：

（1）双方当事人协商，并且不因此而损坏国家和社会利益。

（2）由于不可抗力导致合同义务不能执行。

（3）由于另一方在合同约定的期限内没有履行合同，并且在被允许的推迟履行期限内仍未履行。

当事人一方要求修改合同时，应当首先向另一方用书面的形式提出。另一方当事人在接到有关变更项目合同的申请后，应及时做出书面答复。

4. 合同档案管理

合同档案管理（文本管理） 是整个合同管理的基础。它作为项目管理的组成部分，是被统一整合为一体的一套具体的过程、相关的控制职能和自动化工具。项目管理团队使用合同档案管理系统对合同文件和记录进行管理。该系统用于维持合同文件和通信往来的索引记录，并协助相关的检索和归档，合同文本是合同内容的载体。

合同档案管理还包括正本和副本管理、合同文件格式等内容。在文本格式上，为了限制执行人员随意修改合同，一般要求采用电脑打印文本，手写的旁注和修改等不具有法律效力。

5. 合同违约索赔管理

（1）合同违约是指信息系统项目合同当事人一方或双方不履行或不适当履行合同义务，应承担因此给对方造成的经济损失的赔偿责任。

（2）合同索赔是指在项目合同的履行过程中，由于当事人一方未能履行合同所规定的义务而导致另一方遭受损失时，受损失方向过失方提出赔偿的权利要求。

（3）索赔分类。

1）按索赔的目的：可分为工期索赔（要求延长工期）和费用索赔（要求补偿费用损失）。

2）按索赔的依据：可分为合同规定的索赔、非合同规定的索赔（没有明确指出，但可以根据某些合同条款推出，容易发生争议）。

3）按索赔的业务性质：可分为工程索赔（涉及施工条件、技术、范围等变化引起的）和商务索赔（设备采购、运输、保管等方面引起的）。

4）按索赔的处理方式：可分为单项索赔（一事一索赔）和总索赔（数起索赔事项综合在一起索赔）。

合同索赔的重要前提条件是合同双方存在对方的违约行为和事实且发生了应由对方承担的责任与风险导致的损失，对提出的合同索赔，凡属于客观原因造成的延期、属于业主也无法预见到的情况，如特殊反常天气，达到合同中特殊反常天气的约定条件，承包商可能得到延长工期，但得不到费用补偿。对于属于业主方面的原因造成拖延工期，不仅应给承包商延长工期，还应给予费用补偿。

（4）索赔是合同管理的重要环节，应按以下原则进行索赔：

1）索赔必须以合同为依据。

2）必须注意资料的积累。积累索赔论证的资料，以事实和数据为依据。

3）及时、合理地处理索赔。

4）加强索赔的前瞻性。对可能引起的索赔进行预测，及时采取补救措施，避免过多索赔事件。

（5）项目发生索赔事件后，一般先由监理工程师调解，若调解不成，由政府建设主管机构进行调解，若仍调解不成，由经济合同仲裁委员会进行调解或仲裁。在整个索赔过程中，遵循的原则是索赔的有理性、索赔依据的有效性、索赔计算的正确性。索赔的具体流程如下：

1）提出索赔要求。当出现索赔事项时，索赔方以书面的索赔通知书形式，在索赔事项发生后的 28 天以内，向监理工程师正式提出索赔意向通知。

2）报送索赔资料。在索赔通知发出后的 28 天内，向监理工程师提出延长工期和（或）补偿经济损失的索赔报告及有关资料。

3）监理工程师答复。监理工程师在收到送交的索赔报告有关资料后，于 28 天内给予答复，或要求索赔方进一步补充索赔理由和证据。

4）监理工程师逾期答复后果。监理工程师在收到承包人送交的索赔报告的有关资料后 28 天未予答复或未对承包人作进一步要求，视为该项索赔已经认可。

5）持续索赔。当索赔事件持续进行时，索赔方应当阶段性向监理工程师发出索赔意向，在索赔事件终了后 28 天内，向监理工程师送交索赔的有关资料和最终索赔报告，监理工程师应在 28 天内给予答复或要求索赔方进一步补充索赔理由和证据。逾期未答复，视为该项索赔成立。

6）仲裁与诉讼。监理工程师对索赔的答复，索赔方或发包人不能接受，即进入仲裁或诉讼程序。

13.3 课后演练（精选真题）

- 在确定项目合同类型时，如果项目工作范围很明确且风险不大，建议使用 __(1)__ 。（2019 年 5 月第 54 题）

  （1）A．总价合同　　　B．工料合同　　　C．成本补偿合同　　D．成本加激励费用合同

- 在 CPIF 合同下，A 公司是卖方，B 公司是买方，合同的实际成本大于目标成本时，A 公司得到的付款总数是 __(2)__ 。（2019 年 11 月第 55 题）

  （2）A．目标成本+目标费用–B 公司应负担的成本超支

  　　B．目标成本+目标费用+A 公司应负担的成本超支

  　　C．目标成本+目标费用–A 公司应负担的成本超支

  　　D．目标成本+目标费用+B 公司应负担的成本超支

- __(3)__ 为卖方报销银行合同工作所发生的一切合法成本（即成本实报实销），买方再给卖方支付一笔利润，完全由买方根据自己对卖方绩效的主观判断来决定，并且卖方通常无权申诉。（2020 年 11 月第 55 题）

  （3）A．总价加激励费用合同　　　　　B．总价加经济价格调整合同

  　　C．成本加固定费用合同　　　　　D．成本加奖励费用合同

- 成本加激励费用合同下，实际成本大于目标成本，卖方可得的付款总数为 __(4)__ 。（2021 年 5 月第 55 题）

  （4）A．目标成本+目标费用–买方应负担的成本超支

B．目标成本+目标费用+买方应负担的成本超支

C．目标成本+目标费用+卖方应负担的成本超支

D．目标成本+目标费用–卖方应负担的成本超支

- 在处理索赔的过程中，需要以合同为依据，合同解释非常重要。__(5)__ 原则不属于合同解释的原则。**(2021 年 11 月第 55 题)**

(5) A．整体解释　　　B．适用法律　　　C．实时纠偏　　　D．公平诚信

13.4　课后演练答案解析

（1）参考答案：A

解析：工作范围很明确且风险不大建议使用总价合同。

（2）参考答案：D

解析：CPIF 合同即成本加激励费用合同，CPIF 合同为卖方报销履行合同工作所发生的一切合法成本（即成本实报实销），并在卖方达到合同规定的绩效目标时，向卖方支付预先确定的激励费用。在 CPIF 合同下，如果实际成本大于目标成本，卖方可以得到的付款总数为"目标成本+ 目标费用+ 买方应负担的成本超支"；如果实际成本小于目标成本，则卖方可以得到的付款总数为"目标成本+ 目标费用–买方应享受的成本节约"。

（3）参考答案：D

解析：成本加奖励费用合同为卖方报销履行合同工作所发生的一切合法成本（即成本实报实销），买方再凭自己的主观感觉给卖方支付一笔利润，完全由买方根据自己对卖方绩效的主观判断来决定奖励费用，并且卖方通常无权申诉。

（4）参考答案：B

解析：成本加激励费用合同就是成本都是买方负担，因此目标成本+超支成本都归买方，并且还要支付激励费用（目标费用）。

（5）参考答案：C

解析：此题考查的是合同解释的原则，必须掌握，为高频考点。

合同解释的原则主要有主导语言原则、适用法律原则、整体解释原则和公平诚信原则。

第 14 章 信息文档管理与配置管理

14.1 备考指南

本章主要阐述信息文档管理和配置管理的内容，根据历年的考试情况来看，本块内容在上午试题、案例分析题中时有考到。主要内容在于文档分类、配置管理过程、配置状态和配置库等内容。本章节在上午综合知识的考试中会占 1~2 分，主要在上午选择题中出现，案例分析中主要结合其他领域出现，属于相对重点内容，需要大家理解并记忆。

14.2 考点梳理及精讲

14.2.1 信息文档管理

软件文档一般分为三类：开发文档、产品文档、管理文档。
（1）开发文档描述开发过程本身，基本的开发文档包括：
1）可行性研究报告和项目任务书。
2）需求规格说明。
3）功能规格说明。
4）设计规格说明，包括程序和数据规格说明。
5）开发计划。
6）软件集成和测试计划。
7）质量保证计划。
8）安全和测试信息。
（2）产品文档描述开发过程的产物，基本的产品文档包括：
1）培训手册。
2）参考手册和用户指南。
3）软件支持手册。

4）产品手册和信息广告。

（3）管理文档记录项目管理的信息，例如：

1）开发过程的每个阶段的进度和进度变更的记录。

2）软件变更情况的记录。

3）开发团队的职责定义。

4）项目计划、项目阶段报告。

5）配置管理计划。

文档的质量可以分为四级：

（1）最低限度文档（1级文档），适合开发工作量低于一个人月的开发者自用程序。该文档应包含程序清单、开发记录、测试数据和程序简介。

（2）内部文档（2级文档），可用于没有与其他用户共享资源的专用程序。除1级文档提供的信息外，2级文档还包括程序清单内足够的注释以帮助用户安装和使用程序。

（3）工作文档（3级文档），适合于由同一单位内若干人联合开发的程序，或可被其他单位使用的程序。

（4）正式文档（4级文档），适合那些要正式发行供普遍使用的软件产品。关键性程序或具有重复管理应用性质（如工资计算）的程序需要4级文档。

信息系统文档的规范化管理主要体现在：

（1）文档书写规范：遵循统一的书写规范，包括符号的使用、图标的含义、程序中注释行的使用、注明文档书写人及书写日期等。

（2）图表编号规则：图表统一编号，规则如图14-1所示。

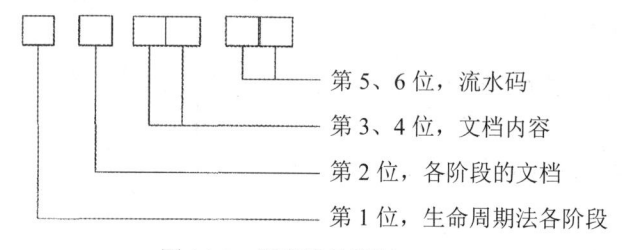

图 14-1　图表编号规则

（3）文档目录编写标准。

（4）文档管理制度：建立文档、文档借阅记录登记、使用权限规则等。

14.2.2　配置管理

配置管理是为了系统地控制配置变更，在系统的整个生命周期中维持配置的完整性和可跟踪性，而标识系统在不同时间点上配置的学科。在GB/T 11457-2006中将"配置管理"正式定义为："应用技术的和管理的指导和监控方法以标识和说明配置项的功能和物理特征，控制这些特征的变更，记录和报告变更处理和实现状态并验证与规定的需求的遵循性。"

1. 配置管理的主要活动

配置管理包括 6 个主要活动：制订配置管理计划、配置标识、配置控制、配置状态报告、配置审计、发布管理和交付。

2. 配置项

GB/T 11457-2006 对配置项的定义为："为配置管理设计的硬件、软件或二者的集合，在配置管理过程中作为一个单个实体来对待"。

（1）以下内容都可以作为配置项进行管理：外部交付的软件产品和数据、指定的内部软件工作产品和数据、指定的用于创建或支持软件产品的支持工具、供方/供应商提供的软件和客户提供的设备/软件。典型配置项包括项目计划书、需求文档、设计文档、源代码、可执行代码、测试用例、运行软件所需的各种数据，它们经评审和检查通过后进入配置管理。

（2）每个配置项的主要属性有：名称、标识符、文件状态、版本、作者、日期等。

（3）配置项可以分为基线配置项和非基线配置项两类。基线配置项可能包括所有的设计文档和源程序等；非基线配置项可能包括项目的各类计划和报告等。

（4）人员开放读取的权限：非基线配置项向项目经理（Project Manager，PM）、变更控制委员会（Configuration Control Board，CCB）及相关人员开放。

3. 配置项的状态

配置项的状态可分为"草稿""正式"和"修改"三种。配置项刚建立时，其状态为"草稿"。配置项通过评审后，其状态变为"正式"。此后若更改配置项，则其状态变为"修改"。当配置项修改完毕并重新通过评审时，其状态又变为"正式"。

配置项版本号：

（1）处于"草稿"状态的配置项的版本号格式为 0.YZ，YZ 的数字范围为 01～99。随着草稿的修正，YZ 的取值应递增。YZ 的初值和增幅由用户自己把握。

（2）处于"正式"状态的配置项的版本号格式为 X.Y，X 为主版本号，取值范围为 1～9。Y 为次版本号，取值范围为 0～9。

配置项第一次成为"正式"文件时，版本号为 1.0。

如果配置项升级幅度比较小，可以将变动部分制作成配置项的附件，附件版本依次为 1.0、1.1……。当附件的变动积累到一定程度时，配置项的 Y 值可适量增加，Y 值增加一定程度时，X 值将适量增加。当配置项升级幅度比较大时，才允许直接增大 X 值。

（3）处于"修改"状态的配置项的版本号格式为 X.YZ。配置项正在修改时，一般只增大 Z 值，X.Y 值保持不变。当配置项修改完毕，状态成为"正式"时，将 Z 值设置为 0，增加 X.Y 值。参见上述规则（2）。

4. 配置项版本管理

在项目开发过程中，绝大部分的配置项都要经过多次的修改才能最终确定下来。对配置项的任何修改都将产生新的版本。由于我们不能保证新版本一定比旧版本"好"，所以不能抛弃旧版本。版本管理的目的是按照一定的规则保存配置项的所有版本，避免发生版本丢失或混淆等现象，并且可以快速准确地查找到配置项的任何版本。

5. 配置基线

配置基线（常简称为基线） 由一组配置项组成，这些配置项构成一个相对稳定的逻辑实体。基线中的配置项被"冻结"了，不能再被任何人随意修改。对基线的变更必须遵循正式的变更控制程序。

（1）基线通常对应于开发过程中的里程碑，一个产品可以有多个基线，也可以只有一个基线。交付给外部顾客的基线一般称为发行基线（Release），内部开发使用的基线一般称为构造基线（Build）。

（2）一组拥有唯一标识号的需求、设计、源代码文卷以及相应的可执行代码、构造文卷和用户文档构成一条基线。产品的一个测试版本（可能包括需求分析说明书、概要设计说明书、详细设计说明书、已编译的可执行代码、测试大纲、测试用例、使用手册等）是基线的一个例子。

对于每一个基线，要定义下列内容：建立基线的时间、受控的配置项、建立和变更基线的程序、批准变更基线所需的权限。在项目实施过程中，每个基线都要纳入配置控制，对这些基线的更新只能采用正式的变更控制程序。

（3）建立基线还可以有如下好处：

1）基线为开发工作提供了一个定点和快照。

2）新项目可以在基线提供的定点上建立。新项目作为一个单独分支，将与随后对原始项目（在主要分支上）所进行的变更进行隔离。

3）当认为更新不稳定或不可信时，基线为团队提供一种取消变更的方法。

4）可以利用基线重新建立基于某个特定发布版本的配置，以重现已报告的错误。

6. 配置库

（1）配置库存放配置项并记录与配置项相关的所有信息，是配置管理的有力工具。主要作用：

1）记录与配置相关的所有信息，其中存放受控的软件配置项是很重要的内容。

2）利用库中的信息可评价变更的后果，这对变更控制有着重要的意义。

3）从库中可提取各种配置管理过程的管理信息。

使用配置库可以帮助配置管理员把信息系统开发过程的各种工作产品，包括半成品或阶段产品和最终产品管理得井井有条，使其不致管乱、管混、管丢。

（2）配置库可以分为开发库、受控库、产品库 3 种类型。

1）开发库，也称为动态库、程序员库或工作库，用于保存开发人员当前正在开发的配置实体，如新模块、文档、数据元素或进行修改的已有元素。动态中的配置项被置于版本管理之下。动态库是开发人员的个人工作区，由开发人员自行控制。库中的信息可能有较为频繁的修改，只要开发库的使用者认为有必要，无需对其进行配置控制，因为这通常不会影响到项目的其他部分。可以任意修改。

2）受控库，也称为主库，包含当前的基线加上对基线的变更。受控库中的配置项被置于完全的配置管理之下。在信息系统开发的某个阶段工作结束时，将当前的工作产品存入受控库。可以修改，需要走变更流程。

3）产品库，也称为静态库、发行库、软件仓库，包含已发布使用的各种基线的存档，被置于完全的配置管理之下。在开发的信息系统产品完成系统测试之后，作为最终产品存入产品库内，等待交付用户或现场安装。一般不再修改，真要修改的话需要走变更流程。

（3）**配置库的建库模式**有两种：按配置项类型建库和按任务建库。

1）按配置项的类型分类建库，适用于通用软件的开发组织。在这样的组织内，往往产品的继承性较强，工具比较统一，对并行开发有一定的需求。使用这样的库结构有利于对配置项的统一管理和控制，同时也能提高编译和发布的效率。但由于这样的库结构并不是面向各个开发团队的开发任务的，所以可能会造成开发人员的工作目录结构过于复杂，带来一些不必要的麻烦。

2）按开发任务建立相应的配置库，适用于专业软件的开发组织。在这样的组织内，使用的开发工具种类繁多，开发模式以线性发展为主，所以就没有必要把配置项严格地分类存储，人为增加目录的复杂性。对于研发性的软件组织来说，采用这种设置策略比较灵活。

（4）**配置库权限设置**主要是解决库内存放的配置项什么人可以"看"、什么人可以"取"、什么人可以"改"、什么人可以"销毁"等问题。配置管理员负责为每个项目成员分配对配置库的操作权限。

变更控制委员会负责对配置变更做出评估、审查以及监督已批准变更的实施。

CCB 建立在项目级，其成员可以包括项目经理、用户代表、产品经理、开发工程师、测试工程师、质量控制人员、配置管理员等。CCB 不必是常设机构，完全可以根据工作的需要组成，例如按变更内容和变更请求的不同，组成不同的 CCB。小的项目 CCB 可以只有一个人，甚至只是兼职人员。

通常，CCB 不只是控制配置变更，而是负有更多的配置管理任务，例如：配置管理计划审批、基线设立审批、产品发布审批等。

7. 配置管理员

配置管理员（Configuration Management Officer，CMO）负责在整个项目生命周期中进行配置管理活动，具体有：

（1）编写配置管理计划。

（2）建立和维护配置管理系统。

（3）建立和维护配置库。

（4）配置项识别。

（5）建立和管理基线。

（6）版本管理和配置控制。

（7）配置状态报告。

（8）配置审计。

（9）发布管理和交付。

（10）对项目成员进行配置管理培训。

8. 配置管理系统

配置管理系统是用来进行配置管理的软件系统，其目的是通过确定配置管理细则和提供规范的配置管理软件，加强信息系统开发过程的质量控制，增强信息系统开发过程的可控性，确保配置项（包括各种文档、数据和程序）的完备、清晰、一致和可追踪性，以及配置项状态的可控制性。

软件配置管理是在贯穿整个软件生命周期中建立和维护项目产品的完整性，高级项目经理应确保以下配置管理目标得以实现。

（1）确保软件配置管理计划得以制订，并经过相关人员的评审和确认。

（2）应该识别出要控制的项目产品有哪些，并且制订相关控制策略，以确保这些项目产品被合适的人员获取。

（3）应制订控制策略，以确保项目产品在受控制范围内更改。

（4）应该采取适当的工具和方法，确保相关组别和个人能够及时了解到软件基线的状态和内容。

9. 制订配置管理计划

配置管理计划是对开展项目配置管理工作的规划，是配置管理过程的基础。配置控制委员会负责审批该计划。配置管理计划的主要内容为：

（1）配置管理活动，覆盖的主要活动包括配置标识、配置控制、配置状态报告、配置审计、发布管理与交付。

（2）实施这些活动的规范和流程。

（3）实施这些活动的进度安排。

（4）负责实施这些活动的人员或组织，以及他们和其他组织的关系。

10. 配置标识

配置标识也称配置识别，包括为系统选择配置项并在技术文档中记录配置项的功能和物理特征。配置标识是配置管理员的职能，基本步骤如下。

（1）识别需要受控的配置项。

（2）为每个配置项指定唯一性的标识号。

（3）定义每个配置项的重要特征。

（4）确定每个配置项的所有者及其责任。

（5）确定配置项进入配置管理的时间和条件。

（6）建立和控制基线。

（7）维护文档和组件的修订与产品版本之间的关系。

11. 配置控制

配置控制即配置项和基线的变更控制，包括：标识和记录变更申请，分析和评价变更，批准或否决申请，实现、验证和发布已修改的配置项。

具体过程为：变更申请—变更评估—通告评估结果—变更实施—变更验证与确认—变更的发布—基于配置库的变更控制。

基于配置库的变更控制用于解决多个开发人员修改同一部件导致的混乱问题。如果是多个开发人员对信息系统的同一部件做修改，情况会更加复杂。基于配置库的变更控制可以完美地解决这一问题。现以某软件产品升级为例，简述其流程。

（1）将待升级的基线（假设版本号为 V2.1）从产品库中取出，放入受控库。

（2）程序员将欲修改的代码段从受控库中检出（Check out），放入自己的开发库中进行修改。代码被 Check out 后即被"锁定"，以保证同一段代码只能同时被一个程序员修改，如果甲正对其修改，乙就无法 Check out。

（3）程序员将开发库中修改好的代码段检入（Check in）受控库。Check in 后，代码的"锁定"被解除，其他程序员可以 Check out 该段代码了。

（4）软件产品的升级修改工作全部完成后，将受控库中的新基线存入产品库中（软件产品的版本号更新为 V2.2，旧的 V2.1 版并不删除，继续在产品库中保存）。

12. 配置状态报告

配置状态报告也称配置状态统计，其任务是有效地记录和报告管理配置所需要的信息，目的是及时、准确地给出配置项的当前状况，供相关人员了解，以加强配置管理工作。配置状态报告应该包含以下内容：

（1）每个受控配置项的标识和状态。一旦配置项被置于配置控制下，就应该记录和保存它的每个后继进展的版本和状态。

（2）每个变更申请的状态和已批准的修改的实施状态。

（3）每个基线的当前和过去版本的状态以及各版本的比较。

（4）其他配置管理过程活动的记录。

配置状态报告应着重反映当前基线配置项的状态，以向管理者报告系统开发活动的进展情况。配置状态报告应定期进行，并尽量通过 CASE 工具自动生成，用数据库中的客观数据来真实地反映各配置项的情况。

13. 配置审计

配置审计也称配置审核或配置评价，包括功能配置审计和物理配置审计（表 14-1）。分别用以验证当前配置项的一致性和完整性。配置审计的实施是为了确保项目配置管理的有效性，体现了配置管理的最根本要求－不允许出现任何混乱现象，例如：

（1）防止向用户提交不适合的产品，如交付了用户手册的不正确版本。

（2）发现不完善的实现，如开发出不符合初始规格说明或未按变更请求实施变更。

（3）找出各配置项间不匹配或不相容的现象。

（4）确认配置项已在所要求的质量控制审核之后纳入基线并入库保存。

（5）确认记录和文档保持着可追溯性。

表 14-1 功能配置审计和物理配置审计

类别	验证内容	审计内容
功能配置审计：审计配置项的一致性（配置项的实际功效是否与其需求一致）	（1）配置项的开发已圆满完成。 （2）配置项已达到配置标识中规定的性能和功能特征。 （3）配置项的操作和支持文档已完成并且是符合要求的	（1）按测试数据审计正式测试文档。 （2）审计验证和确认报告。 （3）评审所有批准的变更。 （4）评审对以前交付的文档的更新。 （5）抽查设计评审的输出。 （6）对比代码和文档化的需求。 （7）进行评审以确保所有测试已执行。 （8）依据功能和性能要求进行额外的和抽样的测试

续表

类别	验证内容	审计内容
物理配置审计：审计配置项的完整性（配置项的物理存在是否与预期一致）	（1）要交付的配置项是否存在。 （2）配置项中是否包含了所有必需的项目。	（1）审计系统规格说明书的完整性。 （2）审计功能和审计报告。 （3）了解不符合采取的措施。 （4）对比架构设计和详细设计组件的一致性。 （5）评审模块列表以确定符合已批准的编码标准。 （6）审计手册（如用户手册、操作手册）的格式、完整性和与系统功能描述的符合性等

14. 发布管理和交付

发布管理和交付活动的主要任务是：有效控制软件产品和文档的发行和交付，在软件产品的生存期内妥善保存代码和文档的母拷贝。

（1）存储。确保存储的配置项的完整性。

（2）复制。复制是用拷贝方式制造软件的阶段。

（3）打包。应确保按批准的规程制备交付的介质。应在需方容易辨认的地方清楚标出发布标识。

（4）交付。供方应按合同中的规定交付产品或服务。

（5）重建。应能重建软件环境，以确保发布的配置项在所保留的先前版本要求的未来一段时间里是可重新配置的。

15. 文档管理、配置管理工具

常用的软件配置管理工具分为两大类，一类是付费商业软件，一类是开源软件。

（1）常用付费软件配置管理工具有：Rational ClearCase、Perforce、CA CCC/Havest、Havest Merant PVCS、Microsoft VSS。

（2）常用的开源免费的软件配置管理工具有：Rational ClearCase、Perforce、CACCC、Havest Merant PVCS、Microsoft VSS，CVS。

14.3 课后演练（精选真题）

- 配置管理工作中，确定配置项的所有者及其责任、确定配置项进入配置管理的时间和条件是 (1) 的工作内容。（**2019年5月第51题**）

　　（1）A．配置状态报告　　　　　　　　B．配置审计

　　　　C．配置控制　　　　　　　　　　D．配置标识

- 关于配置控制委员会（CCB）的说法，正确的是 (2) 。（**2019年5月第52题**）

　　（2）A．CCB负责分配配置库的操作权限　　B．CCB负责制定配置管理计划

　　　　C．CCB必须是常设机构　　　　　　D．CCB可以是兼职人员

- 运维过程中发现待修改问题，程序员首先需将待修改代码从 (3) 中取出放入 (3) 。其次

检出代码段放入 __(3)__，修改完成被检入受控库后，才能被其他程序员检出。(**2019 年 11 月第 51 题**)

(3) A．产品库 开发库 受控库   B．受控库 开发库 产品库
   C．受控库 产品库 开发库   D．产品库 受控库 开发库

- 关于配置管理的描述，正确的是 __(4)__。(**2020 年 11 月第 51 题**)

(4) A．某个配置项的版本号为 0.91，该配置项的状态为"正式"
   B．配置项版本管理的目的是保留配置项的最新版本，删除所有旧的版本，以避免发生版本混淆
   C．一个产品只能有一个基线，因此对基线的变更必须遵循正式的变更控制程序
   D．开发库中的信息可能被频繁修改，因此可以由开发人员自行控制

- 配置管理员的工作职责不包括 __(5)__。(**2020 年 11 月第 52 题**)

(5) A．基线设立审批   B．版本管理和配置控制
   C．建立和维护配置库   D．配置状态报告

- 某软件产品集成测试阶段，发现问题需要对源代码进行修改。此时，程序员应将待修改的代码段从 __(6)__ 检出，放入自己的 __(6)__ 中进行修改，代码即被锁定。以保证同一段代码只能被一个程序员修改。(**2021 年 5 月第 51 题**)

(6) A．产品库 开发库   B．受控库 开发库
   C．产品库 受控库   D．受控库 产品库

- A、B 两个开发人员对信息系统的同一软件部件的两个 bug（位于同一代码段）进行修改，当 B 欲把计划修改的代码段从 __(7)__ 检出时，显示锁定，基于配置库的变更控制，可知此时该代码段正在工程师 A 的 __(7)__ 中进行修改。(**2021 年 11 月第 51 题**)

(7) A．开发库、受控库   B．受控库、开发库
   C．受控库、产品库   D．产品库、开发库

14.4 课后演练答案解析

(1) **参考答案**：D

解析：确定配置项的所有者及其责任，确定配置项进入配置管理的时间和条件是配置标识的工作。

(2) **参考答案**：D

解析：A 项错误，配置管理员分配配置库的操作权限；B 项错误，配置管理员制定配置管理计划；C 项错误，CCB 不必是常设机构。

(3) **参考答案**：D

解析：此题考查的是配置管理中的配置库，配置库可以分为开发库、受控库、产品库 3 种类型。开发库也称为动态库、程序员库或工作库，用于保存开发人员当前正在开发的配置实体。受控库也称为主库，包含当前的基线加上对基线的变更。受控库中的配置项被置于完全的配置管理之下。

在信息系统开发的某个阶段工作结束时，将当前的工作产品存入受控库。产品库也称为静态库、发行库、软件仓库，包含已发布使用的各种基线的存档，被置于完全的配置管理之下。在开发的信息系统产品完成系统测试之后，作为最终产品存入产品库内，等待交付用户或现场安装。

（4）参考答案：D

解析：A项的状态是草稿，B项中必须保留所有的版本。C项中可以有多个基线。

（5）参考答案：A

解析：审批不是配置管理员的工作。基线设立审批是CCB的工作。

（6）参考答案：B

解析：配置库可以分为开发库、受控库、产品库3种类型。

1）开发库，也称为动态库、程序员库或工作库，用于保存开发人员当前正在开发的配置实体，如：新模块、文档、数据元素或进行修改的已有元素。动态中的配置项被置于版本管理之下。动态库是开发人员的个人工作区，由开发人员自行控制。库中的信息可能有较为频繁的修改，只要开发库的使用者认为有必要，无需对其进行配置控制，因为这通常不会影响到项目的其他部分。可以任意修改。

2）受控库，也称为主库，包含当前的基线加上对基线的变更。受控库中的配置项被置于完全的配置管理之下。在信息系统开发的某个阶段工作结束时，将当前的工作产品存入受控库。可以修改，需要走变更流程。

3）产品库，也称为静态库、发行库、软件仓库，包含已发布使用的各种基线的存档，被置于完全的配置管理之下。在开发的信息系统产品完成系统测试之后，作为最终产品存入产品库内，等待交付用户或现场安装。一般不再修改，真要修改的话需要走变更流程。

（7）参考答案：B

解析：此题考查的是配置库的变更控制流程，必须掌握，为高频考点。

1）将待升级的基线（假设版本号为V2.1）从产品库中取出，放入受控库。

2）程序员将欲修改的代码段从受控库中检出（Check out），放入自己的开发库中进行修改。代码被Check out后即被"锁定"，以保证同一段代码只能同时被一个程序员修改，如果甲正对其修改，乙就无法Check out。

3）程序员将开发库中修改好的代码段检入（Check in）受控库。Check in后，代码的"锁定"被解除，其他程序员可以Check out该段代码了。

4）软件产品的升级修改工作全部完成后，将受控库中的新基线存入产品库中（软件产品的版本号更新为V2.2，旧的V2.1版并不删除，继续在产品库中保存）。

第15章 知识管理

15.1 备考指南

本章节主要阐述知识管理内容,包括知识的分类,显性知识和隐性知识及学习型组织,知识产权的保护期限、归属、侵权判定等内容。

本章节在上午综合知识的考试中会占1~3分,掌握一些基本特点和条款即可。

15.2 考点梳理及精讲

15.2.1 知识管理

1. 知识分类

知识可分为两类,分别是显性知识与隐性知识。

(1)显性知识:凡是能以文字与数字来表达,而且以资料、科学法则、特定规格及手册等形式展现者皆属显性知识。这种知识随时都可在个人之间相互传送。

(2)隐性知识:是相当个人化而富弹性的东西,因人而异,很难用公式或文字来加以说明,因而也就难以流传或与别人分享。个人主观的洞察力、直觉与预感等皆属隐性知识。隐性知识有两个层面,分别是技术层面和认知层面。技术层面包括一些非正式的个人技巧或技艺;认知层面包括信念、理想、价值、心意与心智模式等深植于内心深处,而经常视为理所当然的东西。显性知识和隐性知识对比见表15-1。

表15-1 显性知识和隐性知识对比

显性知识特征	隐性知识特征
规范、系统	尚未或难以规范、零星
背后有科学和实证基础	背后的科学原理不甚明确
稳定、明确	非正式、难捉摸

续表

显性知识特征	隐性知识特征
经过编码、格式化、结构化	尚未编码、格式化、结构化
用公式、软件编制程序、规律、法则、原则和说明书等方式表述	用诀窍、习惯、信念、个人特技等形式呈现
运用者对所用显性知识有明确认识	运用者对所用隐性知识可能不甚了解
易于储存、理解、沟通、分享、传递	不易保存、传递、掌握

2. 知识管理

知识管理就是对有价值的信息进行管理,包括知识的识别、获取、分解、储存、传递、共享、价值评判和保护,以及知识的资本化和产品化。

知识管理的目标包括以下 6 个方面:

(1) 知识发布,以使一个组织内的所有成员都能应用知识。

(2) 确保知识在需要时是可得的。

(3) 推进新知识的有效开发。

(4) 支持从外部获取知识。

(5) 确保知识、新知识在组织内的扩散。

(6) 确保组织内部的人知道所需的知识在何处。

3. 显性知识的管理

显性知识的管理是一个战略过程,实现显性知识的有效管理有五个步骤,分别是采集、过滤、组织、传播和应用。确保显性知识适当传播的两个重要因素是交流的便利和组织文化的开发。

要做好信息系统集成项目中的知识管理,主要是要构建项目知识管理的制度平台。项目组织在制度平台的建设上有 4 点是必须做到的:

(1) 创造更多的团队成员之间的交流机会。可以从以下三个方面着手加强团队成员的交流机会:组织物理环境的改造、组织结构的扁平化、设立网络虚拟社区。

(2) 建立显性知识索引。按显性知识载体可分为文本导向、持有人导向和过程导向的三类显性知识索引。

(3) 组织高层的参与和支持。

(4) 与绩效评估体系的结合。

4. 隐性知识

隐性知识能为很多人和组织同时使用,而且共享知识的人越多,知识的价值就越大。对隐性知识的管理,其实质就是要让隐性知识进行流动和转化,最终使得隐性知识线性化。

隐性知识共享的方法主要有编码化、面对面交流、人员轮换和网络。编码化是指将知识编码促进知识流动,并且有利于个人知识和局部知识转化为组织水平的知识。隐性知识的共享途径主要有:

(1) 创建学习型组织,充分发挥知识团队的作用。

(2) 构建项目组织内部的信任机制。

（3）项目组织隐性知识的编码化。

（4）设立知识主管，加强隐性知识学习与共享。

（5）项目组织内部建立限制知识垄断的机制。

（6）通过利益驱动，促进隐性知识共享。

（7）创建以人为本的组织文化。

5. 知识管理工具

可以把**知识管理工具**分为知识生成工具、知识编码工具和知识转移工具三大类。

（1）知识生成工具。知识的生成包括产生新的想法、发现新的商业模式、发明新的生产流程，以及对原有知识的重新合成。

（2）知识编码工具。知识编码是通过标准的形式表现知识，使知识能够方便地被共享和交流。

（3）知识转移工具。知识转移工具最终就是要使知识能在企业内传播和分享。

6. 学习型组织

学习型组织是一个能熟练地创造、获取和传递知识的组织，同时也要善于修正自身的行为，以适应新的知识和见解。组织应力求精简、扁平化、终生学习、不断自我组织再造，以维持竞争力。

（1）学习型组织的要素应包括以下 5 项：

1）建立共同愿景。

2）团队学习。

3）改变心智模式。

4）自我超越。

5）系统思考。

（2）学习型组织的 8 个基本特征：

1）组织成员拥有一个共同的愿景。

2）组织由多个创造性个体组成。

3）善于不断学习。

4）扁平式结构。

5）自主管理。

6）组织的边界将被重新界定。

7）家庭与事业的平衡。

8）领导者的新角色。

（3）创建学习型组织的 4 个意义：

1）解决了传统组织的缺陷。

2）学习型组织为组织创新提供了一种操作性比较强的技术手段。

3）学习型组织解决了组织生命活力问题。

4）学习型组织提升了组织的核心竞争力。

15.2.2 知识产权保护

1. 知识产权保护期限

知识产权具有地域限制，保护期限各种情况见表 15-2。

表 15-2 知识产权保护期限

客体类型	权力类型	保护期限
公民作品	署名权、修改权、保护作品完整权	没有限制
	发表权、使用权和获得报酬权	作者终生及其死亡后的 50 年（第 50 年的 12 月 31 日）
单位作品	发表权、使用权和获得报酬权	50 年（首次发表后的第 50 年的 12 月 31 日），若其间未发表，不保护
公民软件产品	署名权、修改权	没有限制
	发表权、复制权、发行权、出租权、信息网络传播权、翻译权、使用许可权、获得报酬权、转让权	作者终生及死后 50 年（第 50 年的 12 月 31 日）。合并发，以最后死亡作者为准
产品软件产品	发表权、复制权、发行权、出租权、信息网络传播权、翻译权、使用许可权、获得报酬权、转让权	50 年（首次发表后的第 50 年的 12 月 31 日），若其间未发表，不保护
注册商标		有效期 10 年（若注册人死亡或倒闭 1 年后，未转移则可注销，期满后 6 个月内必须续注）
发明专利权		保护期为 20 年（从申请日开始）
实用新型和外观设计专利权		保护期为 10 年（从申请日开始）
商业秘密		不确定，公开后公众可用

2. 知识产权人的确定

（1）职务作品产权人确定规则见表 15-3。

表 15-3 职务作品产权人确定规则

情况说明		判断说明	归属
作品	职务作品	利用单位的物质技术条件进行创作，并由单位承担责任的	除署名权外其他著作权归单位
		有合同约定，其著作权属于单位	除署名权外其他著作权归单位
		其他	作者拥有著作权，单位有权在业务范围内优先使用
软件	职务作品	属于本职工作中明确规定的开发目标	单位享有著作权
		属于从事本职工作活动的结果	单位享有著作权
		使用了单位资金、专用设备、未公开的信息等物质、技术条件，并由单位或组织承担责任的软件	单位享有著作权

续表

情况说明		判断说明	归属
专利权	职务作品	本职工作中作出的发明创造	单位享有专利
		履行本单位交付的本职工作之外的任务所作出的发明创造	单位享有专利
		离职、退休或调动工作后1年内,与原单位工作相关	单位享有专利

（2）委托作品产权人确定规则见表15-4。

单位和委托的区别在于,当合同中未规定著作权的归属时,著作权默认归于单位,而委托创作中,著作权默认归属于创作方个人。

表15-4 委托作品产权人确定规则

情况说明		判断说明	归属
作品软件	委托创作	有合同约定,著作权归委托方	委托方
		合同中未约定著作权归属	创作方
	合作开发	只进行组织、提供咨询意见、物质条件或者进行其他辅助工作	不享有著作权
		共同创作的	共同享有,按人头比例。成果可分割的,可分开申请
商标		谁先申请谁拥有（除知名商标的非法抢注） 同时申请,则根据谁先使用（需提供证据） 无法提供证据,协商归属,无效时使用抽签（但不可不确定）	
专利		谁先申请谁拥有 同时申请则协商归属,但不能够同时驳回双方的专利申请	

3. 侵权判定

一般通用化的东西不算侵权,个人未发表的东西被抢先发表是侵权。

中国公民、法人或者其他组织的作品,不论是否发表,都享有著作权。

开发软件所用的思想、处理过程、操作方法或者数学概念不受保护。

著作权法不适用于下列情形:法律、法规、国家机关的决议、决定、命令和其他具有立法、行政、司法性质的文件,及其官方正式译文;时事新闻;历法、通用数表、通用表格和公式。

只要不进行传播、公开发表、盈利都不算侵权,具体见表15-5。

表15-5 侵权判定规则

不侵权	侵权
● 个人学习、研究或者欣赏; ● 适当引用; ● 公开演讲内容;	● 未经许可,发表他人作品; ● 未经合作作者许可,将与他人合作创作的作品当作自己单独创作的作品发表的;

续表

不侵权	侵权
● 用于教学或科学研究； ● 复制馆藏作品； ● 免费表演他人作品； ● 室外公共场所艺术品临摹、绘画、摄影、录像； ● 将汉语作品译成少数民族语言作品或盲文出版	● 未参加创作，在他人作品署名； ● 歪曲、篡改他人作品的； ● 剽窃他人作品的； ● 使用他人作品，未付报酬； ● 未经出版者许可，使用其出版的图书、期刊的版式设计的

15.3　课后演练（精选真题）

● 依据《中华人民共和国著作权法》，关于著作权的描述，不正确的是 __(1)__ 。（2020年11月第19题）

（1）A．著作权人对作品享有发表权、署名权和修改权

　　B．合同约定著作权属于单位的作品，作者仅享有署名权

　　C．后继著作权人指没有参与创作，通过著作权转移活动而享有著作权的人

　　D．将已经发表的中文作品改成盲文出版，须经著作权人许可

● __(2)__ 是隐性知识的特征。（2020年11月第56题）

（2）A．经过编码、格式化、结构化　　　B．规范、系统、隐仓、明确

　　C．不易保存传递、掌握　　　　　　D．用公式、规律、原则等方式表述

● 关于知识管理工具的描述，不正确的是 __(3)__ 。（2021年5月第56题）

（3）A．知识管理工具是实现知识的生成、编码和转移技术的集合

　　B．知识生成的工具包括知识获取、知识合成和知识发布三大功能

　　C．知识编码的困难在于，知识几乎不能以离散的形式予以表现

　　D．时间差异、空间差异和社会差异是知识转移的障碍

● 知识管理的工具通常分为 __(4)__ 三大类。（2021年11月第56题）

（4）A．知识生成工具、知识分析工具、知识传播工具

　　B．知识采集工具、知识合成工具、知识转移工具

　　C．知识生成工具、知识编码工具、知识转移工具

　　D．知识采集工具、知识分类工具、知识传播工具

15.4　课后演练答案解析

（1）参考答案：D

解析：依据《中华人民共和国著作权法》的规定，将已经发表的作品改成盲文出版，属于合理

使用，可以不经著作权人许可，不向其支付报酬，但应当指明作者姓名、作品名称，并且不得侵犯著作权人依法享有的其他权利。

（2）**参考答案**：C

解析：详见表 15-1 显性知识和隐性知识对比。

（3）**参考答案**：B

解析：可以把知识管理工具分为知识生成工具、知识编码工具和知识转移工具三大类：

1）知识生成工具。知识的生成包括产生新的想法、发现新的商业模式、发明新的生产流程，以及对原有知识的重新合成。

2）知识编码工具。知识编码是通过标准的形式表现知识，使知识能够方便地被共享和交流。

3）知识转移工具。知识转移工具最终就是要使知识能在企业内传播和分享。

（4）**参考答案**：C

解析：此题考查的是知识管理的工具，必须掌握，为高频考点。

知识管理工具分为知识生成工具、知识编码工具和知识转移工具三大类。

第16章 项目变更管理

16.1 备考指南

本章节主要阐述项目变更管理的内容,包括变更的原因、变更的流程等。

本章节在上午综合知识的考试中会占1~2分,在下午案例中经常出现,会跟其他管理过程联合考查尤其是变更管理过程,属于重点内容,需要大家理解并记忆。

16.2 考点梳理及精讲

1. 项目变更管理

项目变更管理是指在信息系统工程建设项目的实施过程中,由于项目环境或者其他的原因而对项目的功能、性能、架构、技术指标、集成方法、项目进度等方面做出的改变。

变更管理的实质是根据项目推进过程中越来越丰富的项目认知,不断调整项目努力方向和资源配置,最大程度地满足项目需求,提升项目价值。

2. 变更的常见原因

(1)产品范围(成果)定义的过失或者疏忽。
(2)项目范围(工作)定义的过失或者疏忽。
(3)增值变更(客户提出新需求)。
(4)应对风险的紧急计划或回避计划。
(5)项目执行过程与基准要求不一致带来的被动调整。
(6)外部事件(如政策变化)。

3. 变更分类

(1)按照变更性质可以分为:重大变更、重要变更和一般变更。通过不同审批权限控制。
(2)根据变更的迫切性可以分为:紧急变更、非紧急变更。通过不同变更处理流程进行。
(3)根据变更内容可分为:信息系统集成行业可进一步细分为多个子行业,如弱电工程、应用开发、集成、IT咨询等。

（4）按变更所发生的领域和阶段可分为：进度、成本、质量、设计、实施变更等。

（5）按变更来源可分为内部变更和外部变更。

4. 变更管理的原则

变更管理的原则是项目基准化、变更管理过程规范化。包括以下内容：

（1）基准管理：基准是变更的依据，基准计划确定并经过评审后，建立初始基准。此后每次变更通过评审后，都应重新确定基准。

（2）变更控制流程化：建立或选用符合项目需要的变更管理流程，所有变更都必须遵循这个控制流程进行控制。

（3）明确组织分工：至少应明确变更相关工作的评估、评审、执行的职能。

（4）评估变更的可能影响。

（5）妥善保存变更产生的相关文档，确保其完整、及时、准确、清晰，适当时可以引入配置管理工具。

5. CCB

项目控制委员会或配置控制委员会（CCB），或相关职能的类似组织是项目的所有者权益代表，负责裁定接受哪些变更。CCB 由项目所涉及的多方人员共同组成，通常包括用户和实施方的决策人员。CCB 是决策机构，不是作业机构；通常 CCB 的工作是通过评审手段来决定项目基准是否能变更，但不提出变更方案。

6. 项目经理

项目经理是受业主委托对项目经营过程负责者，其正式权力由项目章程取得，而资源调度的权力通常由基准中明确。基准中不包括的储备资源需经授权人批准后方可使用。项目经理在变更中的作用是响应变更提出者的需求，评估变更对项目的影响及应对方案，将需求由技术要求转化为资源需求，供授权人决策；并据评审结果实施即调整基准。确保项目基准反映项目实施情况。

7. 变更工作程序

（1）提出与接受变更申请：正式、书面记录。

（2）对变更的初审。

（3）变更方案论证：论证是否可能实现并进行评估。

（4）项目管理委员会审查。

（5）发出变更通知并组织实施。

（6）变更实施的监控。

（7）变更效果的评估（对实施结果的评估，变更所要达到的目的是否已完成）。

（8）判断发生变更后的项目是否已纳入正常轨道。

8. 工作内容

在项目整体压力较大的情况下，更需强调变更的提出、处理应当规范化，可以使用分批处理、分优先级等方式提高效率。

项目规模小，与其他项目的关联度小时，变更的提出与处理过程可在操作上力求简便、高效，但关于小项目变更仍应注意以下几点：

（1）对变更产生的因素施加影响，防止不必要的变更，减少无谓的评估，提高必要变更的通过效率。

（2）对变更的确认应当正式化。

（3）变更的操作过程应当规范化。

9. 变更申请的提交

严格控制变更申请的提交，首先应当确保覆盖所有变更操作，这意味着如果变更申请操作可以被绕过则此处的严格便毫无意义；但应根据变更的影响和代价提高变更流程的效率。

10. 变更管理和整体管理及配置管理的关系

变更管理是项目整体管理的一部分，属于项目整体变更控制的范畴，涉及范围、进度、成本、质量、人力资源和合同管理等多个方面。

配置管理重点关注可交付产品（包括中间产品）及各过程文档，而变更管理则着眼于识别、记录、批准或否决对项目文件、可交付产品或基准的变更。

变更管理中包含的部分配置管理活动：配置项识别、配置状态记录、配置确认与审计。

11. 版本发布和回退

发布前的准备：对于很多软件项目来说，项目变更就必需做相应的版本发布，并制订相应的应急回退方案。为确保版本发布的成功，在版本发布前应对每次版本发布进行管理，并做好发布失败后的回退方案。

版本发布应急回退方案：为确保版本发布的成功，在版本发布前应对每次版本发布的风险做相应的评估，对版本发布的过程 Check list 做严格评审。在评审发布内容时对存在风险的发布项做重点评估，确定相应的回退范围，制订相应的回退策略。

过程总结：对引起回退的原因做深入分析、总结经验，避免下次回退发生。对执行回退计划中出现的问题进行分析，完善公司回退计划。

16.3　课后演练（精选真题）

- 变更管理是为了使得＿＿（1）＿＿与项目实际执行情况相一致，是应对项目变化的一套管理方法。
（2021年5月第52题）

　　（1）A．项目资源　　　　B．项目报告　　　　C．项目基准　　　　D．项目目标

- 关于变更管理工作程序的描述，不正确的是＿＿（2）＿＿。**（2021年5月第53题）**

　　（2）A．项目的干系人都可以提出变更申请

　　　　B．CCB是执行机构，负责提出变更方案

　　　　C．变更实施的过程监控，通常由项目经理负责基准监控

　　　　D．涉及项目目标及交付成果的变更，客户意见应放在核心位置

- 项目变更按照变更性质划分为重大变更，重要变更和一般变更，通过不同的＿＿（3）＿＿来实现。
（2021年11月第52题）

　　（3）A．变更处理流程　　B．变更内容　　　　C．审批权限控制　　D．变更原因处理

● 变更管理组织机构的工作程序按时间先后顺序，排列整齐的是___(4)___。（**2021 年 11 月第 53 题**）

①变更效果评估　　　　　　②项目工程师提出变更申请　　③项目经理审批变更申请
④发出变更通知并组织实施　⑤变更申请文档申请流转　　　⑥变更方案论证
⑦项目管理委员会审查　　　⑧项目经理和监理单位监控实施

(4) A．②⑤③④⑥⑧⑦①　　　　　　　　B．②⑤④③⑦①⑥⑧
　　C．②③⑤⑦⑥④①⑧　　　　　　　　D．②③⑤⑥⑦④⑧①

16.4　课后演练答案解析

（1）参考答案：C

解析：变更是对基线（基准）的修改和控制。

（2）参考答案：B

解析：CCB 是审批机构。

（3）参考答案：C

解析：此题考查的是变更的分类，必须掌握，为高频考点。

根据变更性质可分为：重大变更、重要变更和一般变更。通过不同审批权限控制。

（4）参考答案：D

解析：此题考查的是变更的流程，必须掌握，为高频考点。

变更的工作程序：①提出与接受变更申请；②对变更的初审；③变更方案论证；④项目管理委员会审查；⑤发出变更通知并组织实施；⑥变更实施的监控；⑦变更效果的评估；⑧判断发生变更后的项目是否已纳入正常轨道。

第17章 战略管理

17.1 备考指南

本章节主要阐述战略管理、战略型组织等内容。

本章节在上午综合知识的考试中会占 0~1 分,根据历年的考试情况来看,本块内容主要是在上午试题中进行考查,而且考到的频率也不是很大。

17.2 考点梳理及精讲

1. 战略管理

战略管理是一个组织在一定时期内对其全局性、长远的发展方向、目标、任务和政策,以及对组织资源调配等方面做出的相应决策,以及对这些决策进行跟踪、监督、变更等方面的管理工作。组织一般会根据外界环境的变化,以及对自身能力和机遇的评判;制订相应的战略措施。在战略措施实施的过程中,随时跟踪该措施是否取得了预期的效果,以做出灵活调整,直到取得预期的效果。

2. 组织战略

组织战略通常由以下几个因素组成:

(1)战略目标。战略目标是组织战略行动所要达到的预期结果,是制订和实施战略的依据和出发点。

(2)战略方针。战略方针是在特定阶段指导组织全局的方针,是指导组织行动的纲领和制订组织战略计划的基本依据。

(3)战略实施能力。组织战略实施能力是组织战略实施的物质基础。这种物质基础既可以是组织自身拥有的,也有可能是组织外部的。

(4)战略措施。战略措施是为准备和进行战略管理而实行的具有全局意义的实施战略的重要保障。

3. 战略实施

战略实施是一个自上而下的动态管理过程。所谓"自上而下"主要是指战略目标在组织高层达成一致后,再向中下层传达,并在各项工作中得以分解、落实。所谓"动态"主要是指战略实施的过程中，常常需要在"分析－决策－执行－反馈－再分析－再决策－再执行"的不断循环中达成战略目标。

战略实施是战略管理过程中的行动阶段，比战略的制订更加重要。在将企业战略转化为战略行动的过程中，一般包括四个相互联系的阶段：

（1）战略启动阶段
（2）战略计划实施阶段。
（3）组织战略运作阶段。
（4）组织战略的控制与评估。

4. 组织事业战略类型

基于对组织事业问题解决这一核心问题，可以将组织战略进一步细分为以下四种类型：

（1）防御者战略。作为相对成熟行业中的成熟组织，组织内部产品线较窄，同时组织高层也不愿意积极探索熟知领域以外的机会。除非顾客有紧迫的需要，否则高层不愿意就运作方法和组织的结构作出较大程度和范围的调整。组织努力的方向主要是提高组织的运行效率，扩大或者是继续保持目前的市场占有情况，预防竞争对手对组织原有市场的侵蚀，维持行业内的相对地位。

（2）探索者战略。该战略主要致力于组织发现和发掘新产品、新技术和新市场可能为组织提供的发展机会，组织的核心技能是市场能力和研发能力，它可以拥有较多的技术类型和较长的产品线，同时也可能会面临较大的风险。采取该类战略的组织由于注重创新，能够发起其他组织没有发现，或者不敢去尝试的机会，因此通常会成为该产业内其他组织的战略标杆。

（3）分析者战略。该战略主要是保证组织在规避风险的同时，又能够提供创新产品和服务。该战略主要应用于两类市场有效运作的组织类型：一类是在较稳定的环境；另一类是在变化较快的环境。前者强调规范化和高效率运作，后者强调关注竞争对手的动态并迅速作出有利的调整。

（4）反应者战略。该战略主要是指对外部环境缺乏控制，不敏感的组织类型，它既缺乏适应外部竞争的能力，又缺乏有效的内部控制机能。该战略没有一个系统化的战略设计与组织规划。除非迫不得已，组织不会就外部环境的变化作出调整。

5. 战略组织类型

在组织战略实践过程中，组织战略可以概括为如下五种不同的类型：

（1）指挥型。这种模式的特点是组织高层考虑如何制订一个最佳战略，然后按照该战略进行实施。是自顶向下的过程，缺点是把战略制订者与执行者分开。

（2）变革型。这种战略模式的特点是组织是以如何实施组织战略这一主题展开的。在战略实施中，组织高层决策者或在其他方面的帮助下需要对组织进行一系列的变革。

（3）合作型。这种组织战略模式是要求组织的最高层要与其他高层管理人员分担相关的战略责任，以发挥集体的智慧。克服了指挥型和变更型的局限性，使组织高层能够接近一线管理人员，获得比较准确的信息。

（4）文化型。这种组织战略模式的特点是组织高层是从如何动员全体成员都参与战略实施活动的角度来考虑战略的制订和执行。主要是运用组织文化手段，不断向全体成员传播战略思想，以便在组织内部建立起共同的价值观和行为准则打破战略制订者与执行者的局限，使得组织战略实施迅速，风险较小。

（5）增长型。该模式的特点是组织高层从如何激励一般管理人员制订实施战略的积极性及主动性来着眼战略的制订和实施。是自下而上的过程。

6. 组织战略层次

一般来说，组织完整的战略包括如下三个层次。每一层都有其自身的特点，自身的展开方式和相应的功能标准。

（1）目标层。目标层主要介绍和说明组织的战略目标、确定目标的主要依据，以及对战略目标的高层分解等内容。一般包括组织的基本战略目标、基本战略目标的阶段性体现、战略目标体系及其分解、目标的分解原则和方法、目标之间的依赖关系，及对各层次目标的相关解释和说明等。

（2）方针层。方针层主要说明了在组织目标达成过程中，组织应该坚持的主要原则和方针等，是对组织战略行动的具体指导。如对组织战略的指导性方针，限制性的原则等对战略具体化、细则化后的政策、制度、体制、组织结构设计等方面的内容。

（3）行为层。行为层是在具体的执行层面，为了落实组织的战略目标和方针所采取的行动，如对组织战略全面性的规划和计划等。具体包括各种主要工程、对策措施、相关程序和流程等。

7. 组织战略目标分解

从范围的角度，组织战略从层次上可以分为组织层战略、事业层战略、职能层战略等各个层次。事业层战略关心的主要问题：如何在组织总体战略框架内，在该事业单元应该如何竞争。事业层战略规定了该事业单元所应提供的产品或服务，以及应该向哪些顾客提供产品或服务。

8. 平衡计分卡 BSC

平衡计分卡（Balanced Score Card，BSC）是一种绩效评价体系，其本来的目的主要是找出超越传统以财务度量为主的组织绩效评价模式。BSC 作为一种基于战略管理的业绩考评工具，它从财务、客户、内部运营、学习与成长四个角度，根据组织生命周期的不同阶段的实际情况和采取的具体战略措施，为每一方面设计出适当的评价指标，赋予不同的权重，形成一套完整的绩效指标评价体系，实现了从抽象的、定性的战略到具体的、定量的目标转化。

9. 组织战略与项目管理

从项目管理的角度来看，项目组合、项目集和单项目就是在组织的各个层面进行对组织的战略进行细化和落实，保证组织战略目标的实现。

10. 项目组合管理

项目组合管理、项目集管理和单项目管理均是组织整体战略计划和战略实施过程中一个必不可少的环节。项目组合管理使组织可以影响其项目选择和项目的有效执行。通过与战略规划的不断调适，项目组合管理就可以建立实现组织战略和目标及绩效目标的项目组合体系，对批准的项目、项目集及运营的管理，要求执行包括这些活动的项目组合，实现组织战略和目标。

11. 项目组合计划对战略的影响

项目组合计划对战略的影响主要体现在以下六个方面：

（1）维持项目组合的一致性。项目组合各组件都应该支持一个或多个战略目标，如果没有对这些目标的清晰理解，一致性就无法实现；项目组合各组件的建议书都应该具体描述该组件如何支持目标的实现。

（2）分配财务资源。每个项目组合组件的优先级为财务分配决策提供指南，同一时刻每个即将实施的项目组织组建都需要分配相应的财务资源。

（3）分配人力资源。项目组合组件的优先级可以指导资源规划、招聘工作、进度和技能分配，包括长期人才建设等。

（4）分配材料或设备资源。每个项目组合组件的优先级应该可以指导材料、设备或空间场地的分配，包括长期资本投资；要进行这样的规划，可能需要确保项目组合组件需要在组织层面加以考虑，并要考虑各种制约因素。

（5）测量项目组合组件绩效。实施项目组合组件的目的是实现一个或多个组织的战略目标，其绩效必须结合目标进行测量。

（6）管理风险。应对每个项目组合组件的风险（机会、风险、内部的、外部的），从组织层面及这些风险会如何影响战略计划和目标的实现的角度进行评估，其中包括外部及内部的环境监控。

17.3 课后演练（精选真题）

● 某组织在战略执行过程中，暴露出下述问题：由于战略是不同观点、不同目的的参与者相互协商折中的结果，使战略的经济合理性降低，且未能充分调动全体管理人员的积极性。该组织采用了 __(1)__ 战略组织模式。（**2021年5月第57题**）

（1）A．文化型　　　　B．变革型　　　　C．合作型　　　　D．增长型

● 关于企业战略的描述，不正确的是 __(2)__ 。（**2021年11月第57题**）

（2）A．反应者战略适用于对外部环境缺乏控制，又缺乏内部控制机能的组织

　　B．合作型战略组织模式力图在组织内部建立起共同的价值观和行为准则，使每一个员工都参与制定实施组织战略

　　C．指导型战略组织模式适用于业务单一且高效集权式的组织体制

　　D．增长型战略组织模式从激励一般管理人员的积极性和主动性角度进行战略制定和实施

17.4 课后演练答案解析

（1）**参考答案**：C

解析：看到不同参与者相互协商，基本可以猜到是合作。合作型战略组织模式要求组织的最高层要与其他高层管理人员分担相关的战略责任，以发挥集体的智慧。其克服了指挥型和变更型的局限性，使组织高层能够接近一线管理人员，获得比较准确的信息。

（2）**参考答案**：B

解析：此题考查的是企业战略管理，必须掌握，为高频考点。
组织高层是从如何动员全体成员都参与战略实施的角度来考虑战略的制定和执行属于文化型战略模式。

第18章 组织级项目管理

18.1 备考指南

本章节主要阐述组织级项目管理、项目治理、OPM3 等内容。

本章节在上午综合知识的考试中会占 1 分左右，根据历年的考试情况来看，本块内容主要是在上午试题中进行考查。

18.2 考点梳理及精讲

组织级项目管理是指在组织战略的指导下，具体落实组织的战略行动，从业务管理、组织架构、人员配置等多个方面对组织进行项目化的管理。具体来说，就是要立足组织管理，从实现组织运营价值最大化的目标出发，考虑如何筹建组织级的项目管理体系，实现组织资源优化整合、提高项目成功率，并在项目立项和执行过程中及时把控市场和客户需求的变化，帮助组织快速调整经营目标和经营策略，有效地实现组织的战略目标的组织体系。

组织级项目管理是组织在其内部搭建起项目组织管理、项目集管理和单项目管理的各个领域，以及在这些领域之间支持实现最佳实践而提供的一个组织全局项目管理的框架体系。该框架体系能够保证组织战略、项目组合、项目集和单个项目形成一个有机联系的整体，不仅保证作为局部的项目、项目集和项目组合成功执行，而且还能够形成一个整体，共同支持组织战略目标的实现。在组织中，当项目管理需要跨职能部门、跨组织层次、跨事业单元时，该框架更能够体现出其必要性。

组织治理就是通过各项目组合、项目集和单项目来达到组织层次的战略目标的推动力。通过完善组织结构、方针政策、运作流程及其他治理机制，才能够保证组织有效地达成预期的战略目标。

组织级项目管理包含了为确保组织有效执行其战略的最佳实践，其中包括采取主动地投资于最能支持组织达到其目标的方法实践，**主要包括以下三个方面的目的：**

（1）指导组织的投资决策和恰当的投资组合，实现组织资源的最优化配置。

（2）提供透明的组织决策机制，使组织项目管理的流程合理化和规范化。

（3）提高实现期望投资回报率的可能性，加强对组织项目管控的系统性和科学性。

组织级项目管理框架由三部分内容组成：

（1）最佳实践。该最佳实践是组织若干相关能力的组合，主要分为两类：一类是组织级项目管理 SMCI（标准化、度量、控制和持续改进）最佳实践，使组织级项目管理的流程都能够围绕着这样的循环，不断进行改进；另一类是组织运行潜能方面的最佳实践，主要包括组织结构、文化、技术、人力资源等方面的最佳实践，是支持组织级项目管理流程实施的底层要素。

（2）组织能力。能力是在一个组织内，为了执行项目管理过程并交付项目管理服务和产品，组织应必须具备的一种特定的胜任资格。

（3）成果。组织级项目管理的成果是通过组织能力的发挥和应用而取得的，这样的成果可能是有形的，也可能是无形的。通过设置关键绩效指标（KPI）来度量。

组织级项目管理成熟度模型：从组织的角度来看，需要有一个衡量组织级项目管理能力成熟程度的模型，使组织能够评估自身在项目管理方面的优点和缺点，找到组织项目管理改进的方向和目标；也需要一个能够指导组织逐步普及和实施项目管理能力的步骤、程序和方法，帮助组织的项目管理一步一步地走向成熟。组织项目管理成熟度模型（OPM3）提供了这样一个框架和方法，指导组织进行项目管理的实践。

OPM3 的定义为："它是评估组织通过管理单个项目和组合项目来实施自己战略目标的能力的一种方法，它还是帮助组织提高市场竞争力的工具"。

OPM3 的目标是提供一种开发组织项目管理能力的基本方法，并使组织内部项目与组织自身的战略紧密地联系起来。

OPM3 是一个三维的模型，第一维是成熟度的四个梯级，第二维是项目管理的十个领域和五个基本过程，第三维是组织项目级项目管理的三个版图层次。

成熟度的四个梯级分别是：①标准化的；②可测量的；③可控制的；④持续改进的。

组织项目管理的三个版图是单个项目管理、项目集管理和项目组合管理。

18.3 课后演练（精选真题）

本章内容近十年尚未考查过，仅做了解。

- 美国项目管理协会（PMI）于 2003 年公布了组织级项目管理成熟度模型（OPM3），OPM3 的最佳实践由过程组、知识领域和过程改进的若干个阶段组成。其中过程改进的四个阶段是 ___(1)___ 。（**2007 年 11 月第 51 题**）

　　(1) A．通用术语，通用过程，基准比较，持续性改进

　　　　B．初始级，可重复级，可控制级，持续改进级

　　　　C．初始级，标准级，可管理级，持续改进级

　　　　D．标准化，可测量，可控制，持续性改进

18.4 课后演练答案解析

（1）**参考答案**：D

解析：PMI 于 2003 年公布了组织级项目管理成熟度模型 OPM3，OPM3 中的过程改进分为"标准化""可测量""可控制""持续性改进"四个阶段。

第19章 流程管理

19.1 备考指南

本章节主要阐述业务流程管理（Business Process Management，BPM）和业务流程重组（Business Process Reengineering，BPR）的内容。

本章节在上午综合知识的考试中会占 1 分左右，根据历年的考试情况来看，本块内容主要是在上午试题中进行考查，而且考到的频率也并不是很大。

19.2 考点梳理及精讲

1. 流程

流程就是做事情的顺序，是一个或一系列连续有规律的行动，这些行动以确定的方式发生或执行，导致特定结果的实现。以顾客利益为中心，以员工为中心，以及以效率和效益为中心是业务流程的核心。流程的六个要素有：输入、活动、活动之间的相互作用、输出、客户、价值。

2. 业务流程管理

业务流程管理（BPM）是将生产流程、业务流程、各类行政申请流程、财务审批流程、人事处理流程、质量控制及客服流程等 70%以上需要两人以上协作实施的任务全部或部分由计算机处理，并使其简单化、自动化的业务过程。BPM 是一种以规范化的构造端到端的卓越业务流程为中心，以持续的提高组织业务绩效为目的的系统化方法。

3. 流程的目的

流程的目的是为流程的客户创造价值。

4. 流程管理的过程

良好的业务流程管理包括流程设计、流程执行、流程评估和流程改进，这也是一个 PDCA 闭环的管理过程。特别强调：业务流程的管理不是在流程规划出来之后才进行的，而是在流程规划之前就要进行管理。

企业的流程管理一般分为生产流程层、运作层、计划层和战略层 4 个层次。

5. 业务流程分析

业务流程分析的目的是了解各个业务流程的过程，明确各个部门之间的业务关系和每个业务处理的意义，为业务流程的合理化改造提供建议，为系统的数据流程变化提供依据。

业务流程分析的具体步骤为：通过调查掌握基本情况、描述现有业务流程、确认现有业务流程、对业务流程进行分析、发现问题并提出解决方案、提出优化后的业务流程。

业务流程分析的主要方法有价值链分析法、客户关系分析法、供应链分析法、基于 ERP 的分析法和业务流程重构等。

（1）价值链分析法。价值链分析法是找出或设计出那些能够使顾客满意，实现顾客价值最大化的业务流程。

（2）客户关系分析法。客户关系分析法就是把客户关系管理（Customer Relationship Management，CRM）用在业务流程的分析上。

（3）供应链分析法。供应链分析法是从企业供应链的角度分析企业的业务流程。

（4）基于 ERP 的分析法。ERP 的基本思想是将企业的业务流程看作是一个紧密连接的供应链，将供应商和企业内部的采购、生产、销售，以及客户紧密联系起来，对供应链上的所有环节进行有效管理，实现对企业的动态控制和各种资源的集成和优化，从而提升企业基础管理水平，追求企业资源的合理、高效利用。

（5）业务流程重构。通过重新审视企业的价值链，从功能成本的比较分析中，确定企业在哪些环节具有比较优势。

业务流程分析的传统工具是业务流程图（Transaction Flow Diagram，TFD）、业务活动图示（Business Activity Mapping，BAM）和 UML 的活动图，还包括一些建模工具，例如，标杆瞄准（Benchmarking）、集成定义方法（Integration Definition Method，IDEF）、Petri 网、组织动态本质建模法（Dynamic Essential Modeling of Organization，DEMO）和业务流程建模语言等。

6. 业务流程设计

业务流程设计是最重要的环节，系统处理流程对应于现实世界中的真实业务过程，通过对业务流程的设计，可以对其进行建模，以便使用信息系统来取代传统的手工处理，提高业务处理的效率和准确性，降低业务处理成本。

工作流就是一系列相互衔接、自动进行的业务活动或任务，一个工作流包括一组活动（或任务）及它们的相互顺序关系，还包括流程和活动的启动和终止条件，以及对每个活动的描述。

工作流管理是人与计算机共同工作的自动化协调、控制和通信，在信息化的业务过程中，通过在网络上运行相应的软件，使所有活动的执行都处于受控状态。在工作流管理下，可以对工作进行监控，并可以进行工作的指派。

在流程设计过程中，为了更清晰地表达过程规则说明，陆续出现了一些用于表示业务流程的工具，这些工具包括三类，分别是图形工具、表格工具和语言工具。其中，常见的图形工具包括程序流程图、IPO 图、盒图、问题分析图、判定树；表格工具包括判定表；语言工具包括过程设计语言等。

7. 业务流程实施

在具体实施过程中，可以按以下步骤进行：

（1）对现有业务流程进行全面的功能和效率分析，发现存在的问题。

（2）设计流程改进方案，并进行评估。

（3）制订与业务流程改造相配套的组织结构、人力资源配置和业务规范等方面的规划，形成系统的业务流程实施方案。

（4）组织实施与持续改善。

8. 业务流程评估

业务流程实施后的效果如何，要进行评估。因此，业务流程评估是业务流程管理整个过程中非常重要的一环。

为了科学、系统地分析和评估业务流程的实施效果，需要引入业务流程分析评价方法。业务流程分析评价方法包括：

（1）增值性分析：为了从流程角度衡量流程的"瓶颈"活动。通过评价相关活动的 r（价值系数）、f（贡献）、c（成本）三个参数，衡量活动的运行效果。所谓"瓶颈"活动，是指那些制约业务流程运行的关键活动。

（2）流程设计的正确性检验：验证业务流程的合理性、正确性。

（3）业务流程方案的评价：单项指标评价、综合评价。

企业实施业务流程管理的效果如何，其决定因素除方案本身优劣外，实施条件的好坏也是一个决定的因素。业务流程实施条件评估，包括：

（1）管理基础：制度建设、标准化建设、创新体系建设、企业文件建设等。

（2）人本管理传统：是业务流程管理取得成功的不可或缺的重要条件之一，需要高素质团队。

（3）企业信息化：离不开信息技术的支持。

企业业务流程实施的成果必然体现在经营管理的绩效上，衡量业务流程实施效果的关键指标主要有：产品和服务质量、顾客满意度、销售增长率、成本、员工工作效率等。同时，业务流程实施取得显著效果的一个标志是带来企业文化，特别是员工价值观的变化。

9. 业务流程重构

业务流程重构（BPR）是针对企业业务流程的基本问题进行反思，并对它进行彻底的重新设计，使业绩得以显著性提高。是对企业的业务流程进行根本性的再思考和彻底性的再设计。

（1）业务流程可分为管理流程、操作流程和支持流程三大类。管理流程是指企业整体目标和经营战略产生的流程，这些流程指导企业整体运营方向，确定企业的价值取向；操作流程是指直接与满足外部顾客的需求相关的活动；支持流程是指为保证操作流程的顺利执行，在资金、人力、设备管理和信息系统支撑方面的各种活动。

（2）BPR 的流程覆盖了企业活动的各个方面和产品的全生命周期。

（3）"根本性""彻底性""显著性"（业绩显著增长）和"流程"（建立以流程工作小组为单元的管理模式、扁平式管理机构）是 BPR 强调的四个核心内容。

BPR 在注重结果的同时，更注重流程的实现，并非以短期利润最大化为追求目标，而是追求企业能够持续发展的能力，因此，必须坚持以流程为中心的原则、团队式管理原则（以人为本的原则）和以顾客为导向的原则。

（4）实施 BPR 主要有两种方法，一是在研究和描述企业现有业务流程的基础上进行重新设计；二是从一张白纸开始构建企业理想的业务流程，构建过程中可以参考相关企业的管理水准。一般情况下，人们都是将这两种方法结合使用。BPR 的实施主要有以下几个步骤：

1）项目的启动。

2）拟订计划。

3）建立项目团队。

4）分析重构流程。

5）重新设计流程。

6）设计评估。

7）实施新的设计。

8）持续改进。

（5）基于 BPR 的信息系统规划。

一方面，信息系统规划要以 BPR 为前提，并且在系统规划的整个过程中，以业务流程为主线。另一方面，面向流程的信息系统规划驱动企业的 BPR。基于 BPR 的信息系统规划的主要步骤为：

1）战略规划：明确战略目标。

2）流程规划：选择核心流程。

3）数据规划：定义数据类等。

4）功能规划：识别功能模块。

5）实施规划：确定系统开发顺序和制订项目开发计划。

（6）BPR 的实施分为 3 个层次：观念重建层、流程重建层和组织重建层。

1）观念重建层的对象是企业组织内的习惯、精神等社会人文意识，手段主要有培训、宣传、交流，其目的在于改善人力资源和重塑企业文化，为深入实施 BPR 进行准备。

2）流程重建层是多层实施结构的核心层，是对现有流程的彻底的重新思考和重新设计，是 BPR 精髓的直接体现。

3）组织重建层所实现的是组织上的变革，将传统的面向功能型结构转化为面向流程型结构。

10．项目管理流程优化

企业应用信息技术绝不会是一蹴而就，它是一个不断发展变化的过程。这就决定了与信息化相伴而生的企业业务流程改进也必然是一个长期的过程。可见，业务流程持续优化是企业生存发展的需要。业务流程持续优化内容包括：①不断改善基础条件；②不断提高认识水平；③不断发展工具方法。

项目管理流程的优化必须抓住关键环节，改善项目管理和实施办法，优化项目管理流程，提高项目质量和效益。

（1）项目立项要深入实际进行调查研究。

（2）项目方案要进行全面论证。

（3）优化项目团队成员的组成。

（4）对项目实施分级管理。

（5）要加强项目过程管理。

（6）项目评价要力求客观公正。

11. 敏捷项目管理

敏捷项目管理是规划和指导项目流程的迭代方法。与敏捷软件开发一样，敏捷项目是在使用迭代的小型部门中完成的。每个迭代都由项目团队审核和评价，从迭代的评价中获得的信息用于决定项目的下一个步骤。每个项目迭代通常是安排在两周内完成。

敏捷项目管理的流程包括如下内容。

构想：构想阶段的任务是确定产品构想、项目范围、项目团队以及团队共同工作的方式。

推测：推测阶段制订基于功能的发布计划、里程碑和迭代计划，确保交付构想的产品。

探索：探索阶段的任务是在短期内提供经测试的功能，致力于减少项目风险和不确定性。

适应：适应阶段的任务是审核提交的结果、当前情况以及团队的绩效，必要时做出调整。

结束：结束阶段的任务是终止项目、交流主要的学习成果并庆祝。

与传统项目管理流程相比，敏捷项目管理的流程有以下特点：

（1）构想代替较传统的启动，表示构想的重要性。

（2）推测阶段代替计划阶段。

（3）敏捷项目管理模式用探索代替通常的管理阶段。

（4）实施敏捷项目管理的团队密切关注构想、监控信息，从而适应当前情况，这就是适应阶段。

（5）敏捷项目管理模式以结束阶段收尾，在这个阶段，主要的目标是传递知识，当然它也是一个庆典。

19.3 课后演练（精选真题）

- 业务流程分析工具中，__(1)__ 反映现有系统各部门的业务处理过程和它们之间的业务分工与联系，以及连接各部门的物流、信息流的传递和流动关系，体现现有系统的边界、环境、输入、输出、处理和数据存储等内容。（**2020年11月第58题**）

  （1）A．业务流程图　　　B．UML活动图　　　C．N-S图　　　　D．Petri网

- 敏捷项目管理的流程包括构想、推测、探索、__(2)__、结束。（**2021年5月第58题**）

  （2）A．执行　　　　B．改进　　　　C．测试　　　　　D．适应

- __(3)__ 是应用统计技术对过程中的各个阶段进行评估和监控，对过程存在的异常因素进行预警，建立并保持过程处于可接受的且稳定的水平。（**2021年5月第62题**）

  （3）A．目标问题度量　　　　　　　B．统计过程控制

  　　　C．度量和分析　　　　　　　　D．实用软件度量

- 关于BPR流程再造与优化的描述，不正确的是 __(4)__ 。（**2021年11月第58题**）

  （4）A．BPR是对企业业务流程的再设计

  　　　B．BPR实施中应将决策点下放到基层活动中，并建立对过程的控制

C. 基于 BPR 的信息系统规划，结合现行职能管理模式，从业务流程的价值链出发，确定企业当前的信息化目标

D. 新流程会给企业带来较大的机会，选择一个区域或领域的流程成功后，再进行扩大和推广，逐步覆盖到整个流程

19.4 课后演练答案解析

（1）**参考答案**：A

解析：业务流程图（TFD）是分析和描述现有系统的传统工具，是业务流程调查结果的图形化表示。它反映现有系统各部门的业务处理过程和它们之间的业务分工与联系，以连接各部门的物流、信息流的传递和流动关系，体现现有系统的边界、环境、输入、输出、处理和数据存储等内容。

（2）**参考答案**：D

解析：敏捷项目管理的流程包括：
构想：构想阶段的任务是确定产品构想、项目范围、项目团队以及团队共同工作的方式。
推测：推测阶段制订基于功能的发布计划、里程碑和迭代计划，确保交付构想的产品。
探索：探索阶段的任务是在短期内提供经测试的功能，致力于减少项目风险和不确定性。
适应：适应阶段的任务是审核提交的结果、当前情况以及团队的绩效，必要时做出调整。
结束：结束阶段的任务是终止项目、交流主要的学习成果并庆祝。

（3）**参考答案**：B

解析：统计过程控制是应用统计技术对过程中的各个阶段进行评估和监控，建立并保持过程处于可接受的且稳定的水平，从而保证产品与服务符合规定的要求的一种质量管理技术。

（4）**参考答案**：C

解析：此题考查的是 BPR，必须掌握，为高频考点。

基于 BPR 的信息系统规划，要突破现行的职能式管理模式，从业务流程的价值链出发，确定企业当前的信息化目标。

第20章 项目集管理

20.1 备考指南

本章节主要阐述项目集管理和项目治理的内容。

本章节在上午综合知识的考试中会占1分左右,根据历年的考试情况来看,本块内容主要是在上午试题中进行考查,而且考到的频率也并不是很大。

20.2 考点梳理及精讲

20.2.1 项目集管理概述

将**项目集定义**为经过协调管理以获取单独管理所无法取得的收益的一组相关联的项目、子项目集和项目集活动。项目集内的所有项目通过共同的目标相关联,该目标对发起组织而言具有非常重要的战略意义。

如果项目集各干系人有不同的目标,并且这些目标不具有协调收益的交付特征。只是在资金、技能、干系人等方面存在关联,则最好通过项目组合,而不是使用项目集方法来对这些组件进行管理。所以大项目不应该用项目集管理方法来进行管理,而是应该用项目管理方法对其进行管理。

"项目集活动"的定义为"在项目期间执行的、清晰的、已安排好的工作组成部分"。

"组件"在项目集管理范围内用来描述项目集中的一个或多个工作内容。

项目集管理就是在项目集中应用知识、技能、工具和技术来满足项目集的要求,获得分别管理各项目集组件所无法实现的收益和控制。它包括对多个组件进行组合调整,以便于以优化或整合的成本、进度和工作来实现项目集目标。

一般来说,项目集经理可以通过五个相互关联与依赖的项目集管理项目集的绩效域的工作来整合与控制组件之间的相互依赖关系。它们分别是项目集战略一致性、项目集收益管理、项目集干系人争取、项目集治理和项目集生命周期管理。通过这些项目集管理绩效域,项目集经理监控和分析组件之间的相互依赖关系,以协助确定将这些组件作为项目集来管理的最佳方法。与这些依赖关系相关的行动包括：

（1）领导和协调共同的项目集活动，如跨所有项目集组件、工作或阶段的财务与采购。解决影响项目集内多个组件的资源限制和/或冲突问题。

（2）以一种可以体现项目集内所有活动的方式传递并报告给干系人。

（3）积极响应项目集内跨多个组件的风险。

（4）将项目集工作与影响和作用于单独的组件、组件群或项目集目的和目标的组织（战略）方向保持一致。

（5）仍在共享的治理结构内解决：范围、成本、进度、质量和风险影响。

（6）裁剪项目集管理活动、过程和接口，有效地处理项目集内的文化、社会经济、政治和环境差异。

20.2.2 项目集管理过程

1. 评估项目集与组织战略一致性

项目集管理与项目管理之间的关键区别是项目集的战略聚焦，以及项目集确保组织收益的实现。在该阶段项目集经理需要具有战略愿景和组织规划能力，确保与组织战略目标保持一致，并实现组织的预期收益，确保项目集被批准。为了项目集的构建与组织战略保持一致，一般要经过如下的过程：

（1）项目集商业论证是从组织战略的角度，立足于项目集收益对将构建的项目集及各种备选的构建初始方案进行正式或非正式论证的过程，是对初始项目集的可行性研究。

（2）该过程的输入包括市场机遇、客户或合作伙伴需求、股东建议、政府规章、竞争对手的行动、组织内部的战略发展的需求，以及组织所在的事业环境因素。

（3）该过程可能会使用的工具技术包括基于市场的比较优势分析、组织内外部的可行性分析、SWOT分析、假设分析，以及历史信息等。

（4）该过程的输出包括批准项目集初始方案、对初始方案进行调整后组建项目集、拒绝项目集的初始方案，以及要求相关人员和组织提供更详细的方案等。

（5）在此阶段项目集主要发起人需要频繁地与关键干系人进行密切的磋商以开发项目集初始方案，保证项目集方案能够得到参与各方的认可，保证参与各方在项目集中实现成本和收益的平衡。能够实现组织各自的战略目标。

2. 项目集愿景和计划

（1）该阶段的项目集计划还只是粗略的，主要是为了配合项目集的商业论证和对关系人的影响而对项目集愿景和使命的描述。随着相关信息的不断补充，项目集计划会不断完善，指导项目集的具体执行。

（2）项目集目标清晰定义了项目集及收益。目标的定义是整个计划建立的基础，项目集目标具体确定后，项目集各项子计划、组件计划就可以在此基础上组织开发。项目集计划是项目集经理保证项目集各项活动与组织战略保持一致的重要管理手段。

（3）该过程的输入包括项目集商业论证及其评审意见，项目集事业环境因素、组织战略、重要干系人需求、相关合同、合作协议、前期项目集文件、项目集的资源储备、国家政策和市场变化、相关标准与规范、相关历史信息。

（4）该过程可能使用的工具和技术包括项目集管理信息系统、专家判断、焦点小组、引导技术、意见领袖、情景分析、头脑风暴、进度和成本的参数模型、网络规划、关键路径分析、技术方案评审、角色分工等。

（5）该过程的输出包括项目集整体计划和各自计划。

3. 项目集路线图

按照时间顺序以图形化的方式展现项目集预期发展方向，并在每个时间顺序事件建立系列的文档化标准，同时建立了项目集活动与预期收益之间的关系，以及项目集里程碑之间的关键依赖，传递业务战略与规划的优先级之间的连接。

因此，项目集路线图能够为关键里程碑和决策点提供高层面的监控信息，总结关键结束点的目标、主要风险和挑战，以及提供支持基础设施和组件计划的高层面协调和支持。

项目集路线图与项目集进度计划类似，项目集路线图主要适合于为规划和制订更加详细的时间表而勾勒出的主要项目集事件。项目集路线图可以用来表示项目集的主要阶段和模块组成，但并不包括项目集具体组件内部的细节，是管理项目集执行情况和评估项目集实现预期收益进展情况的重要工具，适合于对项目集进行治理和监控。

20.2.3 项目集治理

项目集治理涵盖了由发起组织对项目集战略进行定义、授权、监督和支持的体系和方法，是项目集发起组织确保项目集被有效和持续管理而执行的实践和流程。项目集治理通过在授权范围内负责对项目集的建议做出签署或批准的评审与决策的活动来实现。该机构一般称为项目集指导委员会（或项目集治理委员会、项目集董事会），是项目集的决策机构。负责为项目集的管理方式提供支持。

项目集治理主要包括以下几个方面的具体内容。

（1）项目集指导委员会的建立。
（2）项目集指导委员会的职责界定。
（3）项目集治理和项目集管理之间的关系。
（4）与项目集治理相关的个人角色。
（5）项目集作为治理主体——项目集组件治理。
（6）其他支持项目集管理的治理活动。

项目集指导委员会也称为项目集治理委员会、项目集董事会、监督委员会，其职责主要是负责定义并执行恰当的项目集治理体系和方法，保证项目集执行与组织的战略目标保持一致，并为指导项目集的正常管理提供支持。

项目集指导委员会的主要责任是保证项目集能够按照计划实现组织的战略目标，围绕这一基本职能就要求项目集指导委员会承担在组织范围内对项目集的成功识别、启动和实现起到具有关键作用的职责。这些职责主要可以概括如下：

（1）保证项目集与组织愿景和目标的一致性。

（2）项目集批准和启动。

（3）项目集筹资。

项目集治理功能通常包括创建五种支持能力，包括：

（1）项目集管理办公室（正式或非正式）。

（2）项目集管理信息系统。

（3）项目集管理中的知识管理（主要包括跨项目集的知识收集与共享；掌握项目集具体知识内容的个人和主题专家知识的挖掘和整理；存储收集项目集知识和项目集构件的项目管理信息系统建设）。

（4）项目集管理审计支持。

（5）项目集管理教育和培训。

这些活动可以有单独的项目集治理委员会创建，仅用于支持该项目集，也可以看作是组织的核心资产，由组织来创建，各项目集治理委员会可以根据各自的情况在此基础上进行管理或改造。

20.2.4　项目集生命周期管理

由于项目集构建的依据就是获得预期的收益，因此对项目集生命周期的划分除了依据类似项目生命周期的方法，将项目集过程根据时间顺序划分为启动、计划、执行、控制和收尾这五个阶段之外，还可以根据项目集收益的实现情况将项目集生命周期划分为项目集定义阶段、项目集收益交付阶段和项目集收尾阶段三个过程。

（1）项目集定义阶段的主要目的是详尽阐述项目集商业论证或战略计划目标及期望的项目集成果，其主要体现在商业论证与项目集计划的更新，并在项目集路线图中记录下来，而更详细的内容则主要体现在项目集管理计划中。该阶段的成果是项目集管理计划的批准。该阶段一般会分为两个既相互区分又彼此重叠的两个子阶段，即项目集构建和项目集准备。项目集经理一般在项目集的构建被任命。

项目集构件阶段包括获得项目集资金和物色项目集经理，项目集发起人、发起组织和项目集经理紧密协作，主要完成以下工作：

1）获得项目集资金。

2）进行范围、资源和成本的初始研究和估算。

3）进行项目集初始风险评估。

4）开发项目集章程及项目集路线图。

项目集准备阶段开始于项目集章程的正式批准。在项目集准备阶段，需要定义项目集组织、组建初始的项目集管理团队、制订项目集初始的管理计划等，关键活动一般包括：

1）建立项目集治理结构。

2）组建初始的项目集组织。

3）制订项目集管理计划。

（2）项目集收益交付阶段是一个不断迭代的过程，在该过程中项目集组件被不断规划、整合和管理，以达成项目集预期收益的交付。该阶段的工作主要是依据前期的项目集管理计划，并根据进度安排不断地滚动，来指导项目集及各组件工作的开展。

1）项目集管理计划主要包括项目集组件管理计划，该计划中通常涵盖了项目集的成本管理、范围管理、风险管理、资源管理等方面的内容，而各组件依据项目集计划制订各自的组件管理计划，并在项目集层面进行统合，保证项目集预期收益能够实现。

2）组件规划和授权：组件规划贯穿于项目集收益交付的整个阶段，主要用于响应需要再规划或启动新组件等项目集重大的变更。该过程主要包括将组件整合到项目集以确保每个组件都能够成功执行，并取得预期的收益。该过程的活动还包括正式确定组件需要完成的工作范围，以及识别满足项目集目标和收益的可交付成果。

3）组件监督和整合：在项目集层面需要持续地监控各组件的执行情况，以及计划收益的实现情况。

4）组件移交和收尾：项目集组件产生可交付成果，并经过相关的移交流程之后，该组件就可以关闭。项目集正式收尾需要由项目集发起人和项目集治理委员会的评审，项目集的所有组件同时都将被评审，以核实和确认项目集收益确已交付，并已经与其他组件的收益一起成为项目集整体收益的一部分。

（3）项目集收尾阶段：主要任务是保证项目集按照预定的和受控的过程进行收尾，该过程主要包括项目集移交和项目集关闭。

20.2.5　项目集管理过程域

项目集管理过程域分为项目集管理绩效域和项目集管理支持域两类。这是与项目管理非常不同的。项目管理只是从项目生命周期和知识域两个维度对项目管理过程进行分类，而在项目集管理过程中，增加了绩效域这一新的概念，强调在项目集管理之上，对项目集层面的战略、构建和治理等方面的关注。

项目集管理绩效域：项目集绩效管理主要包括项目集战略一致性管理、项目集收益管理、项目集干系人争取、项目集治理和项目集生命周期管理等方面的内容。涵盖了项目集管理中的所有活动，既包括战略性的决策活动，也包括具体的操作性活动，是统领项目集管理的核心领域。

项目集管理支持域：更强调对项目集各组件的协调管理、宏观控制、总体的变更跟踪，以及在采购、财务、质量、风险、资源、沟通等方面管理的一致性和综合性。

20.3　课后演练（精选真题）

- 　（1）　不是项目集指导委员会的职责。**（2020年11月第59题）**
  - （1）A．保证项目集与组织愿景和目标的一致性
  - 　　　B．对项目组合的投资以及优先级进行决策
  - 　　　C．批准项目集章程
  - 　　　D．批准和启动项目集

- 项目集管理过程中，项目集经理通过对各组件进行规划和授权、监管和整合以及 __(2)__ 的方式实现组件层面各子阶段的执行和管理。**(2021 年 5 月第 59 题)**

  (2) A．移交和收尾　　　B．构建和治理　　　C．准备和计划　　　D．转移和控制

- 关于项目集生命周期管理的描述，不正确的是 __(3)__ 。**(2021 年 11 月第 59 题)**

  (3) A．项目集组织战略的一致性评估在项目集的构建时完成

  　　B．项目集的项目经理一般在项目集的构建时被任命

  　　C．项目集收益阶段是一个不断迭代的过程

  　　D．项目集收尾阶段主要是保证项目集按照预定和受控的过程收尾

20.4　课后演练答案解析

（1）参考答案：B

解析： B 项是项目组合，不是项目集。项目集指导委员会的主要责任是保证项目集能够按照计划实现组织的战略目标，围绕这一基本职能就要求项目集指导委员会承担在组织范围内对项目集的成功识别、启动和实现起到具有关键作用的职责。这些职责主要可以概括为：

1）保证项目集与组织愿景和目标的一致性。

2）项目集批准和启动。

3）项目集筹资。

（2）参考答案：A

解析： 项目集管理计划主要包括项目集组件管理计划，该计划中通常涵盖了项目集的成本管理、范围管理、风险管理、资源管理等方面的内容，而各组件依据项目集计划制订各自的组件管理计划，并在项目集层面进行统合，保证项目集预期收益能够实现。

组件规划和授权：组件规划贯穿于项目集收益交付的整个阶段，主要用于响应需要再规划或启动新组件等项目集重大的变更。该过程主要包括将组件整合到项目集以确保每个组件都能够成功执行，并取得预期的收益。该过程的活动还包括正式确定组件需要完成的工作范围，以及识别满足项目集目标和收益的可交付成果。

组件监督和整合：在项目集层面需要持续地监控各组件的执行情况，以及计划收益的实现情况。

组件移交和收尾：项目集组件产生可交付成果，并经过相关的移交流程之后，该组件就可以关闭。项目集正式收尾需要由项目集发起人和项目集治理委员会的评审，项目集的所有组件同时都将被评审，以核实和确认项目集收益确已交付，并已经与其他组件的收益一起成为项目集整体收益的一部分。

（3）参考答案：A

解析： 此题考查的是项目集生命周期，必须掌握，为高频考点。

项目集组织战略的一致性评估在项目集的定义时完成。

第21章 项目组合管理

21.1 备考指南

本章节主要阐述项目组合管理和项目组合治理的内容。

本章节在上午综合知识的考试中会占 1~2 分,根据历年的考试情况来看,本块内容主要是在上午试题中进行考查,而且考到的频率也并不是很大。

21.2 考点梳理及精讲

21.2.1 项目组合管理概述

项目组合是将项目、项目集,以及其他方面的工作内容组合起来进行有效管理,以保证满足组织的战略性的业务目标。

在任何一个给定的时刻,项目组合代表了它选择的组件的一个视图以及组合的战略目标;然而项目组合中的部件不见得要相互依赖或者直接相关。项目组合代表的组织的投资决策、项目优先级的排序以及资源的分配。项目组合代表了组织的意图、方向和进展,而不是确定的、一定要完成的工作和任务。

在组织内部可能包含多个项目组合,每个项目组合都为了实现特定的战略目标。项目组合包含的组件都需要经过识别、评价、选择以及批准等过程。项目、项目集和项目组合的关系如图 21-1 所示。

为了全面反映组织的资金投入情况,项目组合管理活动包括识别和确定组织的优先活动,确定项目治理和项目绩效管理的管理框架,衡量项目价值/项目利益,做出投资决策,管理风险、沟通和资源。如果项目组合内容与组织的战略方向不一致,组织应该考虑对项目组合作出相应的调整。所以,项目组合是组织战略意图、战略方向以及战略进展的体现形式。

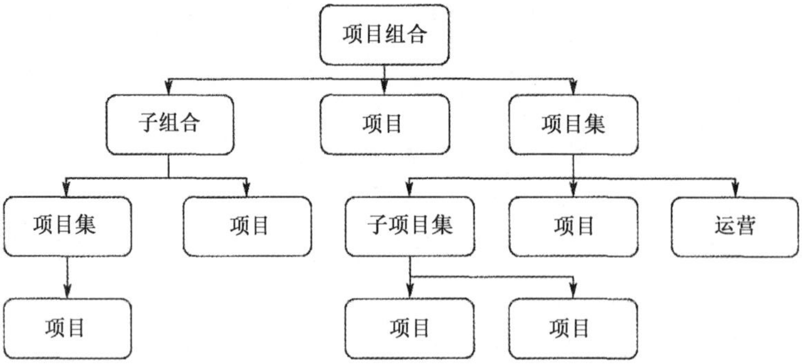

图 21-1　项目、项目组合、项目集之间的关系

项目组合中包含的项目既可以位于项目集之内，也可以位于项目集之外。项目组合中的项目集和项目可能没有必然的联系；但它们都是组织实现战略时需要关注的管理对象。项目组合中所包含的模块具备如下的共同特征：

（1）能够代表组织的投资或计划投资活动。
（2）与组织的战略目标一致。
（3）组织可对其进行组合管理。
（4）具备可以被度量、分级以及设定优先级等量化管理特征。
（5）共享和竞争组织资源。

21.2.2　项目组合管理

项目组合管理是对一组或者多组项目组合进行管理，以达成组织的战略目标。组织为了实现自身的愿景、使命和价值目标，遵循一系列相互关联的过程，对项目组合中的模块进行评价、选择以及设定优先级，以便将内部有限的资源以最佳方式分配给项目组合。

进行项目组合管理，必须要进行项目的选择和优先级排序，这是进行组合管理的重要过程。项目选择和优先级排序过程是对项目创造的期望价值和投入进行分析，以选择出对组织最有利项目的过程。在组织的能力和资源一定的前提下，需要获得最高的利润。常用的对项目选择和排序的方法有：决策表（树）、财务分析和 DIPP 分析。

DIPP 值是项目的期望货币值和完工尚需成本之比，衡量了企业的资源利用效率，当 DIPP＜1 时，这样的项目应该终止或调整；DIPP 值越大，表示资源的利用率越高，越值得优先考虑资源的支持。

项目组合管理需要在项目集和项目对资源需求之间的冲突进行平衡，对资源的分配进行合理安排。
项目、项目集、项目组合的属性对比见表 21-1。
组织级项目管理是一种战略执行框架。在组织级项目管理中，要求项目组合、项目集与项目与组织的战略方向保持一致；另一方面，三者为实现战略目标所作出的贡献又各有不同。
项目组合通过选择正确的项目集和项目、设定工作的优先级别并提供必需的资源的方式来促成组织的战略实现。

表 21-1 项目、项目集、项目组合的属性对比

属性	项目	项目集	项目组合
范围	根据特定的交付物而限定范围	需满足组织目标而范围较宽	组织战略目标而定业务范围
变更	项目经理尽量让变更最小化	项目集经理要预测并拥抱变化	需在更广的环境中持续监督变化
成功的衡量	约定时间、预算以及项目交付物满足程度衡量项目的成功	根据投资回报（ROI）、能力的提升以及利益的交付衡量	根据组合部件的整体绩效衡量
领导风格	满足成功标准的面向任务指令性领导	集中管理项目集团队冲突和关系问题	集中为组合决策增加价值
管理对象	项目团队	项目经理	协调组合管理人员
关键技能	激励团队成员使用知识和技能	提供愿景的能力和组织领导的才能	对业务的洞见和对资源的综合协同能力
计划	为交付物提供详细的项目计划	为详细的项目计划提供高层指导	针对整体组合建立必要的流程和通信
监控	监控产生项目交付物的任务和工作	在治理框架下，监控项目工作	监控整体组合绩效和价值指标

项目集管理则是对其所包含的项目子集和项目的依赖关系进行有效管理，从而实现项目集的特定利益。

项目管理通过制订和实施集合来完成特定的工作范围，支持项目集和项目组合目标的实现，最终确保组织战略得以实现。

组织战略和组织目标定义了组织如何通过日常业务运作的方式，或者通过项目集和项目的方式来达成组织的战略要求。

采用项目组合管理方式有助于提升项目的选择过程和执行过程成功的可能性，并能够在激烈变化的外部环境下对组织提供强有力的支持。组织战略计划识别出组织的竞争优势和核心竞争力。

组织确定战略方向并设置战略目标，战略目标中还应包含组织的愿景和使命。将项目组合管理与组织的战略相关联，就可以在组织的项目集、项目以及日常运作活动之间应用资源平衡的方式，使得组织的整体利益最大化。

项目组合计划在以下六个方面与组织战略高度相关：
（1）维护项目组合与战略的一致性。
（2）分配财务资源。
（3）分配人力资源。
（4）分配物料或设备资源。
（5）度量项目组合中的模块绩效。
（6）管理风险。

21.2.3 项目组合组件

项目组合与项目组合中的组件是一种父子依赖关系，就如项目集和项目集中的项目所存在的父子关系一样。项目组合根据项目组合管理中的组合定义、组合批准以及组合优化等管理过程，对项目组合组件进行管理和监督。其组件包含项目集、项目管理日常运作管理。

项目组合治理意味着在组织内建立一个治理机构（例如项目组合治理委员会），由该组织对项目组合的投资以及优先级设定做出决策。组合治理机构由一人或多人组成，人员具备所需的权力、知识和经验，以便能够判断项目组合模块是否与组织战略一致，并做出相应的决策。例如资源安排、投资规划、优先级设定等，还可以决定是否包含新的组合模块，对现有组合模块进行修改或终止，以及在不同的组合模块之间调配资源等。

21.2.4 项目组合管理过程实施

项目组合管理过程实施主要包括：

（1）评估项目组合管理过程的当前状态。执行对项目组合管理的当前状态及相关过程的评估，有助于洞察哪些过程已经存在，组织需要哪些过程，组织或文化可能的推动力量或将遇到的障碍。评估将促进差距分析的发展，计划建立或正式确认项目组合管理功能。

（2）定义项目组合管理的愿景和计划。项目组合管理的愿景应符合组织的愿景，支持组织的战略和目标。项目组合管理的愿景将有助于明确前进的方向。项目组合管理的愿景应该反映组织的文化价值观，同时对于干系人应该是有意义并且有效的。

（3）实施项目组合管理过程。实施项目组合管理的方法主要包含两个方面：实施的起点和方向（自上而下，自下而上或混合法）以及实施范围（分阶段法与全面导入法）。

（4）改进项目组合管理过程。项目组合管理过程改进计划定义了从项目组合管理及指导、衡量和优先安排改进活动出发，有望实现的目标。

项目组合管理是一个持续的过程（不像项目或项目集管理有计划好的开始和结束），某些活动可能循环发生，目的是将项目组合管理过程和组织其他活动过程整合在一起。

21.2.5 项目组合治理

项目组合治理管理包括对项目组合进行计划、定义、优化和批准，以及监督项目组合的执行情况，其目的在于支持组织级别的完整决策。项目组合治理管理主要包括如下五个子过程：

（1）制订项目组合管理计划：包括定义项目组合的组件、建立项目组合管理和组织结构图以及制订项目组合管理计划。

（2）定义项目组合：即创建合格的项目组合组件，并对组件进行持续评估、选择和设定优先级。

（3）优化项目组合：对项目组合中的组件进行评审、分析和更改，通过不断优化平衡项目组合中的组件来达到组织的战略目标。

（4）批准项目组合：包括为准备项目组合组件的建议书分配资源、批准项目组合组件的资源申请、沟通项目组合中的决策结果。

(5) 执行项目组合监督：即监督项目组合，以确保其与组织的战略目标保持一致。需要根据项目组合路线图、交付所遇到的问题和风险、当前进度以及资源等条件对项目组合的绩效目标、项目组合组件的变更等作出决策。

21.2.6 项目组合管理过程组

项目组合管理过程组和知识领域见表 21-2。

(1) 定义过程组由这样一些过程组成：设定组织战略和目标如何在一个项目组合中被实现；确定项目组合战略计划；确定项目组合结构和路径；定义和授权一个项目组合或者子项目组合；制订项目组合管理计划和子计划。定义过程组主要发生在组织识别和更新其战略目标、短期预算和计划时。

(2) 调整过程组由管理和优化项目组合的一些过程构成。本过程组确定如何在项目组合中对项目组合组件进行分类、评估、选择，以便进行总结、修正或删除、管理。

(3) 授权与控制过程组包含决定如何授权的过程以及对进行中的项目组合进行监控的过程。这两个过程是所有项目组合管理过程的核心，是能让项目组合作为一个整体来执行，从而实现组织定义的基准和过程步骤与必需的活动。

表 21-2 项目组合管理过程组和知识领域

知识领域	过程组		
	定义过程组	调整过程组	授权与控制过程组
项目组合战略管理	制订项目管理战略计划 制订项目组合章程 定义项目组合路线图	管理战略变更	
项目组合治理管理	制订项目组合管理计划 定义项目组合	优化项目组合	授权项目组合 规定项目组合监督
项目组合绩效管理	制订项目组合绩效管理计划	管理供应与需求 管理项目组合价值	
项目组合沟通管理	制订项目组合沟通管理计划	管理项目组合信息	
项目组合风险管理	制订项目组合风险管理计划	管理项目组合风险	

21.2.7 项目组合风险管理

项目组合风险管理与项目风险管理的概念和方法都比较相似，区别在于所关注的对象不同，项目风险管理主要针对单一项目进行风险管理，而项目组合风险管理的对象包含了单一项目、项目集以及项目组合子集等。项目组合风险管理主要由两个管理过程组成，分别是制订项目组合风险管理计划和管理项目组合风险。

项目组合风险管理不同于项目风险管理以及项目集风险管理。在项目组合级别，组织可能会主动选择那些风险较高的方案，从而获得更高的回报。项目集风险管理和项目风险管理关注的风险多来自于项目集和项目的内部，项目组合则重点关注以下三个方面的目标：

（1）项目组合财务价值最大化。

（2）裁剪项目组合，确保项目组合满足组织的战略目标。

（3）在组织给定的能力和实力限制条件下对项目组合中的项目集和项目进行平衡。

项目组合风险管理中包含三个关键要素，即风险计划、风险评估以及风险响应。

项目组合风险管理过程主要包含制订项目组合风险管理计划以及管理项目组合风险两个子过程：

（1）制订项目组合风险管理计划：包括识别项目组合的风险、风险责任人、风险承受能力，以及风险管理过程。

（2）管理项目组合风险：执行项目组合风险管理计划，包括风险评估、风险响应以及监督风险。

项目组合所面临的风险有可能是结构性风险或者在项目组合组件执行过程中所表现出的项目执行风险。正如项目风险不止是单一的项目风险综合，项目组合所面临的风险也不仅仅是各个项目组合组件所面临的风险之和。

（1）结构性风险。结构性风险主要指组织在现有的层级型和群组型的组织结构中执行项目组合时所面临的风险，组织在管理项目组合时所表现出来的管理水平也可视为项目组合所面临的结构性风险。采用项目组合的治理组织形式或者应用最佳风险管理实践有助于减弱项目组合所面临的结构性风险。另一方面，那些过于雄心勃勃的计划、频繁调整的组织战略可能会进一步加剧项目组合所面临的结构性风险。

（2）项目执行风险。项目执行风险关注组织在协调和监督项目组合过程中所表现出的能力，例如如何通过执行一系列的任务来管理项目组合变更，管理项目组合变更有时需要对来自多个组合组件的风险进行合并管理，有时可以借助一些工具来支持对多个相互关联的项目组合组件风险进行有效管理。

21.3 课后演练（精选真题）

- 关于项目组合和项目集的描述，不正确的是 __(1)__ 。（**2020年11月第60题**）

  （1）A．项目组合和项目集中都可能包含日常运作业务

  　　B．项目集是项目组合的一部分

  　　C．项目组合中的项目既可以位于项目集之内，也可以位于项目集之外

  　　D．项目组合中的项目集和项目应有依赖关系

- 项目组合管理中，定义过程组、调整过程组、授权与控制过程组都涉及的项目组合管理知识领域是 __(2)__ 。（**2021年5月第60题**）

  （2）A．项目组合战略管理　　　　　　　　B．项目组合治理管理

C．项目组合风险管理　　　　　　　D．项目组合绩效管理

● （3） 属于"实施项目组合管理过程"的活动。（**2021 年 11 月第 60 题**）

（3）A．定义与部署详细的项目组合管理过程

　　B．调研组织的内外实际环境

　　C．根据组织战略目标，确定项目组的管理目标

　　D．建立项目组的资源保障

21.4　课后演练答案解析

（1）参考答案：D

解析：项目组合中的项目集和项目不需要有依赖关系。项目集才需要项目之间的依赖关系。

（2）参考答案：B

解析：定义过程组、调整过程组、授权与控制过程组都涉及的项目组合管理知识领域是项目组合治理管理。

（3）参考答案：A

解析：此题考查的是组合管理的活动，必须掌握，为高频考点。

实施项目组合管理过程关键步骤包括：

1）为项目组合管理过程的实施定义角色和职责。

2）沟通项目组合管理实施计划。

3）定义与部署详细的项目组合管理过程，并为参与人员和干系人提供培训。

第22章 信息系统安全管理

22.1 备考指南

本章节主要阐述信息安全属性、安全技术及安全策略等内容。在上午试题、案例分析和论文中都会考到。

本章节在上午综合知识的考试中会占3分左右，案例分析中也会出现，论文中也考了几次。这是考试的重点，当然，也是很多人的难点。

22.2 考点梳理及精讲

22.2.1 信息安全和信息系统安全

1. 信息安全系统的体系架构

（1）X轴是"安全机制"，是为提供某些安全服务，利用各种安全技术和技巧，所形成的一个较为完善的机构体系。

（2）Y轴是"OSI网络参考模型"。

（3）Z轴是"安全服务"，就是从网络中的各个层次提供给信息应用系统所需要的安全服务支持。

由X、Y、Z三个轴形成的信息安全系统三维空间就是信息系统的"安全空间"。

随着网络逐层扩展，这个空间不仅范围逐步加大，安全的内涵也更丰富，具有认证、权限、完整、加密和不可否认五大要素，也叫作"安全空间"的五大属性。

2. 信息安全的含义及属性

信息的保密性、完整性、可用性，另外也包括其他属性，如真实性、可核查性、不可抵赖性和可靠性。

（1）保密性：信息不被泄露给未授权的个人、实体和过程或不被其使用的特性。包括：①最小授权原则；②防暴露；③信息加密；④物理保密。

（2）完整性：信息未经授权不能改变的特性。影响完整性的主要因素有设备故障、误码、人为攻击和计算机病毒等。保证完整性的方法包括：

1）协议：通过安全协议检测出被删除、失效、被修改的字段。

2）纠错编码方法：利用校验码完成检错和纠错功能。

3）密码校验和方法。

4）数字签名：能识别出发送方来源。

5）公证：请求系统管理或中介机构证明信息的真实性。

（3）可用性：需要时，授权实体可以访问和使用的特性。一般用系统正常使用时间和整个工作时间之比来度量。

（4）其他属性：

1）真实性：指对信息的来源进行判断，能对伪造来源的信息予以鉴别。

2）可核查性：系统实体的行为可以被独一无二地追溯到该实体的特性，这个特性就是要求该实体对其行为负责，为探测和调查安全违规事件提供了可能性。

3）不可抵赖性：是指建立有效的责任机制，防止用户否认其行为，这一点在电子商务中是极其重要的。

4）可靠性：系统在规定的时间和给定的条件下，无故障地完成规定功能的概率。

3. 信息系统安全保护等级

第一级：信息系统受到破坏后，会对公民、法人和其他组织的合法权益造成损害，但不损害国家安全、社会秩序和公共利益。第一级信息系统运营、使用单位应当依据国家有关管理规范和技术标准进行保护。

第二级：信息系统受到破坏后，会对公民、法人和其他组织的合法权益产生严重损害，或者对社会秩序和公共利益造成损害，但不损害国家安全。第二级信息系统运营、使用单位应当依据国家有关管理规范和技术标准进行保护。国家信息安全监管部门对该级信息系统信息安全等级保护工作进行指导。

第三级：信息系统受到破坏后，会对社会秩序和公共利益造成严重损害，或者对国家安全造成损害。第三级信息系统运营、使用单位应当依据国家有关管理规范和技术标准进行保护。国家信息安全监管部门对该级信息系统信息安全等级保护工作进行监督、检查。

第四级：信息系统受到破坏后，会对社会秩序和公共利益造成特别严重损害，或者对国家安全造成严重损害。第四级信息系统运营、使用单位应当依据国家有关管理规范、技术标准和业务专门需求进行保护。国家信息安全监管部门对该级信息系统信息安全等级保护工作进行强制监督、检查。

第五级：信息系统受到破坏后，会对国家安全造成特别严重损害。第五级信息系统运营、使用单位应当依据国家管理规范、技术标准和业务特殊安全需求进行保护。国家指定专门部门对该级信息系统信息安全等级保护工作进行专门监督、检查。

4. 计算机系统安全保护能力的五个等级

用户自主保护级：适用于普通内联网的用户。

系统审计保护级：适用于通过内联网或国际网进行商务活动，需要保密的非重要单位。

安全标记保护级：适用于地方各级国家机关、金融机构、邮电通信、能源与水源供给部门、交通运输、大型工商与信息技术企业、重点工程建设单位。

结构化保护级：适用于中央级国家机关、广播电视部门、重要物资储备单位、社会应急服务部门、尖端科技企业集团、国家重点科研机构和国际建设等部门。

访问验证保护级：适用于国防关键部门和依法需要对计算机信息系统实施特殊隔离的单位。

5. 密码分级管理

我国实行密码分级管理制度，密码等级及适用范围如下：

商用密码：国内企业、单位。

普用密码：政府、党政部门。

绝密密码：中央和机要部门。

军用密码：军队。

6. 电子信息系统机房

电子信息系统机房根据使用性质、管理要求及其在经济和社会中的重要性划分为 A、B、C 三级。

7. 系统安全等级管理

系统安全等级管理根据应用系统所处理数据的秘密性和重要性确定安全等级，安全等级可分为保密等级和可靠性等级两种，保密等级按有关规定为绝密、机密和秘密。可靠性等级分为 A 级、B 级、C 级。

8. 应用系统安全与保密层次

按粒度从粗到细的排序是：系统级安全、资源访问安全、功能性安全、数据域安全。

（1）系统级安全。企业应用系统越来越复杂，因此制订得力的系统级安全策略才是从根本上解决问题的基础。应通过对现行系统安全技术的分析，制订系统级安全策略，策略包括敏感系统的隔离、访问地址段的限制、登录时间段的限制、会话时间的限制、连接数的限制、特定时间段内登录次数的限制以及远程访问控制等，系统级安全是应用系统的第一道防护大门。

（2）资源访问安全。对程序资源的访问进行安全控制，在客户端上，为用户提供和其权限相关的用户界面，仅出现和其权限相符的菜单和操作按钮；在服务端则对 URL 程序资源和业务服务类方法的调用进行访问控制。

（3）功能性安全。功能性安全会对程序流程产生影响，如用户在操作业务记录时，是否需要审核，上传附件不能超过指定大小等。这些安全限制已经不是入口级的限制，而是程序流程内的限制，在一定程度上影响程序流程的运行。

（4）数据域安全。数据域安全包括两个层次，其一是行级数据域安全，即用户可以访问哪些业务记录，一般以用户所在单位为条件进行过滤；其二是字段级数据域安全，即用户可以访问业务记录的哪些字段。

9. 信息系统安全的技术体系

信息系统安全的技术体系包括物理安全、运行安全、数据安全。

10. 对计算机机房的安全保护

对计算机机房的安全保护包括机房场地选择、机房防火、机房空调、降温、机房防水与防潮、机房防静电、机房接地与防雷击、机房电磁防护等。

应明确机房安全管理的责任人，机房出入应有指定人员负责，未经允许的人员不准进入机房；获准进入机房的来访人员，其活动范围应受限制，并有接待人员陪同；机房钥匙由专人管理，未经批准，不准任何人私自复制机房钥匙或服务器开机钥匙；没有指定管理人员的明确准许，任何记录介质、文件材料及各种被保护品均不准带出机房，与工作无关的物品均不准带入机房；机房内严禁吸烟及带入火种和水源。

应要求所有来访人员经过正式批准，登记记录应妥善保存以备查；获准进入机房的人员，一般应禁止携带个人计算机等电子设备进入机房，其活动范围和操作行为应受到限制，并有机房接待人员负责和陪同。

11. 计算机设备的安全保护

计算机设备的安全保护包括设备的防盗和防毁以及确保设备的安全可用。

根据对通信线路安全的不同要求，**通信线路安全防护**分为如下几种。

（1）确保线路畅通：采取必要措施，保证通信线路畅通。

（2）发现线路截获：采取必要措施，发现线路截获事件并报警。

（3）及时发现线路截获：采取必要措施，及时发现线路截获事件并报警。

（4）防止线路截获：采取必要措施，防止线路截获事件发生。

12. 环境与人身安全

环境与人身安全主要包含防火、防漏水、防静电、防自然灾害以及物理安全威胁等。

（1）电磁泄漏：对需要防止电磁泄漏的计算机机房应配备电磁干扰系统，在被保护的计算机设备工作时，电磁干扰设备不准关机。必要的时候可以采用屏蔽机房。屏蔽机房应随时关闭屏蔽门；不得在屏蔽墙上打钉钻孔，不得在波导管以外或不经过过滤器对屏蔽机房内外连接任何线缆，应经常测试屏蔽机房的泄漏情况并进行必要的检查。

（2）人员安全管理：系统运行的安全管理中关于用户管理制度的内容包括建立用户身份识别与验证机制，防止非法用户进入应用系统；对用户以及权限的设定进行严格管理，用户权限的分配遵循"最小特权"原则；用户密码应严格保密，并及时更新；重要用户密码应密封交安全管理员保管，人员调离时应及时修改相关密码和口令。

13. 在组织机构中建立安全管理机构

不同安全等级的安全管理机构可按下列顺序逐步建立自己的信息系统安全组织机构管理体系：

（1）配备安全管理人员：管理层中应有一人分管信息系统安全工作，并为信息系统的安全管理配备专职或兼职的安全管理人员。

（2）建立安全职能部门：在配备安全管理人员的基础上，应建立管理信息系统安全工作的职能部门，或者明确制订一个职能部门监管信息安全工作，作为该部门的关键职责之一。

（3）成立安全领导小组：在建立安全职能部门的基础上，应在管理层成立信息系统安全管理委员会或信息系统安全领导小组，对覆盖全国或跨地区的组织机构，应在总部和下级单位建立各级信息系统安全领导小组，在基层至少要有一位专职的安全管理人员负责信息系统安全工作。

（4）主要负责人出任领导：在成立安全领导小组的基础上，应由组织机构的主要负责人出任信息系统安全领导小组负责人。

（5）建立信息安全保密管理部门：在主要负责人出任领导的基础上，应建立信息系统安全保密监督管理的职能部门，或对原有保密部门明确信息安全保密管理责任，加强对信息系统安全管理重要过程和管理人员的保密监督管理。

22.2.2 信息安全技术

1. 对称加密技术

对称加密就是对数据的加密和解密的密钥（密码）是相同的，属于不公开密钥加密算法。其缺点是加密强度不高（因为只有一个密钥），且密钥分发困难（因为密钥还需要传输给接收方，也要考虑保密性等问题）。

常见的对称密钥加密算法如下：

DES：替换+移位、56 位密钥、64 位数据块、速度快，密钥易产生。

3DES：三重 DES，两个 56 位密钥 K1、K2。

   加密：K1 加密->K2 解密->K1 加密。

   解密：K1 解密->K2 加密->K1 解密。

AES：是美国联邦政府采用的一种区块加密标准，这个标准用来替代原先的 DES。对其的要求是"至少像 3DES 一样安全"。

RC-5：RSA 数据安全公司的很多产品都使用了 RC-5。

IDEA：128 位密钥，64 位数据块，比 DES 的加密性好，对计算机功能要求相对低。

2. 非对称加密技术

非对称加密就是对数据的加密和解密的密钥是不同的，是公开密钥加密算法。其缺点是加密速度慢。

非对称技术的原理如图 22-1 所示，发送者发送数据时，使用接收者的公钥作加密密钥，私钥作解密密钥，这样只有接收者才能解密密文得到明文。安全性更高，因为无需传输密钥，但无法保证完整性。

发送者A --m--> 加密算法 --C--> 解密算法 --m--> 接收者B
       ↑PK_B ↑SK_B

加密算法 ---> 密码分析者

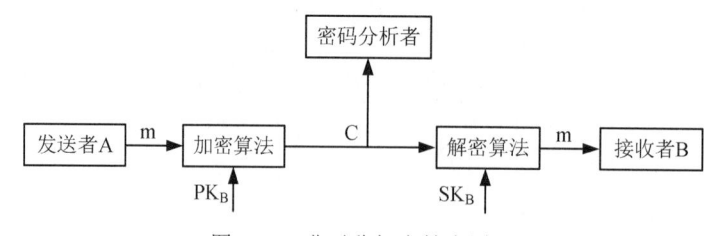

图 22-1 非对称加密技术原理

常见的非对称加密算法如下：

RSA：512 位（或 1024 位）密钥，计算量极大，难破解。

Elgamal、ECC（椭圆曲线算法）、背包算法、Rabin、D-H 等。

相比较可知，对称加密算法密钥一般只有 56 位，因此加密过程简单，适合加密大数据，也因此加密强度不高；而非对称加密算法密钥有 1024 位，相应的解密计算量庞大，难以破解，却不适合加密大数据，一般用来加密对称算法的密钥，这样，就将两个技术组合使用了，这也是数字信封的原理。

3. 数字信封原理

信是对称加密的密钥，数字信封就是对此密钥进行非对称加密，具体过程：发送方将数据用对称密钥加密传输，而将对称密钥用接收方公钥加密发送给对方。接收方收到数字信封，用自己的私钥解密信封，取出对称密钥解密得原文。

数字信封运用了对称加密技术和非对称加密技术，本质是使用对称密钥加密数据，非对称密钥加密对称密钥，解决了对称密钥的传输问题。

4. 信息摘要

所谓信息摘要，就是一段数据的特征信息，当数据发生了改变，信息摘要也会发生改变，发送方会将数据和信息摘要一起传给接收方，接收方会根据接收到的数据重新生成一个信息摘要，若此摘要和接收到的摘要相同，则说明数据正确。**信息摘要是由哈希函数生成的**。

信息摘要的特点：不管数据多长，都会产生固定长度的信息摘要；任何不同的输入数据，都会产生不同的信息摘要；单向性，即只能由数据生成信息摘要，不能由信息摘要还原数据。

信息摘要算法有：MD5（产生 128 位的输出）、SHA-1（安全散列算法，产生 160 位的输出，安全性更高）。

5. 数字签名

数字签名唯一标识一个发送方。发送者发送数据时，使用发送者的私钥进行加密，接收者收到数据后，只能使用发送者的公钥进行解密，这样就能唯一确定发送方，这也是数字签名的过程，但无法保证机密性，原理如图 22-2 所示。

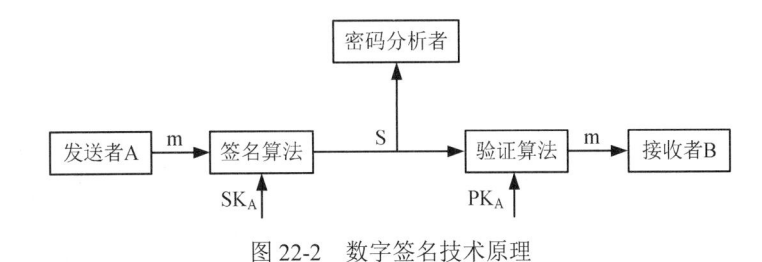

图 22-2 数字签名技术原理

6. 公钥基础设施

公钥基础设施（PKI）是以不对称密钥加密技术为基础，以数据机密性、完整性、身份认证和行为不可抵赖性为安全目的，来实施和提供安全服务的具有普适性的安全基础设施。

（1）数字证书：一个数据结构，是一种由一个可信任的权威机构签署的信息集合。在不同的应用中有不同的证书。如 X.509 证书必须包含下列信息：①版本号；②序列号；③签名算法标识符；④认证机构；⑤有效期限；⑥主题信息；⑦认证机构的数字签名；⑧公钥信息。

公钥证书主要用于确保公钥及其与用户绑定关系的安全。这个公钥就是证书所标识的那个主体的合法的公钥。任何一个用户只要知道签证机构的公钥，就能检查对证书的签名的合法性。如果检查正确，那么用户就可以相信那个证书所携带的公钥是真实的，而且这个公钥就是证书所标识的那个主体的合法的公钥。例如驾照。

（2）签证机构（CA）：负责签发证书、管理和撤销证书。是所有注册用户所信赖的权威机构，CA 在给用户签发证书时要加上自己的数字签名，以保证证书信息的真实性。任何机构可以用 CA 的公钥来验证该证书的合法性。

22.2.3 网络安全技术

1. 访问控制

访问控制是为了限制访问主体（或称为发起者，是一个主动的实体，如用户、进程、服务等）对访问客体（需要保护的资源）的访问权限，从而使计算机信息应用系统在合法范围内使用。

2. 访问控制的过程

访问控制有两个重要过程：

（1）认证过程：通过"鉴别"来检验主体的合法身份。

（2）授权管理：通过"授权"来赋予用户对某项资源的访问权限。

3. 访问控制授权方案

目前我们使用的访问控制授权方案，主要有以下 4 种：

（1）自主访问控制方式（Discretionary Access Control，DAC）：该模型针对每个用户指明能够访问的资源，对于不在指定的资源列表中的对象不允许访问。

（2）访问控制列表方式（Access Control List，ACL）：该模型是目前应用最多的方式。

目标资源拥有访问权限列表，指明允许哪些用户访问。如果某个用户不在访问控制列表中，则不允许该用户访问这个资源。

（3）自主访问控制方式（Mandatory Access Control，MAC），该模型在军事和安全部门中应用较多，目标具有一个包含等级的安全标签（如不保密、限制、秘密、机密、绝密）；访问者拥有包含等级列表的许可，其中定义了可以访问哪个级别的目标：例如允许访问秘密级信息，这时，秘密级、限制级和不保密级的信息是允许访问的，但机密和绝密级信息不允许访问。

（4）基于角色的访问控制方式（Role-Based Access Control，RBAC）：该模型首先定义一些组织内的角色，如局长、科长、职员；再根据管理规定给这些角色分配相应的权限，最后对组织内的每个人根据具体业务和职位分配一个或多个角色。

4. 安全审计

安全审计是记录、审查主体对客体进行访问和使用情况，保证安全规则被正确执行，并帮助分析安全事故产生的原因。

（1）安全审计可以分为网络监听型 Agent、系统嵌入型 Agent 和主动信息获取型 Agent。安全审计包括两方面的内容：

1）采用网络监控与入侵防范系统，识别网络各种违规操作与攻击行为，即时响应（如报警）并进行阻断。

2）对信息内容和业务流程进行审计，可以防止内部机密或敏感信息的非法泄露和单位资产的流失。

（2）网络安全审计的具体内容有：

1）监控网络内部的用户活动。

2）侦察系统中存在的潜在威胁。

3）对日常运行状况的统计和分析。

4）对突发案件和异常事件的事后分析。

5）辅助侦破和取证。

（3）一个安全审计系统，主要有以下作用：

1）对潜在的攻击者起到震慑或警告作用。

2）对于已经发生的系统破坏行为提供有效的追究证据。

3）为系统安全管理员提供有价值的系统使用日志，从而帮助系统安全管理员及时发现系统入侵行为或潜在的系统漏洞。

4）为系统安全管理员提供系统运行的统计日志，使系统安全管理员能够发现系统性能上的不足或需要改进与加强的地方。

5. 防火墙

防火墙是在内部网络和外部因特网之间增加的一道安全防护措施，分为网络级防火墙和应用级防火墙。

网络级防火墙层次低，但是效率高，因为其使用包过滤和状态监测手段，一般只检验网络包外在（起始地址、状态）属性是否异常，若异常，则过滤掉，不与内网通信，因此对应用和用户是透明的。但是这样的问题是，如果遇到伪装的危险数据包就没办法过滤，此时，就要依靠**应用级防火墙**，层次高，效率低，因为应用级防火墙会将网络包拆开，具体检查里面的数据是否有问题，会消耗大量时间，造成效率低下，但是安全强度高。

6. 入侵检测系统（IDS）

防火墙技术主要是分隔来自外网的威胁，却对来自内网的直接攻击无能为力，此时就要用到入侵检测技术，IDS 位于防火墙之后的第二道屏障，作为防火墙技术的补充。

原理：监控当前系统/用户行为，使用入侵检测分析引擎进行分析，这里包含一个知识库系统，囊括了历史行为、特定行为模式等操作，将当前行为和知识库进行匹配，就能检测出当前行为是否是入侵行为，如果是入侵，则记录证据并上报给系统和防火墙，交由它们处理。

不同于防火墙，IDS 是一个监听设备，没有跨接在任何链路上，无须网络流量流经它便可以工作。因此，对 IDS 的部署，唯一的要求是：IDS 应当挂接在所有所关注流量都必须流经的链路上。因此，IDS 在交换式网络中的位置一般选择在：①尽可能靠近攻击源；②尽可能靠近受保护资源。

7. 入侵防御系统（IPS）

IDS 和防火墙技术都是在入侵行为已经发生后所做的检测和分析，而 IPS 是能够提前发现入侵行为，在其还没有进入安全网络之前就防御。串联接入网络，因此可以自动切换网络。

在安全网络之前的链路上挂载入侵防御系统（IPS），可以实时检测入侵行为，并直接进行阻断，这是与 IDS 的区别，要注意。

8. 杀毒软件

杀毒软件用于检测和解决计算机病毒，与防火墙和 IDS 要区分，计算机病毒要靠杀毒软件，防火墙是处理网络上的非法攻击。

9. 蜜罐系统

伪造一个蜜罐网络引诱黑客攻击，蜜罐网络被攻击不影响安全网络，并且可以借此了解黑客攻击的手段和原理，从而对安全系统进行升级和优化。

10. 网络攻击和威胁

网络攻击类型见表 22-1。

表 22-1 网络攻击类型

攻击类型	攻击名称	描述
被动攻击	窃听（网络监听）	用各种可能的合法或非法的手段窃取系统中的信息资源和敏感信息
	业务流分析	通过对系统进行长期监听，利用统计分析方法对诸如通信频度、通信的信息流向、通信总量的变化等参数进行研究，从而发现有价值的信息和规律
	非法登录	有些资料将这种方式归为被动攻击方式
主动攻击	假冒身份	通过欺骗通信系统（或用户）达到非法用户冒充成为合法用户，或者特权小的用户冒充成为特权大的用户的目的。黑客大多是采用假冒进行攻击
	抵赖	这是一种来自用户的攻击，比如：否认自己曾经发布过的某条消息、伪造一份对方来信等
	旁路控制	攻击者利用系统的安全缺陷或安全性上的脆弱之处获得非授权的权利或特权
	重放攻击	所截获的某次合法的通信数据拷贝，出于非法的目的而被重新发送
	拒绝服务（DoS）	通过向目标主机发送大量无效连接，导致对信息或其他资源的合法访问被无条件地阻止

11. 计算机病毒和木马

病毒：编制或者在计算机程序中插入的破坏计算机功能或者破坏数据，影响计算机使用并且能够自我复制的一组计算机指令或者程序代码。

病毒具有传染性、隐蔽性、潜伏性、破坏性、针对性、衍生性、寄生性、未知性。

木马：是一种后门程序，常被黑客用作控制远程计算机的工具，隐藏在被控制电脑上的一个小程序监控电脑一切操作并盗取信息。

具有代表性的病毒有：

蠕虫病毒（感染 EXE 文件）：熊猫烧香，罗密欧与朱丽叶，恶鹰，尼姆达，冲击波，欢乐时光。

木马：QQ 消息尾巴木马，特洛伊木马，X 卧底。

宏病毒（感染 Word、Excel 等文件中的宏变量）：美丽沙。
CIH 病毒：史上唯一破坏硬件的病毒。
红色代码：蠕虫病毒+木马。

22.3 课后演练（精选真题）

- 工程师小王在检查公司云计算管理平台的网络安全时，需检查虚拟网络边界的__(1)__策略，查看其是否对进出网络的信息内容进行过滤，实现对应用层 HTTP、FTP、TELNET、SMTP、POP3 等的控制。**（2021 年 5 月第 63 题）**

  （1）A．访问控制　　　B．属性安全控制　　　C．目录级安全控制　D．网络锁定控制

- 关于权限管理基础设施的描述，不正确的是__(2)__。**（2021 年 5 月第 64 题）**

  （2）A．PMI 主要进行授权管理，PKI 主要进行身份鉴别

  　　B．认证过程和授权管理是访问控制的两个重要过程

  　　C．图书馆对于进入人员的管理属于自主访问控制

  　　D．权限管理、访问控制框架、策略规则共同构成 PMI 平台

- 信息安全系统工程能力成熟度模型（ISSE-OM）中，__(3)__属于充分定义级（Level 3 级）的公共特性逻辑域。**（2021 年 5 月第 65 题）**

  （3）A．对过程进行标准化，协调内外部的沟通

  　　B．量化地确定已定义过程的过程能力

  　　C．在执行过程域中，使用文档化的规划、标准或程序

  　　D．通过改变组织的标准化过程，从而提高过程效能

- 信息安全系统工程将信息安全系统工程的实施过程分为工程过程、__(4)__保证过程三个基本的部分。**（2021 年 11 月第 63 题）**

  （4）A．策划过程　　　B．风险过程　　　C．支持过程　　　D．质量过程

- 目标资源具有一个等级的安全标签，访问者拥有包含等级列表的许可，其中定义可以访问哪个等级的目标，该模型属于__(5)__。**（2021 年 11 月第 64 题）**

  （5）A．DAC　　　B．RBAC　　　C．ACL　　　D．MAC

- 安全审计的手段主要包括__(6)__。**（2021 年 11 月第 65 题）**
  ①识别网络各种违规操作　　②对信息内容和业务流程审计，防止信息非法泄露
  ③响应并阻断网络攻击行为　④对系统运行情况进行日常维护

  （6）A．①②③　　　B．②③④　　　C．①②④　　　D．①③④

22.4 课后演练答案解析

（1）参考答案：A

解析：虚拟网络边界，边界的是访问控制，即防止非法用户或信息进入系统。

（2）**参考答案**：C

解析：1）自主访问控制方式（Discretionary Access Control，DAC）：该模型针对每个用户指明能够访问的资源，对于不在指定的资源列表中的对象不允许访问。

2）访问控制列表方式（Access Control List，ACL）：该模型是目前应用最多的方式。

目标资源拥有访问权限列表，指明允许哪些用户访问。如果某个用户不在访问控制列表中，则不允许该用户访问这个资源。

3）自主访问控制方式（Mandatory Access Control，MAC），该模型在军事和安全部门中应用较多，目标具有一个包含等级的安全标签（如不保密、限制、秘密、机密、绝密）；访问者拥有包含等级列表的许可，其中定义了可以访问哪个级别的目标：例如允许访问秘密级信息，这时，秘密级、限制级和不保密级的信息是允许访问的，但机密和绝密级信息不允许访问。

4）基于角色的访问控制方式（Role-Based Access Control，RBAC）：该模型首先定义一些组织内的角色，如局长、科长、职员；再根据管理规定给这些角色分配相应的权限，最后对组织内的每个人根据具体业务和职位分配一个或多个角色。

图书馆采用基于角色的访问控制，定义管理员、学生、教师这些角色，赋予不同权限。

（3）**参考答案**：A

解析：本题考的是细节，可以算作补充知识点，见表22-2。

表22-2 信息安全系统工程能力成熟度模型（ISSE-0M）

级别	公共特性	通用实施
Level 1 ——非正规实施级	——执行基本实施	1.1.1：执行过程
Level 2 ——规划和跟踪级	——规划执行	2.1.1：为执行过程域分配足够资源 2.1.2：为开发工作产品和/或提供过程域服务指定责任人 2.1.3：将过程域执行的方法形成标准化和/或程序化文档 2.1.4：提供支持执行过程域的有关工具 2.1.5：保证过程域执行人员获得适当的过程执行方面的培训 2.1.6：对过程域的实施进行规划
	——规范化执行	2.2.1：在执行过程中，使用文档化的规划、标准和/或程序 2.2.2：在需要的地方将过程域的工作产品置于版本控制和配置管理之下
	——验证执行	2.3.1：验证过程与可用标准和/或程序的一致性 2.3.2：审计工作产品（验证工作产品遵从可适用标准和/或需求的情况）
	——跟踪执行	2.4.1：用测量跟踪过程域相对于规划的态势 2.4.2：当进程严重偏离规划时采取必要修正措施

续表

级别	公共特性	通用实施
Level 3 ——充分定义级	——定义标准化过程	3.1.1：对过程进行标准化 3.1.2：对组织的标准化过程族进行裁剪
	——执行已定义的过程	3.2.1：在过程域的实施中使用充分定义的过程 3.2.2：对过程域的适当工作产品进行缺陷评审 3.2.3：通过使用已定义过程的数据管理该过程
	——协调安全实施	3.3.1：协调工程科目内部的沟通 3.3.2：协调组织内不同组间的沟通 3.3.3：协调与外部组间的沟通
Level 4 ——量化控制级	——建立可测度的质量目标	4.1.1：为组织标准过程族的工作产品建立可测度的质量目标
	——对执行情况实施客观管理	4.2.1：量化地确定已定义过程的过程能力 4.2.2：当过程未按过程能力执行时，适当地采取修正行动
Level 5 ——持续改进级	——改进组织能力	5.1.1：为改进过程效能,根据组织的业务目标和当前过程能力建立量化目标 5.1.2：通过改变组织的标准化过程，从而提高过程效能
	——改进过程的效能	5.2.1：执行缺陷的因果分析 5.2.2：有选择地消除已定义过程中缺陷产生的原因 5.2.3：通过改变已定义过程来连续地改进实施

（4）参考答案：B

解析：此题考查的是信息安全系统工程的实施过程，必须掌握，为高频考点。

ISSE 将信息系统安全系统工程实施过程分为工程过程、风险过程、保证过程。

（5）参考答案：D

解析：此题考查的是访问控制的方法，必须掌握，为高频考点。

MAC 强制访问控制方式，该模型在军事和安全部门中应用较多，目标具有一个包含等级的安全标签（如：不保密、限制、秘密、机密、绝密）；访问者拥有包含等级列表的许可，其中定义了可以访问哪个级别的目标：例如允许访问秘密级信息，这时，秘密级、限制级和不保密级的信息是允许访问的，但机密和绝密级信息不允许访问。

（6）参考答案：A

解析：此题考查的是安全审计，必须掌握，为高频考点。

安全审计的手段：

1）采用网络监控与入侵防范系统，识别网络各种违规操作与攻击行为，即时响应（如报警）并进行阻断。

2）对信息内容和业务流程进行审计，可以防止内部机密或敏感信息的非法泄露和单位资产的流失。

第23章 信息系统综合测试与管理

23.1 备考指南

本章节主要阐述测试的类型、每个测试类型的特点和优缺点、测试的过程等内容。

测试内容是很重要的,根据历年真题的情况分析,上午试题会考 1 分左右,在案例分析和论文里也会考到。

23.2 考点梳理及精讲

23.2.1 软件测试模型

软件测试过程的主要模型有:①V 模型;②W 模型;③H 模型;④X 模型;⑤前置测试模型。

1. V 模型

V 模型实际是软件开发瀑布模型的变种,它反映了测试活动与分析和设计的关系。V 模型中的过程从左到右,描述了基本的开发过程和测试行为。

(1)V 模型的价值在于它非常明确地标明了测试过程中存在的不同级别,并且清楚地描述了这些测试阶段和开发过程期间各阶段的对应关系。

(2)V 模型的局限性:它将测试过程作为在需求分析、概要设计、详细设计及编码之后的一个阶段,这样会导致需求分析或系统设计阶段隐藏的问题一直到后期的验收测试时才被发现,当在最后验收测试中发现这些需求错误时,可能已经很难再更改程序的逻辑结构去修正问题,从而导致项目的失败。

(3)V 模型失败的原因是它把系统开发过程划分为具有固定边界的不同阶段,导致测试人员很难跨过这些边界来采集测试所需要的信息,并且也阻碍了测试人员从系统描述的不同阶段中取得信息进行综合考虑。

(4)V 模型的优点:将复杂的测试工作按阶段划分为各个小阶段来实现;从多角度测试系统

找出更多的缺陷。

（5）V 模型的缺点：软件测试容易误导为软件开发的最后一个阶段；需求、设计阶段产生的问题不能很早发现；质量控制和测试效率无高效发挥。

2. W 模型

由于 V 模型在软件开发编码完成后才介入测试工作，导致一些在需求和设计中的问题在后期验收测试中才被发现，这样不能体现"尽早地和不断地进行软件测试"的原则。由此演化成一种 W 模型。

（1）相对于 V 模型，W 模型增加了软件各开发阶段中同步进行的验证和确认测试活动。W 模型由两个 V 模型组成，分别代表测试与开发过程，表示出了它们的并行关系。

（2）W 模型相当于两个 V 模型的叠加，如图 23-1 所示，一个是开发的 V，一个是测试的 V，由于在项目中开发和测试是同步进行的，相当于两个 V 是并列、同步进行的，测试在一定程度上随着开发的进展而不断向前进行。

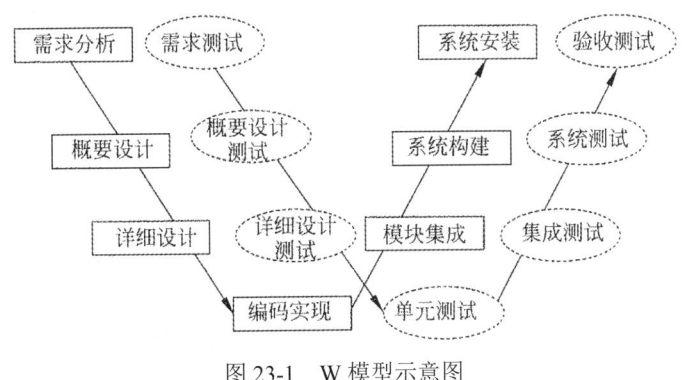

图 23-1　W 模型示意图

（3）W 模型强调测试阶段和开发阶段是同步进行的，而且测试的对象不仅仅是程序，还包括需求分析、概要设计和详细设计，测试伴随着整个软件开发周期。W 模型有利于尽早地全面地发现问题。

（4）W 模型的优点：测试和开发同步进行，有利于尽早发现问题；增加非程序角度测试系统的思想；测试准备及设计工作提前，提高测试质量及效率。

（5）W 模型的缺点：把软件开发视为需求、设计、编码等一系列串行的活动；开发和测试保持一种线性的前后关系；无法支持迭代、自发性以及变更调整。

3. H 模型

H 模型如图 23-2 所示，在 V 模型和 W 模型中都存在一定的局限性，它们都把软件的开发过程视为需求、设计、编码等一系列串行的活动，但实际上，这些串行活动之间存在着相互牵制的关系，并且在大部分时间内，它们是可以交叉进行的。

（1）H 模型将测试活动完全独立出来，形成一个完全独立的流程。

（2）H 模型图仅仅演示了在整个生存周期中某个层次上的一次"测试循环"。图中的其他流程可以是任意开发流程,如设计流程和编码流程。也可以是其他非开发流程,如 SQA 流程,甚至是测试流程。也就是说,只要测试条件成熟了,测试准备活动完成了,测试执行活动就可以进行了。

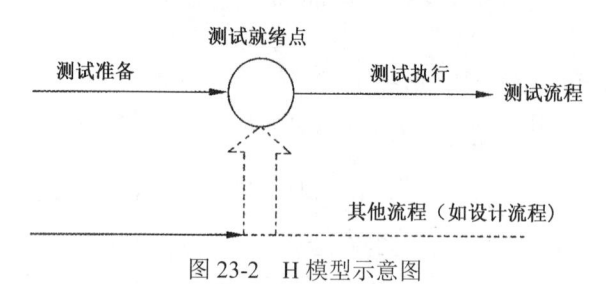

图 23-2　H 模型示意图

（3）H 模型揭示了一个原理:软件测试模型是一个独立的流程,贯穿于整个软件产品的周期,与其他流程并发地进行。

（4）H 模型的优点:将测试从开发中独立出来,利于研究更深的测试技术；同时测试多个项目时,可对测试技术重复利用；高效调整测试人员；缺陷修复时不受项目组内部人员限制。

（5）H 模型的缺点:独立的测试组对系统认识不够深入；影响测试质量及测试效率。

4. X 模型

X 模型如图 23-3 所示,V 模型无法引导项目的全部过程。X 模型也是对 V 模型的改进,X 模型提出针对单独的程序片段进行相互分离的编码和测试,此后通过频繁的交接和集成最终合成为可执行的程序。

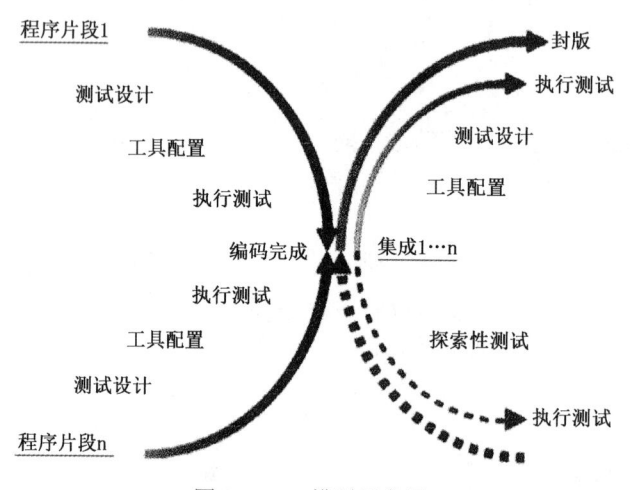

图 23-3　X 模型示意图

（1）X 模型的左边描述的是针对单独程序片段进行的相互分离的编码和测试,此后将进行频繁的交接,通过集成最终成为可执行的程序,然后再对这些可执行程序进行测试。

（2）X 模型还定位了探索性测试,这是不进行事先计划的特殊类型的测试,这一方式往往能帮助有经验的测试人员在测试计划之外发现更多的软件错误，但也可能造成资源浪费。

（3）X模型的优点：强调单元测试及集成测试的重要性；引入探索性测试使测试模型与现实更接近；缺陷修复时不受项目组内部人员限制。

（4）X模型的缺点：只强调测试过程中的部分内容；没有对需求测试、验收测试等内容进行说明。

5. 前置测试模型

前置测试模型将开发和测试的生命周期整合在一起，标识了项目生命周期从开始到结束之间的关键行为。

（1）前置测试将测试执行和开发结合在一起，并在开发阶段以"编码－测试－编码－测试"的方式来体现。当程序片段一旦编写完成，就会立即进行测试。一般情况下，先进行的测试是单元测试，因为开发人员认为通过测试来发现错误是最经济的方式。

（2）前置测试模型认识到验收测试中所包含的3个要素：基于测试的需求、验收标准和验收测试计划。

（3）前置测试模型用较低的成本来及早发现错误，并且充分强调了测试对确保系统的高质量的重要意义。在整个开发过程中，反复使用了各种测试技术以使开发人员、经理和用户节省时间，简化工作。

23.2.2 软件测试类型

按开发阶段划分，软件测试类型分为单元测试、集成测试、系统测试和验收测试。

（1）单元测试又称模块测试，是针对软件设计的最小单元（即程序模块）进行正确性检验的工作。

（2）集成测试又称组装测试、联合测试、子系统测试或部件测试。集成测试是在单元测试的基础上，将所有模块按照设计要求（如根据结构图）组装成子系统或系统进行的测试活动。

（3）系统测试是对已经集成好的软件系统进行彻底的测试，以验证软件系统的正确性和性能等是否满足其规约所指定的要求。系统测试的对象不仅仅包括需要测试的产品系统的软件，还要包含软件所依赖的硬件、外设甚至包括某些数据、某些支持软件及其接口等。系统测试的目的是在真实系统工作环境下通过与系统的需求定义作比较，检验完整的软件配置项能否和系统正确连接，发现软件与系统设计文档或软件开发合同规定不符合或与之矛盾的地方。

（4）验收测试是在软件产品完成了功能测试和系统测试之后、产品发布之前所进行的软件测试活动，它是技术测试的最后一个阶段，也称为交付测试、发布测试或确认测试。验收测试是按照项目任务书或合同、供需双方约定的验收依据文档进行的对整个系统的测试与评审，决定是否接收系统。验收测试主要包括易用性测试、兼容性测试、安装测试、文档测试等内容。

按照测试实施组织划分时，软件测试类型分为开发方测试、用户测试、第三方测试。

（1）开发方测试通常也叫"验证测试"或Alpha测试（α测试）。Alpha测试是由一个用户在开发环境下进行的测试，不能由程序员或测试员（有的地方又说可以让测试人员进行）完成。测试发现的错误，可以在测试现场立刻反馈给开发人员，由开发人员及时分析和处理。

（2）用户测试是在用户的应用环境下，用户通过运行和使用软件，检测与核实软件实现是否符合自己预期的要求。通常情况下用户测试不是指用户的"验收测试"，而是指用户的使用性测试。Beta 测试（即 β 测试）通常被看成是一种"用户测试"。Beta 测试由软件的最终用户在一个或多个客户场所进行。

α、β、γ 常用来表示软件测试过程中的三个阶段：α 是第一阶段，一般只供内部测试使用；β 是第二阶段，已经消除了软件中大部分的不完善之处，但仍有可能还存在缺陷和漏洞，一般只提供给特定的用户群来测试使用；γ 是第三阶段，此时产品已经相当成熟，只需在个别地方再做进一步的优化处理即可上市发行。

（3）第三方测试也称为独立测试，是介于软件开发方和用户方之间的测试组织的测试。一般情况下是在模拟用户真实应用环境下，进行软件确认测试。第三方测试有别于开发人员或用户进行的测试，其目的是为了保证测试工作的客观性。

按照测试技术划分时，软件测试类型分为黑盒测试、白盒测试和灰盒测试。

（1）黑盒测试也称功能测试，它是通过测试来检测每个功能是否都能正常使用。黑盒测试着眼于程序外部结构，不考虑内部逻辑结构，主要针对软件界面和软件功能进行测试。黑盒测试是以用户的角度，从输入数据与输出数据的对应关系出发进行测试的。从理论上讲，黑盒测试只有采用穷举输入测试，把所有可能的输入都作为测试情况考虑，才能查出程序中所有的错误。具体的黑盒测试用例设计方法包括等价类划分法、边界值分析法、错误推测法、因果图法、判定表法、正交试验设计法、功能图法、场景分析法等。

（2）白盒测试又称结构测试，其目的是通过检查软件内部的逻辑结构，对软件中逻辑路径进行覆盖的测试，可以覆盖全部代码、分支、路径和条件。

（3）灰盒测试是介于白盒测试，与黑盒测试之间的测试。灰盒测试关注输出对于输入的正确性，同时也关注内部表现，但这种关注不像白盒测试那样详细、完整，只是通过一些表征的现象、事件、标志来判断内部的运行状态。灰盒测试是基于程序运行时的外部表现同时又结合程序内部逻辑结构来设计用例，执行程序并采集程序路径执行信息和外部用户接口结果的测试技术。使用灰盒测试，需要关心模块和模块之间的交互，投入的时间比黑盒测试大概多 20%～40%。

按照测试执行方式划分时，软件测试类型分为静态测试和动态测试。

（1）静态测试是指不运行程序，通过人工对程序和文档进行分析与检查；静态测试技术又称为静态分析技术，静态测试实际上是对软件中的需求说明书、设计说明书、程序源代码、用户手册等进行非运行的检查。静态测试包括代码检查、静态结构分析、代码质量度量等。它可以由人工进行，也可以借助软件工具自动进行。

（2）动态测试是指通过人工或使用工具运行程序进行检查、分析程序的执行状态和程序的外部表现。动态方法指通过运行被测程序，检查运行结果与预期结果的差异，并分析运行效率结果与预期结果的差异，并分析运行效率和健壮性等性能，这种方法由编写测试用例、执行程序、分析程序的输出结果三部分组成。

（3）静态测试与动态测试的区别如下。

1）静态测试是用于预防的，动态测试是用于校正的。

2）多次的静态测试比动态测试效率要高。

3）静态测试综合测试程序代码。

4）在相当短的时间里，静态测试的覆盖率能达到 100%，而动态测试经常是只能达到 50%左右。

5）动态测试比静态测试更花时间。

6）静态测试比动态测试更能发现 Bug。

7）静态测试的执行可以在程序编码编译前，动态测试只能在编译后才能执行。

按照测试对象类型划分时，软件测试类型可分为功能测试、界面测试、流程测试、接口测试、安装测试、文档测试、源代码测试、数据库测试、网络测试和性能测试。

（1）功能测试：对软件功能进行的测试，主要检查软件功能是否实现了软件功能说明书（软件需求）上的功能要求。

（2）界面测试：对软件的用户界面进行的测试，主要检查用户界面的美观度、统一性、易用性等方面的内容。

（3）流程测试：按操作流程进行的测试，主要有业务流程、数据流程、逻辑流程，其目的是检查软件在按流程操作时是否能够正确处理。把系统各个模块连贯起来运行、模拟真实用户的实际操作。

（4）接口测试：测试系统组件间接口的一种测试。接口测试主要用于检测外部系统与系统之间以及内部各个子系统之间的交互点。测试的重点是要检查数据的交换，传递和控制管理过程，以及系统间的相互逻辑依赖关系等。

（5）安装测试：包括测试安装代码以及安装手册，安装手册提供如何进行安装，安装代码提供安装一些程序能够运行的基础数据。

（6）文档测试：包括非交付用户的文档测试（需求规格说明书、概要设计说明书、详细设计说明书；测试计划、测试用例、测试报告）和交付用户的文档测试（需求文档、用户手册、安装手册）。

（7）源代码测试：通过本类型的测评发现应用程序、源代码中包括 OWASP 十大 Web 漏洞在内的安全漏洞，识别、定位存在的安全漏洞，并分析漏洞风险，提出整改建议，提高系统的安全性。

（8）数据库测试：主要因素有数据完整性、数据有效性和数据操作和更新。

（9）网络测试：验证网络的建设是否成功的手段。主要是验证链路连接情况、错包率、连通性、网络质量、路由策略、备份路由、网管等。

（10）性能测试：包括负载测试、压力测试（并发测试、大数据量测试）、稳定性测试。

1）负载测试，又叫强度测试，是通过逐步增加系统负载，测试系统性能的变化，并最终确定在满足性能指标的情况下，系统所能承受的最大负载量的测试。负载测试的目标是确定并确保系统在超出最大预期工作量的情况下仍能正常运行。此外，负载测试还要评估性能特征，例如，响应时间、事务处理速率和其他与时间相关的方面。

2）压力测试：对系统逐渐增加压力的测试，来获得系统能提供的最大的服务级别的测试或者不能接收用户请求的性能点。通俗地讲，压力测试是为了发现在什么条件下应用程序的性能会变得不可接受。压力测试包括并发测试和大数据量测试。

①并发测试：主要指当测试多用户并发访问同一个应用、模块、数据时是否产生隐藏的并发问题，如内存泄漏、线程锁、资源争用等问题，几乎所有的性能测试都会涉及并发测试。并发测试的目的不是为了获得性能指标，而是为了发现并发引起的问题。

②大数据量测试。大数据量测试包括独立的数据量测试和综合数据量测试两类。独立的数据量测试指针对某些系统存储、传输、统计、查询等业务进行的大数据量测试。综合数据量测试指和压力性能测试、负载性能测试、稳定性能测试相结合的综合测试。

3）稳定性测试。也叫疲劳强度测试。通常是采用系统稳定运行情况下的并发用户数，或者日常运行用户数，持续运行较长一段时间，保证达到系统疲劳强度需求的业务量，通过综合分析交易执行指标和资源监控指标，来确定系统处理最大工作量强度性能的过程。

按照质量属性划分时，软件测试类型分为容错性测试、兼容性测试、安全性测试、可靠性测试、维护性测试、可移植性测试和易用性测试。

（1）容错性测试主要检查系统的容错能力，检查软件在异常条件下自身是否具有防护性的措施或者某种灾难性恢复的手段。包括输入异常数据进行异常操作以检验系统的保护性；灾难恢复性测试两个方面。

（2）兼容性测试是指测试软件在特定的硬件平台上、不同的应用软件之间、不同的操作系统平台上、不同的网络等环境中是否能够很友好地运行的测试。

（3）安全测试是在IT软件产品的生命周期中，特别是产品开发基本完成到发布阶段，对产品进行检验以验证产品符合安全需求定义和产品质量标准的过程。关键方面是应用程序级别、系统级别安全。

（4）软件可靠性测试是指在预期的使用环境中，为检测出软件缺陷，验证和评估是否达到用户对软件可靠性需求而组织实施的一种软件测试，是面向故障的测试。

（5）可用性测试是评估（测试）设计方案或者产品的可用性水平。如用户在没有帮助的情况下完成任务的比例，完成任务所用的时间，用户寻求帮助的次数等。

（6）可维护性是衡量对已经完成的软件进行调整需要多大的努力，维护性测试包括纠正性、适应性和完善性、预防性等。

（7）可移植性指未经修改或修改部分源代码后，应用程序或系统从一种环境移植到另一种环境中还能正常工作的难易程度。可移植性测试类型包括代码变更测试、安装测试、用户界面测试和功能测试。

（8）易用性测试主要考查评定软件的易学易用性、各个功能是否易于完成、软件界面是否友好等，包括易见、易学、易用。

按照测试地域划分时，软件测试类型分为本地化测试和国际化测试。

（1）本地化测试的对象是软件的本地化版本。本地化测试的目的是测试特定目标区域设置的软件本地化质量。测试内容包括软件界面测试、基本功能测试、安装/卸载测试、文档测试。

（2）软件的国际化测试就是验证软件产品是否支持一些特性，包括多字节字符集的支持、区域设置、时区设置、界面定制性、内嵌字符串编码和字符串扩展等。设计评审和代码审查是国际化测试中最有效的方法。

23.2.3 软件测试技术

软件测试技术主要包括白盒测试技术和黑盒测试技术，然而随着近些年测试技术的不断应用及实践，功能自动化测试技术、接口测试技术、性能测试技术以及探索式测试技术都被人们越来越重视。

黑盒测试主要检查程序外部结构，不考虑内部逻辑结构，主要针对软件界面和软件功能进行测试，侧重于测试软件的功能需求。

（1）黑盒测试有两种基本方法，即通过测试和失败测试；通过测试时，实际上是确认软件能做什么，而不会去考验其能力如何；纯粹为了破坏软件而设计和执行的测试案例被称为失败测试或迫使出错测试。

（2）黑盒测试的优点主要有：
1）比较简单，不需要了解程序内部的代码及实现。
2）与软件的内部实现无关。
3）从用户角度出发，能很容易地知道用户会用到哪些功能，会遇到哪些问题。
4）基于软件开发文档，所以也能知道软件实现了文档中的哪些功能。
5）在做软件自动化测试时较为方便。

（3）黑盒测试的缺点主要有以下两点。
1）不可能覆盖所有的代码，覆盖率较低，大概只能达到总代码量的30%。
2）自动化测试的复用性较低。

（4）黑盒测试的测试用例设计方法主要有：测试区域确定法、组合覆盖法、逻辑推断法、业务路径覆盖法等。一般是综合使用多种方法。

1）测试区域确定法分为等价类划分法和边界值分析法。

等价类划分法是把所有可能的输入数据，即程序的输入域划分为若干部分（子集），然后从每一个子集中选取少数具有代表性的数据作为测试用例。每一类的代表性数据在测试中的作用等价于这一类中的其他值。

在确立了等价类后，可建立等价类表，列出所有划分出的等价类，然后从划分出的等价类中按以下三个原则设计测试用例：

①为每一个等价类规定一个唯一的编号。
②设计一个新的测试用例，使其尽可能多地覆盖尚未被覆盖的有效等价类，重复这一步，直到所有的有效等价类都被覆盖为止。
③设计一个新的测试用例，使其仅覆盖一个尚未被覆盖的无效等价类，重复这一步，直到所有的无效等价类都被覆盖为止。

边界值分析法就是对输入或输出的边界值进行测试的一种黑盒测试方法。通常边界值分析法是作为对等价类划分法的补充,这种情况下,其测试用例来自等价类的边界。

边界值分析法与等价类划分法的区别在于:

①边界值分析不是从某等价类中随便挑一个作为代表,而是使这个等价类的每个边界都要作为测试条件。

②边界值分析不仅考虑输入条件,还要考虑输出空间产生的测试情况。

一般边界值包括:最小值、最大值、略小于(略大于)最小值、略小于(略大于)最大值。

例如限定年龄是18~50的整数,那么应该取18,50,19,49,17,51。

2) 组合覆盖是设计尽可能少的测试用例,使各个被测元素中的各类测试数据组合都被至少执行一次。组合覆盖是覆盖率很高的覆盖法。根据覆盖程度的不同,可以分为全组合覆盖、成对组合覆盖、正交实验设计法、数据覆盖法等。这种方法力求用尽可能少的测试用例,覆盖尽可能多的影响因素。

①全组合覆盖法:是将所有因素组合起来,每个因素的值都至少遍历一次。全组合法覆盖率比较高,但是测试用例量比较大,且会产生冗余。

②成对组合覆盖法:又称两两组合或对对组合,是将所有因素的水平按照两两组合的原则而产生的。成对组合覆盖要求任意两个因素(输入条件)的所有水平组合至少要被覆盖一次。

③正交实验设计法:使用已经造好了的表格(正交表)来安排试验并进行数据分析。可以用最少的测试用例达到最高的测试覆盖率。

④数据覆盖法:设计尽可能少的测试用例,使每个被测元素在设计中的各类数据都被至少执行一次。是比较弱的测试覆盖法。

3) 逻辑推断法包括因果图法、判定表法和大纲法等。

①因果图法:是一种适合于描述对于多种输入条件组合的测试方法,根据输入条件的组合、约束关系和输出条件的因果关系,分析输入条件的各种组合情况,从而设计测试用例的方法。

②判定表法:在所有的黑盒测试方法中,基于判定表的测试是最为严格、最具有逻辑性的测试方法。判定表是分析和表达多逻辑条件下执行不同操作的情况的工具。

③大纲法:是一种着眼于需求的方法,为了列出各种测试条件,我们将需求转换为大纲的形式。大纲表示为树状结构,在根和每个叶节点之间存在唯一的路径。大纲中的每条路径定义了一个特定的输入条件集合,用于定义测试用例。树中叶子的数目或大纲中的路径给出了测试所有功能所需测试用例的大概数量。

4) 业务路径覆盖法包括场景分析法和功能图法。

①场景分析法是通过运用场景来对系统的功能点或业务流程的描述,从而提高测试效果的一种方法。用例场景来测试需求是指模拟特定场景边界发生的事情,通过事件来触发某个动作的发生,观察事件的最终结果,从而用来发现需求中存在的问题。我们通常以正常的用例场景分析开始,然后再着手其他的场景分析。

场景主要包括正常的用例场景,备选的用例场景,异常的用例场景,假定推测的场景4种类型。

②功能图法是用功能图形象地表示程序的功能说明,并机械地生成功能图的测试用例,功能

图法是一种黑盒白盒混合用例设计方法。功能图法是为了解决动态说明问题的一种测试用例的设计方法。

（5）测试方法选择的综合策略：

1）首先进行等价类划分，包括输入条件和输出条件的等价划分，将无限测试变成有限测试，这是减少工作量和提高测试效率的最有效的方法。

2）在任何情况下都必须使用边界值分析方法。经验表明这种方法设计出的测试用例发现程序错误的能力最强。

3）可以用错误推测法追加一些测试用例，这需要依靠测试工程师的智慧和经验。

4）对照程序逻辑，检查已设计出的测试用例的逻辑覆盖程度。如果没有达到要求的覆盖标准，应当补充足够的测试用例。

5）如果程序的功能说明中含有输入条件的组合情况。则一开始就可以选用因果图法和判定表驱动法。

6）对于参数配置类的软件或对多条件查询功能进行测试时，要用正交试验法选择较少的组合方式达到最佳效果。

7）对于业务清晰的系统，可以利用场景法贯穿整个测试案例过程，在案例中综合使用各种测试方法。

（6）在确定测试方法时，应该遵循以下原则：

1）根据程序的重要性和一旦发生故障将造成的损失来确定测试等级和测试重点。

2）认真选择测试策略，以便能尽可能少的使用测试用例，发现尽可能多的程序错误。

白盒测试将测试对象看作一个透明的盒子，按照程序内部的结构测试程序，检验程序中的每条通路是否都能按预定要求正确工作，而不顾它的功能。通过在不同点检查程序的状态，确定实际的状态是否与预期的状态一致。因此白盒测试又称为结构测试或逻辑驱动测试。

（1）用于白盒测试的测试工具可以分为内存泄漏检查工具、代码覆盖率检查工具和性能测试工具。

（2）静态白盒测试是在不执行的条件下，有条理地仔细审查软件设计、体系结构和代码从而找出软件缺陷的过程。静态白盒测试的优点：

1）尽早发现软件缺陷。

2）为黑盒测试员在接受软件进行测试时设计和应用测试用例提供思路。

静态测试技术主要包括三种：

1）代码检查法：主要检查代码与设计的一致性，代码对标准的遵循，可读性，代码逻辑表达的正确性，及代码结构的合理性等方面。

2）静态结构分析法：程序的结构形式是白盒测试的主要依据。

3）静态质量度量法：软件质量包括功能性、可靠性、易用性、有效性、可维护性、可移植性。

（3）动态白盒测试又称结构测试，因为软件测试员可以查看并使用代码的内部结构，从而设计和执行测试。包括覆盖测试、控制结构测试。

23.2.4 信息系统测试管理

（1）测试管理不仅需要对测试项目的过程、测试人员的工作内容进行管理，还需要对其他外部管理体系间的相互关联、相互影响作用进行关注和问题的跟踪解决。测试管理是为了实现测试工作预期目标，以测试人员为中心，对测试生命周期及其所涉及的相应资源进行有效的计划、组织、领导和控制的协调活动。

（2）测试管理的主要因素包括测试策略的制订、测试项目进度跟进、项目风险的评估、测试文档的评审、测试内部和外部的协调沟通、测试人员的培养等。

（3）测试管理的内容按照管理范围和对象，一般可分为测试部门管理和测试项目管理两种。测试部门管理包含部门日常事务、部门人员、部门下属项目、部门资产等的跟踪及管理工作。测试项目管理包含测试人员管理、测试计划及测试策略的编写、测试评审的组织、测试过程的跟进、测试内部和外部的沟通协调、缺陷跟踪等。

（4）测试监控的目的是为测试活动提供反馈信息和可视性。测试监控的内容有：①测试用例执行的进度；②缺陷的存活时间；③缺陷的趋势分析；④缺陷分布密度；⑤缺陷修改质量。

（5）测试过程中的配置管理不仅包括搭建满足要求的测试环境，还包括获取正确的测试、发布版本。

（6）在测试工作中，主要的风险表现为以下几个方面：

1）需求风险。对软件需求理解不准确，导致测试范围存在误差，遗漏部分需求或者执行了错误的测试方式。另外，需求变更导致测试用例变更，同步时存在误差。

2）测试用例风险。测试用例设计不完整，忽视了边界条件、异常处理等情况，用例没有完全覆盖需求；测试用例没有得到全部执行，有些用例被有意或者无意的遗漏。

3）缺陷风险。某些缺陷偶发，难以重现，容易被遗漏。

4）代码质量风险。软件代码质量差，导致缺陷较多，容易出现测试的遗漏。

5）测试环境风险。有些情况下测试环境与生产环境不能完全一致，导致测试结果存在误差。

6）测试技术风险。某些项目存在技术难度，测试能力和水平导致测试进展缓慢，项目延期。

7）回归测试风险。回归测试一般不运行全部测试用例，可能存在测试不完全。

8）沟通协调风险。测试过程中涉及的角色较多，存在不同人员、角色之间的沟通、协作，难免存在误解、沟通不畅的情况，导致项目延期。

9）其他不可预计风险。一些突发状况、不可抗力等也构成风险因素，且难以预估和避免。

（7）测试人员绩效考核。工作内容考核有：

1）参与软件开发过程的工作内容考核。

2）参与测试文档的准备工作。

3）执行测试的工作。

4）测试结果缺陷残留。

5）测试人员的沟通能力考核。

(8) 工作效率与工作质量考核有：
1) 测试设计中工作效率相关指标。
2) 测试设计中工作质量相关指标。
3) 测试执行中工作效率相关指标。
4) 测试执行中工作质量相关指标。

要想考核得到满意的效果，上述方法的重要的前提条件是：必须要在项目中充分收集相关的数据，包括采集缺陷数，记录工时、提交详细工作日志和进行文档配置管理，没有这些数据，定量分析就无从谈起，测试人员考核也无从谈起。

23.3 课后演练（精选真题）

- ___(1)___ 属于系统测试执行过程中的工作效率指标。**（2019年5月第62题）**
  (1) A．进度偏离度　　B．需求覆盖率　　C．评审问题数　　D．有效缺陷率

- ___(2)___ 属于评估测试过程的指标。**（2019年11月第61题）**
  (2) A．缺陷分布　　　　　　　　B．修复缺陷的时间
  　　C．回归测试中发现的缺陷数据　D．测试进度

- 缺陷发现率=∑缺陷数（系统测试）（个）÷∑执行系统测试的有效时间（小时），是衡量测试人员 ___(3)___ 的指标。**（2020年11月第61题）**
  (3) A．测试设计中工作效率　　　B．测试设计中工作质量
  　　C．测试执行中工作效率　　　D．测试执行中工作质量

- 关于软件测试管理的描述，不正确的是 ___(4)___ 。**（2021年5月第61题）**
  (4) A．软件测试的目的是尽可能多的找出程序中的错误
  　　B．测试的准备工作在分析和设计阶段就要开始
  　　C．回归测试可能存在测试不完全的风险
  　　D．执行效率、缺陷发现率是测试执行中的质量指标

- 产品版本更新后，由于工期紧张，测试工程师补测了更新部分的功能，并将测试结果补充到上一版本测试报告中，则该工程师的操作最可能引发的是 ___(5)___ 。**（2021年11月第61题）**
  (5) A．缺陷风险　　　　　　　　B．测试环境风险
  　　C．回归测试风险　　　　　　D．测试技术风险

23.4 课后演练答案解析

(1) **参考答案：A**

解析：测试执行中工作效率相关指标主要包括：执行效率、进度偏离度、缺陷发现率。需求覆盖率是测试设计中的工作效率指标；评审问题数是测试设计中工作质量指标；有效缺陷率是测试执行过程中工作质量相关指标。

（2）参考答案：D

解析：此题考查测试执行中工作效率相关指标，测试进度是考核很重要的一步，如果没有进度保证，所有的测试都存在风险。A、B、C 选项为测试监控管理中评估开发过程的质量指标。

（3）参考答案：C

解析：单位时间内发现了多少缺陷，是在衡量工作效率。

（4）参考答案：D

解析：执行效率是测试执行工作效率相关指标，而不是质量指标。

（5）参考答案：C

解析：此题考查的是测试风险，必须掌握，为高频考点。

回归测试风险：回归测试一般不运行全部测试用例，可能存在测试不完全。

第24章 项目管理成熟度模型

24.1 备考指南

本章节主要阐述（Organization Project Management Maturity Model，OPM3）、(Capability Maturity Model，CMM）和（Capability Maturity Model Integration，CMMI）的内容。

本章节在上午综合知识的考试中会占 1 分左右，在案例分析和论文中不会考到。

24.2 考点梳理及精讲

24.2.1 OPM3

项目管理成熟度表达的是一个组织（通常是一个企业）具有的按照预定目标和条件成功地、可靠地实施项目的能力。严格地讲，项目管理成熟度应该指的是项目管理过程的成熟度。

项目管理成熟度模型在基于项目管理过程的基础上把企业项目管理水平从混乱到规范再到优化的进化过程分成有序的多个等级，形成一个逐步升级的平台。

项目管理成熟度模型的要素包括改进的内容和改进的步骤，使用该模型用户需要知道自己现在所处的状态，还必须知道实现改进的路线图。项目管理成熟度模型有三个基本组成部分：组织项目管理能力和相应的结果、提升能力的顺序、评估能力的方法。

OPM3 包含来自广泛的行业和地区的组织级项目管理社团的集体经验。OPM3 识别和组织了被普遍接受和证明的组织级项目管理实践。OPM3 框架提供了评估一个组织的实践对比 OPM3 最佳实践的过程。

OPM：组织级项目管理。

OPM3：组织项目管理成熟度模型。

组织级项目管理是一个战略执行框架，利用项目组合、项目集和项目管理及组织运行潜能，自始至终地、可预测地交付组织战略，以产生更好的绩效、更好的结果和持续的竞争优势。组织级项目管理（OPM）致力于集成如下内容：

（1）知识（项目组合、项目集和项目过程的知识）。
（2）组织战略（使命、愿景、目的和目标）。
（3）人（有胜任能力的资源）。
（4）过程（过程改进各个阶段的应用）。

OPM3 通过清晰关联的项目组合、项目集和项目提供了一个交付战略的途径。OPM3 通过开发项目组合、项目集和项目能力（干系人参与、估算、进度计划和管理等）有效地提升了人力资本的使用。OPM3 把项目组合、项目集和项目领域过程转化为高质量的交付过程，这些过程容易理解、稳定、可重复和可预测。OPM3 特别强调更灵活、更具适应性和改进管理系统的机会。

OPM3 架构描述了 OPM3 组件和它们之间的关系。这些组件包括层次域、过程改进阶段、最佳实践、能力和成果，如图 24-1 所示。

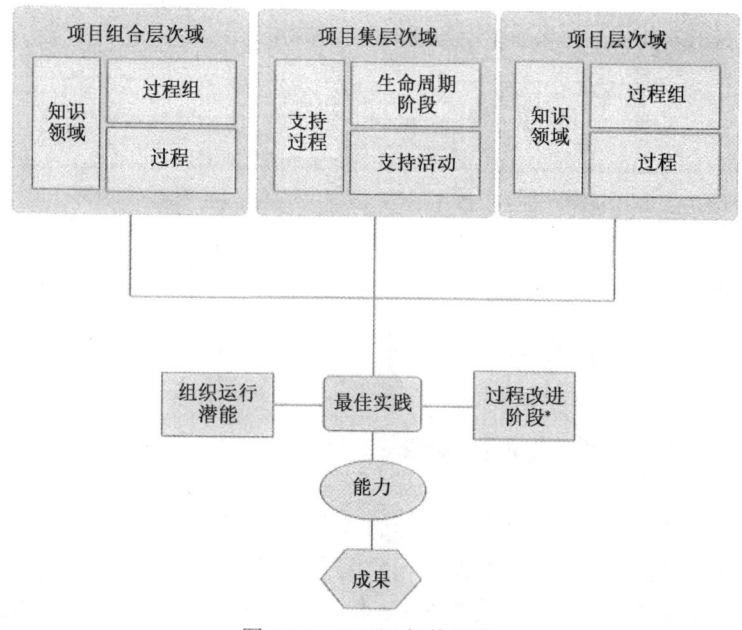

图 24-1　OPM3 架构层次

（1）层次域。
1）项目组合层次域包括三大过程组、五个知识领域、16 个过程，见表 24-1。

表 24-1　项目组合层次域

知识领域	过程组		
	定义过程组	调整过程组	授权与控制过程组
项目组合战略管理	制订项目管理战略计划 制订项目组合章程 定义项目组合路线图	管理战略变更	

续表

知识领域	过程组		
	定义过程组	调整过程组	授权与控制过程组
项目组合治理管理	制订项目组合管理计划定义项目组合	优化项目组合	授权项目组合 规定项目组合监督
项目组合绩效管理	制订项目组合绩效管理计划	管理供应与需求 管理项目组合价值	
项目组合沟通管理	制订项目组合沟通管理计划	管理项目组合信息	
项目组合风险管理	制订项目组合风险管理计划	管理项目组合风险	

2）项目集层次域：协调五个相互依赖的绩效域管理。

①项目集战略一致性。通过项目集的实施，识别达成组织战略目标的利益和机会。

②项目集利益管理。定义、创造、最大化、维持项目集提供的利益。

③项目集干系人参与。获取干系人需求和期望，获得和维护干系人的支持，减轻/疏导干系人的反对。

④项目集治理。在实施整个项目集期间，为维持项目集管理的主动监督和决策而建立过程和程序，以及为适用的政策和实践提供决策支持。

⑤项目集生命周期管理。管理所有与项目集定义、项目集利益交付和项目集收尾有关的项目集活动。

项目集管理支持过程使以交付项目集利益为目的的协同方法成为可能。这些项目集管理支持过程包括项目集沟通、财务、整合、采购、质量、资源、风险、进度计划、范围管理。

3）项目层次域：五大过程组、十大知识领域、47个过程。

（2）组织运行潜能是架构、文化、技术和人力资源实践，它们能成为支持和持续实施项目组合、项目集和项目中最佳实践的杠杆。组织运行潜能最佳实践描述了通用的管理过程，它们应该在组织中被开发，用来支持组织级项目管理。很多系统和文化因素影响组织和它的业务环境。OPM3围绕培训、实施方法论和技术把这些因素转化为最佳实践。

（3）最佳实践指的是目前公认的在一个特定的行业或学科实现一个目标或目的的最佳方法。当组织通过能力和成果的成功实施证明成熟度时，该组织实现了最佳实践。OPM3最佳实践的类型有：

1）层次域。项目组合、项目集和项目具有过程改进阶段：标准化、度量、控制和改进（SMCI）。

2）组织运行潜能：非基于层次域的过程，与组织环境和文化方面有关。

（4）能力展示了人员、过程和技术的结合，使组织能够提供组织级项目管理（OPM），能力是引导一个或多个最佳实践达成的渐进步骤。

（5）成果是组织展示能力的结果（有形或无形的），项目管理政策是一项有形成果的例子。项目管理政策的口头承诺是一项无形成果的例子。

过程改进阶段包括标准化、度量、控制和改进（SMCI），见表24-2。

表24-2 OPM3过程的运作周期要素和专业领域概要

专业领域	运作周期要素		
	获取知识	实施评估	管理改进
治理、风险和合规	理解OPM	建立计划	度量结果
交付和利益管理	理解组织	定义范围	制订建议
		执行评估	选择措施
			实施改进
组织变革	评估变革准备状态	发起变革	管理变革

（1）当应用于一个过程时，标准化产生可重复和始终一致的最佳实践。

（2）当应用于一个过程时，度量产生一个量化的最佳实践。一个度量过程的特性包括纳入度量的客户需求、识别关键特性、度量关键特性、相关结果的输入及度量的重要参数。

（3）当应用于一个过程时，控制产生一个管理的最佳实践。一个控制过程的特性包括制订控制计划、执行控制计划，以及达到稳定性。

（4）当应用到一个过程时，改进产生一个改进的最佳实践。一个改进过程的特性包括识别问题、实施改进和持续改进。

OPM3运作周期要素是实施一次OPM3活动所需过程的组合，包括：

（1）获取知识。干系人为OPM3活动获得OPM3、组织、行业和机会的知识。

（2）实施评估。评估领导者规划、执行和管理评估；编写分析数据和文档；并且展示结果。

（3）管理改进。利用到位的机制在发起变革过程期间去监控和适当调整。

重复这三个过程。

OPM3运作周期包括准备评估、实施评估、制订改进计划、实施改进、重复此过程。

24.2.2 CMMI

能力成熟度模型集成（CMMI）是"一种为组织的有效过程提供基本要素的过程改进方法，其目的是帮助软件企业对软件工程过程进行管理和改进，增强开发与改进能力，从而能按时地、不超预算地开发出高质量的软件"。

系统或产品的质量很大程度上受影响于所使用的开发与维护过程的质量。

CMMI过程域可以分为项目管理、过程管理、工程和支持等4个类别。

（1）项目管理类过程域涵盖了与项目的计划、监督和控制相关的项目管理活动，包括以下七个：

集成项目管理（Integrated Project Management，IPM）。

项目监督与控制（Project Monitoring and Control，PMC）。

项目计划（Project Planning，PP）。

量化项目管理（Quantitative Project Management，QPM）。

需求管理（Requirements Management，REQM）。

风险管理（Risk Management，RSKM）。

供方协议管理（Supplier Agreement Management，SAM）。

（2）过程管理类过程域包含跨项目的活动，这些活动与过程的定义、计划、部署、实施、监督、控制、评估、度量及改进相关。包括以下五个：

组织级过程定义（Organizational Process Definition，OPD）。

组织级过程关注（Organizational Process Focus，OPF）。

组织级绩效管理（Organizational Performance Management，OPM）。

组织级过程性能（Organizational Process Performance，OPP）。

组织级培训（Organizational Training，OT）。

（3）工程类过程域涵盖了工程学科所共有的开发与维护活动，适用于开发领域中任何产品或服务的开发，包括以下五个：

产品集成（Product Integration，PI）。

需求开发（Requirements Development，RD）。

技术解决方案（Technical Solution，TS）。

确认（Validation，VAL）。

验证（Verification，VER）。

（4）支持类过程域涵盖了支持产品开发与维护的活动。包括以下五个：

原因分析与解决（Causal Analysis and Resolution，CAR）。

配置管理（Configuration Management，CM）。

决策分析与解决（Decision Analysis and Resolution，DAR）。

度量与分析（Measurement and Analysis，MA）。

过程与产品质量保证（Process and Product Quality Assurance，PPQA）。

CMMI 支持两种使用级别的改进路径。一条路径使组织能够逐步改进其选定的单个过程域（或一组过程域）所对应的过程。另一条路径使组织能够以增量方式应对层次相继的过程域集合来改进相关的过程集。这两种改进路径与能力等级和成熟度级别相关联。这些等级或级别对应于两种过程改进方法，称作"表示法"。这两种表示法被称为"连续式"与"阶段式"。见表 24-3。

表 24-3　CMMI 的连续式表示法和阶段式表示法

级别	连续式表示法能力等级	阶段式表示法成熟度级别
0 级	不完整级	
1 级	已执行级	初始级
2 级	已管理级	已管理级
3 级	已定义级	已定义级

续表

级别	连续式表示法能力等级	阶段式表示法成熟度级别
4级		已量化管理级
5级		持续优化级

（1）使用连续式表示法使你能够达成"能力等级"。连续式表示法则相对于单个过程域，使用能力等级来描述组织过程状态的特征。适用于组织在单个过程域的过程改进达成情况。

（2）使用阶段式表示法使你能够达成"成熟度级别"。阶段式表示法相对于模型整体，使用成熟度级别来描述组织过程总体状态的特征。适用于组织内横跨多个过程域的过程改进达成情况。

阶段式表示法成熟度级别如下所述。

1级：初始级，过程通常是随意且混乱的。

2级：已管理级，项目确保其过程按照方针得到计划与执行；项目雇用有技能的人，具备充分的资源以产生受控的输出；使相关干系人参与其中；得到监督、控制与评审；并且对其过程描述的遵守程度得到评价。

3级：已定义级，过程得到清晰的说明与理解，并以标准、规程、工具与方法的形式进行描述。

4级：已量化管理级，组织与项目建立了质量与过程性能的量化目标并将其用作管理项目的准则。量化目标基于客户、最终用户、组织、过程实施人员的需要。质量与过程性能以统计术语的形式得到理解，并在项目的整个生命期内得到管理。

5级：持续优化级，组织基于对其业务目标与绩效需要的量化理解，不断改进其过程。组织使用量化的方法来理解过程中固有的偏差与过程结果的原因。

以下的CMMI评估原则与其他过程改进模型评估中使用的原则相同：高层管理人员的发起与资助；专注于组织的业务目标；为被访谈人员保密；使用文档化的评估方法；使用过程参考模型（如：CMMI模型）；协作的、团队式的途径；专注于过程改进行动。

24.3 课后演练（精选真题）

- 办公软件开发公司A非常重视软件过程管理，按照CMMI（能力成熟度模型）逐步进行过程改进，刚刚实现了组织级过程性能、定量项目管理，按照CMMI（能力成熟度模型），A公司达到了__(1)__级别。(2018年5月第8题)

    （1）A．CMMI2　　　　B．CMMI3　　　　C．CMMI4　　　　D．CMMI5

- 需求管理（REQM）属于CMMI的__(2)__过程域。(2018年11月第56题)

    （2）A．项目管理类　　B．过程管理类　　C．工程类　　　　D．支持类

- __(3)__可用于评估组织内项目组合管理成熟度，用于识别组织目前的最佳实践能力和结果。(2019年5月第61题)

    （3）A．TQM　　　　　B．EFQM　　　　C．OPM3　　　　 D．PMBOK

24.4 课后演练答案解析

（1）参考答案：C

解析：定量项目管理，明显到了已量化管理级，如下：

CMMI1：初始级，过程通常是随意且混乱的。组织往往不能提供一个稳定的环境来支持过程。

CMMI2：已管理级。工作产品与服务满足其规定的过程描述、标准与规程。

CMMI3：已定义级。过程得到清晰的说明与理解，并以标准、规程、工具与方法的形式进行描述。

CMMI4：已量化管理级。组织与项目建立了质量与过程性能的量化目标并将其用作观看项目的准则。

CMMI5：持续优化级。组织基于对业务目标与绩效需要的量化理解，不断改进其过程。

（2）参考答案：A

解析：CMMI 过程域可以分为项目管理、过程管理、工程和支持等 4 个类别。需求管理属于项目管理类。

（3）参考答案：C

解析：OPM3 是组织级项目管理成熟度模型，可用于评估组织项目管理成熟度。TQM 是全面质量管理；EFQM 是业务卓越模型。

第25章 量化的项目管理

25.1 备考指南

本章节主要阐述量化的项目管理过程、方法等内容。

本章节在上午综合知识的考试中会占1分左右,根据历年的考试情况来看,本块内容主要是在上午试题中进行考查,而且考到的频率也并不是很大。

25.2 考点梳理及精讲

25.2.1 量化的项目管理概述

量化项目管理的目的在于量化地管理项目,以达成项目已建立的质量与过程性能目标。量化管理包括统计思维方式与各种统计技术的正确使用。

项目管理知识体系中,涉及需要量化管理的领域非常多,从事前管理和事后管理的角度来分,可以分为估算和度量两大类。估算是以实际统计调查资料为基础,根据事物的联系及其发展规律,间接地估算和预计有关事物的数量关系和变化前景。而度量则是极据特定的标准,衡量当前的事物与标准之间的差异。

量化管理的基本要素:

(1)对预测有信心(即能够准确地预测项目在多大程度上满足其质量与过程性能目标的能力)。基于对可预测过程性能的需要,选择将使用统计与其他量化技术管理的子过程。

(2)理解在过程性能中遇到的偏差本质和程度,并且察觉项目的实际绩效何时可能不足以达成项目的质量与过程性能目标。

25.2.2 量化的项目管理过程

量化项目管理的两个具体目标如下。

（1）准备量化管理项目。包括：

1）建立项目的目标：主要工作是建立并维护项目的质量与过程性能目标。

2）组成已定义的过程：主要工作是使用统计与其他量化技术，组成使项目能够达成其质量与过程性能目标的已定义过程。

3）选择子过程与属性：主要工作是选择对评价性能起关键作用，并有助于达成项目质量与过程性能目标的子过程与属性。

4）选择度量项与分析技术：主要工作是选择将用于量化管理的度量项与分析技术。

（2）量化地管理项目。量化管理项目涉及使用统计与其他量化技术执行以下活动：

1）使用统计与其他的量化技术监督所选子过程。

2）确定项目的质量与过程性能目标是否正在得到满足。

3）对所选问题执行根本原因分析以解决不足。

25.2.3 量化的项目管理过程指标

定义了量化项目管理的目标之后，下一步是选择合适的度量指标，以便确定如何支持这些目标。作为 IT 企业，在**开始选择度量时**，可以从少数的度量值入手，这样才能更便捷、准确和一致地收集到数据。下面给出一个适合起步阶段的度量方案：①生产率；②质量；③规模成本；④时间。

数据定义：度量指标的每项定义都要进行验证，并以可以理解的方式进行定义。

数据收集：数据应该在支持选择的度量指标的那些点上进行收集。

收集度量的责任：为了确保数据的收集，需要指定收集和报告每项数据的负责人。

度量收集的工具：在收集度量数据的时候，应该利用现有的数据收集形式或者体系，避免重复和混乱，尽可能利用自动化的工具帮助度量数据的收集和分析。

25.2.4 项目度量方法

1. 质量的分类

从宏观上，可以将度量分为过程度量、项目度量、技术度量。

（1）过程度量是量化了用于软件开发的环境或者过程的特征，过程度量具有战略性目的，有助于进行连续的过程改进。

（2）项目度量量化了被开发软件项目的特征，项目度量具有战术性目的，辅助估算、质量控制、生产率评估、项目控制等。

（3）技术度量是评估技术工作产品的质量，在项目中进行决策，比如：项目的复杂性，耦合性等。

对于项目管理者，感兴趣的是项目度量和过程度量。

2. 度量方法学

度量方法学可以用于决策支持，目的是为一个软件开发项目选择、组织、交流和评价所需的度量。其中 GQM（目标-问题-度量）和 PSM（实用软件度量）是两种重要的度量方法或者技术。

（1）采用 GQM 方法选择度量指标的基本步骤如下：

1）首先选择几个项目目标或几个企业目标，尽可能将目标叙述得可以量化、可以测量。

2）对于每个目标，设想一些必须回答的问题，看看是否达到目标。

3）选择回答每个问题所必需的度量指标。

4）确认进行软件度量的度量体系。

（2）PSM 是基于成功量度工作中关键实践的一个全面度量过程，该过程反映每个项目的技术和管理特点，是基于风险和问题驱动的。PSM 包括三个基本的度量活动：裁剪、应用和实施。

1）裁剪是选择一组有效、平衡的度量，GQM 方法可以帮助实现这一目标。

2）应用是收集、加工、分析定义的度量数据。

3）实施是根据具体的企业和项目，建立一个有效的度量实践过程。

（3）PSM 采用度量信息模型解决了度量信息的数据结构，采用度量过程模型描述了度量活动和任务。

1）在度量实施和数据的收集过程中，度量信息模型将度量数据和相关的分析构造作为决策信息。

2）度量过程模型可以同度量信息模型一起，对一个项目提供实施度量的应用框架，它是通过计划、实施、检查、行动的管理顺序构造的，包括计划度量、执行度量、评价度量、建立和维持承诺四个基本活动。核心的度量过程是计划度量和执行度量。

3. 职业道德规范

职业道德是所有从业人员在职业活动中应该遵循的行为准则，涵盖了从业人员与服务对象、职业与职工、职业与职业之间的关系。其主要内容有：爱岗敬业、诚实守信、办事公道、服务群众、奉献社会。

项目管理师的行为准则有职业的责任和对客户及公众的责任两个方面。

（1）项目管理师的职责。

1）不断提高个人的项目管理能力。

①保证个人正直和职业专业性。

②对项目管理知识基础作出贡献。

③增强个人能力。

④平衡项目干系人的利益。

⑤以合作和职业化方式与团队和项目干系人打交道。

2）贯彻执行国家和项目所在地政府的有关法律、法规和政策，执行所在单位的各项管理制度和有关技术规范标准。

3）对信息系统项目的全生命期进行有效控制，确保项目质量和工期，努力提高经济效益。

4）严格执行财务制度，加强财务管理，严格控制项目成本。

5）执行所在单位规定的应由项目管理师负责履行的各项条款。

（2）项目管理师的权利。

1）组织项目团队。

2）组织制订信息系统项目计划，协调管理信息系统项目相关的人力、设备等资源。

3）协调信息系统项目内外部关系，受委托签署有关合同、协议或其他文件。

（3）项目管理师的职责之一是建设一支具有如下特征的高效项目团队：

1）明确项目的目标。

2）建立团队的规章制度（包括选择适用的法律法规、技术标准和绩效考核办法等）。

3）建立学习型团队。

4）培养团队成员严谨细致的工作作风。

5）分工明确。

6）培养勇于承担责任、和谐协作的团队文化。

7）善于利用项目团队中的非正式组织（如同学关系、老乡、共同的爱好形成的一个个非正式团体）。

25.3　课后演练（精选真题）

- （1）　不可用于量化的项目管理。（2019年11月第62题）

　　（1）A．pert　　　　B．网络图　　　　C．专家判断　　　　D．挣值分析

- （2）　用于评估工作产品的质量，辅助项目进行决策。（2020年11月第62题）

　　（2）A．过程度量　　B．技术度量　　C．项目度量　　D．经济度量

- （3）　活动属于"量化的管理项目"过程。（2021年11月第62题）

　　（3）A．建立并维护项目的质量的过程性能目标

　　　　B．选择质量项与分析技术

　　　　C．选择的过程与属性

　　　　D．监督所选过程的性能

25.4　课后演练答案解析

（1）参考答案：C

解析：量化项目管理涉及项目范围、进度、成本、质量、采购等方面的量化估计、度量与预测。在项目管理体系中的WBS、网络图、pert、挣值分析工具、质量管理工具在量化的项目管理中都可以采用。

（2）参考答案：B

解析：过程度量是量化了用于软件开发的环境或者过程的特征，过程度量具有战略性目的，有助于进行连续的过程改进。项目度量量化了被开发软件项目的特征，项目度量具有战术性目的，辅助估算、质量控制、生产率评估、项目控制等。技术度量是评估技术工作产品的质量，在项目中进行决策，比如：项目的复杂性，耦合性等。

（3）**参考答案**：D

解析：此题考查的是量化项目管理过程活动，必须掌握，为高频考点。

量化管理项目涉及使用统计与其他量化技术执行以下活动：

- 使用统计与其他的量化技术监督所选子过程。
- 确定项目的质量与过程性能目标是否正在得到满足。
- 对所选问题执行根本原因分析以解决不足。

第26章 知识产权与标准规范

26.1 备考指南

本章节主要阐述法律法规方面的一些常识内容，主要包括招投标法、政府采购法、著作权及合同法等内容。

本章节在上午综合知识的考试中会占3~4分，根据历年的考试情况来看，本块内容主要是在上午试题中进行考查，而且考到的频率也比较多。

26.2 考点梳理及精讲

法律法规考试范围：招投标法、政府采购法、著作权法、合同法。

本章节依据历年真题考查情况，摘抄了其中比较重要的法律条款和标准规范，希望大家能认真阅读。然后通过课后习题查缺补漏，消化记忆，大部分都是常识性的内容，整体比较简单。

26.2.1 招投标法

第一章 总则

第一条 为了规范招标投标活动，保护国家利益、社会公共利益和招标投标活动当事人的合法权益，提高经济效益，保证项目质量，制定本法。

第二条 在中华人民共和国境内进行招标投标活动，适用本法。

第三条 在中华人民共和国境内进行下列工程建设项目包括项目的勘察、设计、施工、监理以及与工程建设有关的重要设备、材料等的采购，必须进行招标：

（一）大型基础设施、公用事业等关系社会公共利益、公众安全的项目；

（二）全部或者部分使用国有资金投资或者国家融资的项目；

（三）使用国际组织或者外国政府贷款、援助资金的项目。

前款所列项目的具体范围和规模标准，由国务院发展计划部门会同国务院有关部门制订，报国务院批准。

法律或者国务院对必须进行招标的其他项目的范围有规定的，依照其规定。

第四条　任何单位和个人不得将依法必须进行招标的项目化整为零或者以其他任何方式规避招标。

第五条　招标投标活动应当遵循公开、公平、公正和诚实信用的原则。

第六条　依法必须进行招标的项目，其招标投标活动不受地区或者部门的限制。任何单位和个人不得违法限制或者排斥本地区、本系统以外的法人或者其他组织参加投标，不得以任何方式非法干涉招标投标活动。

第七条　招标投标活动及其当事人应当接受依法实施的监督。

有关行政监督部门依法对招标投标活动实施监督，依法查处招标投标活动中的违法行为。

对招标投标活动的行政监督及有关部门的具体职权划分，由国务院规定。

第二章　招标

第八条　招标人是依照本法规定提出招标项目、进行招标的法人或者其他组织。

第九条　招标项目按照国家有关规定需要履行项目审批手续的，应当先履行审批手续，取得批准。

招标人应当有进行招标项目的相应资金或者资金来源已经落实，并应当在招标文件中如实载明。

第十条　招标分为公开招标和邀请招标。

公开招标，是指招标人以招标公告的方式邀请不特定的法人或者其他组织投标。

邀请招标，是指招标人以投标邀请书的方式邀请特定的法人或者其他组织投标。

第十一条　国务院发展计划部门确定的国家重点项目和省、自治区、直辖市人民政府确定的地方重点项目不适宜公开招标的，经国务院发展计划部门或者省、自治区、直辖市人民政府批准，可以进行邀请招标。

第十二条　招标人有权自行选择招标代理机构，委托其办理招标事宜。任何单位和个人不得以任何方式为招标人指定招标代理机构。

招标人具有编制招标文件和组织评标能力的，可以自行办理招标事宜。任何单位和个人不得强制其委托招标代理机构办理招标事宜。

依法必须进行招标的项目，招标人自行办理招标事宜的，应当向有关行政监督部门备案。

第十三条　招标代理机构是依法设立、从事招标代理业务并提供相关服务的社会中介组织。

招标代理机构应当具备下列条件：

（一）有从事招标代理业务的营业场所和相应资金；

（二）有能够编制招标文件和组织评标的相应专业力量；

（三）有符合本法第三十七条第三款规定条件、可以作为评标委员会成员人选的技术、经济等方面的专家库。

第十四条　从事工程建设项目招标代理业务的招标代理机构，其资格由国务院或者省、自治区、直辖市人民政府的建设行政主管部门认定。具体办法由国务院建设行政主管部门会同国务院有关部门制定。从事其他招标代理业务的招标代理机构，其资格认定的主管部门由国务院规定。

招标代理机构与行政机关和其他国家机关不得存在隶属关系或者其他利益关系。

第十五条　招标代理机构应当在招标人委托的范围内办理招标事宜，并遵守本法关于招标人的规定。

第十六条　招标人采用公开招标方式的，应当发布招标公告。依法必须进行招标的项目的招标公告，应当通过国家指定的报刊、信息网络或者其他媒介发布。

招标公告应当载明招标人的名称和地址、招标项目的性质、数量、实施地点和时间以及获取招标文件的办法等事项。

第十七条　招标人采用邀请招标方式的，应当向三个以上具备承担招标项目的能力、资信良好的特定的法人或者其他组织发出投标邀请书。

投标邀请书应当载明本法第十六条第二款规定的事项。

第十八条　招标人可以根据招标项目本身的要求，在招标公告或者投标邀请书中，要求潜在投标人提供有关资质证明文件和业绩情况，并对潜在投标人进行资格审查；国家对投标人的资格条件有规定的，依照其规定。

招标人不得以不合理的条件限制或者排斥潜在投标人，不得对潜在投标人实行歧视待遇。

第十九条　招标人应当根据招标项目的特点和需要编制招标文件。招标文件应当包括招标项目的技术要求、对投标人资格审查的标准、投标报价要求和评标标准等所有实质性要求和条件以及拟签订合同的主要条款。

国家对招标项目的技术、标准有规定的，招标人应当按照其规定在招标文件中提出相应要求。

招标项目需要划分标段、确定工期的，招标人应当合理划分标段、确定工期，并在招标文件中载明。

第二十条　招标文件不得要求或者标明特定的生产供应者以及含有倾向或者排斥潜在投标人的其他内容。

第二十一条　招标人根据招标项目的具体情况，可以组织潜在投标人踏勘项目现场。

第二十二条　招标人不得向他人透露已获取招标文件的潜在投标人的名称、数量以及可能影响公平竞争的有关招标投标的其他情况。

招标人设有标底的，标底必须保密。

第二十三条　招标人对已发出的招标文件进行必要的澄清或者修改的，应当在招标文件要求提交投标文件截止时间至少十五日前，以书面形式通知所有招标文件收受人。该澄清或者修改的内容为招标文件的组成部分。

第二十四条　招标人应当确定投标人编制投标文件所需要的合理时间；但是，依法必须进行招标的项目，自招标文件开始发出之日起至投标人提交投标文件截止之日止，最短不得少于二十日。

第三章　投标

第二十五条　投标人是响应招标、参加投标竞争的法人或者其他组织。

依法招标的科研项目允许个人参加投标的，投标的个人适用本法有关投标人的规定。

第二十六条　投标人应当具备承担招标项目的能力；国家有关规定对投标人资格条件或者招标文件对投标人资格条件有规定的，投标人应当具备规定的资格条件。

第二十七条　投标人应当按照招标文件的要求编制投标文件。投标文件应当对招标文件提出的实质性要求和条件作出响应。

招标项目属于建设施工的，投标文件的内容应当包括拟派出的项目负责人与主要技术人员的简历、业绩和拟用于完成招标项目的机械设备等。

第二十八条　投标人应当在招标文件要求提交投标文件的截止时间前，将投标文件送达投标地点。招标人收到投标文件后，应当签收保存，不得开启。投标人少于三个的，招标人应当依照本法重新招标。

在招标文件要求提交投标文件的截止时间后送达的投标文件，招标人应当拒收。

第二十九条　投标人在招标文件要求提交投标文件的截止时间前，可以补充、修改或者撤回已提交的投标文件，并书面通知招标人。补充、修改的内容为投标文件的组成部分。

第三十条　投标人根据招标文件载明的项目实际情况，拟在中标后将中标项目的部分非主体、非关键性工作进行分包的，应当在投标文件中载明。

第三十一条　两个以上法人或者其他组织可以组成一个联合体，以一个投标人的身份共同投标。

联合体各方均应当具备承担招标项目的相应能力；国家有关规定或者招标文件对投标人资格条件有规定的，联合体各方均应当具备规定的相应资格条件。由同一专业的单位组成的联合体，按照资质等级较低的单位确定资质等级。

联合体各方应当签订共同投标协议，明确约定各方拟承担的工作和责任，并将共同投标协议连同投标文件一并提交招标人。联合体中标的，联合体各方应当共同与招标人签订合同，就中标项目向招标人承担连带责任。

招标人不得强制投标人组成联合体共同投标，不得限制投标人之间的竞争。

第三十二条　投标人不得相互串通投标报价，不得排挤其他投标人的公平竞争，损害招标人或者其他投标人的合法权益。

投标人不得与招标人串通投标，损害国家利益、社会公共利益或者他人的合法权益。

禁止投标人以向招标人或者评标委员会成员行贿的手段谋取中标。

第三十三条　投标人不得以低于成本的报价竞标，也不得以他人名义投标或者以其他方式弄虚作假，骗取中标。

第四章　开标、评标和中标

第三十四条　开标应当在招标文件确定的提交投标文件截止时间的同一时间公开进行；开标地点应当为招标文件中预先确定的地点。

第三十五条　开标由招标人主持，邀请所有投标人参加。

第三十六条　开标时，由投标人或者其推选的代表检查投标文件的密封情况，也可以由招标人委托的公证机构检查并公证；经确认无误后，由工作人员当众拆封，宣读投标人名称、投标价格和投标文件的其他主要内容。

招标人在招标文件要求提交投标文件的截止时间前收到的所有投标文件，开标时都应当当众予以拆封、宣读。

开标过程应当记录，并存档备查。

第三十七条　评标由招标人依法组建的评标委员会负责。

依法必须进行招标的项目，其评标委员会由招标人的代表和有关技术、经济等方面的专家组成，成员人数为五人以上单数，其中技术、经济等方面的专家不得少于成员总数的三分之二。

前款专家应当从事相关领域工作满八年并具有高级职称或者具有同等专业水平，由招标人从国务院有关部门或者省、自治区、直辖市人民政府有关部门提供的专家名册或者招标代理机构的专家库内的相关专业的专家名单中确定；一般招标项目可以采取随机抽取方式，特殊招标项目可以由招标人直接确定。

与投标人有利害关系的人不得进入相关项目的评标委员会；已经进入的应当更换。

评标委员会成员的名单在中标结果确定前应当保密。

第三十八条　招标人应当采取必要的措施，保证评标在严格保密的情况下进行。

任何单位和个人不得非法干预、影响评标的过程和结果。

第三十九条　评标委员会可以要求投标人对投标文件中含义不明确的内容作必要的澄清或者说明，但是澄清或者说明不得超出投标文件的范围或者改变投标文件的实质性内容。

第四十条　评标委员会应当按照招标文件确定的评标标准和方法，对投标文件进行评审和比较；设有标底的，应当参考标底。评标委员会完成评标后，应当向招标人提出书面评标报告，并推荐合格的中标候选人。

招标人根据评标委员会提出的书面评标报告和推荐的中标候选人确定中标人。招标人也可以授权评标委员会直接确定中标人。

国务院对特定招标项目的评标有特别规定的，从其规定。

第四十一条　中标人的投标应当符合下列条件之一：

（一）能够最大限度地满足招标文件中规定的各项综合评价标准；

（二）能够满足招标文件的实质性要求，并且经评审的投标价格最低；但是投标价格低于成本的除外。

第四十二条　评标委员会经评审，认为所有投标都不符合招标文件要求的，可以否决所有投标。

依法必须进行招标的项目的所有投标被否决的，招标人应当依照本法重新招标。

第四十三条　在确定中标人前，招标人不得与投标人就投标价格、投标方案等实质性内容进行谈判。

第四十四条　评标委员会成员应当客观、公正地履行职务，遵守职业道德，对所提出的评审意见承担个人责任。

评标委员会成员不得私下接触投标人，不得收受投标人的财物或者其他好处。

评标委员会成员和参与评标的有关工作人员不得透露对投标文件的评审和比较、中标候选人的推荐情况以及与评标有关的其他情况。

第四十五条　中标人确定后，招标人应当向中标人发出中标通知书，并同时将中标结果通知所有未中标的投标人。

中标通知书对招标人和中标人具有法律效力。中标通知书发出后，招标人改变中标结果的，或者中标人放弃中标项目的，应当依法承担法律责任。

第四十六条　招标人和中标人应当自中标通知书发出之日起三十日内，按照招标文件和中标人的投标文件订立书面合同。招标人和中标人不得再行订立背离合同实质性内容的其他协议。

招标文件要求中标人提交履约保证金的，中标人应当提交。

第四十七条　依法必须进行招标的项目，招标人应当自确定中标人之日起十五日内，向有关行政监督部门提交招标投标情况的书面报告。

第四十八条　中标人应当按照合同约定履行义务，完成中标项目。中标人不得向他人转让中标项目，也不得将中标项目肢解后分别向他人转让。

中标人按照合同约定或者经招标人同意，可以将中标项目的部分非主体、非关键性工作分包给他人完成。接受分包的人应当具备相应的资格条件，并不得再次分包。

中标人应当就分包项目向招标人负责，接受分包的人就分包项目承担连带责任。

26.2.2　政府采购法

第一章　总则

第一条　为了规范政府采购行为，提高政府采购资金的使用效益，维护国家利益和社会公共利益，保护政府采购当事人的合法权益，促进廉政建设，制定本法。

第二条　在中华人民共和国境内进行的政府采购适用本法。

本法所称政府采购，是指各级国家机关、事业单位和团体组织，使用财政性资金采购依法制定的集中采购目录以内的或者采购限额标准以上的货物、工程和服务的行为。

政府集中采购目录和采购限额标准依照本法规定的权限制定。

本法所称采购，是指以合同方式有偿取得货物、工程和服务的行为，包括购买、租赁、委托、雇用等。

本法所称货物，是指各种形态和种类的物品，包括原材料、燃料、设备、产品等。

本法所称工程，是指建设工程，包括建筑物和构筑物的新建、改建、扩建、装修、拆除、修缮等。

本法所称服务，是指除货物和工程以外的其他政府采购对象。

第三条　政府采购应当遵循公开透明原则、公平竞争原则、公正原则和诚实信用原则。

第四条　政府采购工程进行招标投标的，适用招标投标法。

第五条　任何单位和个人不得采用任何方式，阻挠和限制供应商自由进入本地区和本行业的政府采购市场。

第六条　政府采购应当严格按照批准的预算执行。

第七条　政府采购实行集中采购和分散采购相结合。集中采购的范围由省级以上人民政府公布的集中采购目录确定。

属于中央预算的政府采购项目，其集中采购目录由国务院确定并公布；属于地方预算的政府采购项目，其集中采购目录由省、自治区、直辖市人民政府或者其授权的机构确定并公布。

纳入集中采购目录的政府采购项目，应当实行集中采购。

第八条　政府采购限额标准，属于中央预算的政府采购项目，由国务院确定并公布；属于地方预算的政府采购项目，由省、自治区、直辖市人民政府或者其授权的机构确定并公布。

第九条　政府采购应当有助于实现国家的经济和社会发展政策目标，包括保护环境，扶持不发达地区和少数民族地区，促进中小企业发展等。

第十条　政府采购应当采购本国货物、工程和服务。但有下列情形之一的除外：

（一）需要采购的货物、工程或者服务在中国境内无法获取或者无法以合理的商业条件获取的；

（二）为在中国境外使用而进行采购的；

（三）其他法律、行政法规另有规定的。

前款所称本国货物、工程和服务的界定，依照国务院有关规定执行。

第十一条　政府采购的信息应当在政府采购监督管理部门指定的媒体上及时向社会公开发布，但涉及商业秘密的除外。

第十二条　在政府采购活动中，采购人员及相关人员与供应商有利害关系的，必须回避。供应商认为采购人员及相关人员与其他供应商有利害关系的，可以申请其回避。

前款所称相关人员，包括招标采购中评标委员会的组成人员，竞争性谈判采购中谈判小组的组成人员，询价采购中询价小组的组成人员等。

第十三条　各级人民政府财政部门是负责政府采购监督管理的部门，依法履行对政府采购活动的监督管理职责。

各级人民政府其他有关部门依法履行与政府采购活动有关的监督管理职责。

第二章　政府采购当事人

第十四条　政府采购当事人是指在政府采购活动中享有权利和承担义务的各类主体，包括采购人、供应商和采购代理机构等。

第十五条　采购人是指依法进行政府采购的国家机关、事业单位、团体组织。

第十六条　集中采购机构为采购代理机构。设区的市、自治州以上人民政府根据本级政府采购项目组织集中采购的需要设立集中采购机构。

集中采购机构是非营利事业法人，根据采购人的委托办理采购事宜。

第十七条　集中采购机构进行政府采购活动，应当符合采购价格低于市场平均价格、采购效率更高、采购质量优良和服务良好的要求。

第十八条　采购人采购纳入集中采购目录的政府采购项目，必须委托集中采购机构代理采购；采购未纳入集中采购目录的政府采购项目，可以自行采购，也可以委托集中采购机构在委托的范围内代理采购。

纳入集中采购目录属于通用的政府采购项目的，应当委托集中采购机构代理采购；属于本部门、本系统有特殊要求的项目，应当实行部门集中采购；属于本单位有特殊要求的项目，经省级以上人民政府批准，可以自行采购。

第十九条　采购人可以委托经国务院有关部门或者省级人民政府有关部门认定资格的采购代理机构，在委托的范围内办理政府采购事宜。

采购人有权自行选择采购代理机构，任何单位和个人不得以任何方式为采购人指定采购代理机构。

第二十条　采购人依法委托采购代理机构办理采购事宜的，应当由采购人与采购代理机构签订委托代理协议，依法确定委托代理的事项，约定双方的权利义务。

第二十一条　供应商是指向采购人提供货物、工程或者服务的法人、其他组织或者自然人。

第二十二条　供应商参加政府采购活动应当具备下列条件：

（一）具有独立承担民事责任的能力；

（二）具有良好的商业信誉和健全的财务会计制度；

（三）具有履行合同所必需的设备和专业技术能力；

（四）有依法缴纳税收和社会保障资金的良好记录；

（五）参加政府采购活动前三年内，在经营活动中没有重大违法记录；

（六）法律、行政法规规定的其他条件。

采购人可以根据采购项目的特殊要求，规定供应商的特定条件，但不得以不合理的条件对供应商实行差别待遇或者歧视待遇。

第二十三条　采购人可以要求参加政府采购的供应商提供有关资质证明文件和业绩情况，并根据本法规定的供应商条件和采购项目对供应商的特定要求，对供应商的资格进行审查。

第二十四条　两个以上的自然人、法人或者其他组织可以组成一个联合体，以一个供应商的身份共同参加政府采购。

以联合体形式进行政府采购的，参加联合体的供应商均应当具备本法第二十二条规定的条件，并应当向采购人提交联合协议，载明联合体各方承担的工作和义务。联合体各方应当共同与采购人签订采购合同，就采购合同约定的事项对采购人承担连带责任。

第二十五条　政府采购当事人不得相互串通损害国家利益、社会公共利益和其他当事人的合法权益；不得以任何手段排斥其他供应商参与竞争。

供应商不得以向采购人、采购代理机构、评标委员会的组成人员、竞争性谈判小组的组成人员、询价小组的组成人员行贿或者采取其他不正当手段谋取中标或者成交。

采购代理机构不得以向采购人行贿或者采取其他不正当手段谋取非法利益。

第三章　政府采购方式

第二十六条　政府采购采用以下方式：

（一）公开招标；

（二）邀请招标；

（三）竞争性谈判；

（四）单一来源采购；

（五）询价；

（六）国务院政府采购监督管理部门认定的其他采购方式。

公开招标应作为政府采购的主要采购方式。

第二十七条　采购人采购货物或者服务应当采用公开招标方式的，其具体数额标准，属于中央预算的政府采购项目，由国务院规定；属于地方预算的政府采购项目，由省、自治区、直辖市人民政府规定；因特殊情况需要采用公开招标以外的采购方式的，应当在采购活动开始前获得设区的市、自治州以上人民政府采购监督管理部门的批准。

第二十八条　采购人不得将应当以公开招标方式采购的货物或者服务化整为零或者以其他任何方式规避公开招标采购。

第二十九条　符合下列情形之一的货物或者服务，可以依照本法采用邀请招标方式采购：

（一）具有特殊性，只能从有限范围的供应商处采购的；

（二）采用公开招标方式的费用占政府采购项目总价值的比例过大的。

第三十条　符合下列情形之一的货物或者服务，可以依照本法采用竞争性谈判方式采购：

（一）招标后没有供应商投标或者没有合格标的或者重新招标未能成立的；

（二）技术复杂或者性质特殊，不能确定详细规格或者具体要求的；

（三）采用招标所需时间不能满足用户紧急需要的；

（四）不能事先计算出价格总额的。

第三十一条　符合下列情形之一的货物或者服务，可以依照本法采用单一来源方式采购：

（一）只能从唯一供应商处采购的；

（二）发生了不可预见的紧急情况不能从其他供应商处采购的；

（三）必须保证原有采购项目一致性或者服务配套的要求，需要继续从原供应商处添购，且添购资金总额不超过原合同采购金额百分之十的。

第三十二条　采购的货物规格、标准统一、现货货源充足且价格变化幅度小的政府采购项目，可以依照本法采用询价方式采购。

第四章　政府采购程序

第三十三条　负有编制部门预算职责的部门在编制下一财政年度部门预算时，应当将该财政年度政府采购的项目及资金预算列出，报本级财政部门汇总。部门预算的审批，按预算管理权限和程序进行。

第三十四条　货物或者服务项目采取邀请招标方式采购的，采购人应当从符合相应资格条件的供应商中，通过随机方式选择三家以上的供应商，并向其发出投标邀请书。

第三十五条　货物和服务项目实行招标方式采购的，自招标文件开始发出之日起至投标人提交投标文件截止之日止，不得少于二十日。

第三十六条　在招标采购中，出现下列情形之一的，应予废标：

（一）符合专业条件的供应商或者对招标文件作实质响应的供应商不足三家的；

（二）出现影响采购公正的违法、违规行为的；

（三）投标人的报价均超过了采购预算，采购人不能支付的；

（四）因重大变故，采购任务取消的。

废标后，采购人应当将废标理由通知所有投标人。

第三十七条　废标后，除采购任务取消情形外，应当重新组织招标；需要采取其他方式采购的，应当在采购活动开始前获得设区的市、自治州以上人民政府采购监督管理部门或者政府有关部门批准。

第三十八条　采用竞争性谈判方式采购的，应当遵循下列程序：

（一）成立谈判小组。谈判小组由采购人的代表和有关专家共三人以上的单数组成，其中专家的人数不得少于成员总数的三分之二。

（二）制定谈判文件。谈判文件应当明确谈判程序、谈判内容、合同草案的条款以及评定成交的标准等事项。

（三）确定邀请参加谈判的供应商名单。谈判小组从符合相应资格条件的供应商名单中确定不少于三家的供应商参加谈判，并向其提供谈判文件。

（四）谈判。谈判小组所有成员集中与单一供应商分别进行谈判。在谈判中，谈判的任何一方不得透露与谈判有关的其他供应商的技术资料、价格和其他信息。谈判文件有实质性变动的，谈判小组应当以书面形式通知所有参加谈判的供应商。

（五）确定成交供应商。谈判结束后，谈判小组应当要求所有参加谈判的供应商在规定时间内进行最后报价，采购人从谈判小组提出的成交候选人中根据符合采购需求、质量和服务相等且报价最低的原则确定成交供应商，并将结果通知所有参加谈判的未成交的供应商。

第三十九条　采取单一来源方式采购的，采购人与供应商应当遵循本法规定的原则，在保证采购项目质量和双方商定合理价格的基础上进行采购。

第四十条　采取询价方式采购的，应当遵循下列程序：

（一）成立询价小组。询价小组由采购人的代表和有关专家共三人以上的单数组成，其中专家的人数不得少于成员总数的三分之二。询价小组应当对采购项目的价格构成和评定成交的标准等事项作出规定。

（二）确定被询价的供应商名单。询价小组根据采购需求，从符合相应资格条件的供应商名单中确定不少于三家的供应商，并向其发出询价通知书让其报价。

（三）询价。询价小组要求被询价的供应商一次报出不得更改的价格。

（四）确定成交供应商。采购人根据符合采购需求、质量和服务相等且报价最低的原则确定成交供应商，并将结果通知所有被询价的未成交的供应商。

第四十一条　采购人或者其委托的采购代理机构应当组织对供应商履约的验收。大型或者复杂的政府采购项目，应当邀请国家认可的质量检测机构参加验收工作。验收方成员应当在验收书上签字，并承担相应的法律责任。

第四十二条　采购人、采购代理机构对政府采购项目每项采购活动的采购文件应当妥善保存，不得伪造、变造、隐匿或者销毁。采购文件的保存期限为从采购结束之日起至少保存十五年。

采购文件包括采购活动记录、采购预算、招标文件、投标文件、评标标准、评估报告、定标文件、合同文本、验收证明、质疑答复、投诉处理决定及其他有关文件、资料。

采购活动记录至少应当包括下列内容：

（一）采购项目类别、名称；

（二）采购项目预算、资金构成和合同价格；

（三）采购方式，采用公开招标以外的采购方式的，应当载明原因；

（四）邀请和选择供应商的条件及原因；

（五）评标标准及确定中标人的原因；

（六）废标的原因；

（七）采用招标以外采购方式的相应记载。

第五章　政府采购合同

第四十三条　政府采购合同适用合同法。采购人和供应商之间的权利和义务，应当按照平等、自愿的原则以合同方式约定。

采购人可以委托采购代理机构代表其与供应商签订政府采购合同。由采购代理机构以采购人名义签订合同的，应当提交采购人的授权委托书，作为合同附件。

第四十四条　政府采购合同应当采用书面形式。

第四十五条　国务院政府采购监督管理部门应当会同国务院有关部门，规定政府采购合同必须具备的条款。

第四十六条　采购人与中标、成交供应商应当在中标、成交通知书发出之日起三十日内，按照采购文件确定的事项签订政府采购合同。

中标、成交通知书对采购人和中标、成交供应商均具有法律效力。中标、成交通知书发出后，采购人改变中标、成交结果的，或者中标、成交供应商放弃中标、成交项目的，应当依法承担法律责任。

第四十七条　政府采购项目的采购合同自签订之日起七个工作日内，采购人应当将合同副本报同级政府采购监督管理部门和有关部门备案。

第四十八条　经采购人同意，中标、成交供应商可以依法采取分包方式履行合同。

政府采购合同分包履行的，中标、成交供应商就采购项目和分包项目向采购人负责，分包供应商就分包项目承担责任。

第四十九条　政府采购合同履行中，采购人需追加与合同标的相同的货物、工程或者服务的，在不改变合同其他条款的前提下，可以与供应商协商签订补充合同，但所有补充合同的采购金额不得超过原合同采购金额的百分之十。

第五十条　政府采购合同的双方当事人不得擅自变更、中止或者终止合同。

政府采购合同继续履行将损害国家利益和社会公共利益的，双方当事人应当变更、中止或者终止合同。有过错的一方应当承担赔偿责任，双方都有过错的，各自承担相应的责任。

第六章　质疑与投诉

第五十一条　供应商对政府采购活动事项有疑问的，可以向采购人提出询问，采购人应当及时作出答复，但答复的内容不得涉及商业秘密。

第五十二条　供应商认为采购文件、采购过程和中标、成交结果使自己的权益受到损害的，可以在知道或者应知其权益受到损害之日起七个工作日内，以书面形式向采购人提出质疑。

第五十三条　采购人应当在收到供应商的书面质疑后七个工作日内作出答复，并以书面形式通知质疑供应商和其他有关供应商，但答复的内容不得涉及商业秘密。

第五十四条　采购人委托采购代理机构采购的，供应商可以向采购代理机构提出询问或者质疑，采购代理机构应当依照本法第五十一条、第五十三条的规定就采购人委托授权范围内的事项作出答复。

第五十五条　质疑供应商对采购人、采购代理机构的答复不满意或者采购人、采购代理机构未在规定的时间内作出答复的，可以在答复期满后十五个工作日内向同级政府采购监督管理部门投诉。

第五十六条　政府采购监督管理部门应当在收到投诉后三十个工作日内，对投诉事项作出处理决定，并以书面形式通知投诉人和与投诉事项有关的当事人。

第五十七条　政府采购监督管理部门在处理投诉事项期间，可以视具体情况书面通知采购人暂停采购活动，但暂停时间最长不得超过三十日。

第五十八条　投诉人对政府采购监督管理部门的投诉处理决定不服或者政府采购监督管理部门逾期未作处理的，可以依法申请行政复议或者向人民法院提起行政诉讼。

26.2.3　著作权法

中国公民、法人或者其他组织的作品，不论是否发表，依照本法享有著作权。

外国人、无国籍人的作品根据其作者所属国或者经常居住地国同中国签订的协议或者共同参加的国际条约享有的著作权，受本法保护。

外国人、无国籍人的作品首先在中国境内出版的，依照本法享有著作权。

第十二条　改编、翻译、注释、整理已有作品而产生的作品，其著作权由改编、翻译、注释、整理人享有，但行使著作权时不得侵犯原作品的著作权。

第十三条　两人以上合作创作的作品，著作权由合作作者共同享有。没有参加创作的人，不能成为合作作者。

合作作品可以分割使用的，作者对各自创作的部分可以单独享有著作权，但行使著作权时不得侵犯合作作品整体的著作权。

第十四条　汇编若干作品、作品的片段或者不构成作品的数据或者其他材料，对其内容的选择或者编排体现独创性的作品，为汇编作品，其著作权由汇编人享有，但行使著作权时，不得侵犯原作品的著作权。

第十六条　公民为完成法人或者其他组织工作任务所创作的作品是职务作品，除本条第二款的规定以外，著作权由作者享有，但法人或者其他组织有权在其业务范围内优先使用。作品完成两年内，未经单位同意，作者不得许可第三人以与单位使用的相同方式使用该作品。

有下列情形之一的职务作品，作者享有署名权，著作权的其他权利由法人或者其他组织享有，法人或者其他组织可以给予作者奖励：

（一）主要是利用法人或者其他组织的物质技术条件创作，并由法人或者其他组织承担责任的工程设计图、产品设计图、地图、计算机软件等职务作品；

（二）法律、行政法规规定或者合同约定著作权由法人或者其他组织享有的职务作品。

第十七条　受委托创作的作品，著作权的归属由委托人和受托人通过合同约定。合同未作明确约定或者没有订立合同的，著作权属于受托人。

第二十条　作者的署名权、修改权、保护作品完整权的保护期不受限制。

第二十一条　公民的作品，其发表权、本法第十条第一款第（五）项至第（十七）项规定的权利的保护期为作者终生及其死亡后五十年，截止于作者死亡后第五十年的12月31日；如果是合作作品，截止于最后死亡的作者死亡后第五十年的12月31日。

法人或者其他组织的作品、著作权（署名权除外）由法人或者其他组织享有的职务作品，其发表权、本法第十条第一款第（五）项至第（十七）项规定的权利的保护期为五十年，截止于作品首次发表后第五十年的12月31日，但作品自创作完成后五十年内未发表的，本法不再保护。

电影作品和以类似摄制电影的方法创作的作品、摄影作品，其发表权、本法第十条第一款第（五）项至第（十七）项规定的权利的保护期为五十年，截止于作品首次发表后第五十年的12月31日，但作品自创作完成后五十年内未发表的，本法不再保护。

26.2.4　合同法

第十条　当事人订立合同，有书面形式、口头形式和其他形式。

第十一条　书面形式是指合同书、信件和数据电文（包括电报、电传、传真、电子数据交换和电子邮件）等可以有形地表现所载内容的形式。

第十二条　合同的内容由当事人约定，一般包括以下条款：

（一）当事人的名称或者姓名和住所；

（二）标的；

（三）数量；

（四）质量；

（五）价款或者报酬；

（六）履行期限、地点和方式；

（七）违约责任；

（八）解决争议的方法。

第十四条　要约是希望和他人订立合同的意思表示，该意思表示应当符合下列规定：

（一）内容具体确定；

（二）表明经受要约人承诺，要约人即受该意思表示约束。

第十五条　要约邀请是希望他人向自己发出要约的意思表示。寄送的价目表、拍卖公告、招标公告、招股说明书、商业广告等为要约邀请。商业广告的内容符合要约规定的，视为要约。

第十六条　要约到达受要约人时生效。

采用数据电文形式订立合同，收件人指定特定系统接收数据电文的，该数据电文进入该特定系统的时间，视为到达时间；未指定特定系统的，该数据电文进入收件人的任何系统的首次时间，视为到达时间。

第二十四条　要约以信件或者电报作出的，承诺期限自信件载明的日期或者电报交发之日开始计算。信件未载明日期的，自投寄该信件的邮戳日期开始计算。要约以电话、传真等快速通讯方式作出的，承诺期限自要约到达受要约人时开始计算。

第五十二条　有下列情形之一的，合同无效：

（一）一方以欺诈、胁迫的手段订立合同，损害国家利益；

（二）恶意串通，损害国家、集体或者第三人利益；

（三）以合法形式掩盖非法目的；

（四）损害社会公共利益；

（五）违反法律、行政法规的强制性规定。

第六十一条　合同生效后，当事人就质量、价款或者报酬、履行地点等内容没有约定或者约定不明确的，可以协议补充；不能达成补充协议的，按照合同有关条款或者交易习惯确定。

第六十二条　当事人就有关合同内容约定不明确，依照本法第六十一条的规定仍不能确定的，适用下列规定：

（一）质量要求不明确的，按照国家标准、行业标准履行；没有国家标准、行业标准的，按照通常标准或者符合合同目的的特定标准履行。

（二）价款或者报酬不明确的，按照订立合同时履行地的市场价格履行；依法应当执行政府定价或者政府指导价的，按照规定履行。

（三）履行地点不明确，给付货币的，在接受货币一方所在地履行；交付不动产的，在不动产所在地履行；其他标的，在履行义务一方所在地履行。

（四）履行期限不明确的，债务人可以随时履行，债权人也可以随时要求履行，但应当给对方必要的准备时间。

（五）履行方式不明确的，按照有利于实现合同目的的方式履行。

（六）履行费用的负担不明确的，由履行义务一方负担。

第六十三条　执行政府定价或者政府指导价的，在合同约定的交付期限内政府价格调整时，按照交付时的价格计价。逾期交付标的物的，遇价格上涨时，按照原价格执行；价格下降时，按照新价格执行。逾期提取标的物或者逾期付款的，遇价格上涨时，按照新价格执行；价格下降时，按照原价格执行。

第六十八条　应当先履行债务的当事人，有确切证据证明对方有下列情形之一的，可以中止履行：

（一）经营状况严重恶化；

（二）转移财产、抽逃资金，以逃避债务；

（三）丧失商业信誉；

（四）有丧失或者可能丧失履行债务能力的其他情形。

当事人没有确切证据中止履行的，应当承担违约责任。

第七十八条　当事人对合同变更的内容约定不明确的，推定为未变更。

第九十一条　有下列情形之一的，合同的权利义务终止：

（一）债务已经按照约定履行；

（二）合同解除；

（三）债务相互抵销；

（四）债务人依法将标的物提存；

（五）债权人免除债务；
（六）债权债务同归于一人；
（七）法律规定或者当事人约定终止的其他情形。

26.2.5 招投标法实施条例

第一章　总则

第一条　为了规范招标投标活动,根据《中华人民共和国招标投标法》(以下简称招标投标法),制定本条例。

第二条　招标投标法第三条所称工程建设项目,是指工程以及与工程建设有关的货物、服务。

前款所称工程,是指建设工程,包括建筑物和构筑物的新建、改建、扩建及其相关的装修、拆除、修缮等;所称与工程建设有关的货物,是指构成工程不可分割的组成部分,且为实现工程基本功能所必需的设备、材料等;所称与工程建设有关的服务,是指为完成工程所需的勘察、设计、监理等服务。

第三条　依法必须进行招标的工程建设项目的具体范围和规模标准,由国务院发展改革部门会同国务院有关部门制订,报国务院批准后公布施行。

第四条　国务院发展改革部门指导和协调全国招标投标工作,对国家重大建设项目的工程招标投标活动实施监督检查。国务院工业和信息化、住房城乡建设、交通运输、铁道、水利、商务等部门,按照规定的职责分工对有关招标投标活动实施监督。

县级以上地方人民政府发展改革部门指导和协调本行政区域的招标投标工作。县级以上地方人民政府有关部门按照规定的职责分工,对招标投标活动实施监督,依法查处招标投标活动中的违法行为。县级以上地方人民政府对其所属部门有关招标投标活动的监督职责分工另有规定的,从其规定。

财政部门依法对实行招标投标的政府采购工程建设项目的预算执行情况和政府采购政策执行情况实施监督。

监察机关依法对与招标投标活动有关的监察对象实施监察。

第五条　设区的市级以上地方人民政府可以根据实际需要,建立统一规范的招标投标交易场所,为招标投标活动提供服务。招标投标交易场所不得与行政监督部门存在隶属关系,不得以营利为目的。

国家鼓励利用信息网络进行电子招标投标。

第六条　禁止国家工作人员以任何方式非法干涉招标投标活动。

第二章　招标

第七条　按照国家有关规定需要履行项目审批、核准手续的依法必须进行招标的项目,其招标范围、招标方式、招标组织形式应当报项目审批、核准部门审批、核准。项目审批、核准部门应当及时将审批、核准确定的招标范围、招标方式、招标组织形式通报有关行政监督部门。

第八条　国有资金占控股或者主导地位的依法必须进行招标的项目,应当公开招标;但有下列情形之一的,可以邀请招标:

（一）技术复杂、有特殊要求或者受自然环境限制，只有少量潜在投标人可供选择；

（二）采用公开招标方式的费用占项目合同金额的比例过大。

有前款第二项所列情形，属于本条例第七条规定的项目，由项目审批、核准部门在审批、核准项目时作出认定；其他项目由招标人申请有关行政监督部门作出认定。

第九条　除招标投标法第六十六条规定的可以不进行招标的特殊情况外，有下列情形之一的，可以不进行招标：

（一）需要采用不可替代的专利或者专有技术；

（二）采购人依法能够自行建设、生产或者提供；

（三）已通过招标方式选定的特许经营项目投资人依法能够自行建设、生产或者提供；

（四）需要向原中标人采购工程、货物或者服务，否则将影响施工或者功能配套要求；

（五）国家规定的其他特殊情形。

招标人为适用前款规定弄虚作假的，属于招标投标法第四条规定的规避招标。

第十条　招标投标法第十二条第二款规定的招标人具有编制招标文件和组织评标能力，是指招标人具有与招标项目规模和复杂程度相适应的技术、经济等方面的专业人员。

第十一条　招标代理机构的资格依照法律和国务院的规定由有关部门认定。

国务院住房城乡建设、商务、发展改革、工业和信息化等部门，按照规定的职责分工对招标代理机构依法实施监督管理。

第十二条　招标代理机构应当拥有一定数量的取得招标职业资格的专业人员。取得招标职业资格的具体办法由国务院人力资源社会保障部门会同国务院发展改革部门制定。

第十三条　招标代理机构在其资格许可和招标人委托的范围内开展招标代理业务，任何单位和个人不得非法干涉。

招标代理机构代理招标业务，应当遵守招标投标法和本条例关于招标人的规定。招标代理机构不得在所代理的招标项目中投标或者代理投标，也不得为所代理的招标项目的投标人提供咨询。

招标代理机构不得涂改、出租、出借、转让资格证书。

第十四条　招标人应当与被委托的招标代理机构签订书面委托合同，合同约定的收费标准应当符合国家有关规定。

第十五条　公开招标的项目，应当依照招标投标法和本条例的规定发布招标公告、编制招标文件。

招标人采用资格预审办法对潜在投标人进行资格审查的，应当发布资格预审公告、编制资格预审文件。

依法必须进行招标的项目的资格预审公告和招标公告，应当在国务院发展改革部门依法指定的媒介发布。在不同媒介发布的同一招标项目的资格预审公告或者招标公告的内容应当一致。指定媒介发布依法必须进行招标的项目的境内资格预审公告、招标公告，不得收取费用。

编制依法必须进行招标的项目的资格预审文件和招标文件，应当使用国务院发展改革部门会同有关行政监督部门制定的标准文本。

第十六条　招标人应当按照资格预审公告、招标公告或者投标邀请书规定的时间、地点发售资格预审文件或者招标文件。资格预审文件或者招标文件的发售期不得少于5日。

招标人发售资格预审文件、招标文件收取的费用应当限于补偿印刷、邮寄的成本支出，不得以营利为目的。

第十七条　招标人应当合理确定提交资格预审申请文件的时间。依法必须进行招标的项目提交资格预审申请文件的时间，自资格预审文件停止发售之日起不得少于5日。

第十八条　资格预审应当按照资格预审文件载明的标准和方法进行。

国有资金占控股或者主导地位的依法必须进行招标的项目，招标人应当组建资格审查委员会审查资格预审申请文件。资格审查委员会及其成员应当遵守招标投标法和本条例有关评标委员会及其成员的规定。

第十九条　资格预审结束后，招标人应当及时向资格预审申请人发出资格预审结果通知书。未通过资格预审的申请人不具有投标资格。

通过资格预审的申请人少于3个的，应当重新招标。

第二十条　招标人采用资格后审办法对投标人进行资格审查的，应当在开标后由评标委员会按照招标文件规定的标准和方法对投标人的资格进行审查。

第二十一条　招标人可以对已发出的资格预审文件或者招标文件进行必要的澄清或者修改。澄清或者修改的内容可能影响资格预审申请文件或者投标文件编制的，招标人应当在提交资格预审申请文件截止时间至少3日前，或者投标截止时间至少15日前，以书面形式通知所有获取资格预审文件或者招标文件的潜在投标人；不足3日或者15日的，招标人应当顺延提交资格预审申请文件或者投标文件的截止时间。

第二十二条　潜在投标人或者其他利害关系人对资格预审文件有异议的，应当在提交资格预审申请文件截止时间2日前提出；对招标文件有异议的，应当在投标截止时间10日前提出。招标人应当自收到异议之日起3日内作出答复；作出答复前，应当暂停招标投标活动。

第二十三条　招标人编制的资格预审文件、招标文件的内容违反法律、行政法规的强制性规定，违反公开、公平、公正和诚实信用原则，影响资格预审结果或者潜在投标人投标的，依法必须进行招标的项目的招标人应当在修改资格预审文件或者招标文件后重新招标。

第二十四条　招标人对招标项目划分标段的，应当遵守招标投标法的有关规定，不得利用划分标段限制或者排斥潜在投标人。依法必须进行招标的项目的招标人不得利用划分标段规避招标。

第二十五条　招标人应当在招标文件中载明投标有效期。投标有效期从提交投标文件的截止之日起算。

第二十六条　招标人在招标文件中要求投标人提交投标保证金的，投标保证金不得超过招标项目估算价的2%。投标保证金有效期应当与投标有效期一致。

依法必须进行招标的项目的境内投标单位，以现金或者支票形式提交的投标保证金应当从其基本账户转出。

招标人不得挪用投标保证金。

第二十七条　招标人可以自行决定是否编制标底。一个招标项目只能有一个标底。标底必须保密。

接受委托编制标底的中介机构不得参加受托编制标底项目的投标，也不得为该项目的投标人编制投标文件或者提供咨询。

招标人设有最高投标限价的，应当在招标文件中明确最高投标限价或者最高投标限价的计算方法。招标人不得规定最低投标限价。

第二十八条　招标人不得组织单个或者部分潜在投标人踏勘项目现场。

第二十九条　招标人可以依法对工程以及与工程建设有关的货物、服务全部或者部分实行总承包招标。以暂估价形式包括在总承包范围内的工程、货物、服务属于依法必须进行招标的项目范围且达到国家规定规模标准的，应当依法进行招标。

前款所称暂估价，是指总承包招标时不能确定价格而由招标人在招标文件中暂时估定的工程、货物、服务的金额。

第三十条　对技术复杂或者无法精确拟定技术规格的项目，招标人可以分两阶段进行招标。

第一阶段，投标人按照招标公告或者投标邀请书的要求提交不带报价的技术建议，招标人根据投标人提交的技术建议确定技术标准和要求，编制招标文件。

第二阶段，招标人向在第一阶段提交技术建议的投标人提供招标文件，投标人按照招标文件的要求提交包括最终技术方案和投标报价的投标文件。

招标人要求投标人提交投标保证金的，应当在第二阶段提出。

第三十一条　招标人终止招标的，应当及时发布公告，或者以书面形式通知被邀请的或者已经获取资格预审文件、招标文件的潜在投标人。已经发售资格预审文件、招标文件或者已经收取投标保证金的，招标人应当及时退还所收取的资格预审文件、招标文件的费用，以及所收取的投标保证金及银行同期存款利息。

第三十二条　招标人不得以不合理的条件限制、排斥潜在投标人或者投标人。

招标人有下列行为之一的，属于以不合理条件限制、排斥潜在投标人或者投标人：

（一）就同一招标项目向潜在投标人或者投标人提供有差别的项目信息；

（二）设定的资格、技术、商务条件与招标项目的具体特点和实际需要不相适应或者与合同履行无关；

（三）依法必须进行招标的项目以特定行政区域或者特定行业的业绩、奖项作为加分条件或者中标条件；

（四）对潜在投标人或者投标人采取不同的资格审查或者评标标准；

（五）限定或者指定特定的专利、商标、品牌、原产地或者供应商；

（六）依法必须进行招标的项目非法限定潜在投标人或者投标人的所有制形式或者组织形式；

（七）以其他不合理条件限制、排斥潜在投标人或者投标人。

第三章　投标

第三十三条　投标人参加依法必须进行招标的项目的投标，不受地区或者部门的限制，任何单位和个人不得非法干涉。

第三十四条　与招标人存在利害关系可能影响招标公正性的法人、其他组织或者个人，不得参加投标。

单位负责人为同一人或者存在控股、管理关系的不同单位，不得参加同一标段投标或者未划分标段的同一招标项目投标。

违反前两款规定的，相关投标均无效。

第三十五条　投标人撤回已提交的投标文件，应当在投标截止时间前书面通知招标人。招标人已收取投标保证金的，应当自收到投标人书面撤回通知之日起5日内退还。

投标截止后投标人撤销投标文件的，招标人可以不退还投标保证金。

第三十六条　未通过资格预审的申请人提交的投标文件，以及逾期送达或者不按照招标文件要求密封的投标文件，招标人应当拒收。

招标人应当如实记载投标文件的送达时间和密封情况，并存档备查。

第三十七条　招标人应当在资格预审公告、招标公告或者投标邀请书中载明是否接受联合体投标。

招标人接受联合体投标并进行资格预审的，联合体应当在提交资格预审申请文件前组成。资格预审后联合体增减、更换成员的，其投标无效。

联合体各方在同一招标项目中以自己名义单独投标或者参加其他联合体投标的，相关投标均无效。

第三十八条　投标人发生合并、分立、破产等重大变化的，应当及时书面告知招标人。投标人不再具备资格预审文件、招标文件规定的资格条件或者其投标影响招标公正性的，其投标无效。

第三十九条　禁止投标人相互串通投标。

有下列情形之一的，属于投标人相互串通投标：

（一）投标人之间协商投标报价等投标文件的实质性内容；

（二）投标人之间约定中标人；

（三）投标人之间约定部分投标人放弃投标或者中标；

（四）属于同一集团、协会、商会等组织成员的投标人按照该组织要求协同投标；

（五）投标人之间为谋取中标或者排斥特定投标人而采取的其他联合行动。

第四十条　有下列情形之一的，视为投标人相互串通投标：

（一）不同投标人的投标文件由同一单位或者个人编制；

（二）不同投标人委托同一单位或者个人办理投标事宜；

（三）不同投标人的投标文件载明的项目管理成员为同一人；

（四）不同投标人的投标文件异常一致或者投标报价呈规律性差异；

（五）不同投标人的投标文件相互混装；

（六）不同投标人的投标保证金从同一单位或者个人的账户转出。

第四十一条　禁止招标人与投标人串通投标。

有下列情形之一的，属于招标人与投标人串通投标：

（一）招标人在开标前开启投标文件并将有关信息泄露给其他投标人；

（二）招标人直接或者间接向投标人泄露标底、评标委员会成员等信息；

（三）招标人明示或者暗示投标人压低或者抬高投标报价；

（四）招标人授意投标人撤换、修改投标文件；

（五）招标人明示或者暗示投标人为特定投标人中标提供方便；

（六）招标人与投标人为谋求特定投标人中标而采取的其他串通行为。

第四十二条　使用通过受让或者租借等方式获取的资格、资质证书投标的，属于招标投标法第三十三条规定的以他人名义投标。

投标人有下列情形之一的，属于招标投标法第三十三条规定的以其他方式弄虚作假的行为：

（一）使用伪造、变造的许可证件；

（二）提供虚假的财务状况或者业绩；

（三）提供虚假的项目负责人或者主要技术人员简历、劳动关系证明；

（四）提供虚假的信用状况；

（五）其他弄虚作假的行为。

第四十三条　提交资格预审申请文件的申请人应当遵守招标投标法和本条例有关投标人的规定。

第四章　开标、评标和中标

第四十四条　招标人应当按照招标文件规定的时间、地点开标。

投标人少于3个的，不得开标；招标人应当重新招标。

投标人对开标有异议的，应当在开标现场提出，招标人应当当场作出答复，并制作记录。

第四十五条　国家实行统一的评标专家专业分类标准和管理办法。具体标准和办法由国务院发展改革部门会同国务院有关部门制定。

省级人民政府和国务院有关部门应当组建综合评标专家库。

第四十六条　除招标投标法第三十七条第三款规定的特殊招标项目外，依法必须进行招标的项目，其评标委员会的专家成员应当从评标专家库内相关专业的专家名单中以随机抽取方式确定。任何单位和个人不得以明示、暗示等任何方式指定或者变相指定参加评标委员会的专家成员。

依法必须进行招标的项目的招标人非因招标投标法和本条例规定的事由，不得更换依法确定的评标委员会成员。更换评标委员会的专家成员应当依照前款规定进行。

评标委员会成员与投标人有利害关系的，应当主动回避。

有关行政监督部门应当按照规定的职责分工，对评标委员会成员的确定方式、评标专家的抽取和评标活动进行监督。行政监督部门的工作人员不得担任本部门负责监督项目的评标委员会成员。

第四十七条　招标投标法第三十七条第三款所称特殊招标项目，是指技术复杂、专业性强或者国家有特殊要求，采取随机抽取方式确定的专家难以保证胜任评标工作的项目。

第四十八条　招标人应当向评标委员会提供评标所必需的信息，但不得明示或者暗示其倾向或者排斥特定投标人。

招标人应当根据项目规模和技术复杂程度等因素合理确定评标时间。超过三分之一的评标委员会成员认为评标时间不够的，招标人应当适当延长。

评标过程中，评标委员会成员有回避事由、擅离职守或者因健康等原因不能继续评标的，应当及时更换。被更换的评标委员会成员作出的评审结论无效，由更换后的评标委员会成员重新进行评审。

第四十九条　评标委员会成员应当依照招标投标法和本条例的规定，按照招标文件规定的评标标准和方法，客观、公正地对投标文件提出评审意见。招标文件没有规定的评标标准和方法不得作为评标的依据。

评标委员会成员不得私下接触投标人，不得收受投标人给予的财物或者其他好处，不得向招标人征询确定中标人的意向，不得接受任何单位或者个人明示或者暗示提出的倾向或者排斥特定投标人的要求，不得有其他不客观、不公正履行职务的行为。

第五十条　招标项目设有标底的，招标人应当在开标时公布。标底只能作为评标的参考，不得以投标报价是否接近标底作为中标条件，也不得以投标报价超过标底上下浮动范围作为否决投标的条件。

第五十一条　有下列情形之一的，评标委员会应当否决其投标：

（一）投标文件未经投标单位盖章和单位负责人签字；

（二）投标联合体没有提交共同投标协议；

（三）投标人不符合国家或者招标文件规定的资格条件；

（四）同一投标人提交两个以上不同的投标文件或者投标报价，但招标文件要求提交备选投标的除外；

（五）投标报价低于成本或者高于招标文件设定的最高投标限价；

（六）投标文件没有对招标文件的实质性要求和条件作出响应；

（七）投标人有串通投标、弄虚作假、行贿等违法行为。

第五十二条　投标文件中有含义不明确的内容、明显文字或者计算错误，评标委员会认为需要投标人作出必要澄清、说明的，应当书面通知该投标人。投标人的澄清、说明应当采用书面形式，并不得超出投标文件的范围或者改变投标文件的实质性内容。

评标委员会不得暗示或者诱导投标人作出澄清、说明，不得接受投标人主动提出的澄清、说明。

第五十三条　评标完成后，评标委员会应当向招标人提交书面评标报告和中标候选人名单。中标候选人应当不超过3个，并标明排序。

评标报告应当由评标委员会全体成员签字。对评标结果有不同意见的评标委员会成员应当以书面形式说明其不同意见和理由，评标报告应当注明该不同意见。评标委员会成员拒绝在评标报告上签字又不书面说明其不同意见和理由的，视为同意评标结果。

第五十四条　依法必须进行招标的项目，招标人应当自收到评标报告之日起3日内公示中标候选人，公示期不得少于3日。

投标人或者其他利害关系人对依法必须进行招标的项目的评标结果有异议的，应当在中标候选人公示期间提出。招标人应当自收到异议之日起3日内作出答复；作出答复前，应当暂停招标投标活动。

第五十五条　国有资金占控股或者主导地位的依法必须进行招标的项目，招标人应当确定排名第一的中标候选人为中标人。排名第一的中标候选人放弃中标、因不可抗力不能履行合同、不按照招标文件要求提交履约保证金，或者被查实存在影响中标结果的违法行为等情形，不符合中标条件的，招标人可以按照评标委员会提出的中标候选人名单排序依次确定其他中标候选人为中标人，也可以重新招标。

第五十六条　中标候选人的经营、财务状况发生较大变化或者存在违法行为，招标人认为可能影响其履约能力的，应当在发出中标通知书前由原评标委员会按照招标文件规定的标准和方法审查确认。

第五十七条　招标人和中标人应当依照招标投标法和本条例的规定签订书面合同，合同的标的、价款、质量、履行期限等主要条款应当与招标文件和中标人的投标文件的内容一致。招标人和中标人不得再行订立背离合同实质性内容的其他协议。

招标人最迟应当在书面合同签订后 5 日内向中标人和未中标的投标人退还投标保证金及银行同期存款利息。

第五十八条　招标文件要求中标人提交履约保证金的，中标人应当按照招标文件的要求提交。履约保证金不得超过中标合同金额的 10%。

第五十九条　中标人应当按照合同约定履行义务，完成中标项目。中标人不得向他人转让中标项目，也不得将中标项目肢解后分别向他人转让。

中标人按照合同约定或者经招标人同意，可以将中标项目的部分非主体、非关键性工作分包给他人完成。接受分包的人应当具备相应的资格条件，并不得再次分包。

中标人应当就分包项目向招标人负责，接受分包的人就分包项目承担连带责任。

第五章　投诉与处理

第六十条　投标人或者其他利害关系人认为招标投标活动不符合法律、行政法规规定的，可以自知道或者应当知道之日起 10 日内向有关行政监督部门投诉。投诉应当有明确的请求和必要的证明材料。

就本条例第二十二条、第四十四条、第五十四条规定事项投诉的，应当先向招标人提出异议，异议答复期间不计算在前款规定的期限内。

第六十一条　投诉人就同一事项向两个以上有权受理的行政监督部门投诉的，由最先收到投诉的行政监督部门负责处理。

行政监督部门应当自收到投诉之日起 3 个工作日内决定是否受理投诉，并自受理投诉之日起 30 个工作日内作出书面处理决定；需要检验、检测、鉴定、专家评审的，所需时间不计算在内。

投诉人捏造事实、伪造材料或者以非法手段取得证明材料进行投诉的，行政监督部门应当予以驳回。

第六十二条　行政监督部门处理投诉，有权查阅、复制有关文件、资料，调查有关情况，相关单位和人员应当予以配合。必要时，行政监督部门可以责令暂停招标投标活动。

行政监督部门的工作人员对监督检查过程中知悉的国家秘密、商业秘密，应当依法予以保密。

26.2.6　政府采购法实施条例

第一章　总则

第一条　根据《中华人民共和国政府采购法》（以下简称政府采购法），制定本条例。

第二条　政府采购法第二条所称财政性资金是指纳入预算管理的资金。

以财政性资金作为还款来源的借贷资金，视同财政性资金。

国家机关、事业单位和团体组织的采购项目既使用财政性资金又使用非财政性资金的，使用财政性资金采购的部分，适用政府采购法及本条例；财政性资金与非财政性资金无法分割采购的，统一适用政府采购法及本条例。

政府采购法第二条所称服务，包括政府自身需要的服务和政府向社会公众提供的公共服务。

第三条　集中采购目录包括集中采购机构采购项目和部门集中采购项目。

技术、服务等标准统一，采购人普遍使用的项目，列为集中采购机构采购项目；采购人本部门、本系统基于业务需要有特殊要求，可以统一采购的项目，列为部门集中采购项目。

第四条　政府采购法所称集中采购，是指采购人将列入集中采购目录的项目委托集中采购机构代理采购或者进行部门集中采购的行为；所称分散采购，是指采购人将采购限额标准以上的未列入集中采购目录的项目自行采购或者委托采购代理机构代理采购的行为。

第五条　省、自治区、直辖市人民政府或者其授权的机构根据实际情况，可以确定分别适用于本行政区域省级、设区的市级、县级的集中采购目录和采购限额标准。

第六条　国务院财政部门应当根据国家的经济和社会发展政策，会同国务院有关部门制定政府采购政策，通过制定采购需求标准、预留采购份额、价格评审优惠、优先采购等措施，实现节约能源、保护环境、扶持不发达地区和少数民族地区、促进中小企业发展等目标。

第七条　政府采购工程以及与工程建设有关的货物、服务，采用招标方式采购的，适用《中华人民共和国招标投标法》及其实施条例；采用其他方式采购的，适用政府采购法及本条例。

前款所称工程，是指建设工程，包括建筑物和构筑物的新建、改建、扩建及其相关的装修、拆除、修缮等；所称与工程建设有关的货物，是指构成工程不可分割的组成部分，且为实现工程基本功能所必需的设备、材料等；所称与工程建设有关的服务，是指为完成工程所需的勘察、设计、监理等服务。

政府采购工程以及与工程建设有关的货物、服务，应当执行政府采购政策。

第八条　政府采购项目信息应当在省级以上人民政府财政部门指定的媒体上发布。采购项目预算金额达到国务院财政部门规定标准的，政府采购项目信息应当在国务院财政部门指定的媒体上发布。

第九条　在政府采购活动中，采购人员及相关人员与供应商有下列利害关系之一的，应当回避：

（一）参加采购活动前3年内与供应商存在劳动关系；

（二）参加采购活动前3年内担任供应商的董事、监事；

（三）参加采购活动前3年内是供应商的控股股东或者实际控制人；

（四）与供应商的法定代表人或者负责人有夫妻、直系血亲、三代以内旁系血亲或者近姻亲关系；

（五）与供应商有其他可能影响政府采购活动公平、公正进行的关系。

供应商认为采购人员及相关人员与其他供应商有利害关系的，可以向采购人或者采购代理机构书面提出回避申请，并说明理由。采购人或者采购代理机构应当及时询问被申请回避人员，有利害关系的被申请回避人员应当回避。

第十条　国家实行统一的政府采购电子交易平台建设标准,推动利用信息网络进行电子化政府采购活动。

第二章　政府采购当事人

第十一条　采购人在政府采购活动中应当维护国家利益和社会公共利益,公正廉洁,诚实守信,执行政府采购政策,建立政府采购内部管理制度,厉行节约,科学合理确定采购需求。

采购人不得向供应商索要或者接受其给予的赠品、回扣或者与采购无关的其他商品、服务。

第十二条　政府采购法所称采购代理机构,是指集中采购机构和集中采购机构以外的采购代理机构。

集中采购机构是设区的市级以上人民政府依法设立的非营利事业法人,是代理集中采购项目的执行机构。集中采购机构应当根据采购人委托制定集中采购项目的实施方案,明确采购规程,组织政府采购活动,不得将集中采购项目转委托。集中采购机构以外的采购代理机构,是从事采购代理业务的社会中介机构。

第十三条　采购代理机构应当建立完善的政府采购内部监督管理制度,具备开展政府采购业务所需的评审条件和设施。

采购代理机构应当提高确定采购需求,编制招标文件、谈判文件、询价通知书,拟订合同文本和优化采购程序的专业化服务水平,根据采购人委托在规定的时间内及时组织采购人与中标或者成交供应商签订政府采购合同,及时协助采购人对采购项目进行验收。

第十四条　采购代理机构不得以不正当手段获取政府采购代理业务,不得与采购人、供应商恶意串通操纵政府采购活动。

采购代理机构工作人员不得接受采购人或者供应商组织的宴请、旅游、娱乐,不得收受礼品、现金、有价证券等,不得向采购人或者供应商报销应当由个人承担的费用。

第十五条　采购人、采购代理机构应当根据政府采购政策、采购预算、采购需求编制采购文件。

采购需求应当符合法律法规以及政府采购政策规定的技术、服务、安全等要求。政府向社会公众提供的公共服务项目,应当就确定采购需求征求社会公众的意见。除因技术复杂或者性质特殊,不能确定详细规格或者具体要求外,采购需求应当完整、明确。必要时,应当就确定采购需求征求相关供应商、专家的意见。

第十六条　政府采购法第二十条规定的委托代理协议,应当明确代理采购的范围、权限和期限等具体事项。

采购人和采购代理机构应当按照委托代理协议履行各自义务,采购代理机构不得超越代理权限。

第十七条　参加政府采购活动的供应商应当具备政府采购法第二十二条第一款规定的条件,提供下列材料:

(一)法人或者其他组织的营业执照等证明文件,自然人的身份证明;

(二)财务状况报告,依法缴纳税收和社会保障资金的相关材料;

(三)具备履行合同所必需的设备和专业技术能力的证明材料;

（四）参加政府采购活动前 3 年内在经营活动中没有重大违法记录的书面声明；

（五）具备法律、行政法规规定的其他条件的证明材料。

采购项目有特殊要求的，供应商还应当提供其符合特殊要求的证明材料或者情况说明。

第十八条　单位负责人为同一人或者存在直接控股、管理关系的不同供应商，不得参加同一合同项下的政府采购活动。

除单一来源采购项目外，为采购项目提供整体设计、规范编制或者项目管理、监理、检测等服务的供应商，不得再参加该采购项目的其他采购活动。

第十九条　政府采购法第二十二条第一款第五项所称重大违法记录，是指供应商因违法经营受到刑事处罚或者责令停产停业、吊销许可证或者执照、较大数额罚款等行政处罚。

供应商在参加政府采购活动前 3 年内因违法经营被禁止在一定期限内参加政府采购活动，期限届满的，可以参加政府采购活动。

第二十条　采购人或者采购代理机构有下列情形之一的，属于以不合理的条件对供应商实行差别待遇或者歧视待遇：

（一）就同一采购项目向供应商提供有差别的项目信息；

（二）设定的资格、技术、商务条件与采购项目的具体特点和实际需要不相适应或者与合同履行无关；

（三）采购需求中的技术、服务等要求指向特定供应商、特定产品；

（四）以特定行政区域或者特定行业的业绩、奖项作为加分条件或者中标、成交条件；

（五）对供应商采取不同的资格审查或者评审标准；

（六）限定或者指定特定的专利、商标、品牌或者供应商；

（七）非法限定供应商的所有制形式、组织形式或者所在地；

（八）以其他不合理条件限制或者排斥潜在供应商。

第二十一条　采购人或者采购代理机构对供应商进行资格预审的，资格预审公告应当在省级以上人民政府财政部门指定的媒体上发布。已进行资格预审的，评审阶段可以不再对供应商资格进行审查。资格预审合格的供应商在评审阶段资格发生变化的，应当通知采购人和采购代理机构。

资格预审公告应当包括采购人和采购项目名称、采购需求、对供应商的资格要求以及供应商提交资格预审申请文件的时间和地点。提交资格预审申请文件的时间自公告发布之日起不得少于 5 个工作日。

第二十二条　联合体中有同类资质的供应商按照联合体分工承担相同工作的，应当按照资质等级较低的供应商确定资质等级。

以联合体形式参加政府采购活动的，联合体各方不得再单独参加或者与其他供应商另外组成联合体参加同一合同项下的政府采购活动。

第三章　政府采购方式

第二十三条　采购人采购公开招标数额标准以上的货物或者服务，符合政府采购法第二十九条、第三十条、第三十一条、第三十二条规定情形或者有需要执行政府采购政策等特殊情况的，经设区的市级以上人民政府财政部门批准，可以依法采用公开招标以外的采购方式。

第二十四条　列入集中采购目录的项目,适合实行批量集中采购的,应当实行批量集中采购,但紧急的小额零星货物项目和有特殊要求的服务、工程项目除外。

第二十五条　政府采购工程依法不进行招标的,应当依照政府采购法和本条例规定的竞争性谈判或者单一来源采购方式采购。

第二十六条　政府采购法第三十条第三项规定的情形,应当是采购人不可预见的或者非因采购人拖延导致的；第四项规定的情形,是指因采购艺术品或者因专利、专有技术或者因服务的时间、数量事先不能确定等导致不能事先计算出价格总额。

第二十七条　政府采购法第三十一条第一项规定的情形,是指因货物或者服务使用不可替代的专利、专有技术,或者公共服务项目具有特殊要求,导致只能从某一特定供应商处采购。

第二十八条　在一个财政年度内,采购人将一个预算项目下的同一品目或者类别的货物、服务采用公开招标以外的方式多次采购,累计资金数额超过公开招标数额标准的,属于以化整为零方式规避公开招标,但项目预算调整或者经批准采用公开招标以外方式采购除外。

第四章　政府采购程序

第二十九条　采购人应当根据集中采购目录、采购限额标准和已批复的部门预算编制政府采购实施计划,报本级人民政府财政部门备案。

第三十条　采购人或者采购代理机构应当在招标文件、谈判文件、询价通知书中公开采购项目预算金额。

第三十一条　招标文件的提供期限自招标文件开始发出之日起不得少于5个工作日。

采购人或者采购代理机构可以对已发出的招标文件进行必要的澄清或者修改。澄清或者修改的内容可能影响投标文件编制的,采购人或者采购代理机构应当在投标截止时间至少15日前,以书面形式通知所有获取招标文件的潜在投标人；不足15日的,采购人或者采购代理机构应当顺延提交投标文件的截止时间。

第三十二条　采购人或者采购代理机构应当按照国务院财政部门制定的招标文件标准文本编制招标文件。

招标文件应当包括采购项目的商务条件、采购需求、投标人的资格条件、投标报价要求、评标方法、评标标准以及拟签订的合同文本等。

第三十三条　招标文件要求投标人提交投标保证金的,投标保证金不得超过采购项目预算金额的2%。投标保证金应当以支票、汇票、本票或者金融机构、担保机构出具的保函等非现金形式提交。投标人未按照招标文件要求提交投标保证金的,投标无效。

采购人或者采购代理机构应当自中标通知书发出之日起5个工作日内退还未中标供应商的投标保证金,自政府采购合同签订之日起5个工作日内退还中标供应商的投标保证金。

竞争性谈判或者询价采购中要求参加谈判或者询价的供应商提交保证金的,参照前两款的规定执行。

第三十四条　政府采购招标评标方法分为最低评标价法和综合评分法。

最低评标价法,是指投标文件满足招标文件全部实质性要求且投标报价最低的供应商为中标候选人的评标方法。综合评分法,是指投标文件满足招标文件全部实质性要求且按照评审因素的量化指标评审得分最高的供应商为中标候选人的评标方法。

技术、服务等标准统一的货物和服务项目，应当采用最低评标价法。

采用综合评分法的，评审标准中的分值设置应当与评审因素的量化指标相对应。

招标文件中没有规定的评标标准不得作为评审的依据。

第三十五条　谈判文件不能完整、明确列明采购需求，需要由供应商提供最终设计方案或者解决方案的，在谈判结束后，谈判小组应当按照少数服从多数的原则投票推荐3家以上供应商的设计方案或者解决方案，并要求其在规定时间内提交最后报价。

第三十六条　询价通知书应当根据采购需求确定政府采购合同条款。在询价过程中，询价小组不得改变询价通知书所确定的政府采购合同条款。

第三十七条　政府采购法第三十八条第五项、第四十条第四项所称质量和服务相等，是指供应商提供的产品质量和服务均能满足采购文件规定的实质性要求。

第三十八条　达到公开招标数额标准，符合政府采购法第三十一条第一项规定情形，只能从唯一供应商处采购的，采购人应当将采购项目信息和唯一供应商名称在省级以上人民政府财政部门指定的媒体上公示，公示期不得少于5个工作日。

第三十九条　除国务院财政部门规定的情形外，采购人或者采购代理机构应当从政府采购评审专家库中随机抽取评审专家。

第四十条　政府采购评审专家应当遵守评审工作纪律，不得泄露评审文件、评审情况和评审中获悉的商业秘密。

评标委员会、竞争性谈判小组或者询价小组在评审过程中发现供应商有行贿、提供虚假材料或者串通等违法行为的，应当及时向财政部门报告。

政府采购评审专家在评审过程中受到非法干预的，应当及时向财政、监察等部门举报。

第四十一条　评标委员会、竞争性谈判小组或者询价小组成员应当按照客观、公正、审慎的原则，根据采购文件规定的评审程序、评审方法和评审标准进行独立评审。采购文件内容违反国家有关强制性规定的，评标委员会、竞争性谈判小组或者询价小组应当停止评审并向采购人或者采购代理机构说明情况。

评标委员会、竞争性谈判小组或者询价小组成员应当在评审报告上签字，对自己的评审意见承担法律责任。对评审报告有异议的，应当在评审报告上签署不同意见，并说明理由，否则视为同意评审报告。

第四十二条　采购人、采购代理机构不得向评标委员会、竞争性谈判小组或者询价小组的评审专家作倾向性、误导性的解释或者说明。

第四十三条　采购代理机构应当自评审结束之日起2个工作日内将评审报告送交采购人。采购人应当自收到评审报告之日起5个工作日内在评审报告推荐的中标或者成交候选人中按顺序确定中标或者成交供应商。

采购人或者采购代理机构应当自中标、成交供应商确定之日起2个工作日内，发出中标、成交通知书，并在省级以上人民政府财政部门指定的媒体上公告中标、成交结果，招标文件、竞争性谈判文件、询价通知书随中标、成交结果同时公告。

中标、成交结果公告内容应当包括采购人和采购代理机构的名称、地址、联系方式，项目名称和项目编号，中标或者成交供应商名称、地址和中标或者成交金额，主要中标或者成交标的的名称、规格型号、数量、单价、服务要求以及评审专家名单。

第四十四条　除国务院财政部门规定的情形外，采购人、采购代理机构不得以任何理由组织重新评审。采购人、采购代理机构按照国务院财政部门的规定组织重新评审的，应当书面报告本级人民政府财政部门。

采购人或者采购代理机构不得通过对样品进行检测、对供应商进行考查等方式改变评审结果。

第四十五条　采购人或者采购代理机构应当按照政府采购合同规定的技术、服务、安全标准组织对供应商履约情况进行验收，并出具验收书。验收书应当包括每一项技术、服务、安全标准的履约情况。

政府向社会公众提供的公共服务项目，验收时应当邀请服务对象参与并出具意见，验收结果应当向社会公告。

第四十六条　政府采购法第四十二条规定的采购文件，可以用电子档案方式保存。

第五章　政府采购合同

第四十七条　国务院财政部门应当会同国务院有关部门制定政府采购合同标准文本。

第四十八条　采购文件要求中标或者成交供应商提交履约保证金的，供应商应当以支票、汇票、本票或者金融机构、担保机构出具的保函等非现金形式提交。履约保证金的数额不得超过政府采购合同金额的10%。

第四十九条　中标或者成交供应商拒绝与采购人签订合同的，采购人可以按照评审报告推荐的中标或者成交候选人名单排序，确定下一候选人为中标或者成交供应商，也可以重新开展政府采购活动。

第五十条　采购人应当自政府采购合同签订之日起2个工作日内，将政府采购合同在省级以上人民政府财政部门指定的媒体上公告，但政府采购合同中涉及国家秘密、商业秘密的内容除外。

第五十一条　采购人应当按照政府采购合同规定，及时向中标或者成交供应商支付采购资金。政府采购项目资金支付程序，按照国家有关财政资金支付管理的规定执行。

第六章　质疑与投诉

第五十二条　采购人或者采购代理机构应当在 3 个工作日内对供应商依法提出的询问作出答复。

供应商提出的询问或者质疑超出采购人对采购代理机构委托授权范围的，采购代理机构应当告知供应商向采购人提出。

政府采购评审专家应当配合采购人或者采购代理机构答复供应商的询问和质疑。

第五十三条　政府采购法第五十二条规定的供应商应知其权益受到损害之日，是指：

（一）对可以质疑的采购文件提出质疑的，为收到采购文件之日或者采购文件公告期限届满之日；

（二）对采购过程提出质疑的，为各采购程序环节结束之日；

（三）对中标或者成交结果提出质疑的，为中标或者成交结果公告期限届满之日。

第五十四条　询问或者质疑事项可能影响中标、成交结果的，采购人应当暂停签订合同，已经签订合同的，应当中止履行合同。

第五十五条　供应商质疑、投诉应当有明确的请求和必要的证明材料。供应商投诉的事项不得超出已质疑事项的范围。

第五十六条　财政部门处理投诉事项采用书面审查的方式，必要时可以进行调查取证或者组织质证。

对财政部门依法进行的调查取证，投诉人和与投诉事项有关的当事人应当如实反映情况，并提供相关材料。

第五十七条　投诉人捏造事实、提供虚假材料或者以非法手段取得证明材料进行投诉的，财政部门应当予以驳回。

财政部门受理投诉后，投诉人书面申请撤回投诉的，财政部门应当终止投诉处理程序。

第五十八条　财政部门处理投诉事项，需要检验、检测、鉴定、专家评审以及需要投诉人补正材料的，所需时间不计算在投诉处理期限内。

财政部门对投诉事项作出的处理决定，应当在省级以上人民政府财政部门指定的媒体上公告。

26.2.7　标准规范

根据标准制定机构和适用范围的不同，可分为国际标准、国家标准、行业标准、区域/地方标准和企业标准；根据类型划分，又可以分为强制性标准和推荐性标准。

一、国际标准：是指国际标准化组织（ISO）、国际电工委员会（IEC）和国际电信联盟（ITU）制定的标准，以及国际标准化组织确认并公布的其他国际组织制定的标准。国际标准在世界范围内统一使用，提供各国参考。

二、国家标准：是指由国家标准化主管机构制定或批准发布，在全国范围内统一适用的标准。比如：GB 为中华人民共和国国家标准；强制性国家标准代号为 GB，推荐性国家标准代号为 GB/T，国家标准指导性文件代号为 GB/Z，国军标代号为 GJB。

ANSI（American National Standards Institute）为美国国家标准协会标准。

三、行业标准：是由某个行业机构、团体等制定的，适用于某个特定行业业务领域的标准。比如：IEEE 为美国电气电子工程师学会标准；GA 为公共安全标准；YD 为通信行业标准。

四、区域/地方标准：是由某一区域/地方内的标准化主管机构制定、批准发布的，适用于某个特定区域/地方的标准。比如：EN 为欧洲标准。

五、企业标准：是企业范围内根据需要协调、统一的技术要求、管理要求和工作要求所制定的标准，适用于本企业内部的标准。一般以 Q 字开头，比如 Q/320101 RER 007－2012，其中 320101 代表地区，RER 代表企业名称代号，007 代表该企业该标准的序号，2012 代表年号。

《中华人民共和国标准化法》规定：企业标准须报当地政府标准化行政主管部门和有关行政主管部门备案。已有国家标准或者行业标准的，国家鼓励企业制定严于国家标准或者行业标准的企业标准，在企业内部适用。

26.2.8 软件工程标准规范

一、《信息技术 软件工程术语》(GB/T 11457-2006)

- **抽象**：对某一问题的概括，它抽取与某一特定目标相关的本质内容而忽略其非本质内容。
- **验收准则**：系统或部件必须满足的准则，其目的是使用户、客户或其他授权实体能够予以接受。
- **验收测试**：确定一系统是否符合其验收准则，使客户能确定是否接收此系统的正式测试。
- **活动**：一个过程的组成元素。对基线的变更要经有关机构的正式批准。
- **活动图**：用于对涉及一个或多个类目的进程建模的状态机的一种特例。
- **适应性**：使不同的系统约束条件和用户需求得到满足的容易程度。
- **关联**：规定其实例件连接的多个类目之间的语义联系。
- **审计**：为评估工作产品或工作产品集是否符合软件需求、规格说明、基线、标准、过程、指令、代码以及合同和特殊要求而进行的一种独立检查。
- **可用性**：软件（系统或部件）在投入使用时可操作和可访问的程度或能实现其指定的系统功能的概率。
- **基线**：业已经过正式审核与同意，可用作下一步开发的基础，并且只有通过正式的修改管理工程方能加以修改的规格说明或产品。在配置项目生存周期的某一特定时间内，正式制定或固定下来的配置标识文件和这一组这样的文件。基线加上根据这些基线批准同意的改动构成了当前配置标识。对于配置管理，有三种基线：功能基线（最初通过的功能配置）、分配基线（最初通过的分配的配置）、产品基线（最初通过的或有条件地通过的产品配置）。
- **边界值**：相应于为系统或部件规定的最小或最大的输入、内部、输出的数据值。
- **代码审计**：由某人、某小组、或借助某种工具对源代码进行的审查，其目的是验证其是否符合软件设计文件和程序设计标准，还可能对正确性和有效性进行估计。
- **代码评审**：把软件代码呈现给项目人员、管理人员、用户、客户或其他感兴趣的人员用于评论或批准的会议。
- **数据字典**：软件系统中使用的所有数据项的名字及与这些数据项有关的特性（例如数据项长度、表示等）的集合。
- **依赖**：两个建模元素之间的一种关系，对其中一个建模元素（独立元素）的更改，将影响另一建模元素（依赖元素）。
- **验证**：确定软件开发周期中的一个给定阶段的产品是否达到在上一阶段确立的需求的过程。
- **确认**：在软件开发过程结束时对软件进行评价以确定它是否和软件需求相一致的过程。
- **测试**：通过执行程序来有意识地发现程序中的设计错误和编码错误的过程。测试是验证和确认的手段之一。
- **软件开发方法**：是指软件开发过程所遵循的办法和步骤。软件开发活动的目的是有效地得到一些工作产物，也就是一个运行的系统及其支持文档，并且满足有关的质量要求。

二、《软件文档管理指南》(GB/T 16680—1996)

文档：一种数据及其所记录的数据。具有永久性并可以由人或机器阅读。通常仅用于描述人工可读的内容。比如：技术文档、设计文档、验收文档。

1. 软件文档的作用

1）管理依据：文字载体的计划、绩效报告等资料可以让项目管理者明确地了解项目的进展、存在的问题等，是对项目进行管理控制的依据。

2）任务之间联系的凭证：通常很多软件开发项目由不同的角色、小组去完成不同的任务，各角色、小组之间的相互联系须通过文档资料的复制、分发和引用实现。比如分析员向设计员提供软件需求规格说明书。

3）质量保证：负责质量保证和评估系统性能的人员需要程序规格说明、测试和评估计划、测试该系统的各种质量标准，以及关于期望系统完成什么功能和如何实现这些功能的具体说明；必须制订测试计划和测试规程，并报告测试结果。他们还必须说明和评估安全、控制、计算、检验例行程序及其他控制技术。这些文档的提供可满足质量保证人员和审查人员对上述工作的需要。

4）培训与参考：可以使系统管理员、操作员、管理者和其他相关人员了解系统如何工作，以及如何使用系统。

5）软件维护支持：系统维护人员需参考系统的详细说明，以帮助他们熟悉系统，找出并修正错误，改进系统以适应用户需求的变更或是系统运行环境的变化。

6）历史档案：软件文档可记载系统的开发历程，作为组织过程资产进行保留，便于未来项目的参考复用。

2. 软件文档类型

软件文档可分为开发文档（描述开发过程本身）、产品文档（描述开发过程的产物）、管理文档（记录项目管理的信息）。

1）开发文档是描述软件开发过程，包括软件需求、软件设计、软件测试、软件质量保证的一类文档，也包括软件的详细技术描述（程序逻辑、程序间相互关系、数据格式和存储等）。

基本的开发文档有：可行性研究和项目任务书；需求规格说明；功能规格说明；设计规格说明，包括程序和数据规格说明；开发计划；软件集成和测试计划。

2）产品文档规定关于软件产品的使用、维护、增强、转换和传输的信息。基本的产品文档包括培训手册、参考手册和用户指南、软件支持手册、产品手册和信息广告。

3）管理文档建立在项目管理信息的基础上，这种文档从管理的角度规定涉及软件生存的信息。比如有开发过程的每个阶段的进度记录、软件变更情况记录、相对于开发的判定记录、职责定义等。

3. 软件文档等级

每个文档的质量必须在文档计划期间就有明确的规定。文档的质量可以按文档的形式和列出的要求划分为四级：具体如下：

1）最低限度文档（1级文档）：适合开发工作量低于一个人月的开发者自用程序。该文档应包括程序清单、开发记录、测试数据和程序简介。

2）内部文档（2级文档）：可用于在精心研究后被认为似乎没有与其他用户共享资源的专用程序。除1级文档提供的信息外，2级文档还包括程序清单内足够的注释，以帮助用户安装和使用本程序。

3）工作文档（3级文档）：适合于由同一单位内若干人联合开发的程序，或可被其他单位使用的程序。

4）正式文档（4级文档）：适合那些要正式发行供普遍使用的软件产品。关键性程序或具有重复管理应用性质（如薪酬计算）的程序需要4级文档。4级文档遵守 GB 8567—1988 的有关规定。

4．文档评审

为了提高软件产品质量，我们可以在对每个软件开发过程中每个阶段形成的文档进行严格的评审，通过评审，可以尽早发现问题，及时采取有效措施进行解决，确保文档内容的正确性，避免或尽可能地减少返工，同时为进入下一阶段的工作做好组织上和技术上的准备。

我们需要重点掌握需求评审和设计评审。无论项目大小或项目管理的正规化程度，需求评审和设计评审是必不可少的。

1）需求评审：进一步确认开发者和设计者已了解用户有什么要求，以及用户从开发者一方了解到的某些限制和评审。在这个阶段（可能需要一次或以上）产生一个被确认的需求规格说明。只有对系统要做些什么，实现什么功能进行了共同了解并确认认可，才能着手详细设计。其中用户代表必须积极参加开发和需求评审，参与对需求文档的认可。

2）设计评审：主要为概要设计评审和详细设计评审。在概要设计评审过程中，主要详细评审每个系统组成部分的基本设计方法和测试计划。系统规格说明应根据概要设计评审的结果加以修改。详细设计评审主要评审计算机程序和程序单元测试计划。经过设计评审，最终产生的文档需规定系统和程序将如何设计、开发和测试，以满足一致同意的需求。

另外，对于其他文档的正规评审也是必须的。评审一般是采用评审会的方式进行。评审会的流程大家可以对照本标准进行学习。

5．文档归档

归档的文件应该是软件生存期内所形成的所有文档，在进行归档时，我们必须遵循以下原则：

1）归档的文件应该是经过鉴定或是评审的；

2）文档应签署完整、成套、格式统一、字迹工整；

3）印制本、打印本及各种报告应该装订成册，而且须按规定进行编号，签署；

而且，文档应在开发过程的每个阶段结束后及时归档。

另外，我们还需要注意文档需要覆盖整个软件生存期，而且是可用和可维护的。

三、《计算机软件产品开发文件编制指南》（GB/T 8567—1988）

本指南建议，在一项计算机软件的开发过程中，一般地说，应该产生十四种文件，分别是：可行性研究报告、项目开发计划、软件需求说明书、数据要求说明书、概要设计说明书、详细设计说明书、数据库设计说明书、用户手册、操作手册、模块开发卷宗、测试计划、测试分析报告、开发进度月报、项目开发总结报告。

在本标准中，我们需掌握这14种文档分别对应于软件生存周期的哪个阶段，请见表。

软件生存周期各阶段中的文件编制

文件 \ 阶段	可行性研究与计划阶段	需求分析阶段	设计阶段	实现阶段	测试阶段	运行与维护阶段
可行性研究报告	■					
项目开发计划	■					
软件需求说明书		■				
数据要求说明书		■				
测试计划			■			
概要设计说明书			■			
详细设计说明书			■			
数据库设计说明书			■			
模块开发卷宗				■		
用户手册				■		
操作手册				■		
测试分析报告					■	
开发进度月报	■	■	■	■	■	
项目开发总结						■

这 14 种文件，每种文件应包含的内容和编写格式请具体参见本标准。

四、《软件维护指南》（GB/T 14079—1993）

- **自底向上法**：在层次结构的软件中，一种从最底层逐级向上扩展，直到最高层的开发方法。
- **自顶向下法**：在层次结构的软件中，一种从最高层逐级向下扩展，直到最底层的开发方法。
- **同级评审**：一种质量保证方法，由两个或多个程序员相互检查、评估，以确保被检查内容正确，且与软件的其他部分一致。
- **走查**：简单的走查方式是让两个维护人员一起讨论正在进行的工作，复杂的走查方式可以有一份日程表、报告书和一位记录秘书。不论何种方式，目标是通过公开直接的交流，提炼好的主意，修改原来的方案。
- **软件维护**：在软件产品交付使用之后，为纠正故障，改善性能和其他属性，或使产品适应改变了的环境所进行的修改活动。一般分为完善性维护、适应性维护和改正性维护、预防性维护。
- **完善性维护**：为扩充功能和改善性能而进行修改和扩充，以满足用户变化了的需求。主要包含：为扩充或增强功能而做的修改、为提高性能而作的修改、为便于维护而作的修改。

- **适应性维护**：为适应软件运行环境的变化而做的修改，比如系统的规定、法律和法规的变化；硬件配置的变化；数据格式变化；操作系统、编译系统等变化。
- **改正性维护**：为维持系统操作运行，对在开发过程产生而在测试和验收时没有发现的错误而进行的改正。所必须改正的错误包括：设计错误、逻辑错误、编码错误、文档错误、数据错误。
- **预防性维护**：为改进软件的可靠性和可维护性，为适应未来的软硬件环境的变化，应主动增加预防性的新的功能，以使软件适应各类变化而不被淘汰。例如将专用报表功能改成通用报表生成功能，以适应将来报表格式的变化。

五、《计算机软件需求说明编制指南》（GB/T 9385—1998）

软件需求说明由软件开发者和客户双方共同编制。软件需求说明必须描述在什么数据上，为谁完成什么功能、在什么地方、产生什么结果，它必须把注意力集中在要完成的服务目标上。因此，通常不可以做如下的设计项目：

1）把软件划分为若干模块。
2）给每一个模块分配功能。
3）描述模块间的信息流程或控制流程。
4）选择数据结构。

本设计完全同软件需求说明隔离开是不可能的。安全和保密方面的缜密考虑可能增加一些直接反映设计约束的需求，比如：

1）在一些分散的模块中保持一些功能。
2）允许在程序的某些区域之间进行有限的通信。
3）计算临界值的检查和。

该指南规定，SRS 的内容应包含：

- 前言：包含目的、范围、定义、缩写词、略语、参考资料。
- 项目概述：包括产品描述、产品功能、用户特点、一般约束、假设和依据。
- 具体需求。
- 附录和索引。

另外，如下内容不应该在 SRS 里，比如：

1）成本。
2）交货进度。
3）报表处理。
4）软件开发方法。
5）质量保证。
6）确认和验证的标准。
7）验收过程。

同时，SRS 应具有无歧义性（对于每一种需求只有一种解释）、完整性（比如：需要包含全部有意义的需求，无论是功能的、性能的、设计约束的，还是关系到属性或外部接口方面的）、可验证性（每种需求都是要可验证的）、一致性（每个需求的描述不矛盾）、可修改性（方便在需要进行修改的时候修改）、可追踪性（需求的来源是清晰的）、运行和维护阶段的可用性（必须满足运行和维护阶段的需要，包含软件最终替换）。

六、《计算机软件质量保证计划规范》（GB/T 12504—1990）

本书中摘录了本标准里的部分专业术语，供大家学习。

- **软件生存周期**：从提出应用需求开始，经过开发，产生一个满足需求的计算机软件系统，然后投入运行，直至该软件系统退役为止。其中软件开发阶段一般又划分成需求分析、概要设计、详细设计、编码与单元测试、组装与系统测试及安装与验收等六个阶段。
- **验证**：确定软件开发周期中的一个给定阶段的产品是否达到在上一阶段确立的需求的过程。
- **确认**：在软件开发过程结束时对软件进行评价以确定它是否和软件需求相一致的过程。
- **测试**：通过执行程序来有意识地发现程序中的设计错误和编码错误的过程。测试是验证和确认的手段之一。
- **质量**：反映产品或服务满足明确或隐含需求能力的特征和特性的总和。
- **质量保证**：为使软件产品满足规定需求所进行的一系列有计划的必要工作。
- **确保软件需求实现，至少需要的文档**：软件需求规格说明书、软件设计说明书、软件验证与确认计划、软件验证和确认报告、用户文档、其他文档（比如：项目实施计划、项目进展报告、各阶段评审报表、项目开发总结）。
- **软件质量保证小组**：在系统开发期间，必须成立软件质量保证小组，负责质量保证工作。软件质量保证小组属总体组领导，由总体组代表、项目的软件工程小组代表、项目的专职质量保证人员、项目的专职配置管理人员以及子系统软件质量保证人员组成。由软件工程小组代表任组长，各子系统的软件质量保证人员在业务上受软件质量保证小组领导，在行政上受各子系统负责人领导。
- **评审小组**：在软件开发过程中，需定期地或阶段性地对某开发阶段的阶段产品进行评审，因此，需组建评审小组。评审小组原则上由项目总体小组成员或特邀专家担任评审组长，项目委托单位、用户代表、质量保证人员、软件开发单位和上级主管部门的代表以及其他人员作为小组成员。
- **文档质量度量准则**：我们知道，文档是软件的重要组成部分，在进行验证和确认时，必须对文档的质量进行度量，主要包含：完备性（在开发阶段结束时，保证文档是齐全的）、正确性（真实反映各阶段的工作而且与各阶段的需求相一致）、简明性（各文档的语言表达应该清晰、准确简练）、可追踪性（文档应该具有良好的纵向可追踪性和横向可追踪性。纵向是指不同文档的相关内容之间相互检索的难易程度，横向是指确定同一文档某一内容在本文档中的涉及范围的难易程度）、规范性（文档的封面、大纲、术语的含义以及图示符号符合相关规定）。

七、《信息技术 软件生存周期过程》（GB/T 8566—2001）

本书摘录了标准中软件生存周期的过程、活动和任务，供大家学习，见下表。

软件生存周期的过程、活动和任务

过程名		主要活动和任务描述
主要过程	获取过程	定义、分析需求或委托供方进行需求分析而后认可、招标准备、合同准备以及验收
	供应过程	评审需求、准备投标、签定合同、制订并实施项目计划、开展评审及评价、交付产品
	开发过程	过程实施、系统需求分析、系统结构设计、软件需求分析、软件结构设计、软件详细设计、软件编码和测试、软件集成、软件合格测试、系统集成、系统合格测试、软件安装及软件验收支持
	运行过程	制订并实施运行计划、运行测试、系统运行、对用户提供帮助和咨询
	维护过程	问题和变更分析、实施变更、维护评审及维护验收、软件移植及软件退役
支持过程	文档编制过程	设计文档编制标准、确认文档输入数据的来源和适宜性、文档的评审及编辑、文档发布前的批准、文档的生产与提交、储存和控制、文档的维护
	配置管理过程	配置标志、配置控制、记录配置状态、评价配置、发行管理与交付
	质量保证过程	软件产品的质量保证、软件过程的质量保证,以及按 ISO 9001 标准实施的质量体系保证
	验证过程	合同、过程、需求、设计、编码、集成和文档等的验证
	确认过程	为分析测试结果实施特定的测试、确认软件产品的用途、测试软件产品的适用性
	联合评审过程	实施项目管理评审(项目计划、进度、标准、指南等的评价)、技术评审(评审软件产品的完整性、标准符合性等)
	审计过程	审核项目是否符合相关要求、计划、合同,以及规格说明和标准
	问题解决过程	分析和解决开发、运行、维护或其他过程中出现的问题,提出响应对策,使问题得到解决
组织过程	管理过程	制定计划、监控计划的实施、评价计划实施、涉及到有关过程的产品管理、项目管理和任务管理
	基础设施过程	为其他过程所需的硬件、软件、工具、技术、标准,以及开发、运行或维护所用的各种基础设施的建立和维护服务
	改进过程	对整个软件生存期过程进行评估、度量、控制和改进
	培训过程	制订培训计划、编写培训资料、培训计划的实施

八、《质量管理体系 基础和术语》(GB/T 19000—2008)

本标准于 2008 年 10 月 29 日发布,2009 年 5 月 1 日起实施。本标准表述了质量管理体系相关基础知识,并规定了质量管理体系术语。

本书摘录了本标准中的相关知识点,具体如下。对于其他知识点,也请大家参照本标准学习。

质量管理是指确立质量方针并进行实施的全部职能和工作内容,并对其工作效果进行评价和改进的一系列工作,它应当遵循以下原则:

1)以顾客为关注焦点:因为组织依存于顾客,所以,组织应当理解顾客当前和未来的需求,要满足甚至是超出用户的期望。

2）领导参与：领导者应确保组织的目标和方向的一致。他们应该创造良好的内部环境，使员工能充分参与实现组织目标的活动。

3）全员参与：各级人员都是组织之本，只有全员参与，才可以使他们为组织的利益发挥其才华。

4）过程方法：需要将活动和相关自愿作为过程进行管理，从而更高效地得到期望的结果。

5）管理的系统方法：将相互关联的过程作为体系来看待、理解和管理，有助于组织提高实现目标的有效性和效率。

6）持续改进：持续改进总体业绩是组织的永恒目标。

7）基于事实的决策方法：有效的决策建立在数据和信息分析的基础上。

8）与供方互利的关系：组织与供方相互依存，互利的关系可以增强双方创造价值的能力。

九、《信息技术 软件产品评价 质量特性及其使用指南》（GB/T 16260—2002）

本标准于 2002 年 3 月 22 日发布，2002 年 10 月 1 日起实施。本标准定义了软件产品的功能性、可靠性、易用性、效率、可维护性、可移植性 6 个特性和 21 个质量子特性，它们以最小的重叠描述了软件质量。本标准适用于获取、开发、使用、支持、维护或审计软件的人员使用。在本标准中，我们需重点掌握质量的 6 个特性和 21 个质量子特性，见下表。

质量特性及定义表

质量特性及定义	质量子特性及定义
功能性：一组功能及其指定的性质有关的一组属性	适合性：与规定任务能否提供一组功能及这组功能的适合程度有关的软件属性
	准确性：与能否得到正确或相符的结果或效果有关的软件属性
	互用性/互操作性：与其他指定系统进行交互的能力有关的软件属性
	依从性：使软件遵循有关标准、法律、法规及类似规定的软件属性
	安全性：防止对程序及数据的非授权的故意或意外访问的能力
可靠性：在规定的一段时间和条件下，软件维持其性能水平有关的一组软件属性	成熟性：与由软件故障引起失效的频度有关的软件属性
	容错性：在与软件故障或违反指定接口情况下，维持规定的性能水平的能力有关的软件属性
	易恢复性：在失效发生后，重新建立其性能水平、恢复直接受影响数据的能力，以及为达到此目的所需的时间和努力有关的软件属性
可用性：与使用的难易程度及规定或隐含用户对使用方式所做的评价有关的软件属性	易理解性：与用户为认识逻辑概念及其应用范围所花的努力有关的软件属性
	易学性：与用户为学习使用该软件系统所花的努力有关的软件属性
	易操作性：与用户为操作和运行控制所花的努力有关的软件属性
效率：与在规定条件下，软件的性能水平和所用资源之间的关系有关的一组软件属性	时间特性：与软件执行其功能时相应和处理时间以及吞吐量有关的软件属性
	资源特性：与在软件执行其功能时，所使用的资源量及使用资源、持续时间有关的软件属性

续表

质量特性及定义	质量子特性及定义
可维护性：与进行指定的修改所需的努力有关的一组软件属性	易分析性：与为诊断缺陷或失效原因、判定待修改的部分所需努力有关的软件属性
	可修改性：与进行修改、排除错误或适应环境变化所需努力有关的软件属性
	稳定性：与修改所造成的未预料结果的风险有关的软件属性
	可测试性：与确认已修改软件所需的努力有关的软件属性
可移植性：与软件可从某一环境转移到另一环境的能力有关的一组软件属性	适应性：与软件无需采用有别于为该软件准备的活动或手段就可能适应不同的规定环境有关的软件属性
	易安装性：与在指定环境下安装软件所需努力有关的软件属性
	一致性（遵循性）：使软件遵循与可移植有关的标准或约定的软件属性
	可替换性：软件在特定环境中用来替代指定的其他软件的可能性和难易程度

用户质量要求可通过使用质量的度量、外部度量，有时是内部度量来确定为质量需求。当确认产品时，这些度量确定的需求应该作为准则来使用。获得满足用户要求的产品通常需要一个可以不断从用户角度得到反馈的迭代的软件开发方法。

（1）外部质量需求从外部视角来规定要求的质量级别。包括用户质量要求派生的需求（包括使用质量需求）。外部质量需求用作不同开发阶段的确认目标。对在本部分中定义的所有质量特性，外部质量需求应在质量需求规格说明中用外部度量加以描述，宜转换为内部质量需求，而且在评价产品时应该作为准则使用。

（2）内部质量需求从产品的内部视角来规定要求的质量级别。内部质量需求用来规定中间产品的特性。这些可以包括静态的和动态的模型，其他的文档和源代码。内部质量需求可用作不同开发阶段的确认目标，也可以用于开发期间定义开发策略以及评价和验证的准则。这可能会包括对于一些超出本标准范围的附加度量（如适合于可重用性的度量）的使用。具体的内部质量需求应使用内部度量加以定量地说明。

内部质量是基于内部视角的软件产品特性的总体。内部质量针对内部质量需求被测量和评价。软件产品质量的枝节部分可以在代码实现、评审和测试期间被改进，但是由内部质量表示的软件产品质量的基本性质不会改变，除非进行重新设计。

（3）估计的（或预测的）外部质量是在了解内部质量的基础上，对每个开发阶段的最终软件产品的各个质量特性加以估计或预测的质量。

外部质量是基于外部视角的软件产品特性的总体，即当软件执行时，典型的是在模拟环境中用模拟数据测试时，使用外部度量所测量和评价的质量。在测试期间，大多数故障都应该可以被发现和消除。然而，在测试后仍会存在一些故障。这是因为难以校正软件的体系结构或软件其他的基础设计方面，所以基础设计在整个测试中通常保持不变。

（4）估计的（或预测的）使用质量是在了解内部和外部质量的基础上，对每个开发阶段的最终软件产品的各个使用质量的特性加以估计或预测的质量。

使用质量是基于用户观点的软件产品用于指定的环境和使用环境时的质量。它测量用户在特定环境中能达到其目标的程度，而不是测量软件自身的属性。

（5）用户环境中的质量级别可能与开发者环境中的不同，因为不同用户的要求和能力间存在着差别，以及不同硬件和支持环境间有差异。用户仅评价那些用于其任务的软件属性。有的时候，因为用户需求的改变，以及确定隐含要求的困难，所以在需求分析阶段由最终用户确定的软件属性，当产品投入使用时不再满足用户的需求。

（6）内部度量可用于开发阶段的非执行软件产品（例如标书、需求定义、设计规格说明或源代码等）。内部度量为用户提供了测量中间可交付项的质量的能力，从而可以预测最终产品的质量。这样就可以使用户尽可能在开发生存周期的早期察觉质量问题，并采取纠正措施。

（7）外部度量可以通过测量该软件产品作为其一部分的系统行为来测量软件产品的质量。外部度量只能在生存周期过程中的测试阶段和任何运行阶段使用。在所属系统环境下运行该软件产品即可获得这样的测量。

（8）使用质量的度量是测量产品在特定的使用环境下，满足特定用户达到特定目标所要求的有效性、生产率、安全性和满意度的程度。这只能在真实的系统环境下获得。

用户的质量要求可用使用质量的度量、外部度量甚至是内部度量的质量需求来规定。这些由度量规定的需求宜作为产品评价时的准则。

十、《计算机软件可靠性和可维护性管理》（GB/T 14394—2008）

本书摘录了本标准中相关的知识点，具体如下。对于其他知识点，也请大家参照本标准学习。

- **软件可靠性大纲**：满足规定的可靠性要求所采取的技术和管理方法的文档，典型地描述要做的工作，所需要的资源、使用的方法、采用的过程、要满足的进度表和项目组织方法。
- **软件可维护性大纲**：满足规定的可维护性要求所采取的技术和管理的文档，典型地描述要做的工作，所需要的资源、使用的方法、采用的过程、要满足的进度表和项目组织方法。
- **评审**：在软件开发各阶段都要进行评审，评审管理按照 GB/T 8566—2007 进行，其中软件可靠性和可维护性的具体评审内容如下：
  - 概念阶段需评审：可靠性和可维护性要求、实现可行性、可靠性和可维护性对于软件产品整体的影响和关系、可靠性和可维护性对于软件产品相关业务的意义。
  - 需求评审需评审：可靠性和可维护性目标、实施计划、功能降级使用方式下软件产品最低功能保证的规格说明、选用或制定的规范和准则、验证方法。
  - 设计评审需评审：可靠性和可维护性目标分配、目标设计方案、设计分析，关键成分的时序、估计的运行时间、错误恢复及相关性能要求、测试原理，要求，文档和工具。
  - 测试评审需评审：针对可靠性和可维护性的测试目标、测试方法、测试用例、测试工具、测试通过标准、测试报告。

> 安装和验收评审需评审：可靠性和可维护性验证和确认方法、测试（计划、规程、用例和设施）、验证与确认时所用的其他准则。

> 软件用户手册评审需评审：可靠性和可维护性对于运行环境的要求、管理手段、异常处理、运作和维护过程中实施软件 FRACAS 的考虑，以及可靠性数据采集规则的考虑。

十一、《信息处理—数据流程图、程序流程图、系统流程图、程序网络图和系统资源图的文件编制符号及约定》（GB/T 1526—1989）

本书摘录了该标准中几个定义，如下：

- **数据流程图**：表示求解某一问题的数据通路。
- **程序流程图**：表示程序中的操作顺序。
- **系统流程图**：表示系统的操作控制和数据流。
- **程序网络图**：表示程序激活路径和程序与相关数据的相互作用。
- **系统资源图**：表示适合于一个问题或一组问题求解的数据单元和处理单元的配置。

程序网络图表示程序激活路径和程序与相关数据的相互作用。在系统流程图中，一个程序可能在多个控制流中出现；但在程序网络图中，每个程序仅出现一次。

另外，本标准中，一定要注意各种符号和图示，比如"一个符号如果有多个出口应该怎么表示"。对于本标准中其他知识点，建议大家参考本标准学习。

除了以上这些常用的软件工程专业标准外，我们还需要对如下一些软件工程行业标准做一些了解，比如：

（1）《信息处理系统 计算机系统配置图符号及约定》（GB/T 14085—1993）。

（2）《软件支持环境》（GB/T 15853—1995）。

（3）《计算机软件配置管理计划规范》（GB/T 12505—1990）。

（4）《计算机软件测试文件编制规范》（GB/T 9386—1988）。

（5）《信息技术 系统及软件完整性级别》（GB/T 18492—2001）。

（6）《信息处理 程序构造及其表示的约定》（GB/T 13502—1992）。

26.2.9 综合布线标准

一、《建筑与建筑群综合布线系统工程设计规范》（CECS72.97）

综合布线系统（Premises Distributed System，PDS）又称为结构化布线系统，是一种集成化的通用传输系统，在楼宇或建筑群范围内利用双绞线或光缆进行数据传输，可连接电话、计算机、会议电视、视频监控等设备的信息传输系统，是目前比较流行的布线方式，如图所示。

其共分为 6 个子系统：

（1）工作区子系统：由终端设备连接到信息插座之间的设备组成，包括信息插座、插座盒、连接跳线和适配器。

（2）配线（水平子系统）：由工作区子系统的信息插座、水平电缆、配线设备等组成。是计算机网络信息传输的重要组成部分。其中水平电缆最大长度为 90m，配线架跳接至交换机、信息插座跳接至计算机总长度不超过 10m，通信通道总长度不超过 100m。

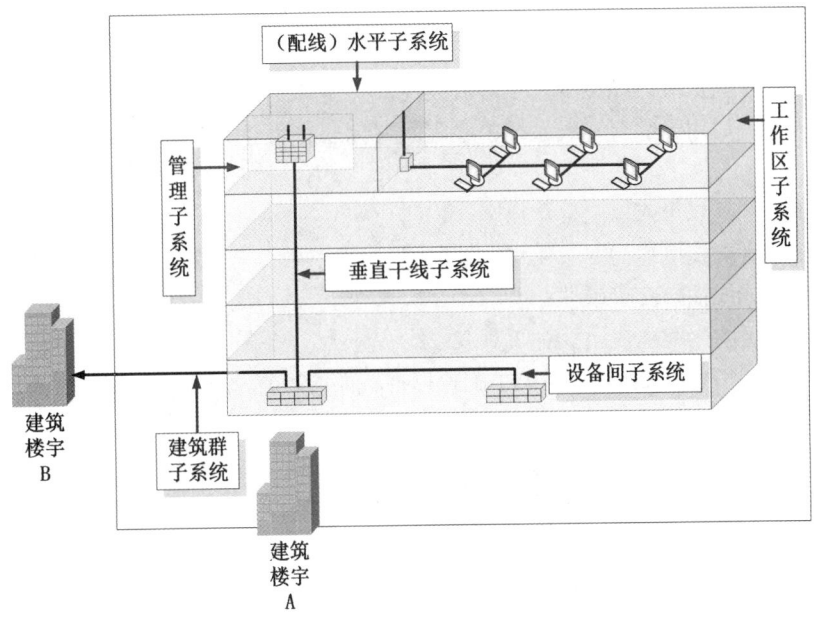

图 综合布线系统

（3）垂直干线子系统：由主设备间（比如计算机房、程控交换机房）提供建筑中最重要的铜线或光纤线缆主干线路，是整个大楼的信息交通枢纽。它不仅可以提供位于不同楼层的设备间和布线框间的多条连接路径，也可连接单层楼的大片地区。

（4）设备间子系统：设备间是在每一幢大楼的适当地点设置进行设备，进行网络管理，以及网络管理人员值班的场所。由建筑物进线设备、电话、数据、计算机等各种主机设备及其保安配线设备组成。

（5）管理子系统：设置在每层配线设备的房间内。应由交接间的配线设备，输入/输出设备等组成。也可应用于设备间子系统。

（6）建筑群子系统：由连接各建筑物之间的综合布线缆线、建筑群配线设备和跳线等组成。建筑群子系统的线缆布设方式有架空布线法、直埋布线法、地下管道布线法和隧道内电缆布线 4 种。

另外，根据我国的《大楼通信综合布线系统》D/T926 规定：综合布线系统的适用范围是跨越距离不超过 3000m，建筑总面积不超过 100 万平方米的综合布线区域，且区域内的人数为 50～50000 人。

计算 RJ-45 接头的用量公式：$m = n \times 4 + n \times 4 \times 15\%$。

m 表示 RJ-45 接头的总需求量；n 表示信息点的总量；$n \times 4 \times 15\%$ 表示留有的富余量。

根据智能建筑与智能建筑园区综合布线的配置标准等级的高低可分为如下 3 种情况：

（1）基本型：适用于综合布线系统中配置标准较低的场合，用铜芯双绞电缆组网，基本配置如下：

1）每个工作区有一个信息插座；
2）每个工作区配线电缆为 1 条 4 对双绞电缆；
3）采用夹接式交接硬件；
4）每个工作区的主线电缆至少有 2 对双绞线。

（2）增强型：适用于综合布线系统中中等配置标准的场合，用铜芯双绞电缆组网。其基本配置如下：

1）每个工作区有二个或以上信息插座；
2）每个工作区配线电缆为 2 条 4 对双绞电缆；
3）采用夹接式或插接交接硬件；
4）每个工作区的主线电缆至少有 3 对双绞线。

（3）综合型：适用于综合布线系统中配置标准较高的场合。用光缆和铜芯双绞电缆混合组网，应在基本型和增强型综合布线系统的基础上增设光缆系统。

二、《建筑与建筑群综合布线系统工程施工与验收规范》（CECS89.97）

在此，摘录了本规范中一些比较重要的技术参数、指标和规范，供大家参考学习，其他未摘录的知识点，也需要进行了解。

1）对设备间铺设活动地板应专门检查，地板板块铺设严密，每平方米水平允许误差不应大于 2mm。
2）交接间、设备间的面积，环境温、湿度均应该符合设计要求和相关规定。
3）机架安装完毕后，水平、垂直度应符合厂家要求。若无厂家规定时，垂直偏差度不应大于 3mm。
4）机架上的各种零件不得脱落或碰坏。漆面如有脱落应予以补漆，各种标志完整清晰。
5）安装机架面板，架前应留有 1.5m 空间，机架背面离墙距离应大于 0.8m，便于安装和施工。
6）信息插座安装在墙体上，宜高出地面 300mm。
7）线缆布放前应核对规格、程式、路由及位置与设计规定相符；线缆布防应平直，不得产生扭绞、打圈等，也不得受到外力的挤压和损伤。

26.2.10 机房建设标准

一、《电子计算机机房设计规范》（GB 50174—2008）

（1）机房的组成及分类。

电子信息系统机房的组成应根据系统运行特点及设备具体要求确定，一般宜由主机房、辅助区、支持区和行政管理区等功能区组成。其中：主机房主要用于电子信息处理、存储、交换和传输设备的安装和运行的建筑空间，包括服务器机房、网络机房、存储机房等功能区域。辅助区用于电子信息设备和软件的安装、调试、维护、运行监控和管理的场所，包括进线间、测试机房、监控中心、备件库、打印室、维修室等区域。支持区是支持、保障完成信息处理过程和作业的场所，包括变配电室、发电机房、UPS 室、电池室、空调机房、动力站房、消防设施用房、消防和安防控制室等。

行政管理区用于日常行政管理及客户对托管设备进行管理的场所，包括工作人员办公室、门厅、值班室、盥洗室、更衣间和用户工作室等。

主机房的使用面积应根据电子信息设备的数量、外形尺寸和布置方式确定，并预留今后业务发展需要的使用面积。在电子信息设备外形尺寸不完全掌握的情况下，主机房的使用面积可按下列方法确定：

1．当电子信息设备已确定规格时，可按下式计算：

$$A = K\sum S$$

式中，A 为电子信息系统主机房使用面积，m^2；K 为系数，取值为 5～7；S 为电子设备的投影面积，m^2。

2．当电子信息设备尚未确定规格时，可按下式计算：

$$A = KN$$

式中，K 为单台设备占用面积，可取 3.5～5.5，m^2/台；N 为计算机主机房内所有设备的总台数。

辅助区的面积宜为主机房面积的 0.2～1 倍。

用户工作室可按每人 3.5～4m^2 计算。硬件及软件人员办公室等有人长期工作的房间，可按每人 5～7m^2 计算。

从机房的使用性质、管理要求及重要数据丢失或网络中断在经济或社会上造成的损失或影响程度，将电子信息系统机房划分为 A、B、C 三级。

1）A 级电子信息系统机房：满足下列任一情况的即为 A 级机房。
- 电子信息系统运行中断将造成重大经济损失。
- 电子信息系统运行中断将造成公共场所秩序严重混乱。

A 级电子信息系统机房内的场地设施应按容错系统配置，在电子信息系统运行期间，场地设施不应因操作失误、设备故障、外电源中断、维护和检修而导致电子信息系统运行中断。

2）B 级电子信息系统机房：满足下列任一情况的即为 B 级机房。
- 电子信息系统运行中断将造成较大经济损失。
- 电子信息系统运行中断将造成公共场所秩序混乱。

B 级电子信息系统机房内的场地设施应按冗余要求配置，在系统运行期间，场地设施在冗余能力范围内，不应因设备故障而导致电子信息系统运行中断。

3）C 级电子信息系统机房：不属于 A 级或 B 级的电子信息系统机房为 C 级。

C 级电子信息系统机房内的场地设施应按基本需求配置，在场地设施正常运行情况下，应保证电子信息系统运行不中断。

我们要注意：在异地建立的备份机房，设计时应与原有机房等级相同。

（2）机房选址要求。

机房选址非常重要，在进行选址时，应注意如下标准：
- 电力供给应稳定可靠，交通通信应便捷，自然环境应清洁。
- 应远离产生粉尘、油烟、有害气体以及生产或贮存具有腐蚀性、易燃、易爆物品的场所。

- 远离水灾火灾隐患区域。
- 远离强振源和强噪声源。
- 避开强电磁场干扰。

(3) 机房设备布置相关标准。

- 搬运设备的通道净宽不应小于1.5m。
- 面对面布置的机柜或机架正面之间的距离不应小于1.2m。
- 背对背布置的机柜或机架背面之间的距离不应小于1m。
- 机柜侧面维修测试机柜与机柜、机柜与墙之间的距离不应小于1.2m，成行排列的机柜，其长度超过6m时，两端应设有出口通道；当两个出口通道之间的距离超过15m时，在两个出口通道之间还应增加出口通道；出口通道的宽度不应小于1m，局部可为0.8m。
- 主机房净高应根据机柜高度及通风要求确定，且不宜小于2.6m。
- 入口至主机房应设通道，通道净宽不应小于1.5m。
- 主机房宜设置单独出入口，当与其他功能用房共用出入口时，应避免人流、物流的交叉，另外，电子信息系统机房宜设门厅、休息室、值班室和更衣间，更衣间使用面积应按最大班人数的每人1~3m² 计算。
- 面积大于100m² 的主机房，安全出口应不少于两个，且应分散布置。面积不大于100m² 的主机房，可设一个安全出口，并可通过其他相邻房间的门进行疏散。门应向疏散方向开启，且应自动关闭，并应保证在任何情况下都能从机房内开启。走廊、楼梯间应畅通，并应有明显的疏散指示标志。
- 电子信息系统机房的耐火等级不应低于二级。
- 电子信息系统机房内的照明线路宜穿钢管暗敷或在吊顶内穿钢管明敷。
- A级、B级电子信息系统机房的主机房不宜设置外窗。当主机房设有外窗时，应采用双层固定窗，并应有良好的气密性，不间断电源系统的电池室设有外窗时，应避免阳光直射。

(4) 机房温度湿度表。

主机房、基本工作间内的温、湿度必须满足计算机设备的要求。

1) 开机时电子计算机机房内的温、湿度，应符合下表的规定。

开机时电子计算机机房的温、湿度

项目	级别	A级		B级
		夏季	冬季	全年
温度		23℃±2℃	20℃±2℃	18℃~28℃
相对湿度		45%~65%		40%~70%
温度变化率		<5℃/h 并不得结露		<10℃/h 并不得结露

2) 停机时电子计算机机房内的温、湿度，应符合下表的规定。

停机时电子计算机机房的温、湿度

项目	A 级	B 级
温度	5℃～35℃	5℃～35℃
相对湿度	40%～70%	20%～70%
温度变化率	<5℃/h 并不得结露	<10℃/h 并不得结露

（5）机房接地。

计算机机房接地装置应满足人身的安全及电子计算机正常运行和系统设备的安全，应采用如下四种接地方式：

- 交流工作接地，接地电阻不应大于 4 欧姆。
- 安全保护接地，接地电阻不应大于 4 欧姆。
- 直流工作接地，接地电阻应符合计算机系统具体要求；接地电阻不应大于 1 欧姆。
- 防雷接地，应按现行国家标准《建筑物防雷设计规范》（GB 50057—2010）执行。接地电阻不应大于 10 欧姆。

机房内的电子信息设备应进行等电位联结，并应根据电子信息设备易受干扰的频率及机房的等级和规模，确定等电位联结方式，可采用 S 型、M 型或 SM 混合型。

电子信息系统机房内所有设备的可导电金属外壳、各类金属管道、金属线槽、建筑物金属结构等必须进行等电位联结并接地。

主机房内绝缘体的静电电位不大于 1kV。

（6）电磁屏蔽。

对涉及国家秘密或企业对商业信息有保密要求的机房，应设置电磁屏蔽室或采取其他电磁泄漏防护措施，在设计屏蔽机房时，需注意：

1）所有进入电磁屏蔽室的电源线应通过电源滤波器进行处理。电源滤波器的规格、供电方式和数量应根据电磁屏蔽室内设备的用电情况确定。

2）所有进入电磁屏蔽室的信号线电缆应通过信号滤波器或进行其他屏蔽处理。而且进出电磁屏蔽室的网络线宜采用光缆或屏蔽线缆，光缆不应带有金属加强芯。

3）截止波导通风窗内的波导管宜采用等边六角形，通风窗的截面积应根据室内换气次数进行计算。

4）非金属材料穿过屏蔽室时应采用波导管，波导管的截面尺寸和长度应满足电磁屏蔽的性能要求。

（7）排水。

机房的防水措施应考虑如下几个方面。

1）与主机房无关的给排水管道不得穿过主机房。

2）主机房内如设有地漏，地漏下应加设水封装置，并有防止水封破坏的措施。

3）机房内的设备需要用水时，其给排水干管应暗敷，引入支管宜暗装。管道穿过主机房墙壁和楼板处，应设置套管，管道与套管之间应采取可靠的密封措施。

4）机房不宜设置在用水设备的下层。
5）机房房顶和吊顶应有防渗水措施。
6）安装排水地漏处的楼地面应低于机房内的其他楼地面。
（8）防火。
在机房吊顶上和活动地板下都设置火灾探测器。

26.3　课后演练（精选真题）

- 关于招投标的描述，正确的是＿（1）＿。（2020年11月第54题）
  - （1）A．中标人确定后，招标人应当向中标人发出中标通知书，并同时将中标结果通知所有未中标的投标人
  - B．依法必须进行招标的项目，自招标文件开始发出之日起至提交投标文件截止之日止，最短不得少于10日
  - C．在招标文件要求提交投标文件截止时间5日前，投标人可以以书面形式对已发出的招标文件进行必要的澄清或者修改
  - D．招标人和中标人应当自中标通知书发出之日起10日内，按照招标文件的中标人的招标文件订立书面合同

- 学生小李3月20日向某学术期刊投了一篇论文，自3月20日起＿（2）＿日内，如果未收到投稿期刊社决定刊登的通知，小李可以将该论文投稿给其他期刊社。（2021年5月第18题）
  - （2）A．15　　　　B．30　　　　C．60　　　　D．90

- 某市政府计划采购一批服务，但是采用公开招标方式的费用占该采购项目总价值的比例过大，该市政府可依法采用＿（3）＿方式采购。（2021年5月第19题）
  - （3）A．邀请招标　　B．单一来源　　C．竞争性谈判　　D．询价

- 2021年实施的《中华人民共和国个人信息保护法》中规定，个人信息处理者处理不满＿（4）＿周岁未成年人个人信息的，应当取得未成年人的父母或其监护人同意。（2021年11月第19题）
  - （4）A．十二　　　B．十四　　　C．十六　　　D．十八

- 关于项目招投标的描述，不正确的是＿（5）＿。（2021年11月第22题）
  - （5）A．任何单位和个人不得以任何方式为招标人指定招标代理机构
  - B．招标项目，共收到两个投标人的标书，则该招标人需重新招标
  - C．标书以邮寄方式递交的，以"邮戳为准"
  - D．投标价格低于成本不符合中标人条件

- GB/T 36964—2018《软件工程　软件开发成本度量规范》属于＿（6）＿。（2020年11月第20题）
  - （6）A．企业标准　　B．国家标准　　C．行业标准　　D．国际标准

- ISO/IEC 17859标准将安全审计功能分为6个部分，其中，＿（7）＿通过分析系统活动和审计数据，寻找可能的或真正的安全违规操作，可以用于入侵检测或安全违规的自动响应。（2020年11月第65题）

（7）A．安全审计事件存储功能　　　　B．安全审计数据生成功能
　　　　C．安全审计分析功能　　　　　　D．安全审计浏览功能

- GB/T 11457—2006《软件工程术语》中，只引用了 ISO/IEC 15504—9:999《信息技术软件过程评估 第 9 部分：词汇》中的部分术语和定义，则该国标 GB/T 11457—2006.1《软件工程术语》__（8）__。**（2021 年 5 月第 20 题）**

　　（8）A．与国际标准的关系是等同采用　　B．与国际标准的关系是非等效采用
　　　　C．与国际标准的关系是等效采用　　D．是自主制定

- GB/T 8566—2007《信息技术·软件生存周期过程》中，将软件生存周期分为获取过程、供应过程、开发过程、运作过程和__（9）__。**（2021 年 11 月第 20 题）**

　　（9）A．验收过程　　　B．维护过程　　　C．移植过程　　　D．退役过程

26.4　课后演练答案解析

（1）**参考答案**：A

解析：本题考查的是招投标的相关知识。
B 项应是 20 日，C 项是 15 日，D 项是 30 日。

（2）**参考答案**：B

解析：一般要求 30 天内无消息可另投他刊。

（3）**参考答案**：A

采用邀请招标方式采购适应场景有：
1）具有特殊性，只能从有限范围的供应商处采购的。
2）采用公开招标方式的费用占政府采购项目总价值的比例过大的。

（4）**参考答案**：B

解析：此题考查的是国家最新法规时政新闻，了解即可。
《中华人民共和国个人信息保护法》所称未成年人的个人信息，是指不满十四周岁未成年人的个人信息。

（5）**参考答案**：C

解析：此题考查的是项目招投标，必须掌握，为高频考点。
如果以邮寄方式送达的，投标人必须留足邮寄时间，保证投标文件能够在截止日期之前送达招标人指定的地点，而不是以"邮戳为准"。在截止时间后送达的投标文件，即已经过了招标有效期的，招标人应当原封退回，不得进入开标阶段。

（6）**参考答案**：B

解析：GB/T 是推荐性国家标准。

（7）**参考答案**：C

解析：安全审计分析功能定义了分析系统活动和审计数据来寻找可能的或真正的安全违规操作。它可以用于入侵检测或对安全违规的自动响应。当一个审计事件集出现或累计出现一定次数时

可以确定一个违规的发生，并执行审计分析。事件的集合能够由经授权的用户进行增加、修改或删除等操作。审计分析分为潜在攻击分析、基于模板的异常检测、简单攻击试探和复杂攻击试探等几种类型。

（8）**参考答案**：B

解析：等同采用是指技术内容相同，没有或仅有编辑性修改，编写方法完全相对应；修改采用是指与国际标准之间存在技术性差异，并清楚地标明这些差异以及解释其产生的原因；等效采用是指主要技术内容相同，技术上只有很少差异，编写方法不完全相对应；非等效采用是指与相应国际标准在技术内容和文本结构上不同，它们之间的差异没有被清楚地标明。非等效采用还包括在我国标准中只保留了少量或者不重要的国际标准条款的情况，非等效不属于采用国际标准。

（9）**参考答案**：B

解析：此题考查的是软件生存周期管理标准，必须掌握，为高频考点。

软件生存周期主要过程包括：获取过程、供应过程、开发过程、运作过程和维护过程。

第27章 管理科学基础知识

27.1 备考指南

本章节主要阐述管理科学基础内容，如最小生成树、最大流量、决策树、线性规划等内容。

本章节在上午综合知识的考试中会占 1~2 分，根据历年的考试情况来看，本块内容主要是在上午试题中进行考查，而且每年必考其中的一部分内容。

27.2 考点梳理及精讲

27.2.1 最小生成树

最小生成树有两种方法：普里姆算法和克鲁斯卡尔算法，实际计算建议采用克鲁斯卡尔算法。

克鲁斯卡尔算法是将图中所有的边按权值从小到大排序，从权值最小的边开始选取，判断是否为安全边（即不构成环），直至选取了 n-1 条边，构成了最小生成树。

最小生成树并不唯一，但权值之和都相等且最小，只要求出一个就可以。

例题：图 27-1 是某地区的通信线路图，假设其中标注的数字代表通信线路的长度（单位为 km），现在要求至少要架设多长的线路，才能保持 6 个城市的通信连通。

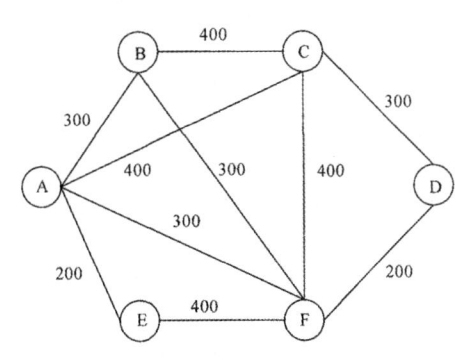

图 27-1 某地区通信线路图

解题过程如图 27-2 所示，最后第 6 步就是需要的最小生成树，需要架设的线路长度为 200+200+300+300+300=1300（km）。

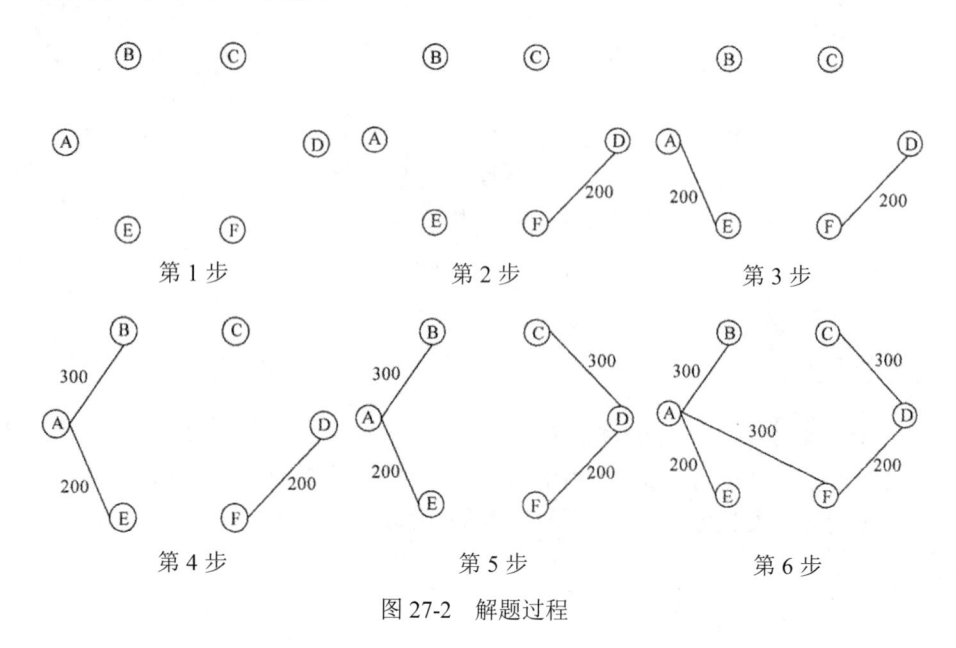

图 27-2 解题过程

27.2.2 最短（长）路径

计算从起点到终点的最短（长）路径的方法：从起点开始，依次向终点推导，每个经过的中间节点都直接计算出到该中间节点最短的路径，这样递归推导到终点，就是最短路径。

例题：如图 27-3 所示，有一货物要从城市 s 发送到城市 t，线条上的数字代表通过这条路的费用（单位为万元）。那么，运送这批货物，至少需要花费多少万元？

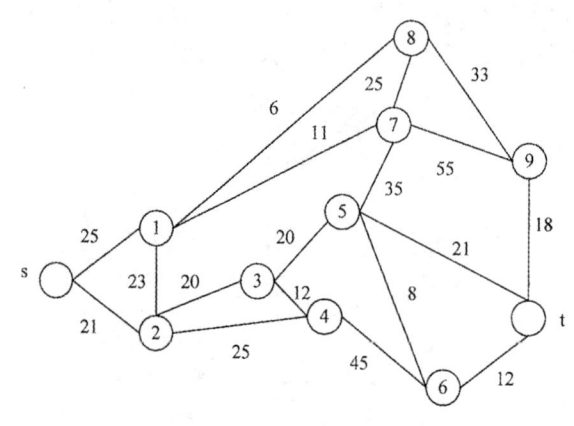

图 27-3 货物运输图

解题过程见表27-1。可知最终从起点 s 到终点 t 的最短路径花费是 81 万元。

表 27-1　货物运输最短路径推导表

红点集	D[1]	D[2]	D[3]	D[4]	D[5]	D[6]	D[7]	D[8]	D[9]	D[t]
{s}	25	21	∞	∞	∞	∞	∞	∞	∞	∞
{s,2}	25		41	46	∞	∞	∞	∞	∞	∞
{s,2,1}			41	46	∞	∞	36	31	∞	∞
{s,2,1,8}			41	46	∞	∞	36		64	∞
{s,2,1,8,7}			41	46	71	∞			64	∞
{s,2,1,8,7,3}				46	61	∞			64	∞
{s,2,1,8,7,3,4}					61	91			64	∞
{s,2,1,8,7,3,4,5}						69			64	82
{s,2,1,8,7,3,4,5,9}						69				82
{s,2,1,8,7,3,4,5,9,6}										81
{s,2,1,8,7,3,4,5,9,6,t}										

27.2.3　网络与最大流量

计算从一个节点到另一个节点的最大运输能力，取决于节点之间运输能力的短板：首先看有多少条路径可走，最大流量等于所有路径最大流量之和，而每条路径的最大流量是节点之间运输能力最小的流量决定的（短板决定）。

解题技巧：

（1）取每条路径上的最小权值即为此条路径的最大流量，每次走完一条路径后，需要实时修改此条路径还剩下的运输流量值，若为 0，则删掉此连线。

（2）重复第 1 步，直至从起点到终点无路径连通，而后将每条路径上的流量相加得到整体最大流量。

例题：图 27-4 标出了某地区的运输网，各节点之间的运输能力，见表 27-2。

表 27-2　各节点之间的运输能力

	①	②	③	④	⑤	⑥
①		6	10	10		
②	6				7	
③	10				14	
④	10	4	1			5
⑤		7	14			21
⑥				5	21	

将表格数据汇总到图上，得到图 27-5。

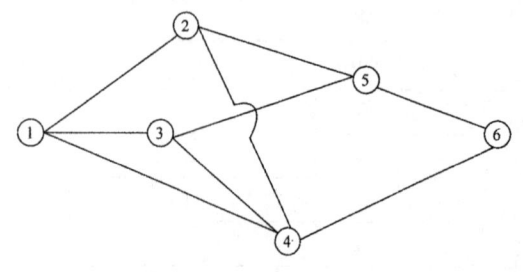

图 27-4　某地区的运输网

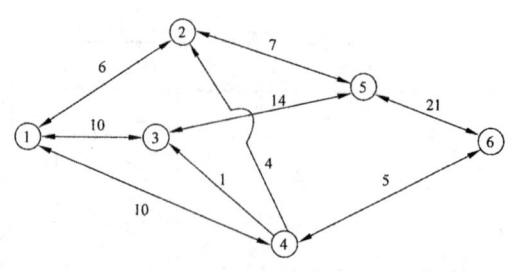

图 27-5　数据汇总后的某地区运输网

然后依次执行解题步骤，如图 27-6 所示。由图可知，依次运输的流量为 10、6、5、1、1，所以最大流量是 10+6+5+1+1=23。

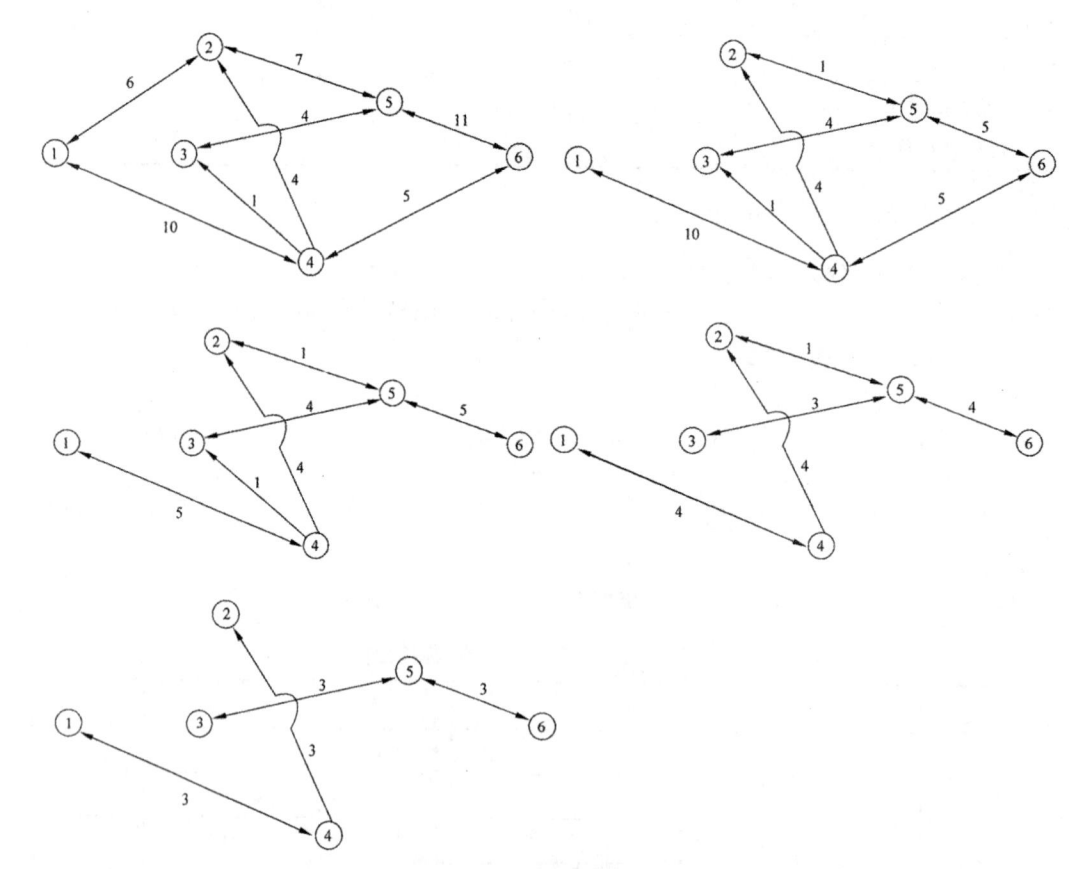

图 27-6　最大流量解题步骤

27.2.4 决策论

1. 决策的分类
按决策环境分类，决策可分为以下三类。

确定型决策：决策环境是确定的，结果也是确定的。

风险决策：决策环境是不确定的，但是结果发生的概率是一致的。

不确定型决策：决策环境不确定，且结果也不确定，完全凭主观意识来决定。

2. 决策的六个要素
决策的六个要素包括决策者、可供选择的方案（包括行动、策略）、衡量选择方案的准则（目的、目标、正确性等）、事件（被决策的对象）、每一事件的发生将会产生的某种结果、决策者的价值观。

3. 不确定型决策
决策者对环境一无所知，任意猜测，完全凭借于决策者自身的价值观，有以下五种准则（建立环境与方案的表格，每1个环境每种方案对应一个收益）：

例题：某公司需要根据下一年度宏观经济的增长趋势预测决定投资策略。宏观经济增长趋势有不景气、不变和景气三种，投资策略有积极、稳健和保守三种，各种状态的收益，见表27-3。

表27-3 某公司投资策略

预计收益（单位：百万元人民币）		经济趋势预测		
^	^	不景气	不变	景气
投资策略	积极	50	150	500
^	稳健	150	200	300
^	保守	400	250	200

（1）乐观主义准则（大中取大 max），先取每个方案最大的收益，再取所有最大收益中最大的那个；积极方案的最大结果为500，稳健方案的最大结果为300，保守方案的最大结果为400。三者的最大值为500，因此，选择其对应的积极投资方案。

（2）悲观主义准则（小中取大 max），先取每个方案最小的收益，再取所有最小收益中最大的那个；积极方案的最小结果为50，稳健方案的最小结果为150，保守方案的最小结果为200。三者的最大值为200，因此，选择其对应的保守投资方案。

（3）折中主义准则，也称为赫尔维斯（Harwicz）准则［设定折中系数a，用每个方案的最大收益$\times a$+最小收益$\times (1-a)$，选择每个方案中计算结果最大的那个，可知，$a=1$时为乐观主义，$a=0$时为悲观主义］。

（4）等可能性准则，也称为拉普拉斯（Laplace）准则（设定每个可能的结果的发生都是等可能的，概率都为$1/n$，这样就知道每个结果发生的概率，即将不确定性的问题转换为了风险决策问题）。

（5）后悔值准则，也称为萨维奇（Savage）准则、最小机会损失准则［最小最大后悔值 min(max)］，在不同的环境中（之前都是方案），投资方案获得的最大收益−当前选择的收益=后悔值，将所有后悔值中每个方案的最大后悔值选出，再从这些最大的后悔值中选择最小的即可］。

各种状态的后悔值见表 27-4。

表 27-4 各种状态的后悔值

预计收益（单位：百万元人民币）		经济趋势预测		
^^	^^	不景气	不变	景气
投资策略	积极	350	100	0
^^	稳健	250	50	200
^^	保守	0	0	300

积极方案的最大后悔值为 350，稳健方案的最大后悔值为 250，保守方案的最大后悔值为 300。三者的最小值为 250，因此，选择其对应的稳健投资方案。

对环境不了解，但是对即将发生的结果的概率了解，一般题目会给出每个结果对应的收益及风险概率，然后将每种结果产生的收益×此种结果发生的概率，取收益最大的即可。

例题：假设有外表完全相同的木盒 100 只，将其分为 2 组，一组装白球，有 70 盒；另一组装黑球，有 30 盒。现从这 100 盒中任取一盒，请你猜，如果这盒内装的是白球，猜对了得 500 分，猜错了罚 200 分；如果这盒内装的是黑球，猜对了得 1000 分，猜错了罚 150 分。为使期望得分最多，应选哪一个方案？

本题采用决策树的方法解题，按照题意，建议的决策树如图 27-7 所示。猜白的收益为 0.7×500+0.3×(−200)=290。猜黑的收益为 0.7×(−150)+0.3×1000=195。所以应该选猜白的方案。

图 27-7 决策树

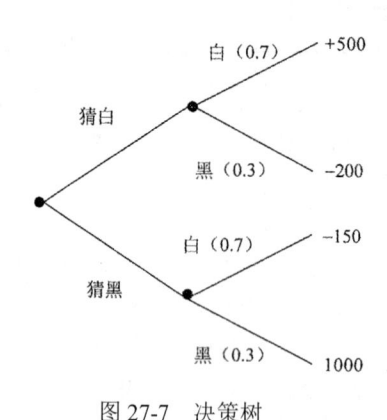

此外，本题还有一个转折点的考法，如下：

设 p 为出现白球的概率，$1-p$ 为出现黑球的概率。当这 2 个方案的期望值相等时，即

$$p\times 500+(1-p)\times(-200)=p\times(-150)+(1-p)\times 1000$$

求得 $p=0.65$。称此值为转折概率。

27.2.5 线性规划

线性规划是在一组约束条件下来寻找目标函数的极值（极大值和极小值）问题。

线性规划问题的数学模型通常由线性目标函数、线性约束条件、变量非负条件组成（实际问题中的变量一般都是非负的）。

线性规划问题就是面向实际应用，求解一组非负变量，使其满足给定的一组线性约束条件，并使某个线性目标函数达到极值。满足这些约束条件的非负变量组的集合称为可行解域。可行解域中使目标函数达到极值的解称为最优解。

线性规划问题的最优解要么是 0 个（没有），要么是唯一的（1 个），要么有无穷个（只要有 2 个，就会有无穷个）。

在实际应用中，可以直接求约束条件方程组的解，即交叉点，将这些解代入到目标函数中判断是否极值即可。

例题：某工厂在计划期内要安排生产 I、II 两种产品，已知生产单位产品所需的设备台时及 A、B 两种原料的消耗，见表 27-5。

表 27-5 某工厂生产计划表

	I	II	总数
设备	1	2	8 台时
原材料 A	4	0	16kg
原材料 B	0	4	12kg

【解】该问题可用以下数学模型来描述，设 x_1、x_2 分别表示在计划期内产品 I、II 的产量，因为设备的有效台时是 8，这是一个限制产量的条件，所以在确定产品 I、II 的产量时，要考虑不超过设备的有效台时数，即可用不等式表示为

$$x_1+2x_2 \leqslant 8$$

同理，因原料 A、B 的限量，可以得到以下不等式

$$4x_1 \leqslant 16$$
$$4x_2 \leqslant 12$$

该工厂的目标是在不超过所有资源限制的条件下，如何确定产量 x_1、x_2，以得到最大的利润。若用 z 表示利润，这时 $z=2x_1+3x_2$。综上所述，该计划问题可用数学模型表示如下。

目标函数：

$$\max z=2x_1+3x_2$$

满足约束条件：

$$x_1+2x_2 \leqslant 8$$
$$4x_1 \leqslant 16$$

$$4x_2 \leq 12$$
$$x_1、x_2 \geq 0$$

该厂的最优生产计划方案是：生产 4 件产品 I，2 件产品 II，可得最大利润为 14 元。

27.2.6 伏格尔法

针对多种解决方法问题，如多个煤场供给多个工厂的运输成本，使用伏格尔法。

从正常思维来思考，在没有任何约束条件的情况下，我们会优先考虑运输成本最低的方案，这就是最小元素法，但是当有多个制约因素时，最小元素法的缺点是，为了节约一处的费用，有时造成在其他处要多花几倍的运费。

因此，多个因素互相制约时，普遍采用伏格尔法又称差值法，该方法考虑到，某产地的产品如不能按最小运费就近供应，就考虑次小运费，这就有一个差额。差额越大，说明不能按最小运费调运时，运费增加越多。因而对差额最大处，就应当采用最小运费调运。

由上述原理，可得出其解题步骤为：

（1）计算出每行每列的最小运费和次小运费的差值（绝对值）。

（2）从这些差值里选出最大的行（列），定位到该行（列），从该行（列）中找出最小的那一个，就是优先供应的方案。

（3）供应后，更新供应量和需求量，如果某行（列）的供应量和需求量为 0，则删除该行（列）。

（4）形成一个全新的表格，重复上述步骤。

27.3 课后演练（精选真题）

- 某供应商为高铁提供设备，并负责该设备 5 年的售后服务，售后可以采取维护方式，也可以选择更换新设备。假设新设备的制造成本为 9 万元，设备从换新的第 2 年起，每年需要支出一定的维护费用，各年维护费用如表 27-6 所示。则以 5 年期计算，最优化的设备使用成本为 ___(1)___ 万元。（**2021 年 5 月第 66 题**）

表 27-6 设备各年维护费用表

	第 1 年	第 2 年	第 3 年	第 4 年	第 5 年
维护费（万元）	0	6	7	8	8

(1) A. 36　　　　B. 37　　　　C. 38　　　　D. 39

- 某公司计划将 500 万元研发经费投入 3 个研究方向，各方向投入金额和未来能获得的利润如表 27-7 所示。为获得最大利润，公司在方向 A 应投入 ___(2)___ 万元，B 应投入 ___(3)___ 万元。（**2021 年 5 月第 67~68 题**）

(2) A. 100　　　　B. 200　　　　C. 300　　　　D. 400

(3) A. 100　　　　B. 200　　　　C. 300　　　　D. 400

表 27-7 某公司研发经费表

投资额（万元）	方向 A	方向 B	方向 C
0	0	0	0
100	300	500	400
200	600	800	700
300	1000	900	900
400	1300	1200	1100
500	1800	1600	1100

- 某公司投资项目，各年成本和收入如表 27-8 所示，折现率为 10%。该项目投资回收期为__(4)__。（2021 年 5 月第 69 题）

表 27-8 某公司投资项目表

成本	初期投资	第 1 年	第 2 年	第 3 年	第 4 年
成本（万元）	1500	500	500	500	500
收入（万元）	0	1000	1200	1400	1600

(4) A．2.3　　　　B．2.7　　　　C．4.2　　　　D．5.1

- 某种商品价格 P 变动与某指标 A 的变化具有很强的相关性，指标 A 的增长会导致 P 的降低，反之亦然。指标 A 和价格 P 的相关性系数是__(5)__。（2021 年 5 月第 70 题）

(5) A．0.18　　　　B．0　　　　C．0.98　　　　D．-0.83

- 某项目 2016 年投资额 12 万元，2018 年开始取得项目的净收益 6 万元/年，2018—2021 年每年还会产生其他成本 1.1 万元，增值税 0.35 万元/年，营业税金及附加 0.05 万元/年，则该项目的静态投资回收期__(6)__年，截止到 2021 年底该项目的投资收益率为__(7)__。（2021 年 11 月第 66～67 题）

(6) A．2.0　　　　B．2.67　　　　C．3.25　　　　D．3.67

(7) A．0.25　　　　B．0.33　　　　C．0.35　　　　D．0.6

- 已知某公司生产 A、B 两种产品，其中生产 1 件 A 产品需要 1 个单位的甲资源和 3 个单位的丙资源；生产 1 件 B 产品需要 2 个单位的乙资源和 2 个单位的丙资源。已知甲乙丙三种资源 4 个单位、12 个单位和 18 个单位。通过市场预测，可知 A 的单位市场利润 2 元，B 的单位市场利润 5 元。为了公司突破最大利润，应生产 A 产品__(8)__件，此时__(9)__应有剩余。（2021 年 11 月第 68～69 题）

(8) A．0　　　　B．2　　　　C．4　　　　D．6

(9) A．甲　　　　B．乙　　　　C．丙　　　　D．甲及丙

- 分配甲、乙、丙、丁 4 人去完成 5 项任务。每人完成各项任务的时间如表 27-9 所示，由于任务多于人数，故其中有 1 人可兼完成 2 项任务，其余 3 人每人完成 1 项。为了花费时间最少，

____（10）____应该完成两项任务。（**2021 年 11 月第 70 题**）

表 27-9 每人完成任务时间表

人/任务	任务 1	任务 2	任务 3	任务 4	任务 5
甲	25	25	31	43	33
乙	38	33	25	20	28
丙	41	37	32	45	32
丁	23	37	35	23	40

（10）A．甲　　　　　B．乙　　　　　C．丙　　　　　D．丁

27.4　课后演练答案解析

（1）参考答案：B

解析：第 1 年换设备：9+6+7+8+8=38 万元。第 2 年换设备：9+9+6+7+8=39 万元。第 3 年换设备：9+6+9+6+7=37 万元。第 4 年换设备：9+6+7+9+6=37 万元。第 5 年换设备：9+6+7+8+9=39 万元。所以第 3 年和第 4 年换设备成本是最低的，都是 37 万元。

（2）（3）参考答案：C　A

解析：本题可用穷举法来做，3 个项目分 500 万元，共有如下几个方案（A、B、C 自由组合，找出该分配中最大的，然后再在各个方案中选最大的）。

1）0　0　5 的投入，这个方案最大是 1800 万元。
2）0　2　3 的投入，这个方案最大是 1800 万元。
3）0　1　4 的投入，这个方案最大是 1800 万元。
4）1　1　3 的投入，这个方案最大是 1900 万元，A 投入 3，B、C 各投入 1。
5）2　2　1 的投入，这个方案最大是 1800 万元。

（4）参考答案：B

解析：本题考查净现值的计算，如下：

成本	初期投资	第 1 年	第 2 年	第 3 年	第 4 年
成本（万元）	1500	500	500	500	500
收入（万元）	0	1000	1200	1400	1600
现值	-1500	455	579	676	
累计净现值	-1500	-1045	-466	210	

题干中给了折现率，算的肯定是动态投资回收期，投资回收期分析以净现金流入补偿净投资所用的时间，即收支平衡的时间点。在该题目中，**累计净现值（注意是累计，要把几年的都加起来）**

在第 2~3 年间收支由负转为正，因此应该在此期间，具体是：(累计净值出现正值的年份–1)+(累计净值出现正值年份上一年累计净值绝对值/出现正值年份净现值)=3–1+(466/676)=2.69，B 项最近。

（5）**参考答案**：D

解析：本题很简单，是个反比的关系，只有 D 项是反比。

（6）（7）**参考答案**：D　B

解析：

刻度	0	1	2	3	4	5
具体年份	2016	2017	2018	2019	2020	2021
投入	12	0	0	0	0	0
收入	0	0	6	6	6	6
其他成本、增值税、营业税金及附加	0	0	–1.5	–1.5	–1.5	–1.5
净现金流量	–12	0	4.5	4.5	4.5	4.5
累计净现金流量	–12	–12	–7.5	-3	1.5	6

Pt=累计净现金流量开始出现正值的年份数–1+上一年累计净现金流量的绝对值/出现正值年份的净现金流量=4–1+3/4.5=3.67 年。

项目投资收益率=投资收益/投资总额=6×4–(12+4×1.5)/(12+4×1.5)=0.33。

（8）（9）**参考答案**：B　A

解析：设生产 A 为 x，B 为 y，利润为 z。

$x \leq 4$　　　　　（1）

$2y \leq 12$　　　　（2）

$3x+2y \leq 18$　　（3）

求得 $x \leq 4$ 和 $y \leq 3$ 一组解和 $x \leq 2$ 和 $y \leq 6$ 一组解。如果利润设为 z，则有 $z=2x+5y$，求最大值。

用第一组解求得利润为：$z=23$；用第二组解求得 $z=34$。所以当 $x=2$ 时利润最大。由于 x 最大取值可为 4，所以甲有剩余。

（10）**参考答案**：B

解析：此题考查的是用匈牙利法解决资源分配的问题，必须掌握，为高频考点。

建议用穷举法解题，过程如下。

甲	25	25	31	43	33
乙	38	33	25	20	28
丙	41	27	32	45	32
丁	23	37	35	23	40

甲	0	0	6	18	8
乙	18	13	5	0	8
丙	14	0	5	18	5
丁	0	14	12	0	17

	1	2	3	4	5
甲	0	0	1	18	3
乙	18	13	0	0	3
丙	14	0	0	18	0
丁	0	14	7	0	12

（1）假设甲做 1 和 2，丁做 4，乙做 3，丙做 5，则需要 50+23+25+32=130 天。
（2）假设乙做 3 和 4，丁做 1，甲做 2，丙做 5，则需要 45+23+25+32=125 天。
（3）假设丁做 1 和 4，甲做 2，乙做 3，丙做 5，则需要 63+25+25+32=145 天。
（4）假设丙做 2 和 3，甲只做 1，乙只做 4，丁无效。
（5）假设丙做 2 和 5，甲只能做 1，丁做 4，乙做 3，则需要 59+25+23+33=140 天。
（6）假设丙做 3 和 5，乙做 4，丁做 1，甲做 2，则需要 64+23+23+25=135 天。
综上所述，只有乙做 2 项任务花费时间最少。

第2篇 案例专题

第28章 案例分析总论

28.1 案例分析考查的题型

一共考三道大题，总时间 90 分钟，从 13:30 至 15:00，一般是一道计算题+两道简答题，总分 75 分。

计算题：进度计算（关键路径，自由时差，总时差），成本计算（挣值，完工预测），一般会二者结合考查，必须要掌握时标网络图且能快速准确地画出。

简答题：大部分是问答，也考过判断、连线、填空等题型。一般都是考查项目管理、项目集、项目组合管理内容。考查形式大多数是结合题目描述，找出问题（找茬题），少数是记忆类的题。

28.2 学习方法

1. 计算题

案例分析历年真题资料，每一道计算题都必须完全搞懂，练习 2~3 次以上。

计算题一定要先自己做，在复习前期，每次真题其他简答题可以先不做，只做计算题。

自己做的过程中，有任何疑问，及时提出。

2. 简答题-纯记忆题

例如，直接考查项目章程内容，项目管理计划内容，没什么太大的技巧，记得就得分，不记得就没分，但是不要求一字不差，记得大概要点就可以。

3. 简答题-找茬题

例如，结合案例题目描述，指出某某做的对不对，哪里有没有问题等。这种题目没有固定的知识点让大家背，但是有很多套路技巧，需要去挖掘分析。

特别强调：在做案例分析真题的时候，大家必须自己准备一个笔记本，不看答案，自己计时做题，在本子上把自己的思路写出来，计算题和简答题都是如此，千万不要纸上谈兵，一定要实践。

28.3 答题技巧

（1）案例分析考试时间是很紧张的，计算题耗费时间，简答题需要写大量文字，因此建议大家准备一个机械表（考场禁止带电子表）。

（2）经验之谈，计算题一般应该在 30 分钟内完成，最多不得超过 40 分钟。

（3）做题顺序一般在拿到试卷后，按题号顺序，从第一题开始做起，如果是简答题，必须做，如果是计算题，建议快速过一遍题目描述，看看此时脑海里有没有思路，有的话就立即画图做题，没有可以先做其他简答题。注意不要先看描述，要先看简答题的题目，看是否有纯记忆题并且自己记得，可以立即默写，如果是找茬题，需要带着问题去看题目描述去找茬。快速把简答题做完，留充足的时间再去做计算题。

（4）建议考试带个直尺，用来画时标网络图，考试容不得半点差错，不能像平时一样敷衍潦草。平时大家练习，也建议用直尺画图，刻度各方面都准确。

（5）计算题一定要逐步写出计算公式和计算过程，不要跳步骤，不要直接写结果。没有计算过程，即使结果是对的，也没多少分。如果结果算错了，有计算过程还能得一些分。

（6）简答题一定要简练，有重点，要点要编号，方便阅卷老师查找，不要写一大段看不清。注意，多写不会扣分，少写一定会扣分，把相关联的都可以写上去，到底该写多少条，看分值，一般一点一分或者一点两分。

（7）特别注意：答题时，答题卡题号不要写错了，案例分析的答题卡是有一些古怪，但是仔细看是不会弄错题号的。

28.4 历年真题考查情况

时间	试题一	试题二	试题三
2010 年 5 月	项目经理的问题分析	人力资源、团队建设	整体管理、项目启动、章程
2010 年 11 月	招投标、时间等条款	需求变更、流程	计算：成本管理
2011 年 5 月	质量管理	人力资源、外包	变更：需求管理
2011 年 11 月	计算：进度管理	变更：需求管理	采购管理、外包
2012 年 5 月	计算：进度管理	计算：成本管理	变更管理、流程
2012 年 11 月	整体管理、配置管理	项目管理、项目经理	质量管理
2013 年 5 月	质量管理、质量体系	计算：进度管理	收尾管理
2013 年 11 月	计算：成本管理	成本管理、估算	配置管理
2014 年 5 月	需求管理、质量管理	计算：成本管理	收尾管理
2014 年 11 月	计算：成本管理	范围、变更、沟通	整体管理、干系人

续表

时间	试题一	试题二	试题三
2015 年 5 月	计算：进度成本综合	综合管理问题分析、项目经理	整体、进度、质量、成本等综合分析
2015 年 11 月	整体管理	计算：进度成本综合	范围管理
2016 年 5 月	计算：进度管理	整体、风险	整体管理
2016 年 11 月	计算：进度成本综合	招投标、整体、变更	收尾管理
2017 年 5 月	计算：成本管理	质量管理	变更、范围、配置
2017 年 11 月	变更管理	计算：进度成本综合	人力资源、沟通
2018 年 5 月	质量管理	计算：进度成本综合	人力资源
2018 年 11 月	范围管理、综合分析	计算：进度成本综合	项目集、项目组合
2019 年 5 月	采购管理	计算：进度成本综合	人力资源
2019 年 11 月	质量管理	计算：成本管理	人力资源
2020 年 11 月	范围管理	计算：进度成本综合	配置、测试
2021 年 5 月	风险、整体	计算：进度成本综合	沟通和干系人
2021 年 11 月	范围	计算：进度成本综合	配置管理
2022 年 5 月	范围、变更	计算：进度成本综合	风险、安全

第29章 案例简答专题

29.1 简答回复技巧

本章总结的案例分析精华知识点，按照考试大纲，以及历年真题考查情况，提炼了可能已经考过的知识点，这些知识点分为两类：

第一类完全是书上的原文，例如项目管理计划，变更步骤等，需要大家记住，并且能够默写。该部分内容已经在前面各章节的"考点梳理及精讲"部分标出，学员在学习时可以重点记忆。

第二类是对各个知识领域可能存在的问题，解决措施等的概括，这些内容没有固定答案，我们列出的是一些思路，可能不全面，大家还可以自己总结。案例题主要考查的就是这类给出问题描述，让你的问答，因此建议大家可以从以下四个角度答题：

1. 从项目管理过程考虑

十大知识领域，47个过程必须背会，然后结合题目暗示思考，哪个领域哪个过程可能有问题。如果题目没有暗示，可以把所有过程都写一遍，例如风险管理可能存在的问题，其每个过程都会有问题，这样就能写很多条。

2. 从交付成果或工具考虑

每个过程都有对应的输出和工具技术，可以再深挖每个过程输出成果、使用的工具是否有问题，例如收集需求方法有误，质量管理和控制等的工具无效等。

3. 从人员和沟通方面考虑

但凡有问题，人员沟通都可以写上一条。例如，人员缺乏经验和技能、培训不到位；人员相关领域意识淡薄，没有责任心，考虑不周；人员身兼多职，没有安排专职人员；一言堂，一个人做规划做审批；人员沟通存在问题。

4. 从制度规范方面考虑

每个知识领域，每个过程是否遵循了严格的制度规范，是否有阶段性评审，是否有基线，计划制订得是否准确，绩效机制，经验总结等都可以写。

案例分析简答题找茬技巧

（1）看到有技术人员出身做项目经理，就要回答在信息系统工程中，开发和管理是两条不同的主线，开发人员所需要的技能与管理人员所需要的技能很不一样。角色定位可能不好、没有站在项目经理的角度管理项目，所以需要给项目经理培训。

（2）看到身兼数职，就要回答可能没有多少时间去学习管理知识，去从事管理工作。一人承担两个角色的工作，导致工作负荷过载，身心疲惫，其后果可能给全局带来不利影响。

（3）看到新技术，就要想到风险，接着就是应该对大家进行培训、学习，然后监控技术风险，或者找合适的人选从事这项工作，最后实在不行就外包。

（4）看到有人对项目不满意，就要回答可能没有建立有效的沟通机制和方式、方法，缺乏有效的项目绩效管理机制，需要加强沟通。

（5）看到变更的方面就一定是变更的三个要素：书面申请、审批和确认、跟踪变更过程。这三个方面缺一不可。

（6）看到由客户验收不通过往往需要说明验收标准没有得到认可或确认，没有验收测试规范和方法等。

（7）只要是与人有关的问题，均可以找到沟通方面的答案。

（8）看到过了一段时间才发现问题，就说明监控不力。

（9）看到里程碑或一些时间安排的很紧张，就说明没有考虑到冗余的思想。

（10）看到因为外部的因素导致项目的延工等，就要想到可能影响变更的原因。

（11）看到有争执，就可以想到沟通问题，或者计划做得不够周到。

（12）看到多头汇报的问题，就要想到项目经理权限的问题以及沟通、冲突等问题。

29.2 典型案例简答真题

29.2.1 典型案例简答真题 1（整体管理）

2016 年 5 月试题三

阅读下列说明，回答问题 1 至问题 4，将解答填入答题纸的对应栏内。

【说明】

系统集成商 B 公司中标了某电子商务 A 企业的信息系统硬件扩容项目，项目内容为采购用户指定型号的多台服务器、交换设备、存储设备，并将整套系统与原有设备连接，最后实现 A 企业的多个应用系统迁移。公司领导指定小周为该项目的项目经理。

小周曾担任过多个应用软件开发项目的项目经理，但没有负责过硬件集成项目。

小周组织召开了项目启动会，将项目进行了分解，并给项目组成员分配了任务。接下来，安排负责技术的小组长先编写项目技术方案，同时小周根据合同中规定的时间编制了项目的进度计划并发送给项目组成员。进度计划中确定了几个里程碑点：完成技术方案、设备到货、安装调试完成、应用系统迁移完成。由于该项目需要采购多种硬件设备,小周将进度计划也发给了采购部经理,并与采购部经理进行了电话沟通。

技术方案完成后通过了项目组的内部评审,随后项目组按照技术方案开始进行设备调试前的准备工作。小周找到采购部经理确认设备的到货时间,结果得到的答复是服务器可以按时到场,但存储设备由于运输的问题要晚一周到货。

由于存储设备晚到的原因,安装调试工作比计划延误了一周时间。在安装调试的过程中,项目组发现技术方案中存在一处错误,又重新修改了技术方案,结果导致进度比计划延误了两周。A企业得知系统迁移时间要延后,非常不满意,找到B公司的高层领导投诉。

【问题1】(12分)
请分析该项目执行过程中存在哪些问题。

【问题2】(3分)
请将下面(1)~(3)处的答案填写在答题纸的对应栏内。
在项目里程碑点应进行里程碑评审,里程碑评审由 __(1)__ 、 __(2)__ 、 __(3)__ 参加。

【问题3】(8分)
(1)项目的整体管理计划还应该包含哪些子计划?
(2)小周应该采取哪些管理措施以保证采购设备按时到货?

【问题4】(2分)
从供选择的答案中选择1个正确选项,将选项编号填入答题纸对应栏内。
公司高层领导接到客户投诉后最恰当的做法是 __( )__ 。
供选择的答案:
A.向客户道歉并立即更换项目经理
B.向客户道歉并承诺赔偿部分损失
C.向项目组增派相关领域技术水平高的人,力争在系统迁移过程中追回部分时间
D.与客户充分沟通,说明进度延误是由于设备到货时间延误造成的,希望客户顺延项目工期

参考答案:
【问题1】
(1)小周虽然软件项目管理经验丰富,但缺乏硬件集成项目管理经验。
(2)范围管理没有做好,小周不能单独一人对项目进行分解,而要让项目组成员也参与进来。
(3)进度计划制订不合理,不能由小周一人来制订进度计划,并且没有从项目实际出发来制订进度计划,而根据合同规定的时间来制订的进度计划可能不符合项目实际情况。
(4)关键里程碑点没有获得相关干系人的签字确认。
(5)沟通方面存在问题,无论是与采购部的沟通还是与客户的沟通都存在问题。没有让客户及时了解项目情况。
(6)风险管理没有做好,在获知存储设备因为晚到一周的情况下没有采取相应的应对措施。
(7)质量保证方面存在问题,技术方案的评审可能不严格或存在走过场情况,导致技术方案中存在的错误没有被及时发现。

（8）公司缺乏对小周的监督和指导。
（每条 2 分，最多 12 分）

【问题 2】
（1）项目组成员（项目组）
（2）客户（或用户、客户代表、使用方、建设方）
（3）公司高层领导（或项目发起人）

【问题 3】
（1）包括：范围管理计划、进度管理计划、成本管理计划、质量管理计划、过程改进计划、人员配备管理计划、沟通管理计划、风险管理计划、采购管理计划。
（每个 1 分，最多得 5 分）
（2）采取的措施有：
1）要与采购部经理对采购设备到货时间进行签字确认，明确采购设备到货延误后果。
2）加强与采购部门的沟通，时常跟进采购设备到货情况，以便及时采取措施。
3）在采购合同中要有相关采购设备延误到货的惩罚措施，以便供应商能重视相关工作。
4）在获知设备延误到货情况下要及时与公司高层和客户方进行沟通。
（每项 1 分，最多得 3 分）

【问题 4】
C

29.2.2 典型案例简答真题 2（范围管理）

2021 年 11 月试题一

阅读下列说明，回答问题 1 至问题 4，将解答填入答题纸的对应栏内。

【说明】
某集团公司希望对总部现有信息系统进行升级改造，升级后的系统能收集整合子公司各类数据，实现总部对全集团人力资源、采购、销售信息的掌握、分析及预测。

小王担任项目经理，项目交付期为 60 天。小王研究了总部提出的需求后，认为项目核心在于各子公司数据收集以及数据可视化及分析预测功能。各子公司数据收集可以以总部现有系统中的数据格式模板为基础，为各子公司建立数据上传接口。针对数据的分析预测功能，由于牵涉到人工智能等相关算法，目前项目组还不具备相关方面的知识储备，因此项目组对该模块功能直接外包。小王将数据收集与可视化工作进行了 WBS 分解，WBS 的部分内容如下：

工作编号	工作任务	工期	负责人
…	…	…	…
2	系统设计	20 天	王工
3	程序编制	30 天	任工

续表

工作编号	工作任务	工期	负责人
…	…	…	…
3.2.1	人力资源模块编码	25 天	孙工
3.2.2	采购模块编码	20 天	赵工
3.2.3	销售模块编码	20 天	赵工
…	…	…	…
4	系统测试与验收	5 天	赵工、赵工
…	…	…	…

此外，虽然总部没有提出修改界面，但小王认为旧版的软件界面不够美观，让软件研发团队重新设计并更改了软件界面。

试运行阶段，总部人员试用后，认为已经熟悉旧版的操作模式，对新版界面的布局极其不适应；各子公司数据报送人员，认为数据上报的字段内容与自己公司的业务并不相关，填写困难。总部和各子公司的试用人员大部分认为新系统不是很好用。

【问题 1】（12 分）
（1）请结合案例，简要分析该项目经理在 WBS 分解中存在的问题。
（2）写出 WBS 分解时，需要注意的事项。

【问题 2】（8 分）
请结合案例，除 WBS 分解的问题外，项目在范围管理中还存在哪些问题。

【问题 3】（3 分）
请描述项目范围说明书的内容。

【问题 4】（2 分）
请将下面（1）～（4）处的答案填写在答题纸的对应栏内。
项目范围是否完成要以＿＿（1）＿＿来衡量，包括＿＿（2）＿＿，＿＿（3）＿＿，＿＿（4）＿＿。

参考答案：

【问题 1】
（1）存在的问题：（4 分，每条 1 分，写出 4 条得满分）
1）小王独自分解存在问题，分解过程需要所有（主要）干系人参与。
2）WBS 分解的层次不够，应该分解到 4～6 层。
3）WBS 分解的工期不满足 8/80 原则，工作包粒度过粗。
4）分解后的工作单元不能区分开不同的责任者和不同的工作内容。
5）WBS 没有包括项目管理工作。

（2）分解 WBS 的注意事项：（8 分，每条 1 分，写出 8 条得满分）
1）WBS 必须是面向可交付成果的。

2）WBS 必须符合项目的范围。
3）WBS 的底层应该支持计划和控制。
4）WBS 中的元素必须有人负责，而且只由一个人负责，尽管实际上可能需要多个人参与。
5）WBS 的指导。作为指导而不是原则，WBS 应控制在 4～6 层。
6）WBS 应包括项目管理工作（因为管理是项目具体工作的一部分），也要包括分包出去的工作。
7）WBS 的编制需要所有（主要）项目干系人的参与，需要项目团队成员的参与。
8）WBS 并非是一成不变的。

【问题 2】（8 分，每条 1 分，写出 8 条得满分）
（1）小王没有进行规划范围管理，没有制订范围管理计划。
（2）小王没有进行详细的需求收集工作，需求收集不全面。
（3）小王没有进行需求验证和需求评审。
（4）小王没有定义范围，没有形成项目范围说明书。
（5）小王创建工作分解结构过程存在问题。
（6）小王没有在重要里程碑处范围确认。
（7）小王控制范围存在问题，存在范围蔓延和镀金现象。
（8）外包数据的分析预测功能存在问题，核心功能不应该外包。

【问题 3】（3 分，每条 0.5 分，写出 6 条得满分）
（1）产品范围描述。
（2）验收标准。
（3）可交付成果。
（4）项目的除外责任。
（5）项目的制约因素。
（6）假设条件。

【问题 4】
（1）范围基准。
（2）批准的项目范围说明书。
（3）WBS（或工作分解结构）。
（4）WBS 字典。

29.2.3 典型案例简答真题 3（质量管理）

2019 年 11 月试题一

阅读下列说明，回答问题 1 至问题 3，将解答填入答题纸的对应栏内。
【说明】
2019 年 3 月某公司中标当地轨道交通的车载广播系统项目，主要为地铁列车提供车载广播、报警、对讲及电子地图系统。公司任命具有丰富经验的老王担任项目经理。老王从各部门抽调人员成立了项目组，安排质量部的老杨负责质量工作。

根据甲方提出的技术要求，结合公司质量管理手册、程序文件和作业文件，老杨编制了《项目质量计划书》《项目验收规范》等质量文件，组织人员对《项目质量计划书》等文件进行了评审，并对项目组成员进行了质量管理培训。项目实施过程中，按照《项目质量计划书》，老杨组织相关人员定期对项目进行检查并跟踪改进情况。

系统调试过程中，调试人员发现某电路板会导致系统运行出现严重的错误，立刻向项目经理进行汇报。老王找到负责该电路设计的人员，要求其对系统出现的 Bug 进行原因分析，找到问题根源，若需要修改设计，对电路的缺陷设计进行更正，填写设计更改单，并进行评审。

经过分析并评审通过后，相关人员实施更改并升级了电路图版本。经验证，系统运行正常。工程样机生产出来后，根据项目技术条件，对产品进行型式试验和例行试验。在产品进行电磁兼容试验时，某指标不符合要求，项目人员分析原因后进行了整改，重新试验并顺利通过。

验收前，老杨对照《项目验收规范》，对系统功能及性能进行确认，并由质量部门开具了合格证。系统最终上线，经过一个月的试运行，客户反馈以下问题：项目组针对试运行出现的问题进行了更改。

序号	故障时间	位置	客户反馈问题	故障定位
1	2019.6.13	1 客室	接通司机室没声音	报警器
2	2019.6.16	3 客室	接通司机室没声音	报警器
3	2019.6.18	6 客室	呼不通	报警器
4	2019.6.20	5 客室	黑屏	电子地图
5	2019.6.24	5 客室	呼叫灯不亮	报警器
6	2019.6.25	司机室	监听声音小	监听扬声器
7	2019.6.25	2 客室	接通客室时没声音	报警器
8	2019.6.27	司机室	监听声音小	监听扬声器
9	2019.6.28	4 客室	接通客室时没声音	报警器
10	2019.7.2	司机室	对讲机无声音	对讲装置
11	2019.7.4	司机室	监听声音小	监听扬声器
12	2019.7.4	2 客室	接通司机室没声音	报警器
13	2019.7.6	1 客室	广播声音小	广播主机
14	2019.7.10	2 客室	黑屏	电子地图
15	2019.7.13	6 客室	呼不通	报警器

【问题 1】（8 分）

将案例中实际应用的质量管理措施分类填入答题纸对应表格。

【问题 2】（8 分）

（1）请简述帕累托分析原理。

（2）根据试运行期间用户反馈的问题记录，请应用帕累托原理分析造成系统故障的主要原因，并指出解决系统故障的优先级。

【问题 3】（11 分）

（1）写出一致性成本和非一致性成本的定义。

（2）请分析案例中发生的成本哪些属于一致性成本，哪些属于非一致性成本。

参考答案：

【问题 1】

质量规划：编制《项目质量规划书》《项目验收规范》等质量文件，对文件进行评审，对项目成员进行质量管理培训；

质量保证：评审、过程分析、定期对项目进行检查并跟踪改进情况；

质量控制：测试、因果分析、变更、统计抽样等。

【问题 2】

（1）80/20 法则。在任何特定的群体中，重要的因素通常只占少数，而不重要的因素占多数，因此只要能控制关键性的少数因素即可控制全局。

（2）造成系统障碍的主要原因是报警器故障，解决系统故障优先级分别是报警器、监听扬声器、电子地图、对讲装置、广播主机。

【问题 3】

（1）一致性成本包括预防成本和评估成本，主要包括流程文档化、培训、设备、测试、检查等。

非一致性成本又称为失败成本，又分为内部失败成本（项目组主动发现问题并弥补发生的成本）和外部失败成本（已经客户或社会造成的损失，如返工），主要包括反恐、废品、责任、保修等。

（2）案例中发生的成本：一致性成本有流程文档化、培训、设备、测试、检查。非一致性成本有返工、废品、责任、保修。

29.2.4 典型案例简答真题 4（人力资源管理）

2019 年 11 月试题三

阅读下列说明，回答问题 1 至问题 4，将解答填入答题纸的对应栏内。

【说明】

A 公司中标某系统集成项目，正式任命王伟担任项目经理。王伟是资深的技术专家，在公司各部门具有较高的声望。接到任命后，王伟组建了项目团队。除服务器工程师小张是新招聘的外，其余项目组成员都是各个团队的老员工。项目中王伟经常身先士卒，亲自参与解决复杂问题，深受团队成员好评。

项目中期，服务器厂商供货比计划延迟了一周。为了保证项目进度，王伟与其他项目经理协商，借调了两名资深人员。随后召开项目会议，动员大家加班赶工。会议上王伟向大家承诺会向公司申请额外项目奖金。大家均同意加班，只有小张以家中有事、朋友聚会等理由拒绝加班。由于小张负责服务器基础平台，他的工作进度会影响整体进度，所以大家纷纷指责小张没有团队意识。

王伟认为好的项目团队中绝对不能出现冲突现象，这次冲突与小张的个人素养有直接关系。为了避免冲突对团队产生不良影响，王伟宣布立即终止会议并请小张留下来单独谈话。在沟通中，王伟批评小张缺乏团队合作意识。小张表示他对加班费、项目奖金等不在意，而且他技术经验丰富，很容易找到份收入不错的工作。他不加班的原因是最近家人、朋友等各种圈子应酬太多。王伟表明如果因为小张的原因导致项目工期延误，会影响小张在团队中的个人声誉，同时更会影响整个项目团队在客户和公司内部的声誉，小张虽不情愿，但最终选择了加班。

【问题1】（8分）

管理者的权力来源有5种，请指出这5种权力在王伟身上的具体体现（请将（1）～（4）处的答案及具体表现填写在答题纸的对应表格内）。

权力来源	具体体现
（1）　权力（1分）	A公司中标某系统集成项目，正式任命王伟担任项目经理
惩罚权力	在沟通中，王伟批评小张缺乏团队合作意识
（2）　权力（1分）	会议上王伟向大家承诺会向公司申请额外的项目奖金
（3）　权力（1分）	王伟是资深的技术专家，在公司各部门具有较高的声望
（4）　权力（1分）	王伟经常身先士卒，亲自参与解决复杂技术问题，深受团队成员好评

【问题2】（6分）

结合马斯洛需求理论，指出案例中小张已经满足的需求层次，并指出具体表现。如果要想有效激励小张，应该在哪些层次上采取措施？

【问题3】（8分）

（1）结合本案例，请指出王伟针对冲突的认识和做法有哪些不妥。

（2）解决冲突的方式有哪些？王伟最终采用了哪种冲突解决方式？

【问题4】（3分）

结合案例中项目团队的人员构成，请指出该项目采用了哪些组建项目团队的方法？

参考答案：

【问题1】

（1）职位权力。具体体现：A公司中标某系统集成项目，正式任命王伟担任项目经理。

（2）奖励权力。具体体现：会议上王伟向大家承诺会向公司申请额外的项目奖金。

（3）专家权力。具体体现：王伟是资深的技术专家，在公司各部门具有较高的声望。

（4）参照权利。具体体现：王伟经常身先士卒，亲自参与解决复杂技术问题，深受团队成员好评。

【问题2】

小张满足了马斯诺需求层次理论的：生理、安全、社会交往。

生理表现：对奖金、加班费不在乎。
安全表现：能随时找到工作。
社会交往表现：家人、朋友等圈子应酬多。
要激励小张，应该采取受尊重、自我实现等高层次的激励。

【问题 3】
（1）王伟认为好的项目团队中绝对不能出现冲突现象这种认识是不妥的，其次在项目会议上出现冲突后不应该立即终止会议，应该先由团队成员负责解决。
（2）冲突解决方法：撤退/回避；缓和/包容；妥协/调解；强迫/命令；合作/解决。王伟最终采用了强迫/命令的冲突解决方式。

【问题 4】
实现分派、谈判、招募。

29.2.5 典型案例简答真题 5（沟通及干系人管理）

2021 年 5 月试题三

阅读下列说明，回答问题 1 至问题 4，将解答填入答题纸的对应栏内。

【说明】

某省交通运输厅信息中心对省内高速公路部分路段的监控系统进行升级改造，该项目是省重点项目，涉及 5 个系统集成商、1 个软件供应商、3 个运维服务厂商以及 10 个路段管理单位。项目工期仅为两个月，沟通管理的好坏决定了项目的成败。

小张作为项目经理，在项目建设全过程中建立了项目领导小组的周例会制度，制定了详细的沟通计划，并根据项目发展阶段，识别了不同阶段的关键干系人，形成了干系人登记册，根据沟通需求不同，设置不同的沟通方式，细化了相应的沟通管理策略（见下表），并完善了沟通管理计划。项目执行中周报告采用邮件方式发布，出现的问题采用短信的方式定制发送，使项目如期完工并得到省交通运输厅的好评。

项目阶段	沟通管理策略
需求分析与设计	通过集成商、软件商与路桥管理单位面对面的沟通，尽快获取了系统建设的详细需求和设备的具体选型，项目需求和设备方案赢得了路桥管理单位的签字认可
集成	集成商、软件商、路桥管理单位、省厅信息中心等需要密切配合，每一个变更都需要得到路桥管理单位确认，并通知省厅信息中心
测试	系统集成商、软件供应商、设备维护服务商都需要参与，路桥管理单位、省厅信息中心进行验收测试

【问题 1】（8 分）
（1）结合案例，请计算该项目的沟通渠道总数。
（2）请指出项目经理的如下活动对应的管理过程（从候选答案中选择正确选项，将该选项的编号填入答题纸对应栏内）。

活动	所属过程
建立了项目领导小组的周例会制度	
根据项目发展阶段，识别了不同阶段的关键干系人	
项目执行中周报告采用邮件方式发布，出现的问题采用短信的方式定制发送	

A．规划沟通　　　　B．管理沟通　　　　C．控制沟通　　　　D．识别干系人
E．规划干系人管理　　F．管理干系人

【问题2】（6分）
结合案例中的以下干系人，请分别写出干系人影响/作用方格对应的项目阶段（将正确答案填入答题纸对应栏内）。

序号	干系人影响/作用方格	项目阶段
（1）	利益 高：A ②③、B ⑤；低：D ④、C ① （横轴 低—影响—高）	
（2）	权力 高：A ⑤、B ①；低：D ②③、C ④ （横轴 低—利益—高）	
（3）	影响 高：A （空）、B ①⑤；低：D （空）、C ②③④ （横轴 低—作用—高）	

①省交通运输厅信息中心；②系统集成商；③软件供应商；④运维服务商；⑤路段管理单位。

【问题 3】(6 分)

在试运行阶段,项目经理分析的干系人的参与程度见下表。此时,项目经理是否需要干预?如何干预?注:C 表示当前参与程度,D 表示所需参与程度。

干系人	不知晓	抵制	中立	支持	领导
省交通运输厅信息中心					CD
系统集成商				CD	
软件供应商				CD	
A 运维服务厂商	C			D	
B 路桥管理单位			C		D

【问题 4】(5 分)

从候选答案中选择正确选项,将该选项的编号填入答题纸对应栏内。

工作绩效报告是 __(1)__ 的输入,工作绩效数据是 __(2)__ 的输入,问题日志是 __(3)__ 的输入,制定干系人管理计划活动属于 __(4)__ 过程,分析绩效与干系人进行沟通,提出变更请求属于 __(5)__ 过程。

A. 管理沟通　　　　　B. 控制沟通　　　　　C. 识别干系人　　　　D. 管理干系人
E. 规划干系人管理　　F. 控制干系人参与

参考答案:

【问题 1】

(1)沟通渠道数:$N(N-1)/2$,其中 $N=20$。请注意不是 19(要加上信息中心),于是沟通渠道应该是 190。

(2)A D B

【问题 2】

(1)需求分析与设计

(2)集成

(3)测试

【问题 3】

需要干预。A 运维服务厂商目前是不知晓,应该积极和他沟通,得到他的支持。B 路桥管理单位目前是中立,应该让他来领导。

【问题 4】

(1)A　(2)B　(3)B、F　(4)E　(5)F

29.2.6　典型案例简答真题 6（采购管理）

2019 年 5 月试题一

阅读下列说明,回答问题 1 至问题 4,将解答填入答题纸的对应栏内。

【说明】

A 公司中标某金融机构甲方位于北京的数据中心运行维护项目，并签署了运维合同。合同明确了运维对象包括服务器、存储及网络等设备，并约定：核心系统备件 4 小时到场；非核心系统备件 24 小时到场；80%以上备件需满足上述时效承诺，否则视为违约。

A 公司任命小张担任该项目的项目经理，为了确保满足服务承诺，小张在北京建立了备件库，招聘了专职备件管理员及库房管理员，考虑到备件成本较高，无法将服务器、存储和网络设备的所有备件都进行储备，备件管理员选择了一些价格较低的备件列入《备件采购清单》并经小张批准后交给了采购部。随后，采购部通过网站搜索发现 B 公司能够提供项目所需全部备件且价格较低，于是确定 B 公司作为备件供应商并签署了备件采购合同。

项目实施三个月后，甲方向公司投诉，一是部分核心系统备件未能按时到场，二是部分备件加电异常，虽然补发了备件，但是影响了系统正常运行。

针对备件未能按时到场的问题，小张通过现场工程师了解到：一是部分核心系统备件没有储备；二是部分备件在库存信息中显示有库存，但调取时却找不到。为此需要临时从 B 公司采购，延误了备件到场时间。

针对备件加电异常的问题，小张召集采购部、库房管理员、B 公司召开沟通会议，库房管理员认为 B 公司提供的备件质量存在严重问题，但无法提供相应证据。B 公司则认为，供货没有问题，是库房环境问题导致备件异常，因为 B 公司人员送备件到库房时曾多次发现库房温度、湿度超标。采购部人员观点与库房管理员一致，原因是采购部通过查询政府采购网等多家网站发现，B 公司去年存在多项失信行为记录，大家各执一词，会议无法达成共识。

【问题 1】（5 分）

请说明采购管理的主要步骤。

【问题 2】（12 分）

结合案例，请指出该项目采购管理中存在的问题。

【问题 3】（3 分）

请简述采购货物入库的三个条件。

【问题 4】（7 分）

请将下面（1）～（7）处的答案填写在答题纸的对应栏内。

供应商选择的三大主要因素是供应商的 __(1)__ 、 __(2)__ 、和 __(3)__ 。

经进货验证确定为不合格的产品，应采取的处理包括退货、 __(4)__ 和 __(5)__ 。

采购需求通常包括标的物的配置、性能、数量、服务等，其中 __(6)__ 和 __(7)__ 最为关键。

参考答案：

【问题 1】

项目采购管理的主要过程包括编制采购计划、实施采购、控制采购、结束采购等 4 个过程，细化来讲包含如下步骤：

（1）需求确定与采购计划的制订。

（2）供应商的搜寻与分析。

（3）定价。

（4）拟定并发出定单。

（5）定单的跟踪和跟催。

（6）验收和收货。

（7）开票和支付货款。

（8）记录管理。

【问题 2】

（1）没有做好规划采购工作，未制订合理的采购管理计划、供方选择标准等。

（2）没有编写采购工作说明书，未提前列明采购货物的质量等级、标准要求等。

（3）在实施采购过程中，仅凭价格低就选择卖方，未综合评价卖方综合情况，采购流程制度不规范。

（4）采购过程项目经理未重视采购管理，未说明采购备件的要求和参与采购过程监管。

（5）未将项目的进度与采购货物的时间进行综合考虑。

（6）库存规划不合理，未储备采购核心系统备件。

（7）库存管理混乱，库存信息未能反映真实情况。

（8）仓库环境可能存在问题，这样会导致仓库中的备件被损毁。

（9）未及时做好货物验收工作，进入现场才被甲方发现备件加电异常。

（10）未做好控制采购工作，应及时监控卖方绩效，有问题要及时纠偏，而不是等到临近交货或交货时才发现问题。

（11）未记录好采购过程中的相关采购文档和往来凭证，出问题难以找证据。

（12）可能未在合同中规定交付验收标准、要求，或规定不合理，导致各种争议。

（13）合同中未规定索赔和违约条款，无法进行有效合同管理。

（14）沟通存在问题，应充分做好会前准备工作，做好会议引导。

【问题 3】

采购货物入库的三个条件：

（1）采购产品验证完毕后，检验合格的产品、《进货检验记录单》。

（2）库房核对采购设备对应项目准确无误。

（3）供应商提供的运货单或者到货证明。

【问题 4】

（1）产品价格；（2）质量；（3）服务；（4）调换；（5）降级改作他用（需主管领导批准，并在相关部门备案）；（6）配置；（7）性能。

29.2.7 典型案例简答真题 7（风险管理）

2021 年 5 月试题一

阅读下列说明，回答问题 1 至问题 4，将解答填入答题纸的对应栏内。

案例简答专题 第 29 章

【说明】

2020 年某公司承接某地方法院的智慧法院信息系统项目，实现法院庭审流程信息化，项目要求引入智能语音技术，将庭审现场人员的语音实时转换成文字，既可在屏幕上输出显示，又可实时编辑，提高庭审记录的效率。

公司没有智慧法院的相关项目经验，选择刚毕业两年的小王担任项目经理，由于项目时间较紧，小王主要围绕工作分解、人员分工、项目进度和预算，独自制订了项目管理计划，考虑到公司从未有过智能语音识别方面的相关开发经验，小王特意从某高校请来人工智能实验室的李教授，为项目组人员培训智能语音相关理论知识和常用算法，经过培训，项目组人员对语音识别技术有了初步的了解，但还不具备自我研发能力，因此项目组决定将该功能外包。

项目实施过程中，甲方希望能在软件中增加一简单功能，小王认为增加功能并不复杂，直接让软件开发人员进行了修改，由于项目本身时间周期较短，又受疫情影响，时间更加紧迫，为了不耽误进度，小王要求项目组采取 997 工作模式，项目中后期，有核心人员提出离职。

项目收尾时，小王发现交付的软件部分功能与设计文档不一致。

【问题1】

结合案例，从风险识别的角度，指出该项目存在的问题。

【问题2】

对于语音识别模块，假设项目组根据过去经验得到如下表信息：

（单位：万元）

序号	方式	成功率	花费成本	成功获益	失败赔偿
1	自研	60%	80	100	50
2	外包	90%	45	100	60

请应用决策树分析技术，分别计算自研和外包的期望货币价值，并判断项目组选择外包方式是否正确。

【问题3】

请描述项目整体管理包括哪几个过程？分别属于哪个项目管理过程组？（将答案补充填写在答题纸的对应表格内）

【问题4】

请将下面（1）～（2）处的答案填写在答题纸的对应栏内。

风险按 __(1)__ 性可以分为已知风险、可预测风险和不可预测风险，为了预防原材料价格波动，提前储备了一批原材料，结果原材料价格出现了下跌。该风险属于 __(2)__ 。

参考答案：

【问题1】

（1）项目经理小王经验不足。

（2）小王一个人编写项目管理计划不对，应该是各干系人参与。

（3）没有编写风险管理计划，没有计划文件来指导风险识别工作。

（4）没有进行全员、全过程的风险识别。

（5）请专家，只可以对风险进行减轻，并未进行额外的风险措施。

（6）没有进行变更的风险识别。

（7）没有进行进度的风险识别。

（8）没有进行外包的风险识别。

（9）没有进行人力资源的风险识别。

（10）没有进行质量的风险识别。

【问题 2】

自研的期望货币价值：(100–80)×60%+(–50–80)×40%=12–52=–40（万元）。

外包的期望货币价值：(100–45)×90%+(–60–45)×10%=49.5–10.5=39（万元）。

建议采用外包的方式。

【问题 3】

过程	过程组
制订项目章程	启动过程组
制订项目管理计划	计划过程组
指导与管理项目工作	执行过程组
监控项目工作、实施整体变更控制	监控过程组
结束项目或阶段	收尾过程组

【问题 4】

（1）可预测　（2）已知风险

29.2.8　典型案例简答真题 8（变更管理）

2017 年 11 月试题一

阅读下列说明，回答问题 1 至问题 3，将解答填入答题纸的对应栏内。

【说明】

　　A 公司承接了一个为某政府客户开发 ERP 软件的项目，任命小张担任项目经理。由于该客户与 A 公司每年有上千万元的项目合作，A 公司管理层对客户非常重视，并一再嘱咐小张要保证项目的客户满意度。为此，小张从各部门抽调了经验丰富的工程师组建了项目团队。

　　在项目初期，小张制定了变更和配置管理规则：客户需求发生变化时，应首先由工程师对需求变化造成的影响做评估，如果影响不大，工程师可以直接进行修改并更新版本，不需要上报项目经理；当工程师不能判断需求变化对项目的影响时，应上报给项目经理，由项目经理作出评估，并安排相关人员进行修改。

在项目实施过程中，用户针对软件的功能模块提出一些修改需求，工程师针对需求做了评估，发现修改工作量不大，对项目进度没有影响，因此，出于对客户满意度的考虑，工程师直接接受了客户的要求，对软件进行修改。在软件测试联调阶段，测试人员发现部分功能模块与原先设计不符，造成很多接口问题。经调查发现，主要原因是客户针对这些功能模块提出过修改要求，项目经理要求查验，没有发现相关变更文件。

【问题1】（10分）
请分析该项目实施过程中存在哪些主要问题。

【问题2】（10分）
结合案例，请描述项目变更管理的主要工作程序。

【问题3】（6分）
请将下面（1）～（6）处的答案填写在答题纸的对应栏内。
根据变更的迫切性，变更可分为__（1）__和__（2）__，通过不同流程处理。
变更管理过程涉及的角色主要包括项目经理、__（3）__、__（4）__、__（5）__、__（6）__。

参考答案：

【问题1】
（1）变更和管理配置规则有问题，需求变化评估结果应该告知项目经理，由项目经理决定是否直接修改。
（2）不能评估结果的，应该和管理层和干系人会谈。
（3）变更没有记录文件。
（4）实施过程中需求变更没有上报项目经理评估。
（5）变更必须要有记录，该项目变更没有更新项目文件。

【问题2】
变更控制流程：
（1）提出与接受变更申请。
（2）对变更进行初审。
（3）变更方案论证。
（4）项目管理委员会审查。
（5）发出变更通知并组织实施。
（6）变更实施的监控。
（7）变更效果的评估。
（8）判断发生变更后的项目是否已纳入正常轨道。

【问题3】
（1）紧急变更；（2）非紧急变更；（3）变更申请人；（4）CCB；（5）变更验证人；（6）CMO。

29.2.9　典型案例简答真题9（配置管理、测试管理）

2020年11月试题三

阅读下列说明，回答问题1至问题4，将解答填入答题纸的对应栏内。

【说明】

A公司是提供SaaS平台服务业务的公司，小张作为研发流程优化经理，他抽查了核心产品的配置管理和测试过程，情况如下：项目组共10人，产品经理小马兼任项目经理和配置管理员，还有7名开发工程师和2名测试工程师，采用敏捷开发的方法，2周为一个迭代周期，目前刚刚完成一个3.01版本的上线。

小张要求看一下配置管理库，小马回复："我正忙着，让测试工程师王工给你看吧，我们10个人都有管理员权限。"小张看到配置库分为了开发库和产品库，产品库包括上线的3个大版本的完整代码和文档资料，而且与实际运行版本有偏差。小版本只能在开发库中找到代码，但没有相关文档，而且因为新需求迭代太快，有些很细微的修改，开发人员随手进行了修改，文档和代码存在一些偏差。小张策划对产品做一次3.01版本的系统测试，以便更好地解决研发流程和系统本身的问题。

【问题1】（5分）

结合本案例，从配置管理的角度指出项目实施过程存在的问题。

【问题2】（10分）

结合本案例，请帮助测试工程师从测试目的、测试对象、测试内容、测试过程、测试用例设计依据、测试技术6个方面设计核心产品3.01版本的系统测试方案。

【问题3】（6分）

如果系统测试中需要采用黑盒测试、白盒测试和灰盒测试，请阐述三种测试的含义和用途。

【问题4】（4分）

从候选答案中选择正确选项，将该选项编号填入答题纸对应栏内。配置项的状态通常可分为三种，配置项初建时其状态为__(1)__。配置项通过评审后，其状态变为__(2)__。此后若更改配置项，则其状态变为__(3)__。当配置项修改完毕并重新通过评审时，其状态又变为__(4)__。

A．送审稿　　　　　　B．草稿　　　　　　C．报批稿　　　　　　D．征求意见

E．修改　　　　　　　F．正式

参考答案：

【问题1】

（1）没有制订规范的配置管理计划。

（2）没有安排专职的配置管理员与专职的项目经理。

（3）没有建立起合理的配置管理系统。

（4）配置库不完整，缺失了受控库。

（5）配置库的管理权限设置不规范，不能让所有成员均拥有管理权限。

(6)没有进行规范的版本控制。
(7)配置变更控制工作做得不好。
(8)没有开展有效的配置审计工作。
(9)开发库与产品库的内容均不完整,且文档更新很不及时。
(10)项目经理严重缺乏配置管理的意识与经验。

【问题2】
软件测试的方案如下。
测试目的:发现软件的缺陷,识别问题。
测试对象:软件等相关系统。
测试过程:开始软件测试工作(具有测试合同,具有各种文档,所提交的被测软件已受控,软件源代码已正确通过编译或汇编),结束软件测试工作。
测试用例设计原则和测试用例要素:每份测试用例包括名称和标识、测试追踪用例说明、测试的初始化要求、测试的输入、期望的测试结果、评价等。
测试的类型:单元测试、集成测试、确认测试。
测试的技术和方法:静态测试、动态测试。具体包括检查、代码走查、代码审查等。

【问题3】
(1)黑盒测试也称功能测试,它是通过测试来检测每个功能是否都能正常使用,在完全不考虑程序内部结构和内部特性的情况下,在程序接口进行测试,只检查程序功能是否按照需求规格说明书的规定正常使用,主要是针对软件界面和功能进行测试。是以用户的角度,从输入数据与输出数据的对应关系出发进行测试的。
(2)白盒测试又称为结构测试,需要清楚了解程序结构和处理过程,检查是否所有的结构和路径都是正确的,检查软件内部动作是否按照设计说明书的规定正常进行。目的是通过检查软件内部的逻辑结构,对软件中逻辑路径进行覆盖的测试,可以覆盖全部代码、分支、路径和条件。
(3)灰盒测试介于白盒测试与黑盒测试之间,是基于程序运行时的外部表现同时又结合程序内部逻辑结构来设计用例,执行程序并采集程序路径执行信息和外部用户接口结果的测试技术。在灰盒测试中,无需关心模块内部的实现细节。对于软件系统的内部模块,灰盒测试依然把它当成一个黑盒来看待。

【问题4】
(1)B (2)F (3)E (4)F

29.2.10 典型案例简答真题10(收尾管理)

2016年11月试题三

阅读下列说明,回答问题1至问题4,将解答填入答题纸的相应栏内。
【说明】
某公司承接了某银行的信息系统集成项目,并任命王工为项目经理。这也是王工第一次担任项目经理，王工带领近 20 人的团队，历经近 11 个月的时间，终于完成了系统建设工作，并通过了试运行测试，王工在与甲方项目负责人简单地对接了项目交付清单之后，就报告公司项目已经结束，部分项目人员可以进行转移。王工组织剩下的项目团队成员召开了项目总结会议。随后公司的财务要求王工根据合同催甲方支付剩余的 30%项目款。

当王工打电话催促甲方支付项目尾款时，甲方的项目经理告诉他项目还没有结束，甲方还没有在验收报告上签字确认，项目的很多常规性文件还没有提交，而且需要在试运行的基础上，进一步修改程序和功能设置，现在根本没有达到项目收尾的条件。

【问题1】（4分）
项目收尾包括哪些具体工作。

【问题2】（8分）
项目经理王工收尾管理方面上主要存在哪些问题？

【问题3】（5分）
对于软件和信息系统集成项目来说，项目收尾时一般提交的文件包括哪些类？

【问题4】（8分）
（1）王工组织的项目总结会议是否恰当？请说明理由。
（2）请简要叙述项目总结会议上一般讨论的内容包括哪些。

参考答案：

【问题1】
项目收尾管理工作包括：（1）项目验收工作；（2）项目总结工作；（3）系统维护工作；（4）项目后评价工作。

【问题2】
收尾管理方面的问题有：
（1）没有充分做好验收前的准备，没准备好相应的文档并且提交给甲方。
（2）没有按规范的流程进行验收。
（3）验收文档未经双方签字认可。
（4）项目验收未正式完成，未签署验收报告便进行了项目总结。
（5）项目总结会议未邀请所有项目干系人参与。
（6）总结报告未能反映项目的实际情况。
（7）缺少项目评估和审计环节。
（8）沟通方面存在问题。

【问题3】
要提交的文档有：开发文档、产品文档、培训手册、参考手册、用户指南、软件支持手册、采购或外包合同、标书、全部合同变更文件、项目质量记录、会议记录、备忘录、项目测试报告、项目质量验收报告、项目后评价资料等。写出 5 个即可。

【问题4】
（1）不恰当，未邀请项目所有干系人参与项目总结会，同时未达到项目总结的条件。

（2）项目总结会讨论的内容有：项目绩效、技术绩效、成本绩效、进度计划绩效、项目的沟通、识别问题和解决问题、意见和建议。

29.2.11 典型案例简答真题11（项目集和项目组合管理）

2018年11月试题三

阅读下列说明，回答问题1至问题4，将解答填入答题纸的对应栏内。

【说明】

A公司准备研发一款手机无线充电器，项目启动时间为2018年1月，项目整体交付时间为2018年6月。按照资源配置和专业分工，公司将项目初步拆分为7个项目，其中，项目A~C负责产品主体研发和生产，项目E和F关注产品规格和外观设计，项目D负责技术攻关，项目G关注功能性附件。

2018年2月，核心芯片采购遇到困难，为了不影响整体进度，又单独成立了H组负责研究可替代芯片的选型和采购。同时公司专门成立了副总经理牵头的协调小组负责管理这8个启动时间不一、关键节点不一却又内部关联的项目。

【问题1】（9分）

（1）请简述项目管理、项目集管理和项目组合管理的概念。

（2）结合案例，分析该项目适合用哪种方式进行管理，并简述理由。

【问题2】（6分）

结合案例，从变更、计划、监控三个属性上阐述项目组A的项目经理与协同小组职责的差异。

【问题3】（3分）

项目组合治理管理包括：制定项目诸管理计划、___(1)___、___(2)___、___(3)___和执行项目监督5个子过程。

A．定义项目组合　　　B．分配项目组合资源　　　C．优化项目组合
D．批准项目组合　　　E．制定项目组合预算

【问题4】（5分）

请判断以下描述是否正确。

（1）项目集内的所有项目通过共同的目标相关联，该目标对发起组织而言具有非常重要的战略意义。（　　）

（2）项目集目标可以是短期的，也可以是长期的，可以是定性的，也可以是定量可管理的。（　　）

（3）为了获得有效资源，组织应该为每一个项目集提前分配固定的资源池。（　　）

（4）可以根据项目集收益的实现情况将项目集生命周期划分为项目集定义阶段、项目集收益交付阶段和项目集收尾阶段三个过程。（　　）

（5）项目集管理过程中，增加了绩效域这一个新概念，重点关注项目集的战略、构建和治理等方面。（　　）

参考答案：

【问题 1】

（1）项目管理是把各种知识、技能手段和技术应用于项目活动之中，以达到项目的要求。

项目集管理就是在项目集中应用知识、技能、工具和技术来满足项目集的要求，获得分别管理各项目集组件所无法实现的收益和控制。它包括对多个组件进行组合调整，以便以优化或整合的成本、进度和工作来实现项目集目标。

项目组合管理是对一组或者多组项目组合进行管理，以达成组织的战略目标。组织为了实现自身的愿景、使命和价值目标遵循一系列相互关联的过程，对项目组合中的模块进行评价、选择以及设定优先级，以便将内部有限的资源以最佳方式分配项目组合。

（2）本题项目适合项目集管理，理由：公司内部的 7 个子项目是关联项目，但是每个项目启动时间不一，关键节点不一，单个项目无法实现交付收益和管理控制。

【问题 2】

变更：项目经理尽量让变更最小化；协调小组必须预期来自各个子项目内外的变更，并为管理变更做好准备。

计划：项目经理 A 在整个项目生命周期中，逐步将宏观信息细化成详细的计划；协调小组制订项目集整体计划，并制订项目宏观计划来指导下一层次的详细规划。

监控：项目经理对创造预定产品、服务或成果的工作进行监控；协调小组监督所有子项目组成部分的进展，确保实现项目集的整体目标、进度、预算和收益。

【问题 3】

（1）A　（2）C　（3）D

【问题 4】

（1）正确　（2）错误　（3）错误　（4）正确　（5）正确

第30章 案例计算专题

30.1 计算专题类型

1. 进度计算

七格图：（1）最早开始时间（Earliest Start time，ES）。某项活动能够开始的最早时间。

（2）最早结束时间（Earliest Finish time，EF）。某项活动能够完成的最早时间。EF=ES+工期。

（3）最迟结束时间（Latest Finish time，LF）。为了使项目按时完成，某项活动必须完成的最迟时间。

（4）最迟开始时间（Latest Start time，LS）。为了使项目按时完成，某项活动必须开始的最迟时间。

LS=LF–工期、活动自由时差 活动总时差 关键路径。

时标网络图：自由时差、总时差、关键路径。

如非必要，建议画时标网络图。

2. 成本计算

（1）主要是找：完工预算（Budget at Completion，BAC）、计划价值（Planned Value，PV）、挣值（Earned Value，EV）、实际成本（Actual Cost，AC）。

技巧：PV 看监控点时标网络图，AC 题目会直接给出，EV 题目会间接给出，注意百分比。

（2）进度偏差（Schedule Variance，SV）、成本偏差（Cost Variance，CV）、进度绩效指数（Schedule Performance Index，SPI）、成本绩效指数（Cost Performance Index，CPI）、完工尚需成本（Estimate to Complete，ETC）（典型和非典型）、完工估算（Estimate at Completion，EAC）等。

（3）扩展：工期。

30.2 典型案例计算真题

30.2.1 典型案例计算真题 1

2017 年 11 月试题二

阅读下列说明，回答问题 1 至问题 4，将解答填入答题纸的对应栏内。

【说明】

某信息系统项目包含 A、B、C、D、E、F、G、H、I、J 十个活动，各活动的历时、成本估算值、活动逻辑关系如下表所示：

活动名称	活动历时（天）	成本估算值（元）	紧前活动
A	2	2000	——
B	4	3000	A
C	6	5000	B
D	4	3000	A
E	3	2000	D
F	2	2000	A
G	2	2000	F
H	3	3000	E、G
I	2	2000	C、H
J	3	3000	I

【问题 1】（10 分）

（1）请计算活动 H、G 的总浮动时间和自由浮动时间。
（2）请指出该项目的关键路径。
（3）请计算该项目的总工期。

【问题 2】（3 分）

项目经理在第 9 天结束时对项目进度进行统计，发现活动 C 完成了 50%，活动 E 完成了 50%，活动 G 完成了 100%，请判断该项目工期是否会受到影响，为什么？

【问题 3】（10 分）

结合问题 2，项目经理在第 9 天结束时对项目成本进行了估算，发现活动 B 的实际花费比预估多了 1000 元，活动 D 的实际花费比预估少了 500 元，活动 C 的实际花费为 2000 元，活动 E 的实际花费为 1000 元，其他活动的实际花费与预估一致。

请计算该项目的完工预算（BAC）。

【问题 4】（3 分）

项目经理对项目进度、成本与计划不一致的原因进行了详细分析，并制定了改进措施。假设该项目改进措施是有效的，能确保项目后续过程中不会再发生类似问题，请计算该项目完工估算 EAC。

参考答案：

【问题 1】

（1）H 是关键活动，总浮动时间和自由浮动时间都是 0。

G 的总浮动时间和自由浮动时间都是 3。

（2）有两条关键路径，分别为 ABCIJ 和 ADEHIJ。

（3）总工期为 2+4+6+2+3=17 或 2+4+3+3+2+3=17。

【问题 2】

（1）活动 E 在关键路径上，所以对项目工期有影响。

（2）活动 E 只完成 50%，所以工期会延迟。

【问题 3】

（1）BAC=2000+3000+5000+3000+2000+2000+2000+3000+2000+3000=27000

（2）PV=2000+3000+2500+3000+2000+2000+2000=16500

AC=2000+4000+2000+2500+1000+2000+2000=15500

EV=2000+3000+2500+3000+1000+2000+2000=15500

CPI=EV/AC=15500/15500=1

SPI=EV/PV=15500/16500=0.94

【问题 4】

EAC=AC+ETC=AC+BAC-EV=15500+27000-15500=27000

30.2.2 典型案例计算真题 2

2020 年 11 月试题二

阅读下列说明，回答问题 1 至问题 4，将解答填入答题纸的对应栏内。

【说明】

某软件开发项目包括 A、B、C、D 四个活动，项目总预算为 52000 元。截至 6 月 30 日，各活动相关信息如下表所示。

活动	成本预算	计划成本	实际进度	实际成本
A	25000	25000	100%	25500
B	12000	9000	50%	5400
C	10000	5800	50%	1100
D	5000	0	0	0

C 活动是项目中的一项关键任务，目前刚刚开始，项目经理希望该任务能在 24 天之内完成，项目组一致决定采取快速跟进的方法加快项目进度，并估算 C 活动的预计工期为乐观 14 天、最可能 20 天、悲观 32 天。

【问题 1】（13 分）

结合案例，请计算截至 6 月 30 日各活动的挣值和项目的进度偏差（SV）和成本偏差（CV），并判断项目的执行绩效。

【问题 2】（3 分）

项目组决定采用快速跟进的方式加快进度，请简述该方式的不足。

【问题 3】（4 分）

如果当前项目偏差属于典型偏差，请计算完工估算成本（EAC）。

【问题 4】（5 分）

项目经理尝试采用资源优化技术 24 天完成 C 活动的目标，请计算能达到项目经理预期目标的概率。

参考答案：

【问题 1】

PV 是从开始点到 6 月 30 日按计划应该完成的工作按计划的价值。虽然这里给了成本预算，但不能把这个当成 PV 吧，后面计划成本是很明显的提示了，PV 就是计划成本 Plan Value。这里的成本预算给出的是每个活动的总 PV，而不是到 6 月 30 号的 PV。

PV=25000+9000+5800=39800

EV 是从开始点到 6 月 30 日实际已经完成的工作按计划的价值。这里又要注意，应该乘以每个活动的总预算，百分比是基于预算的。

EV=25000+6000+5000=36000

AC=25500+5400+1100=32000

SV=EV-PV=36000-39800=-3800

CV=EV-AC=36000-32000=4000

CPI=EV/AC=36000/32000=1.13

SPI= EV/PV=36000/39800=0.9

所以，该项目截至 6 月 30 日，成本节约、进度滞后。

【问题 2】

快速跟进是将正常情况下按顺序进行的活动或阶段改为至少是部分并行开展。快速跟进可能造成返工和风险增加。它只适用于能够通过并行活动来缩短项目工期的情况。

【问题 3】

EAC=AC+(BAC–EV)/CPI=32000+(52000–36000)/1.13=46159.29（注意，这里有答案不一样，很正常，原因就是 CPI 的取值问题，可以将 CPI=36000/32000 直接代进去化简）如果 CPI 取值为

36000/32000 的话,应该是 46222.22。

【问题 4】

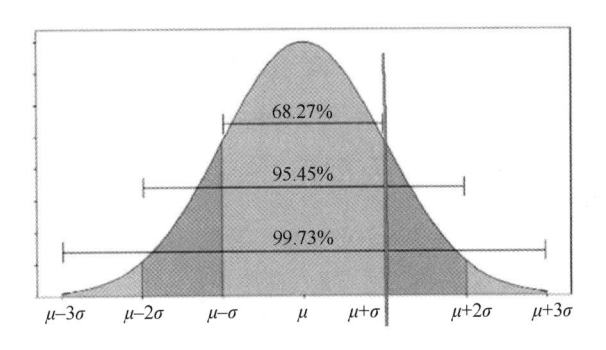

根据这个图,期望时间=(14+32+4×20)/6=21,标准差=(32–14)/6=3。

24=21+3,24 天内对应的就是红线左边的面积,概率是 1–(1–68.27)/2=84.14%(差不多就行)。

30.2.3 典型案例计算真题 3

2018 年 5 月试题二

阅读下列说明,回答问题 1 至问题 3,将解答填入答题纸的对应栏内。

【说明】

某软件项目包含 8 项活动,活动之间的依赖关系,以及各活动的工作量和所需的资源如下表所示。假设不同类型的工作人员之间不能互换,但是同一类型的人员都可以从事与其相关的所有工作。所有参与该项目的工作人员,从项目一开始就进入项目团队,并直到项目结束时才能离开,在项目过程中不能承担其他活动(所有的工作都按照整天计算)。

活动	工作量	依赖	资源类型
A	4		SA
B	3	A	SD
C	2	A	SD
D	4	A	SD
E	3	B	SC
F	3	C	SC
G	8	C、D	SC
H	2	E、F、G	SA

SA:系统分析人员   SD:系统设计人员   SC:软件编码人员

【问题 1】(14 分)

假设该项目团队有 SA 人员 1 人，SD 人员 2 人，SC 人员 3 人，请将下面（1）~（11）处的答案填写在答案纸的对应栏内。

- A 结束后，先投入__（1）__个 SD 完成 C，需要__（2）__天。
- C 结束后，再投入__（3）__个 SD 完成 D，需要__（4）__天。
- C 结束后，投入__（5）__个 SC 完成__（6）__，需要__（7）__天。
- D 结束后，投入 SD 完成 B。
- C、D 结束后，投入__（8）__个 SC 完成 G，需要__（9）__天。
- G 结束后，投入__（10）__个 SC 完成 E，需要 1 天。
- E、F、G 完成后，投入 1 个 SA 完成 H，需要 2 天。
- 项目总工期为__（11）__天。

【问题 2】(7 分)

假设现在市场上一名 SA 每天的成本为 500 元，一名 SD 每天的成本为 500 元，一名 SC 每天的成本为 600 元，项目要压缩至 10 天完成。

（1）则应增加什么类型的资源？增加多少？

（2）项目成本增加还是减少？增加或减少多少？（请给出简要计算步骤）

【问题 3】(6 分)

请判断以下描述是否正确（填写在答题纸的对应栏内，正确的选项填写"√"，不正确的选项填写"×"）：

（1）活动资源估算过程同费用估算过程紧密相关，外地施工团队聘用熟悉本地相关法规的咨询人员的成本不属于活动资源估算的范畴，只属于项目的成本部分。（　）

（2）制定综合资源日历属于活动资源估算过程的一部分，一般只包括资源的有无，而不包括人力资源的能力和技能。（　）

（3）项目变更造成项目延期，应在变更确认时发布，而非在交付前发布。（　）

参考答案：

首先画出单代号网络图，分析出每个活动的时间。

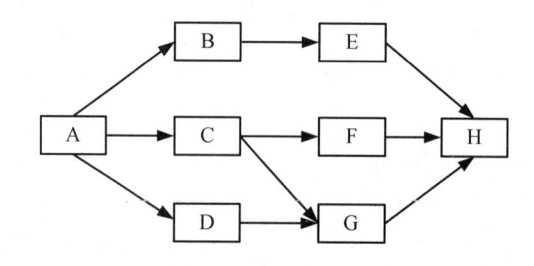

然后再画出时标网络图如下：

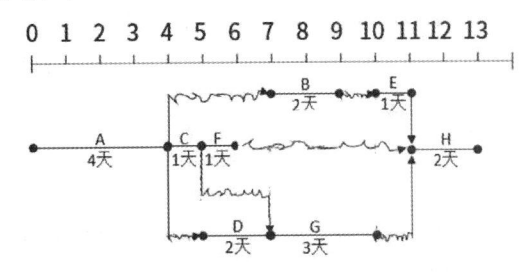

【问题 1】
（1）2 （2）1 （3）2 （4）2 （5）3 （6）F （7）1 （8）3 （9）3 （10）3
（11）13

【问题 2】
（1）需要增加 SA，增加 1 名。
（2）项目成本减少了，减少了 4900 元。
原成本：500×13+2×500×13+3×600×13=42900（元）。
增加人员后成本：2×500×10+2×500×10+3×600×10=38000（元）。
所以费用减少了 4900 元。

【问题 3】
（1）×   （2）×   （3）√

30.2.4 典型案例计算真题 4

2015 年 11 月试题二

阅读下列说明，回答问题 1 至问题 4，将解答填入答题纸的对应栏内。

【说明】

已知某信息工程项目由 A、B、C、D、E、G、H、I 八个活动构成，项目工期要求为 100 天。项目组根据初步历时估算、各活动间逻辑关系得出的初步进度计划网络图如下图所示（箭线下方为活动历时）。

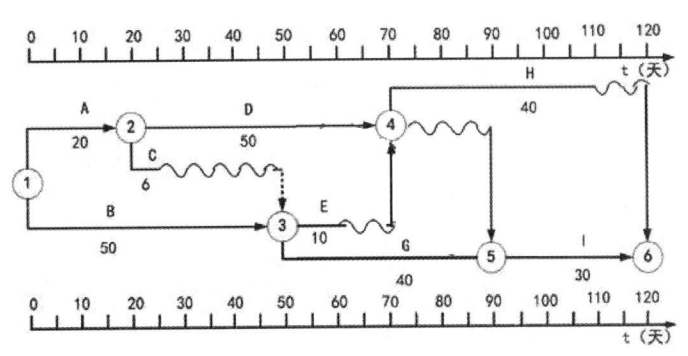

【问题 1】（7 分）

（1）请给出该项目初步进度计划的关键路径和工期。

（2）该项目进度计划需要压缩多少天才能满足工期要求？可能需要压缩的活动都有哪些？

（3）若项目组将 B 和 H 均压缩至 30 天，是否可满足工期要求？压缩后项目的关键路径有多少条？关键路径上的活动是什么？

【问题 2】（9 分）

项目组根据工期要求，资源情况及预算进行了工期优化，即将活动 B 压缩至 30 天、D 压缩至 40 天，并形成了最终进度计划网络图；给出的项目所需资源数量与资源费率如下：

活动	资源	费率（元/人天）	活动	资源	费率（元/人天）
A	1 人	180	E	1 人	180
B	2 人	220	G	2 人	200
C	1 人	150	H	2 人	100
D	2 人	240	I	2 人	150

按最终进度计划执行到第 40 天晚对项目进行监测时发现，活动 D 完成一半，活动 E 准备第二天开始，活动 G 完成了 1/4；此时累计支付的实际成本为 40000 元，请在下表中填写此时该项目的绩效信息。

活动	PV	EV
A		
B		
C		
D		
E		
G		
H		
I		
合计		

【问题 3】（6 分）

请计算第 40 天晚时项目的 CV、SV、CPI、SPI（给出计算公式和计算结果，结果保留 2 位小数），评价当前项目绩效，并给出改进措施。

【问题 4】（3 分）

项目组发现问题后及时进行了纠正，对项目的后续执行没有影响，请预测项目完工尚需成本 ETC 和完工估算 EAC（给出计算公式和计算结果）。

参考答案：

【问题 1】

（1）关键路径 BGI，工期是 120 天。

（2）进度需要压缩 20 天才可以满足工期，可能压缩的活动有 A、D、H、B、G、I。

（3）若项目组将 B 和 H 均压缩至 30 天，可以满足工期。

压缩后项目的关键路径有 3 条。3 条关键路径上的活动分别是 BGI 和 ADH、ADI。

【问题 2】

活动	PV	EV
A	20×180×1=3600	3600
B	30×220×2=13200	13200
C	6×150×1=900	900
D	20×240×2=9600	9600
E	10×180×1=1800	0
G	10×200×2=4000	4000
H	0	0
I	0	0
合计	33100	31300

【问题 3】

根据题目要求，最终计划图如下：

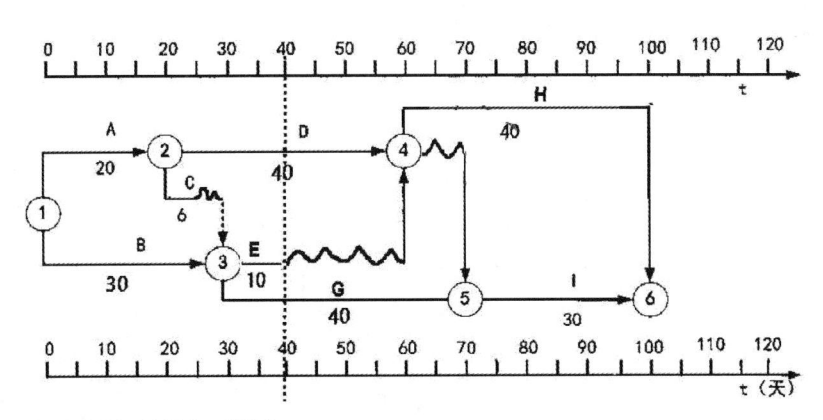

CV=EV-AC=31300-40000=-8700；

SV=EV-PV=31300-33100=-1800；

CPI=EV/AC=31300/40000=0.78；

SPI=EV/PV=31300/33100=0.95。

当前项目绩效：成本超支、进度滞后。

改进措施：快速跟进、加强沟通、增加优质资源、提高资源利用率、在甲方同意的情况下缩小项目范围或降低活动要求。

【问题 4】

发现问题后进行了纠正，因此采用非典型偏差。

BAC=1×180×20+2×220×30+1×150×6+2×240×40+1×180×10+2×200×40+2×100×40+2×150×30=71700。

ETC=BAC–EV=71700–31300=40400。

EAC=ETC+AC=40400+40000=80400。

30.2.5 典型案例计算真题 5

2021 年 11 月试题二

阅读下列说明，回答问题 1 至问题 4，将解答填入答题纸的对应栏内。

【说明】

某项目的任务计划表如表 1 所示，资金计划和资金使用情况表如表 2 所示。

表 1 任务计划表

序号	包	任务	紧前任务	人数	计划工期（月）	1月	2月	3月	4月	5月	6月
1	包 A	任务 1		4	2	50%	50%				
2		任务 2	任务 1	2	1			100%			
3	包 B	任务 3	任务 2	1	1				100%		
4		任务 4		4	2	50%	50%				
5		任务 5	任务 1、4	3	3			40%	40%	20%	
6	包 C	任务 6	任务 3	2	2					60%	40%
7		任务 7	任务 3	2	2					50%	50%
8	包 D	任务 8	任务 1、4	2	3				40%	30%	30%
9		任务 9	任务 5、8	1	1						100%

表 2 资金计划和资金使用情况表　　　　　　　　（单位：万元）

时间（月）	总预算计划执行	总预算实际执行	财政资金预算计划执行	财政资金预算实际执行	自筹资金预算计划执行	自筹资金预算实际执行
1月	400	200	200	0	200	200
2月	700	700	300	100	400	600
3月	1100	1700	100	100	1000	1600

续表

时间（月）	总预算计划执行	总预算实际执行	财政资金预算计划执行	财政资金预算实际执行	自筹资金预算计划执行	自筹资金预算实际执行
4月	2700	3800	600	1000	2100	2800
5月	2300	1400	400	400	1900	1000
6月	1800	1400	500	500	1300	900
累计	9000	9200	2100	2100	6900	7100

项目完成后得到任务完成情况月报表如表3所示。

表3 任务完成情况月报表

序号	包	任务	计划工期（月）	计划任务完成率安排					
				1月	2月	3月	4月	5月	6月
1	包A	任务1	2	60%	40%				
2		任务2	1			100%			
3	包B	任务3	1				100%		
4		任务4	2	50%	50%				
5		任务5	3			30%	40%	30%	
6	包C	任务6	2					50%	50%
7		任务7	2					70%	30%
8	包D	任务8	3				40%	50%	10%
9		任务9	1						100%

【问题1】（4分）

请根据项目任务计划表，绘制项目的单代号网络图。

【问题2】（7分）

（1）项目参与人员均可胜任任意一项任务，请计算项目每月需要的人数，并估算项目最少需要多少人？

（2）项目经理希望采用资源平滑的方式减少项目人员，请问该方法是否可行？为什么？

【问题3】（5分）

项目第1个月月底时，项目经理考查项目的执行情况，请计算此时项目的PV、EV和AC。

【问题4】（9分）

项目第2个月月底时，上级部门考核财政资金使用情况，请给出项目此时的执行绩效。

参考答案:

【问题1】

注意:可以直接画单代号网络图,不需要画七格图,可以没有开始结束节点。

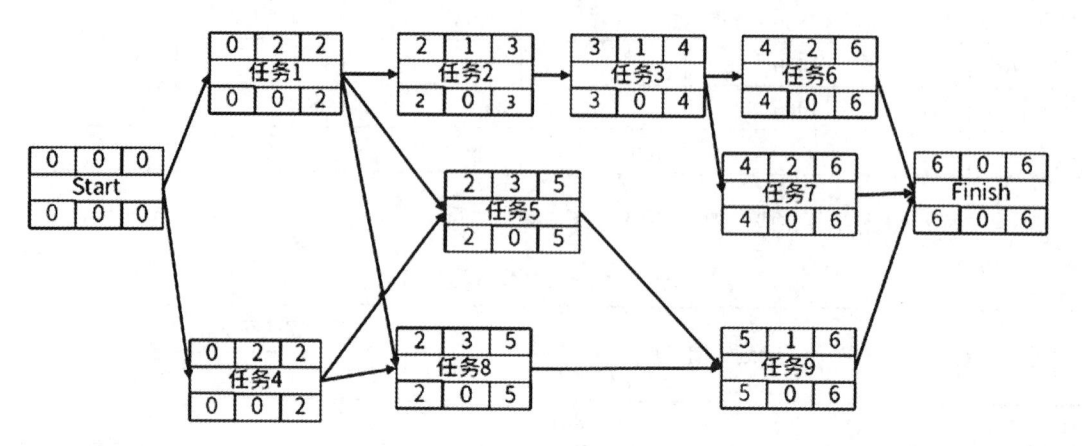

```
  0 2 2        2 1 3        3 1 4        4 2 6
  任务1   →    任务2   →   任务3   →    任务6
  0 0 2        2 0 3        3 0 4        4 0 6
                                                      
  0 0 0                     2 3 5        4 2 6        6 0 6
  Start                     任务5   →    任务7   →    Finish
  0 0 0                     2 0 5        4 0 6        6 0 6
                                                      
  0 2 2        2 3 5                     5 1 6
  任务4   →    任务8       →             任务9
  0 0 2        2 0 5                     5 0 6
```

【问题2】

(1)1月需要8人,2月需要8人,3月需要7人,4月需要6人,5月需要9人,6月需要5人。项目最少需要9人。(4分)

(2)不可行。(1分)因为所有活动都是关键活动,没有总时差和自由时差(总时差和自由时差均为0)。不可以通过资源平滑的方式来优化项目资源。(2分)

可以画一个双代号时标网络图辅助解题:

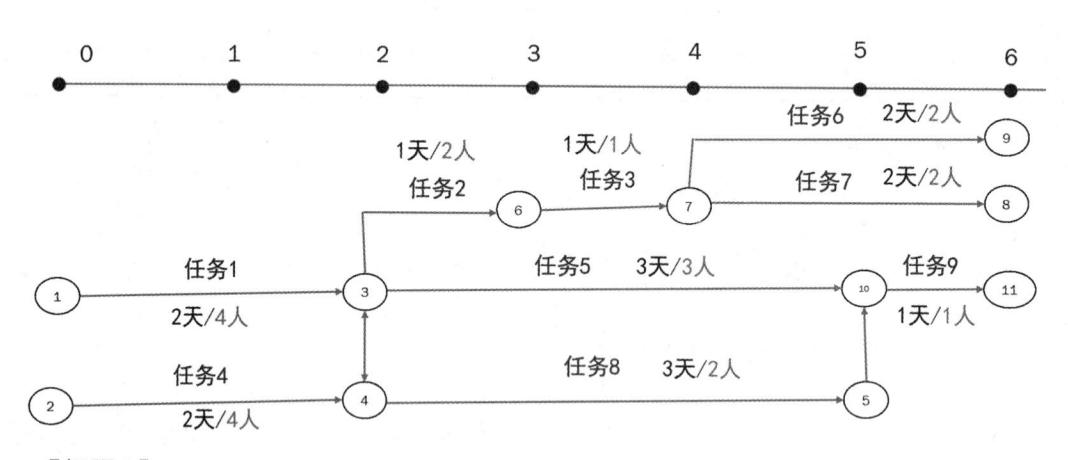

```
   0        1        2        3        4        5        6
   ●────────●────────●────────●────────●────────●────────●
                                              任务6  2天/2人
                              1天/2人   1天/1人                ⑨
                              任务2     任务3     任务7  2天/2人
                                ⑥───────⑦───────────────────⑧
           任务1                        任务5  3天/3人   任务9
    ①──────────────③─────────────────────────────⑩──────⑪
           2天/4人                                   1天/1人
           任务4                        任务8  3天/2人
    ②──────────────④─────────────────────────⑤
           2天/4人
```

【问题3】

PV=400(1.5分)

AC=200(1.5分)

EV=400×(60%+50%)=440(2分)

【问题 4】
按照计划，财政资金应该使用 500 万元，实际使用 100 万元，财政资金节约。
PV=400+700=1100（1 分）
AC=200+700=900（1 分）
EV=1100×100%=1100（1 分）
CV=EV-AC=1100-900=200>0，成本节约（2 分）
SV=EV-PV=1100-1100=0，进度正常（2 分）
所以 2 月底项目进度正常，成本节约。（2 分）

解析：
关于本题问题 3、问题 4 计算的几个考生质疑点：

（1）表格中 1 月底，给的完成率是分开的，即任务一的完成率是 60%，是不是不应该用 1 月总预算乘以 60%，而应该用任务一的 PV 乘以 60%+任务四的 PV 乘以 50%。

答：考生能想到这点说明理解了精髓，但是这个题目并没有给出任务一、任务四单独的 PV，而是直接给出了 1 月底的总 PV，所以没办法这么去算，因此只能用 1 月底的总 PV 乘以总百分比。

（2）既然 1 月底的 EV 是分开算的，那么 2 月底的 EV 是不是也要按月分开算呢，也就是 2 月底的 EV 应该等于 1 月的+2 月的=700×（40%+50%）+第一个月的 440=1070。

答：这里就陷入了思维误区，这个不是分月来看的，而是应该总的来看，到几月底，就是应该几月底之前的累加起来计算，而不是每个月都分月来计算，因为本身这个表格给的就是所有任务的总预算情况，而不是分 PV，如果按单月来分别算，中间就乱了。

而且按照正常思维理解，2 月底，任务一、任务四都完成了 100%，也应该是和 PV 相等的，说明这种累加计算才是对的，而不是分月单独计算。

30.2.6 典型案例计算真题 6

2016 年 5 月试题一（中级资源平滑经典题型）

阅读下列说明，回答问题 1 至问题 4，将解答填入答题纸的对应栏内。

【说明】
已知某信息工程项目由 A 到 I 共 9 个活动组成，项目组根据项目目标，特别是工期要求，经过分析、定义及评审，给出了该项目的活动历时。活动所需资源及活动逻辑关系列表如下：

活动	历时（天）	资源（人）	紧前活动
A	10	2	-
B	20	8	A
C	10	4	A

续表

活动	历时（天）	资源（人）	紧前活动
D	10	5	B
E	10	4	C
F	20	4	D
G	10	3	D
H	20	7	E、F
I	15	8	G、H

【问题1】（2分）
请指出该项目的关键路径和工期。

【问题2】（6分）
请给出活动C、E、G的总时差和自由时差。

【问题3】（6分）
项目经理以工期紧、项目难度高为由，向高层领导汇报申请组建12人的项目团队，但领导没有批准。

（1）领导为什么没有同意该项目经理的要求？若不考虑人员能力差异，该项目所需人数最少是多少个人？

（2）由于资源有限，利用总时差、自由时差，调整项目人员安排而不改变项目关键路径和工期的技术是什么？

（3）活动C、E、G各自最迟从第几天开始执行才能满足（1）中项目所需人数最少值？

【问题4】（6分）
在（1）～（6）中填写内容。

为了配合甲方公司成立庆典，甲方要求该项目提前10天完工，并同意支付额外费用。承建单位经过论证，同意了甲方要求并按规范执行了审批流程。为了保质保量按期完工，在进度控制及人力资源管理方面可以采取的措施包括：①向__(1)__要时间，向__(2)__要资源；②压缩__(3)__上的工期；③加强项目人员的质量意识，及时__(4)__，避免后期返工；④采取压缩工期的方法：尽量__(5)__安排项目活动，组织大家加班加点进行__(6)__。

（1）～（6）供选择的答案：
A．评审　　　　B．激励　　　　C．关键路径　　　D．非关键路径
E．赶工　　　　F．并行　　　　G．关键任务　　　H．串行

参考答案：
时标网络图如下：

案例计算专题　第30章

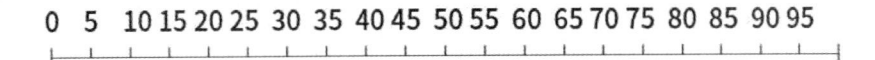

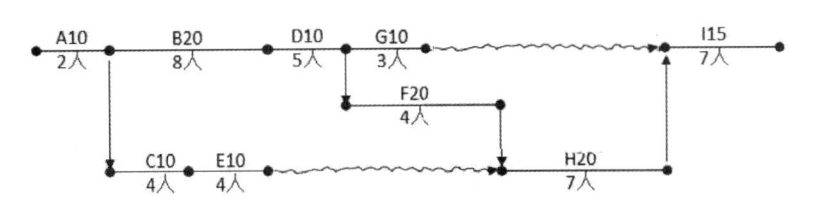

```
0  5  10 15 20 25 30 35 40 45 50 55 60 65 70 75 80 85 90 95
```

（时标网络图：A10 2人 - B20 8人 - D10 5人 - G10 3人 - I15 7人；F20 4人；C10 4人 - E10 4人 - H20 7人）

【问题1】

关键路径为 A-B-D-F-H-I，工期为 95 天。

【问题2】

活动 C：C 的总时差是 30，自由时差为 0。
活动 E：E 的总时差是 30，自由时差为 30。
活动 G：G 的总时差是 30，自由时差为 30。

【问题3】

（1）领导不同意项目经理的要求是正确的，该项目需要的最少人数是 9 个人。
对时标网络图进行资源平滑结果如下：

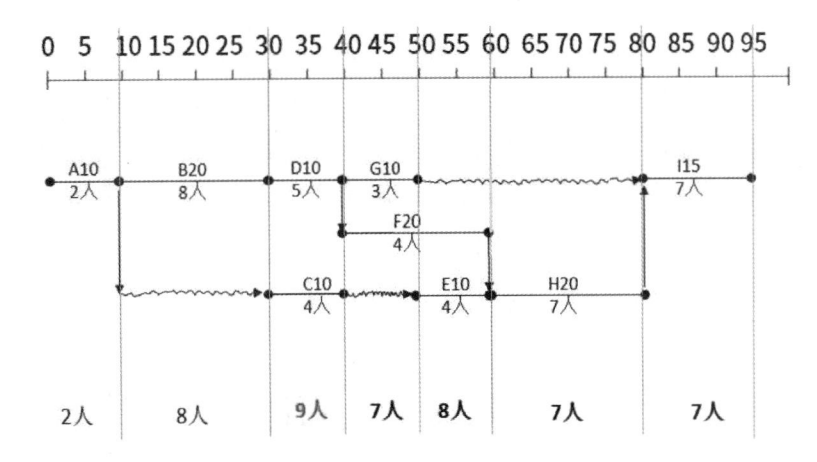

```
0  5  10 15 20 25 30 35 40 45 50 55 60 65 70 75 80 85 90 95
```

（资源平滑后的时标网络图，各时段人数：2人、8人、9人、7人、8人、7人、7人）

（2）资源平滑技术。

（3）C 活动第 31 天开始，E 活动第 51 天开始，G 活动第 41 天开始，就可以满足（1）中所需人数的最小值。还有其他移动方法，学员可以自己尝试。

【问题4】

（1）C　（2）D　（3）G　（4）A　（5）F　（6）E

第3篇 论文专题

第31章 论文整体分析

31.1 论文写作概述

（1）时间：共2个小时，从15:20至17:20。

（2）题目：二选一，必有一道是十大知识领域，每个题目下会有概述和子题目，要认真看。

（3）考查形式：笔试，手写约2500字。

（4）题目类型：近年来，对于论文题目的考查形式出现过一些变化，总结如下：

1）单个领域，考查最多，历年约90%都是只考查单个知识领域，直接按照该知识领域的过程来写即可。

2）双拼，即考查两个知识领域，近几次偶尔出现过，对学员的要求更高，虽然是考查两个知识领域，但本质上会有主次，以一个知识领域为主，按该领域过程写，在过程里回应子题目，回应两个知识领域之间的联系即可。

3）大型复杂项目，也不难写，在项目背景里强调大型项目的特点，套用大型项目的特征，后面正文部分的过程还是按照单个知识领域过程来写。

注意：2022年5月论文试题由传统的二选一变成只有一道题，后面的考试很有可能也是这个趋势，如果只考一道题，一般都是考十大知识领域，要求考生能熟练每一个知识领域的写法。

31.2 论文考卷样例（请关注子题目）

论文考卷样例：

论文答题卡样例:

31.3 历年真题题目

考试时间	考题	
	考题一	考题二
2010 年 5 月	论信息系统工程项目的范围管理	论信息系统工程项目的可行性研究
2010 年 11 月	论大型项目的进度管理	论多项目的资源管理
2011 年 5 月	论项目的沟通管理	论信息系统项目的成本管理
2011 年 11 月	论信息系统项目的质量控制	论"如何做好项目团队管理"
2012 年 5 月	论信息系统项目的风险管理	论信息系统项目的可研分析
2012 年 11 月	论信息系统项目的安全策略	论大型信息系统项目管理
2013 年 5 月	论大型复杂项目的风险管理	论大型复杂项目的沟通管理
2013 年 11 月	论信息系统项目的质量管理和提升	论信息系统项目的沟通管理
2014 年 5 月	论信息系统项目的人力资源管理	论信息系统项目的范围管理
2014 年 11 月	论多项目的资源管理	论项目的进度管理
2015 年 5 月	论项目风险管理	论信息系统项目的质量管理
2015 年 11 月	论大项目或多项目的成本管理	论项目的采购管理
2016 年 5 月	论信息系统项目的范围管理	论信息系统项目的进度管理
2016 年 11 月	论信息系统项目的绩效管理	论信息系统项目的人力资源管理
2017 年 5 月	论信息系统项目的范围管理	论项目采购管理
2017 年 11 月	论信息系统项目的安全管理	论信息系统项目的成本管理
2018 年 5 月	论信息系统项目的质量管理	论信息系统项目的人力资源管理
2018 年 11 月	论信息系统项目的沟通管理	论项目的风险管理
2019 年 5 月	论信息系统项目的风险管理与安全管理	论信息系统项目的人力资源管理和成本管理
2019 年 11 月	论信息系统项目的整体管理	论信息系统项目的沟通管理
2020 年 11 月	论信息系统项目的成本管理	论信息系统项目的采购管理
2021 年 5 月	论信息系统项目的范围管理	论信息系统项目的合同管理
2021 年 11 月	论信息系统项目的招投标管理	论信息系统项目的进度管理
2022 年 5 月	论信息系统项目的干系人管理	

31.4 写作原则

（1）不要猜题，要复用构件（摘要+项目背景+结尾），不要整篇复用。

（2）不要抄范文，只能改范文，可以选择适合自己的范文进行修改，改成自己的论文。

（3）练习时写文章前，提前准备好自己要写的项目，必须是近三年内的中大型商业项目。

（4）做好准备工作，练习论文主题时发现有不会的知识点，一定要全部背会。

（5）要勇于迈出第一步，万事开头难，写完第一篇，就不难了，第一篇论文不限时间。

（6）写正文时，不要生硬的回答问题，要根据问题要点组合成一篇通顺的文章。

（7）字数一般在 300+2200 左右，写到最后一页即可，字迹一定要完整，一笔一画。

（8）从项目经理的角度看项目，技术细节要少，书本理论要与实际的项目联系起来。

（9）不要全局都分条列举，可以局部段落分条列举，论点分开论述，没必要都写编号。

（10）论述要求：不能口语化、文档段落不宜太长。

（11）换个角度看论文，以论文写作技巧视频为依据，对自己的论文进行自评。

31.5 常见问题

问题 1：论文字数范围，各部分字数如何分配？

答：首先，答题卡最大字数是 330+2750，肯定不能超过答题卡；其次，建议摘要 300 字左右，正文 2000～2700 字都可以，建议 2200 字，写到答题卡最后一页即可；最后字数分配建议摘要 300 字+项目背景 500 字+主体 1200 字+结尾 500 字，其中主体 1200 字按过程来写。

问题 2：我没有做过项目经理怎么办？

答：如果你是专业人员，虽然不是项目经理，但跟过项目，那么就从项目经理的角度去写熟悉的项目；如果你是完全零基础，行外人，就参考范文，找一个觉得合适的项目背景改写。

问题 3：我做的是公司内部的项目，没有客户怎么办？

答：不要在论文里写这是内部项目，当成普通项目写，如某年某月，公司要做什么项目，任命我为项目经理即可，最后收尾仍然写客户一致满意，按照一般项目来写。

问题 4：是否需要写论文题目？

答：答题卡上不能写论文题目，直接在答题卡那里将你选择的题号涂黑即可。

问题 5：数字、英文字母、标点符号该怎么写？

答：遵循小学生作文写作原则，两个数字占一个格子；字母按自然大小连起来写，看着不拥挤，使其自然占几个格子；标点符号要占一个格子，并且每行开头第一个格子不能有标点符号。以上这些都算字数，因为论文答题纸是标识格子的数量，没人会去数你到底写了多少汉字，有多少是空格。

问题 6：项目背景如何构造才比较合理？

关于项目时间：建议离考试时间五年以内，持续时间 8 个月以上，并且已完成的项目；如果说项目真的是比较久远的，或者持续时间较短，但是规模是足够的，请自己灵活修改时间。

关于项目级别：建议是省市级、集团级，不要是县级、社区级等，如果你做的项目规模是符合要求的，真的是县级的真实项目，那没有问题。

是否要写真实的项目名称：不需要，也不能写，只能写某地级市，某医院，某公司。

关于项目团队成员：可省略，为了保证真实性，也可以简单带过，例如有需求分析人员 3 人，开发人员8人，测试人员5人等。

关于项目金额：要和项目时间还有项目团队成员对应，如果项目组一共有20人，按每人每月2万元算，一个月需要40万元，再乘以持续时间假设是15个月，那么项目金额在600万元左右是合理的，但不要写整数，可以写565万元，618万元等字眼。

特别注意：如果是自己编的项目，请不要构造太大的项目，项目金额最好在500万元左右。

问题7：给的范文有的是老过程，有的是新过程，到底该按哪个写？

答：毫无疑问，应该按照新过程来写，老过程是以前学员的范文，给大家参考模仿的，有重复的部分，你可以用到新过程里。

问题8：如何记住论文？

答：一定要自己改写，即使参考了别人的范文，也不能直接使用，自己动手写过的东西才能记住。文章采用统一的模板和结构，搭建好自己的模板之后不要改动，正文部分按论文题目要求，按过程顺序来写，对于十大知识领域建议大家都要构思一下如何去写。另外，一定要自己动手写，多默写，并且在两个小时内默写完。

31.6 评分标准

下述情况的论文，需要适当扣5～10分：

（1）没有写论文摘要、摘要过于简略或者摘要中没有实质性内容。

（2）字迹比较潦草、其中有不少字难以辨认。

（3）确实属于过分自我吹嘘或自我标榜、夸大其词的。

（4）内容有明显错误漏洞的，按同一类错误每一类扣一次分。

（5）内容仅属于大学生或研究生实习性质的项目、并且其实际应用水平相对较低的。

下述情况的论文，可考虑适当加分（可考虑加5～10分）：

（1）有独特的见解或者有着很深入的体会、相对非常突出的。

（2）起点很高，确实符合当今信息系统发展的新趋势与新动向，并能加以应用的。

（3）内容翔实、体会中肯、思路清晰、非常切合实际的很优秀的。

（4）项目难度很高，或者项目完成的质量优异，或者项目涉及国家重大信息系统工程且作者本人参加并发挥重要作用并且能正确按照试题要求论述的。

下述情况之一的论文，不能给予及格分数：

（1）虚构情节、文章中有较严重的不真实的或者不可信的内容出现的。

（2）没有项目开发的实际经验、通篇都是浅层次纯理论的。

（3）所讨论的内容与方法过于陈旧、或者项目的水准非常低下的。

（4）内容不切题意，或者内容相对很空洞、基本上是泛泛而谈且没有较深入体会的。

（5）正文与摘要的篇幅过于短小的（如正文少于1200字）。

（6）文理很不通顺、错别字很多、条理与思路不清晰、字迹过于潦草等情况相对严重的。

第32章 搭建自己的万能模板

请大家在学完本章节后，按步骤一步步地搭建好自己的模板，后面也有万能模板供仿照。如果是零基础学员，不知道怎么选择项目，可以提前看后面提供的大量范文，从中选一个修改作为自己的项目。有自己真实项目经历的，尽量用自己的真实项目，范文的项目可能会被很多人采用，容易导致重复。

32.1 选择合适的项目

（1）选择中大型商业项目，一般金额在 200 万元以上，研发周期在 8 个月以上的项目。

推荐政府或大型信息系统项目：各国企、事业单位、军方、医院、银行、股份公司大企业的 ERP、OA 等；云计算、大数据等各种软件及信息系统。

（2）不能选的项目。

小型企业项目：如进销存系统、图书管理系统、单机版系统。

尚未完成的项目：一定要已经完成并上线运行，并最好在三年内。

纯建网站项目：如建设企业或政府门户网站，只有静态网页链接介绍，没有后台大型应用的。

硬件项目：如综合布线、安防、视频会议等。

纯技术项目：如数据升级迁移、内部技术研究等。

（3）建议：在推荐的范围内有限选择自己做的或熟悉的中大型项目，如果是零基础没有做过项目的学员，就参考后面的范文，用别人的项目来模仿。

32.2 提前准备论文摘要

1. 摘要说明

自己参考范文或者下面的格式，根据自己选择的项目准备一个摘要就可以了。建议逻辑上分两段（但是实际写作不要写两段，因为格子可能不够），第一段是通用的项目背景介绍，第二段是根据不同的论文题目发挥的，简单回应子题目并介绍论文结构。

注意：摘要最多只有 330 个格子，建议写 300 个字即可。

包含内容：项目名称、项目金额、项目历时、项目简介、我的责任；本文讨论主题概括（具体可以参考后面的万能模板）。

2. 论文摘要格式

（1）本文讨论……系统项目的……（指的是项目主题，例如进度管理等），该系统是由某单位建设的，投资多少万元，系统是用来做什么的（项目背景，简单功能等）。在本文中，首先讨论了……（过程、方法、措施），最后……（主要是不足之处/如何改进/特色之处/发展趋势等）。在本项目的开发过程中，我主要担任了……（在本项目中的角色）。

（2）根据……需求（项目背景），我所在的……组织了……项目的开发。该项目……（项目背景、简单功能介绍）。在该项目中，我担任了……（角色）。我通过采取……（过程、方法、措施等），使项目圆满成功，得到了用户的一致好评。但通过项目的建设，我发现……（主要是不足之处/如何改进/特色之处/发展趋势等）。

（3）……年……月，我参加了……项目的开发，担任……（角色）。该项目投资多少，建设工期是多少，该项目是为了（项目背景、功能介绍）。本文结合作者的实践，以……项目为例，讨论……（论文主题），包括……（过程、方法、措施）。

（4）……是……（戴帽子，讲述论文主题的重要性，比如进度的重要性）。本文结合作者的实践，以……项目为例，讨论……（论文主题），包括……（过程、方法、措施）。在本项目的开发过程中，我担任了……（角色）。

32.3　提前准备项目背景

项目背景及过渡部分建议 500～600 字左右，不能超过太多，需要提前准备好，尽量通用化，不要和论文主题相关，这样考试的时候无论什么论文主题都可以直接默写，只需要在最后写一段过渡语句，过渡到下一个论点。

包括内容：项目开发的原因、你的岗位职责、项目开发周期及规模、项目功能组成介绍、项目技术（可省略）。

具体可以参考后面的万能模板来写。

32.4　正文写作

正文应该按照知识领域的过程顺序来写作，并且**一定要回应论文子题目**，遵循的原则是对每个过程，先阐述理论，即这个过程的内容，重要的输入输出工具和技术，然后列举一两个实际工作的例子。

正文需要写 1200 字左右。正文部分不在万能模板里，需要根据不同的题目来准备。

32.5 提前准备结尾

结尾是个非常有意思的部分，从其本身意义来说，是让你总结项目收获和不足的，然后另一方面，还是你整体补救论文的最后一步。如果你到最后发现字数不够，结尾就需要多写一些，如果你发现字数多了，结尾就要少写一点，如果你觉得前面写的很差，结尾就一定要重视。

结尾可以写 400~600 字左右，是对整体论文的总结。

包括内容：项目上线及运行效果、客户评价、项目收获、项目不足和解决思路。

具体可以参考后面的万能模板来写。

32.6 万能模板（重要）

按照上面提到的步骤，我们可以总结出如下的套路模板，大家可以参考，还要用自己的项目来模仿。

1. 摘要模板（时间+项目+项目简介+投入+历时+成功交付客户好评+结合具体题目说明本文结构）：

2018 年 3 月，我参与了某航天研究所某型号卫星的全数字仿真验证平台项目的建设，并担任项目经理，负责项目管理工作。该系统包括虚拟目标机仿真、动力学模型仿真、同步时序控制三大功能模块，能够模拟卫星在太空中运行所需的所有硬件及外部力学环境，从而可以在虚拟平台中充分测试卫星软件的功能及性能以提高卫星软件的可靠性。该项目总投入 565 万元人民币，历时 15 个月，于 2019 年 6 月正式交付运行至今，受到了用户的一致好评。本文结合笔者的实际工作经验就该项目的质量管理作详细论述。首先论述项目质量管理的过程及各过程主要完成的工作；然后阐述在项目质量管理过程中用到的技术、方法与效果；最后结合实际的项目经验，谈谈笔者在项目质量管理过程中的经验和体会。

2. 项目背景模板（为什么要做这个项目+项目功能和技术介绍+回应子题目并过渡到主体）：

在航天卫星的研制过程中，一颗航天卫星只有一套配套的硬件设备，无法满足一个开发团队的测试需求，同时因为航天卫星硬件设备造价十分昂贵，测试人员也无法进行一些非常规的极限测试，以防止损坏硬件设备，以上种种，将会造成对航天卫星软件的测试不充分和不彻底，有可能导致卫星研制失败。为了防止这种情况的发生，针对某重要型号的航天卫星的研制，该航天研究所领导决定使用技改经费投资建设一套全数字仿真验证平台，以纯软件的方式模拟卫星在太空中运行所需的全部硬件及外部力学环境，在虚拟平台中运行卫星软件和动力学模型并进行详细彻底的测试。

我所在的公司成功中标该项目，并于 2018 年 3 月正式启动该项目的建设工作，我被任命为该项目的项目经理，负责项目管理工作。该项目总投入 565 万元人民币，建设周期从 2018 年 3 月 10 日至 2019 年 6 月 30 日止，历时 15 个月。采用项目型组织结构，项目组成员包括 1 名项目经理，2 名分析师，8 名开发人员，3 名测试人员以及 1 名 QA 和 1 名 QC。该系统采用两台联想 Think Station P510 搭载软件的运行，考虑到对于性能及执行效率方面的要求，使用 C 语言模拟 CPU 指令集及外部设备驱动，使用 Labview 图形化语言搭建地面遥测遥控终端界面。项目的主要建设内容包括三大模块：一、虚拟目标机仿真，完成对卫星软件运行所需的全部硬件环境的模拟，包括内核模拟、片内外设模拟、板级外设模拟等子系统；二、动力学模型仿真，完成对动力学模型运行所需的环境的模拟，包括动力学模型运行环境模拟、故障注入模拟、动力学同步数据控制与显示等子系统；三、同步时序控制，控制卫星软件及动力学模型的启停以及二者之间的时序同步，包括总控台监控、同步时序控制、超实时运行控制等子系统。

笔者所在的公司虽然在其他型号航天卫星的全数字化仿真验证平台项目上取得成功，但由于卫星型号及用途不同，所涉及的硬件及使用标准也不同，对应的动力学模型也完全不同，而且由于严格的保密性要求，团队成员无法获取全部的卫星型号资料，这无疑加大了项目开发的难度和风险。于是笔者决定在质量规划、系统测试和评审方面多花心思，重视项目质量的管理和控制，借鉴 PDCA 理论持续改进质量，通过评审方法确保项目质量，避免由于前期工作不周引起后期频繁返工、非一致性成本过大的情况。

3．项目总结模板（强调项目顺利交付运行反馈好+自己的收获或者不足之处）：

经过近 15 个月的项目开发，该型号航天卫星的全数字仿真验证系统顺利投入使用，协助客户对卫星软件进行全面的功能和性能上的测试，运行至今客户反馈良好。该系统由于保密性高，性能要求高，技术实现难度高，项目建设周期长等原因，建设过程困难重重。但由于笔者及项目团队成员十分重视项目的质量管理，制订了详细的质量管理计划，明确了质量度量指标，在项目实施过程中采用多种方式开展质量保证和质量控制工作，并对系统质量进行测试和评审，不断调整和修正，最终保证了该项目按质按量顺利交付。

当然，在本项目中，还有一些不足之处，比如：在项目的实施过程中，由于项目组 2 名成员因为自身原因突然离职，导致项目的团队建设出现一些小问题，还有，曾经由于需要购买的服务器由于连日暴雨的不可抗力导致环境搭建进度出现些许异常（**自己去想一些小问题，切忌，别出现什么大问题**），不过，经过我后期的纠偏，并没有对项目产生什么影响。在后续的学习和工作中，我将不断地学习，和同行进行交流，提升自己的业务和管理水平，力争为我国信息化建设作出自己的贡献。

第33章 正文素材及范文

准备好万能论文模板，明确了自己要写的项目和背景，接下来，就是该如何去填充正文部分了，正文部分需要写 1300 字左右，要完成两件事：

（1）按照知识领域的过程顺序来写论文正文。即自己要提前准备的重点，并且一定要针对自己的项目构造几个真实的例子，不能只列举理论。

（2）回应子题目。一般是写过程，有可能会问其他的，需要针对性点题，但是不会影响大局，可以看看历年真题的子题目是怎么问的，在按过程写正文的时候加进去对子题目的回答即可。

本章针对每个知识领域，提供了该知识领域的每个过程该如何去写的思路，并给出了范文，读者在学习本章内容的时候，一定要重点关注正文部分的写作，其他项目背景等用自己的万能模板。

特别注意：

（1）范文仅供参考，请勿照抄，一定要自己改写。

（2）范文可能会字数超标，大家重点要掌握写作的思路，然后自己写得规范点。

33.1 论项目的整体管理

33.1.1 整体管理过程素材

过程名	通俗解释	怎么写
制订项目章程	制订发布项目章程这个文档，正式地批准这个项目（项目的阶段）启动，为项目经理授权	不需要写很多，就说项目发起人发布了这个文件，项目（阶段）启动了，我被授权了。如果觉得篇幅少，可以写点项目章程里的作用、内容等

续表

过程名	通俗解释	怎么写
制订项目管理计划	和大家一起编制一个项目管理的计划,为以后项目的执行奠定了基础	可以写计划编写的原则、工具、步骤等内容,并结合本项目列举项目管理计划包含了什么内容
指导和管理项目执行	有了项目管理的计划,并不意味着可以不管了,我们需要按照项目管理计划指导和管理项目的执行	可以写我们是如何按照项目管理的计划来指导和管理项目的,结合项目可以举例,例如我们根据计划做了什么安排,怎么安排等
监督和控制项目工作	在执行的过程中,一定要注意不断地监控,进行对比分析,做好项目的纠偏控制等工作,确保项目正常进行	可以写如何设置监控点,如何进行监控,捕获项目的信息。举例,某个时候,发现项目状态有了什么问题,分析是什么原因造成的,我们是如何解决的
变更管理	变更是不可避免的,当发生了变更的时候,我们必须要严格按照变更控制流程进行项目的变更管理工程	可以具体的举个例子,说说是如何进行变更控制的,可以写变更控制流程
项目收尾	项目通过了验收,交付了产品,履行了相关合同条款,除此之外,我们还要召开项目的总结会,进行项目的总结和项目的评估审计等工作	可以具体写项目的验收情况(验收会可以描述下)、项目总结会的作用、内容和项目评估审计等相关工作,最后更新了组织过程资产等

33.1.2 整体管理范文

摘要:

2016 年 5 月,我作为项目经理参与了某医院的医院信息系统管理项目的建设,该项目总投资人民币 600 万元整,建设工期为 1 年。通过该项目的建设,帮助医院实现了全方位、全对象、全过程的总体目标,实现了医院办公的无纸化、无片化。该系统以财务信息、病人信息、物资信息为主线,通过对信息的搜集、存储、传递、统计、分析、综合查询、报表输出和信息共享,为医院领导及各部门管理人员提供了全面、精准的各种数据。本项目于 2017 年 5 月通过了业主方的验收,赢得了客户的好评。本文以该项目为例,结合作者的项目经验,讨论信息系统项目建设中的风险管理。主要从以下几方面进行阐述:制订项目章程、编制项目管理计划、指导与管理项目执行、监控项目工作、变更管理、项目收尾。

正文:

2016 年 5 月,我作为项目经理参与了某医院的医院信息管理系统项目的建设。该项目规划为大型综合三甲医院。拥有 57 个临床科室,15 个医技科室,1600 余张展开床位,日门诊量接近 5000 人次。项目总投资人民币 600 万元,建设工期为 1 年。通过该项目的建设帮助医院实现了全方位、全过程、全对象的总体目标,实现了医院办公的无纸化、无片化。该系统以财务信息、物资信息和病人信息为主线,通过对信息的搜集、存储、传递、统计、分析、报表输出和信息共享等为医院领导及各部门管理人员提供全面精准的各种数据。系统分为六大板块:门诊管理系统、住院管理系统、药房管理系统、药库管理系统、院长查询系统和系统管理系统。本系统突出实用性，保证可靠性，兼顾先进性，具备扩展性。以.net 技术作为开发平台，采用 C/S 和 B/S 混合架构。对于如住院收费、药品摆放等实效性要求高的模块采用 C/S 架构；对于如医务统计、数值分析等重复操作要求低的模块采用 B/S 架构。项目采用 UNIX+Oracle12c 作为数据库平台，Think Server 作为应用服务器。

由于本项目的顺利上线涉及到业务考核，因此，在本项目中整体管理尤为重要。作为项目经理，我对整体管理从如下几个方面进行了管理。

（1）制订项目章程。项目章程是正式批准一个项目的文档，我公司在项目中标以后，项目发起人便依据项目合同，项目工作说明书等编制了项目章程。内容包括项目的目的和项目批准的原因，可测量的项目目标及相关成功的标准，项目的总体要求，总体预算，概括性的项目描述及主要风险和总体里程碑进度计划等。并任命我为该项目的项目经理。有了公司的授权与正式任命，我就可以调取与项目有关的资源，为日后项目工作提供了良好的保证。

（2）制订项目管理计划。项目管理计划确定了执行、监督、控制和结束项目的方式方法等全局性的内容。项目管理计划是其他各子计划的依据和基础，制订一份合理的计划是保证项目顺利实施并取得成功的关键。

在本项目中，我组织项目骨干人员根据项目章程，招投标文件以及项目范围说明书，依照公司模板制订出概要的项目计划，然后编写相关子计划并纳入到总计划中进行平衡优化，最后编写出一份完整的项目管理计划。内容包括项目的背景，项目组织及职责分配，项目总体的技术解决方案，完成过程的技术和工具的描述，项目的最终目标，进度计划，项目预算变更流程和变更控制委员会等，此计划经过评审后成为基准计划。

（3）指导与管理项目执行。指导与管理项目执行是通过各种行动来执行项目管理计划，以完成项目范围说明书中定义的各项工作并提交项目合格交付物的过程。项目管理计划及其子计划解决如何做的问题，而指导与管理项目执行是解决做的好的问题。

在本项目中，我首先高度重视计划的宣贯和执行，组织项目所有成员认真学习项目管理计划，要求他们从全局上了解项目的总体计划，清楚自己在计划中的位置和作用；其次，我特别注意培养团队协作文化；再次，在项目执行过程中我努力将管事和管人相结合，一方面用我丰富的项目经验为大家做好工作提供力所能及的指导，同时也注意观察项目成员的思想动态，发现工作表现深层次的原因，力争治标治本。

（4）监控项目工作。监督与控制项目工作就是将项目的执行情况和计划进行比较，若有偏差就纠偏的过程。在项目实施过程中，一定要不断地监控，进行对比分析，做好项目的纠偏控制。在此项目中，我充分重视对项目进行定期跟踪，及时了解项目的进展情况，如工作量、成本、进度等是否存在偏差，及时分析偏差产生的原因并采取必要的纠正措施。通过周例会，项目周报的形式定期与客户、公司高层等干系人进行有效的沟通，这是保证项目实施顺利的重要条件。

例如，在项目中期的时候，我们进行了一次绩效测量，发现 CPI 的值为 1，SPI 的值为 0.98，进度落后。经分析，一个员工对关键技术掌握不够熟练导致进度停留。我及时向公司申请支援，然后赶工，逐步追上进度，使成本和进度都达到计划要求。此后，我们每周例会监控，在例会上汇报工作完成情况，有问题就分析问题，提出解决方案形成会议纪要并安排专人监督跟踪落实。通过这些方法的综合运用，有效保证了项目工作的可控。

（5）**变更管理**。整体变更控制是审查针对可交付成果、组织过程资产、项目文件和项目管理计划的变更请求。变更控制贯穿于项目的始终，变更是不可避免的。

在本项目门诊管理系统实施过程中，发现门诊管理系统下的挂号系统增加了一个功能：手机支付。我查阅产品范围说明书和变更日志，均没有发现这条功能的记录。于是我按照责任分配矩阵，找到该模块的负责人，询问原因，原来这个功能是员工自行添加的。针对这种情况，我再次强调变更流程的重要性，其次我要求相关人员提交正式的变更申请，遵循正式的变更流程，即先提交变更申请，然后变更审核，论证，报 CCB 审批，审批后才能实施，并且要变更验证和存档。作为项目经理的我深知，变更流程是多么重要，批准或否决的变更都要纳入到基准计划中去。只有遵守严格的变更控制流程才能防止项目随意变更，防止需求蔓延和镀金行为的发生。

（6）**项目收尾**。结束项目或阶段是完结所有项目管理过程组的所有活动，正式结束项目或阶段的过程，本工程主要作用是总结经验教训，正式结束项目，为开展新工作开拓组织资源。

在本项目中，我们切实进行了项目收尾的相关工作，包括资料、维护工作移交到我公司售后部门，对售后人员进行培训，组织项目组成员评估项目完成情况，撰写项目经验教训总结，履行合同涉及的条款，召开完工会并请领导参加，对表现优秀的员工进行表扬和奖励。

该项目经过全体成员 1 年的努力，在 2017 年 5 月通过业主验收，在项目验收会上得到了客户和公司高层的一致好评。项目的成功与团队成员的配合和完善的项目管理息息相关。在启动阶段我们引入整体管理的理念和方法，对项目进行科学规范的整体管理，使项目所有组成部分在适当的时间充分结合在一起，极大地提高了项目实施的效率。当然，在项目中也有些不尽如人意的地方，比如团队震荡阶段的管理等。在以后的工作中，我一定努力学习，我相信通过不断地积累和不懈地努力，我的信息系统项目管理能力定会得到提高。

33.2　论项目的范围管理

33.2.1　范围管理过程素材

过程名	通俗解释	怎么写
范围规划	编写一个项目范围管理的计划	可以写我组织相关人员进行了范围管理计划的编制工作，在进行编制前做了什么准备，通过什么方法进行了编制，编制后的计划包含什么内容等
收集需求	就是记录并管理干系人的需要和需求的过程	可以写有哪些类型的需求、可以写输入、输出、工具和技术，可以举个例子说明如何收集需求的，可以写这个过程的重要性，可以写有什么问题、怎么解决，可以写需求文件、建立需求跟踪矩阵等

续表

过程名	通俗解释	怎么写
范围定义	对项目和产品进行详细描述，并写到详细的范围说明书中，形成详细的范围说明书	可以举例进行描述，本项目的某个功能原来是怎么定义的，现在我们是如何进行详细的表示的
创建工作分解结构	将项目的可交付物和项目管理的工作进行分解，分解为更小的、更易于管理的工作单元	可以写为什么要分解，是按照树型还是列表型，是将什么作为第一层，结合自己的项目举例说明分解的步骤是什么，遵循的原则是什么
范围确认	阶段性的接受项目的可交付物，对不可以接受的说明理由，重新整改	可以具体写通过什么方式进行了范围确认的工作，哪些进行了接受，哪些不可以接受，是什么原因，会怎么整改
范围控制	要管理好变更，做好范围控制管理工作，避免出现"范围蔓延"的状况	可以写范围控制的重要性，然后举例是如何进行变更控制、如何防止范围蔓延的

另外，如果考到范围需求综合，要知道需求过程包括：需求获取、需求分析、需求定义、需求验证、需求管理这几个过程。以范围为主，提到需求即可。

33.2.2 范围管理范文

摘要：

2018年1月，我作为项目经理参加了某商业银行票据管理系统的项目建设，该项目投资共600万元，建设工期为1年，项目主要是以银行纸质票据业务作为管理对象而实施开发，通过该项目的建设，把该银行纸质票据业务从手工操作的繁重工作中解放出来，实现了票据业务的信息化管理。系统功能主要包括（银行/商业）承兑汇票签发、兑付、贴现、转贴现、再贴现、委托收款、解付、查询等纸质商业票据全流程业务功能。该项目于2019年1月通过了业主方的验收，赢得了用户好评。本文结合作者的实际经验，以该项目为例，讨论了信息系统项目建设过程中的范围管理，主要从规范范围管理、收集需求、定义范围、创建WBS、范围确认、控制范围这几个方面进行论述。

正文：

2018年1月，我作为项目经理参加了某银行票据管理系统的项目建设，该项目投资共600万元，建设工期为1年。该银行是一家地方性城市商业银行，近几年随着业务的发展，票据业务利息收入逐年攀升，最高年份能达到公司利息收入总额的35%左右，该银行本着提高收益提高票据流转效率、降低交易成本方面考虑，决定进行票据管理系统项目的建设。该银行原有票据业务一直是手工进行操作，2015年行内信贷管理系统上线后，票据审批与登记功能在信贷管理系统里进行管理，但十分有限，所以要求新建设的票据管理信息系统具备以下功能：通过票据系统审批，将审批结果通过实时接口传递的方式传递到信贷管理系统中去；票据流转涉及到相关账户资金变动的，通过实时接口调用传递到核心系统，完成核心系统自动账务处理，并将结果传递给票据管理系统。

该系统采用 C/S 架构，服务端应用采用 J2EE+Oracle 的模式开发，服务器采用 HP 的 580G7，操作系统为 Redhat 企业版 UNIX5.4，数据库使用 Oracle11G R2 并做 RAC，中间件采用 IBM 的 Websphere 并做集群。终端应用基于 Microsoft 的 WindowCE 平台，采用 C#语言开发；运行于 PDA 上。项目采用矩阵型组织结构，从各职能部门抽调主干成员，组成专门的项目团队，其中需求小组 5 人，开发小组 10 人，测试小组 5 人，实施小组 9 人，质量小组 3 人，商务和外协支持 5 人。

由于本项目的顺利上线涉及到业务考核，因此，在本项目中，范围管理尤为重要。项目范围管理就是要确定哪些工作是项目该做的，哪些工作是不该做的。如果项目范围不明确，我和我的团队成员把时间浪费到不属于我们职责的工作上，就可能会引起项目的进度延误、成本提高、质量无法保证等一系列连锁反应，甚至造成交付的产品与客户需求不一致。在本项目中，我作为项目经理除了对其他管理领域进行恪尽职守的管理外，特别对范围管理从如下几个方面进行了管理。

（1）规划范围管理。 根据票据业务外围接口多，业务逻辑复杂的特点，我们意识到规范项目范围管理的重要性。规范范围管理就是编制范围管理计划，具体描述如何定义，确认和控制项目范围的一个过程。如果范围管理计划做不好，可能会导致范围定义不清、范围蔓延，甚至无法完成项目。

因此，在该项目中，我们考虑到我们公司曾经做过类似的票据系统项目，有一些业务和技术方面的骨干成员，我们采用专家判断法来制订范围管理计划。但由于该项目本身的特殊性、系统接口过多和业务逻辑的复杂性，使得专家判断法的局限性在该项目中被放大，所以我们仍然查找了公司的组织过程资产，找出制订范围管理计划的模板和标准，并结合该项目的项目章程，作为专家判断法的一个补充，制订了一份初步的范围管理计划，然后召集项目团队成员讨论，对项目进行修改和完善，最终在全体参与下，完成一份详细的、科学的范围管理计划，用于指导项目如何定义、确认和控制范围。

（2）收集需求。 从事多年项目管理工作的我深知收集需求的重要性，收集需求看上去简单，做起来却很难。实际上收集需求就是记录和管理干系人（比如该银行的票据业务经办岗）的需求的过程，但是有时干系人无法完整描述需求，而且也不可能考虑到系统的全貌。因此，收集需求只有通过与干系人有效合作才能成功。

在项目的早期阶段，我带领团队成员到客户现场收集需求，我们组织了票据管理部、信贷管理部、营业网点经办岗、营运管理部、印章管理部等部门，采用访谈的方式一对一收集需求。在收集需求的时候，客户对需求的描述不是很清楚，而且各部门之间的需求差异还比较大。针对这种情况，我们将采用访谈方式收集到的需求进行整理后，邀请各干系人和我们各小组成员参加引导式研讨会，进一步发掘用户需求，消除大家对需求的歧义，几经讨论，最终形成该项目的软件需求规格说明书和需求跟踪矩阵。

（3）定义范围。 我们团队以范围管理计划和软件规格需求说明书等需求文件为基础，召集项目的主要干系人进行开会讨论，同时邀请了系统的最终用户代表（包括银行的票据经办岗位、信贷审批岗等）对系统功能做出评价，通过用户角度去改进系统功能，最终制订出完整的项目范围说明书，并由该银行相关负责人签字确认。范围说明书内容包括：①产品范围描述（包括票据签发、票据兑付、贴现等）；②项目的可交付物（用户文档、应用系统等）；③系统验收标准（功能满足需求、系统运行稳定、相关文档齐全等）；④项目的除外责任（该项目涉及的机房环境改造、强电、弱电改造不包含在该项目范围中）；⑤制约因素（之前的系统设计只针对现有的票据类型，如果扩展新的票据种类，必须追加投入并延长项目时间）；⑥假设条件（假设项目涉及的票据业务流程优化、人员业务能力提高可以配合票据系统进行持续改进；假设该银行的其他业务系统可以满足票据系统上线后给其增加的负载）。

（4）创建 WBS。基于项目范围说明书和需求文件，我和我的团队开始对票据管理系统和项目管理的工作进行分解，分解为更小的、更易管理的工作单元，使得原来看起来非常笼统、模糊的项目目标一下子清晰起来，使得项目管理有依据，项目团队的工作目标变清晰。由于 WBS 分解涉及到将要开展的具体工作，我让各小组的组长、骨干成员和银行相关人员都参与到 WBS 的分解中。我们进行 WBS 分解时制订了如下原则：在各层次上都保证项目的完整性；一个工作单元只从属于一个上层工作单元，比如基本界面设计这一工作单元只能从属于它上层工作单元程序设计，不能从属于其他上层工作单元，例如软件测试；相同层次的工作包应有相同性质；工作包一般不大于 80 小时。我们按照项目的生命周期的各个阶段作为分解的第二层，产品和可交付物作为第三层来分解，WBS 第二层包括需求调研、分析设计、程序设计、软件测试；第三层是对第二层的进一步细化，比如需求调研包括用户调研、需求分析、用户确认，软件测试包括单元测试、集成测试、系统测试等。对于 WBS 中工作单元的细节信息，我们在 WBS 字典中加以描述。WBS 分解工作完成后，项目范围基准就确定了。

（5）范围确认。项目可交付成果、子功能比如票据签发功能和票据再贴现功能被开发出来之后，我们项目组内部先对其进行评审和测试，通过后，把这些成果交付给用户，和用户一起按范围基准、质量标准等要求进行范围确认（即验收）。由于该项目范围广、功能点多，我们找客户进行局部范围确认的频次较高，在里程碑点一般举行较为正式的会议，非里程碑点一般通过当面交流的方式，虽然这样做增加了不少工作量，但对于最后一次性通过竣工验收非常有利。在范围确认时，对于局部范围确认，我们主要是邀请客户方、监理方参与评审和测试；对于全局范围确认，主要是由客户方邀请第三方进行评审。

（6）范围控制。范围控制就是监督项目的范围状态，管理范围变更的过程。其主要作用是在整个项目期间保持对范围基准的维护。对项目范围进行控制，就必须确保所有请求的变更都经过实施整体变更控制过程的处理。因该项目比较复杂，所以项目一开始我就高度重视范围的控制工作。例如，在项目进行过程中，票据经办岗人员要求增加一个批量导入回购票据的功能，通过变更流程提交到 CCB 后，此时项目已经进入试用阶段，如果同意修改，必然会影响项目进度，最后考虑到项目的实施风险等因素，得出的结论是，暂时不实施变更，该功能等到项目结束后作为一个维护项目来进行实施。事实证明，启动变更控制委员会，严格执行变更控制流程，可有效进行范围控制，防止需求蔓延。

经过我们团队的不懈努力，历时 1 年，该项目终于于 2019 年 1 月通过了该银行组织的验收，将该银行纸质票据业务从手工操作的繁重工作中解放出来，实现了票据业务的信息化管理，得到了业主的好评。本项目的成功得益于我成功的范围管理。当然，在本项目中，还有一些不足之处，比如项目的团队成员有时为设计争吵，导致团队建设出现一些小问题，再比如，与该银行的项目支持者（票据业务部总经理）缺少沟通，导致一些不必要的理解偏差。不过，经过我后期的纠偏，项目并未受到什么影响。在后续的学习和工作中，我将不断地和同行进行交流，提升自己的业务和管理水平，力争为我国的信息化建设做出自己的贡献。

33.3 论项目的进度管理

33.3.1 进度管理过程素材

过程名	通俗解释	怎么写
制订进度管理计划	就是写一个叫作进度管理计划的文档	可以写我组织相关人员进行了进度管理计划的编制工作，在进行编制前做了什么准备，通过什么方法进行了编制，编制后的计划包含什么内容等，计划的重要性等
活动定义	看看我们这个项目里面到底有多少活动需要完成，识别出来并记录下来	可以讲讲活动定义和WBS的关系，举例写下结合本项目有哪些活动
活动排序	明确各活动之间的顺序等相互的依赖关系，并记录下来	可以具体举例描述活动的逻辑关系，比如在本项目中活动A和活动B的关系等，通过此，更新了我们的活动属性清单等
活动资源估算	估算一下每个活动到底需要多少材料、人员、设备等资源	结合项目进行举例，在本项目中某活动需要什么资源，需要多少资源，什么时候需要等。是通过什么方式进行估算的等
活动历时估算	估算一下完成某活动所需要的持续时间	结合本项目进行举例，通过什么方法对本项目中的一些活动进行了历时估算，是多少时间等
制订进度计划	我们分析这些活动的顺序、历时、资源需求和相关的一些进度约束等内容来编制项目的进度计划	通过以上的准备工作，可以举例在本项目中，我们是通过什么方法进行进度计划制订的，这是进行进度控制的基础
进度控制	我们需要监控项目的具体状态，如果发现有偏差，我们需要进行纠偏	可以写进度控制的重要性、工作内容，举例挣值分析，发现项目进度怎么样了，分析为什么，进行纠偏

33.3.2 进度管理范文

摘要：

2018年2月，我有幸参与了××电网公司人力资源管理系统建设项目，担任项目经理一职。该项目以《××电网公司"十三五"信息化规划实施计划》为准则，目的是采用统一的技术路线和架构体系，构建一体化的信息化应用环境。整个项目总投资800万元，建设工期为一年，该系统以专业的人力资源管理技术，依托动态翔实的数据，完整实现了劳动组织管理、用工管理等系统业务功能，为客户及时提供多角度、多条件的人力资源统计分析报告。

本文以人力资源管理系统建设项目为例，探讨项目的进度管理过程，通过对活动分解进行定义、制订进度计划以及根据计划控制进度等管理办法，最终使项目按期保质完成，满足客户要求。在本文的最后对该项目的一些经验教训进行了总结。

正文：

2018 年 2 月，我作为项目经理参与了××电网公司人力资源管理系统建设项目，该项目是 2018 年××电网公司"十三五"信息化规划实施计划的重点工作，同时也列为××电网公司重点信息化项目。整个项目总投资共 800 万元人民币，建设工期为一年，该项目在××电网公司范围内推广应用，能够进一步提升信息共享和协同作业范围，出错的等业务难题，通过各种在线审批功能解决范围远、办公质量的同时，更能有效地进行成本控制，一举多得。该系统包含管理、人员调配、班子建设与干部管理、员工信息管理、绩效管理、员工资质管理、考勤休假、保险福利、薪酬管理、离退休管理、外事管理、自助服务、统计报表、决策分析、数据中心、基础平台、系统设置等 20 多个系统功能模块，满足××电网公司人力资源管理需求。

该系统采用 Java 语言开发，基于 J2EE 架构，采用 Oracle11G 作为数据库、Weblogicl2c 作为中间件，应用服务器是 DELL 塔式商用服务器，数据库服务器采用双机热备加光纤存储，服务器操作系统采用 RHEL6.90。

本项目是 2018 年××电网公司重点信息化项目，该项目具有专业性强、投资规模大、建设周期长、人员构成复杂的特点，为了使项目能够顺利实施，执行严格的进度管理至关重要，同时也为提高项目干系人的满意度打下良好基础。在具体工作中，我根据项目的实际情况，分别从规划进度管理、定义活动、排列活动顺序、估算活动资源、估算活动持续时间制订进度计划和进度控制这几个方面进行论述：

（1）规划进度管理。项目的进度管理是项目管理的最大难点。在项目具体管理过程中，我根据项目的实际情况，遵循进度管理的主要方法，对项目活动进行了定义、排序、资源估算、历时估算、然后制订了项目进度计划。在项目执行过程中，对项目的实际进度进行了监控，发现与计划之间存在偏差，及时采取措施进行纠正，对进度计划进行调整，使得项目进度始终是可控的。

（2）定义活动。活动定义阶段是进度管理的首要工作，假如活动定义工作做得不够清晰明确，必定影响其他后续方面的工作。

因此，我和我的项目团队根据项目范围说明书以及项目 WBS 对项目所有活动进行定义，划分了劳动组织管理、员工信息管理、用工管理、薪酬管理、绩效管理、决策分析、统计报表、基础平台为主要功能模块，并以此作为里程碑事件。然后，我根据项目的 WBS，采用滚动波式计划方法，对于近期需要完成的工作在工作分解结构最下层详细规划，而计划在远期完成的工作则表现在工作分解结构相对高的层次上，通过滚动波式计划方式随着项目工作的开展，项目活动也逐层逐渐清晰明确。

（3）排列活动顺序。项目的活动排序主要是确定各个活动任务之间的依赖关系，并形成文挡，活动排序是编制切实可行的进度计划的重要依据，所以这是一项非常重要的工作。在项目的活动排序之前，我方和甲方××电网公司领导开会讨论，经过分析我们发现 20 多个系统功能模块之中，有 8 个模块独立性非常强，而且模块内部的业务流程非常相似，主要有业务数据的录入、初审、复核组成，然后数据流入到下一个模块。针对系统的特点，我们采用箭线图法以及各活动的依赖关系，制定了项目的计划网络图确定了项目所有活动以及它们之间的逻辑关系。

（4）估算活动资源。为做好估算每一活动所需的材料、人员、设备以及其他物品的种类与数量的工作，光凭本人和本人团队的经验水平是不够的，为此我决定组织召开会议，会议除了我方成员外，还邀请了本公司经验丰富的专家参与，我结合了各方意见，决定采用自下而上的估算方法，根据项目 WBS 和活动定义，首先确定了所需的人力资源，分别是项目管理小组（5 人），平台开发小组（20 人），平台测试小组（15 人），质量保证小组（5 人）、系统集成小组（5 人）。我对每一个工作小组要完成的工作进行了详细描述，并且每个小组安排一名组员作为组长，负责收集小组成员的工作周报，定期向我进行汇报工作，本人需要做好工作周报汇总工作，及时发现问题，做出应对措施。

之后就是确定设备资源，根据项目对硬件设备种类和数量的需求情况，我安排了系统集成小组进行硬件设备的招标工作。通过以上工作安排，减轻了我的压力，使我能集中精力做好项目管理统筹工作。

（5）估算活动持续时间。活动资源估算工作完成后，再对每个活动进行历时估算，根据资源估算分析，要求项目人员估计活动的最可能、最乐观以及最悲观时间，采用三点估算法计算公式计算出项目活动的历时；此时，一名专家建议我考虑项目活动的风险情况，我认真考虑了专家的意见，结合项目的实际情况，决定如果存在潜在的风险则将活动历时加上 10%的应急储备时间作为活动的总历时。比如，原本完成劳动组织管理模块开发的历时估算是 3 天，此时应为 3+3×10%=3.3 天。

（6）制订进度计划。在前期时间管理工作的基础上，我制订了项目进度计划，通过甘特图全面反映了项目进度状况。在制订进度计划过程中，使用了关键路径法，根据各项目活动之间的依赖关系以及各活动使用资源的估算情况，我们分析并寻找了项目的关键活动，并形成了项目的关键路径，通过平衡与协调项目资源使用情况，最终制订了项目计划甘特图。为了使相关人员及时了解项目的进度计划，我还召集了相关人员进行了评审，并最终形成基线。

（7）控制进度。从事项目管理工作的我深知，制订了项目进度计划，并不是一劳永逸的，要不断地对项目的目前状况进行检查，并与项目计划甘特图进行比较，及时采取必要的纠正措施。在此基础上，我还定期举行每周项目例会，例会规定在每周五下午定时召开项目总结会并形成项目进度报告向公司高层、甲方代表汇报，及时通报项目进展情况。

在项目实施过程中变更是不可避免的。2018 年 12 月，甲方突然提出系统基础平台模块在原有基础上，需要增加能够内部发文批量导入的功能。我按照变更控制流程，填写变更申请单，提交 CCB 审查，CCB 决策，实施，验证和确认，沟通存档。通过我的严格管理，没有导致项目进度的延误。

经过我们团队不懈的努力，本项目在 2019 年 1 月试运行成功，系统运行状况良好，得到了用户的好评，并在 2 月份顺利通过了验收。回顾该项目进度管理的过程，还存在一些不足之处：①对人力资源配置估计不足；在项目实施过程中有两名项目组成员因为自身原因突然离职，并且这两个成员是某一功能模块的负责人，幸好得到了公司领导的支持，及时补充了人员，才没有对进度造成影响；②制订奖励政策不够好；在项目总结会上，公司领导提醒我，光设立一个季度全勤奖是不够的，应该再设立如"积极份子奖"等奖项来激发员工的工作热情。所以在后续的学习和工作中，我将不断地和同行进行交流，提升自己的业务和管理水平，力争为我国的信息化建设作出自己的贡献。

33.4 论项目的成本管理

33.4.1 成本管理过程素材

过程名	通俗解释	怎么写
制订成本计划	编制成本管理计划，这个计划主要是描述如何进行项目的成本估算、预算、控制内容	可以写通过什么方法、原则编写的计划，这个计划的重要性、包含的内容等
成本估算	对完成本项目的成本做出一个大致的估算，进行"要钱"	可以写成本估算的重要性，进行估算的三个步骤，在进行估算的时候遇到了什么困难，通过什么方法进行了解决，也可以写工具、技术等的应用
成本预算	对完成本项目的成本做出一个比较精确的预算，进行"花钱"	可以写成本预算的重要性，进行预算的三个步骤，在进行预算的时候遇到了什么困难，通过什么方法进行了解决，最后得到了什么，也可以写工具、技术等的应用
成本控制	对成本进行监控，发现问题，及时进行纠偏	可以写成本控制的内容和重要性。可以举例挣值分析进行阐述，在本项目中某一时间发现了什么问题，是什么原因，怎么解决的

33.4.2 成本管理范文

摘要：

2015 年 8 月，我有幸作为项目经理参加了××市不动产统一登记系统集成项目建设工作。该项目总投资人民币 1800 万元，建设周期 1 年。通过该项目建设，实现了全市不动产登记市县一体化系统的部署，为全市提供统一的不动产登记服务、信息发布和查询服务、数据资源共享和交换服务、大数据分析服务。2016 年 7 月，经过团队成员 12 个月的共同努力，终于通过了业主和各方专家的验收，获得了各方的一致好评，市县一体化模式和我司的不动产登记系统被推广到了全省。本文以此项目为例，结合作者的实践，讨论了项目成本管理在实际项目中的重要性，论述了规划成本管理、成本估算、成本预算和成本控制这四个成本管理子过程。最后总结分析项目成本管理的成功经验，以及项目存在的不足和改进措施。

正文：

根据××省国土资源厅的总体部署，××市决定于 2015 年 8 月开始全市不动产登记系统建设，要求在 2016 年 8 月 1 日全市"颁发新证，停发旧证"，实现全市范围的登记机构、登记依据、登记簿册、信息平台"四统一"的目标。该项目投资人民币1800万元，其中200万元为硬件设备费用，300万元为不动产登记系统软件费用，300万元为市本级原有房屋登记数据、土地登记数据、林业登记数据的分析、整理、入库费用，1000万元为下辖6个县的原有房屋登记数据、土地登记数据、林业登记数据的分析、整理、入库费用。

××市下辖6县2区，鉴于各县国土资源局和区分局技术力量薄弱，难以完成不动产登记系统的研发，维护和数据处理、入库工作，市局经过多方考查和征求意见，决定采取全市一体化的方式实现不动产统一登记。在市局信息中心机房部署主登记系统，在距市局中心机房100公里的YY县局机房部署备份登记系统，两个机房通过电信1000M光纤专线联通，实现应用级的系统备份。各县区通过电信100M光纤接入市中心机房，以B/S方式访问应用服务器和数据服务器，实现统一登记、统一信息发布、统一收费标准、统一监督管理。通过数据交换服务接口，如OGC服务、Web Service服务等实现与房管、林业等各部门间业务数据的交换，访问包括登记数据库、空间数据库、档案资料库、城镇地籍数据库等专题在内的不动产登记数据库。

我公司在2015年5月中标该项目且签署了建设合同。我则由于具有较为丰富的项目管理经验且以往管理的项目绩效较高，被任命为该项目的项目经理。从事多年项目管理工作的我深知，成本管理是该项目成功与否的关键。我将结合本项目，从如下几个方面对项目的成本管理进行介绍。

（1）规划成本管理。规划成本管理就是编制成本管理计划，在整个项目中为如何管理项目成本提供指南和方向。我们以项目章程和项目管理计划为依据，利用公司PMO编制的成本管理计划模板，结合该项目的实际情况对模板进行裁剪，选定了成本管理各子过程要进行的管理工作以及如何运用各项管理工具和技术，编制出了项目成本管理计划。

（2）成本估算。成本估算便是将项目中各项活动所需的资金，利用各种科学的工具技术进行估算。我们以项目范围基准和进度计划为依据，分三步进行成本估算。首先是识别并分析成本的构成科目。我们借鉴公司类似项目确定完成项目所需要的资源种类，并编制出项目成本构成科目，形成了项目资源需求和会计科目表。然后根据已识别的项目成本构成科目，估算每一科目的成本大小。我们根据今年到××市出差的费用报销数据，估算出了1个人员出差1天所需的费用，乘以进度计划中各活动的人工时，形成了前期工作的活动成本估算。而后期系统集成阶段，由于公司有大量的类似项目经验和数据，我进行了类比估算，完成了系统集成阶段的活动成本估算。最后分析成本估算结果，找出各种可以相互替代的成本，协调各种成本之间的比例关系。经过分析估算结果，我们采用工期优化、费用优化和资源优化三种方法，对各种成本进行比例协调，形成了最终的活动成本估算。

（3）成本预算。成本预算就是汇总所有单个活动和工作包的估算成本，最终形成既切实可行又节约费用的项目预算。我带领项目团队，以项目范围基准、进度计划、资源日历、风险登记册和活动成本估算为依据，进行项目成本的优化分析。我发现资源日历中两个机房设备是同时采购和交付的，这也就意味着项目的成本将会花费得非常集中，这样不但限制了公司的现金流，也带来了相应的风险，可能会影响到货日期。因此我采用了资金平衡方法，根据项目的实际需求，调整了采购计划，将机房设备间隔3个月进行两次交付，确保公司采购部门可以及时向供应商付款，防止到货延期。

经过将各活动的成本估算归类、汇总、优化，形成了项目的活动资金需求，比原本的成本估算节省了 10%的费用。为了应对未知的风险事件，确保项目预算的切实可行性，我参考风险登记册，进行了详尽的储备分析，按 10%的额度设定了管理储备。最终将活动资金需求和应急储备相加，并得到公司高层的认可确认后，形成了项目的成本基准，并计算出本项目的 BAC 为 1500 万元，系统集成阶段和现场阶段的 PV 分别为 1000 万元和 500 万元。

（4）成本控制。成本控制指监督项目状态以更新项目成本，管理成本基准变更，发现实际与计划的差异，以便采取纠正措施，降低风险。完成项目的成本是提前预算好的，在执行的过程中，可能会出现和成本预算的偏差，这时就需要对这种偏差进行控制。在成本控制的过程中，还要预测一下未来的成本，比如完工还需要多少钱，完成工作时花费多少钱等。在实际项目中，我每个月将实际的工作成本绩效信息和成本基准比较，进行挣值分析。在系统集成阶段，CPI 一直保持在 0.95～1.0 附近，进行得比较顺利，最终该阶段的 AC 为 960 万元。2016 年 3 月至 7 月为实际的现场工作阶段，但到 4 月底的 AC 为 230 万元，通过计算得到 EV 值为 220 万元，通过进行偏差分析，得出产生费用偏差的原因是数据整理人员为提高数据入库效率，保证更多的调试和测试时间，到现场进行数据入库时比计划人员多了 5 人，但好在数据入库的费用只在本月产生，不会影响以后的花费，属于非典型偏差。因此我又进行预测，计算出 EAC=AC+(BAC–EV)=230+(500–220)=510 万元。也就是说现场阶段费用将超支 10 万元，但我们还是可以按总体预算完成整个项目。

经过团队成员 12 个月的共同努力，项目在 2016 年 7 月通过了业主以及各方专家的验收，获得了各方的一致好评。本项目的成功得益于我们在本项目中成功地进行了成本管理，科学地运用了成本管理各阶段的工具技术和方法。但是在本项目中由于数据整理人员为提高数据入库效率，到现场进行数据入库工作时比计划人员多了 5 人，导致现场阶段费用超支 10 万元，但最后在总体预算内完成了项目任务。这也说明我们对项目实施中可能出现的情况考虑得不够充分，在后续的学习和工作中，我将努力学习项目管理知识，提升自己的业务水平和管理能力，力争为公司的强大和我国的信息化建设作出自己的贡献。

33.5 论项目的质量管理

33.5.1 质量管理过程素材

过程名	通俗解释	怎么写
质量规划	编写一个质量管理计划，描述本项目的质量标准，并记录如何达到这个标准	可以描述质量管理计划的重要性，描述进行编制时的原则、步骤、工具和技术、本计划的内容等
质量保证	通过一些办法增强能满足相关质量标准的信心，并定期评估项目的绩效等	可以写质量保证的重要性、意义，我们在本项目中是用了什么工具进行质量保证的，比如质量审计的应用。也可以简单写点质量保证与质量控制的区别和联系

续表

过程名	通俗解释	怎么写
质量控制	监控项目的执行状态，看看目前的质量情况，如果有问题，进行原因分析，并进行纠偏，以达到质量要求	可以写质量控制的重要性、步骤，从人机料法环等方面进行举例说明有什么问题，是什么原因，我们是通过什么方法、工具和技术进行处理的

33.5.2 质量管理范文

摘要：

2016 年 3 月，我作为项目经理参与了××市社保信息管理系统项目的建设，该项目投资共 450 万元人民币，建设工期为 1 年。通过该项目的实施，在××市建成了集中统一的社会保险信息管理系统，建成了市级劳动保障数据中心，实现了"数据大集合"和业务经办的全程信息化。该项目于 2017 年 3 月通过了业主方的验收，赢得了用户的好评。本文结合我的实际经验，以该项目为例，讨论了信息系统项目建设过程中的质量管理，主要从规划质量管理、实施质量保证、执行质量控制三个典型的过程，有条不紊地进行质量管理，加之进行了良好的配置管理，在整个项目建设过程中始终遵循了变更控制流程，合理运用质量管理的措施，使该项目顺利完成了既定目标。

正文：

2016 年 3 月，我作为项目经理参与了××市社保信息管理系统项目的建设，该项目投资共 450 万元人民币，建设工期为 1 年，通过该项目的实施，在××市建成了集中统一的社会保险信息管理系统、建成了市级劳动保障数据中心，实现了"数据大集合"和业务经办的全程信息化。同时也满足了社会公众对社会保险事务的有关服务要求、与相关部门的横向信息交换、市－区（县）－街道（社区）延伸的三级应用，形成全市统一的安全、快捷、便民的社会保险信息服务和管理体系。

本项目采用满足 J2EE 标准的 B/S 三层架构技术，以 Oracle 数据库为支撑，符合"金保工程"技术规范和联网要求。开发过程应用轻量级 J2EE 架构，基于 MVC 模式的 Struts 框架，以 mybatis 作为持久化层，采用 Spring 进行中间层（业务层）建设，应用服务器采用浪潮高性能服务器。本项目针对市、区（县）、街道（社区）三级社保信息管理机构，包含业务经办、公共服务、基金监管、宏观决策等四大业务子系统，统合养老保险、医疗保险、失业保险、工伤保险、生育保险和住房公积金等的主要功能模块。实现业务专网纵向上三级机构的全面贯通，横向上与合作银行实时联网，提供对经办工作的全流程管理，确保社保工作流程规范、数据准确、管理高效、服务便捷。

项目质量管理的最终目的是使项目满足其明确的或隐含的需求。因此，在本项目中质量管理显得尤为重要，项目实施过程中，我作为项目经理非常注重质量管理，本文从以下几个方面进行论述。

（1）规划质量管理。 项目质量规划就是根据项目内外部环境制订项目质量目标和计划，同时为保证这些目标的实现规定相关资源的配置。

展开质量规划工作的第一步是识别该项目的相关质量标准并确定满足这些标准的方法和措施。

我根据项目管理的质量计划指南、本公司的质量策略、招标文件、签订的项目实施合同、项目章程、项目范围说明书、产品说明书等资料，通过使用成本/效益分析、类似项目的质量成本分析和基准分析等方法识别出本项目应达到的成本、进度和资源使用等的质量标准和要求。

紧接着，我会同公司的 QA 组长、业主方的代表以及项目质量保证人员和测试人员等进行会议分析，对如何达到项目质量标准和要求进行了研究，制订了《项目质量保证计划》和《项目产出物评审及测试计划》，并从实施质量保证和执行质量控制两个方面对质量达标进行了规划。

《项目质量保证计划》包括：质量审计活动采用的类型、遵循的标准、开始的时间、审计报告应包含的内容等。《项目产出物评审及测试计划》包括两部分：一是针对文档类产出物的评审，如产出物的合格标准、提交的时间、评审方式、评审报告包含的内容等；二是针对软件代码的测试，如测试环境要求及准备、具体的测试活动要求、测试开始时间、测试报告包含的内容等。

（2）实施质量保证。质量保证是通过对软件产品和活动进行评审和审计来验证软件是否合乎标准的。质量保证应该贯穿于整个项目生命周期。本项目中，由本公司安排质量保证小组负责根据项目的质量管理计划、质量标准和要求，对项目的实施计划、需求分析、概要设计、详细设计、编码及单元测试、集成测试、系统测试、验收测试等过程进行质量审计，评估其是否符合本公司的质量策略、过程和程序。在项目实施过程中，我认真执行好公司要求的项目管理过程，全力支持 QA 对该项目的质量审计工作，对 QA 发现的问题我要求及时进行整改，直至符合要求。对好的意见和建议，我积极采纳并运用到后续的项目管理中。

例如，在项目实施过程中，QA 发现各项目成员在进行项目相关文档的评审时不太积极。针对这种情况，我采取了如下措施：将评审工作进行记录，定期通报各人参加评审的次数、时长、提出合理化建议的数量，以及后道工序的责任人必须评审前一道工序的产出物，如果评审未发现问题，评审通过后再发现问题的将由后道程序的负责人负责。通过这些措施的运用，项目成员参与的积极性和责任感明显增强。

（3）执行质量控制。质量控制是采取适当的方法监控项目结果，确保结果符合质量标准，还包括跟踪缺陷的排出情况。在本项目中，我主要是依据项目的《质量管理计划》和《质量度量标准》，并参照我公司的最佳质量管理案例，通过严把评审、测试关，做好质量控制管理的执行工作。

在评审方面，我对项目实施过程中的一些主要产出物，如客户需求说明书、系统设计说明书、数据库设计说明书、系统测试用例等，组织人员按照质量标准及要求并参照质量案例进行认真细致的评审，不达标的，严格要求整改。

在系统测试方面，我们主要执行单元测试、集成测试、系统测试和验收测试。单元测试由开发工程师以白盒测试的方法交叉完成，集成测试和系统测试由负责设计的工程师牵头以白盒测试的方法完成，验收测试由负责需求分析的人员牵头以黑盒测试的方法完成。在测试过程中，通过因果图分析出现问题的各种原因，然后反馈给开发人员，避免出现在后续工作中；通过控制图对系统的性能进行监控，分析和判断出系统运行过程是否发生了异常，以便能及时采取措施加以消除。

经过我们团队的不懈努力，历时 1 年，本项目终于于 2017 年 3 月通过了业主方组织的验收。在合同规定的工期内出色地完了各项任务，截至目前，该系统已经成功上线 1 年多的时间，运行状况良好，得到了业主方的好评。本项目的成功得益于我成功的质量管理，当然，也存在一些不足之处，值得我及团队成员反思。比如，在项目中运用的绩效考核，促进质量提升方面做得不够好；对软件质量的定量度量方面还掌握得不够；这在一定程度上影响了质量评估的准确性。不过，经过我后期的纠偏，项目并未受到什么影响。在今后的学习和工作中，我将不断和同行进行沟通交流，提升自己的业务和管理水平，力争为我国信息化建设作出自己的贡献。

33.6 论项目人力资源管理

33.6.1 人力资源管理过程素材

过程名	通俗解释	怎么写
人力资源计划编制	编写一个人力资源管理的计划，其中需要包含本项目中的角色，每个角色需要多少人，他们的汇报关系是什么？另外，需要注意还包含人员配备管理计划	可以写在编写这个计划的时候用了什么工具，用了什么原则，该计划有什么作用，有什么内容等
组建团队	根据计划的要求，通过一些方式，比如说有虚拟团队、采购、谈判、实现分派的方式来组建我们的项目团队，让我们"在一起"	可以写我们通过什么方式、利用了什么条件组建了项目团队，然后简要说明目前的团队的人员、状况等内容
团队建设	将"在一起"变为"好好的在一起"，需要通过一些方式来培养、建设我们的项目团队，提高成员的个人技能，改进团队的协作，提高团队的整体水平，最终提高项目的绩效	可以写利用一些工具和技术，比如用了"一起出去春游"的例子来进行团队的建设，通过本次活动，得到了什么样的效果，以后还将多举行这样的活动。也可以写团队建设的几个阶段等内容
团队管理	我们需要跟踪团队各成员的绩效以及项目的绩效，需要进行一些反馈，对冲突进行管理，不断提高项目的绩效	可以写团队管理的重要性，写 360°的反馈方法，可以举例写有了冲突，如何进行冲突的管理等

33.6.2 人力资源管理范文

摘要：

2017 年 6 月，我参加某集团公司 ERP 项目建设工作，作为项目经理负责项目的整体规划、分析设计、组织实施与管理控制等全面管理工作。该项目总投资 1200 万元，以 ERP 知名软件 SAP/R3 为核心，结合企业的行业特点打造 ERP 运营管理系统，功能包括财务与成本、物资管理、工程管理、销售管理共 4 个管理模块。经过 1 年的项目建设，最终通过业主方的验收上线，运行至今状况良好，取得了用户的一致好评，项目获得圆满成功。本文结合我的项目实践，探讨了信息系统项目建设过程中的人力资源管理，主要包括：规划人力资源管理、组建项目团队、建设项目团队、管理项目团队等内容，有效提高了人力资源管理水平，满足了项目干系人需求和期望。最后总结了本次项目管理的不足和取得的经验教训。

正文：

某集团为了支撑集团整体业务架构，通过打造以 ERP 为核心的集团管控平台建设，达到提升业务管控力度与效率的目标，于 2017 年 6 月 6 日正式启动此项目。我公司中标该项目，金额为 1200 万元，建设工期为 1 年，我以项目经理的角色负责项目的全面管理工作，历时一年于 2018 年 6 月通过客户方的验收。

该项目以 ERP 业内知名软件 SAP/R3 为核心，根据该企业的行业特点为其打造 ERP 运营管理系统，功能覆盖财务与成本、物资、工程、销售 4 个管理模块。通过该项目的建设，统一基础数据的管理，规范业务流程，实现了跨部门、跨模块间业务流程的流转、集成和管理信息的共享，达到了企业纵向管理一体化、横向信息集成化的目标。该项目采用三层 C/S 体系结构客户端、Weblogic 应用服务器和 Oracle11G 数据库，开发平台支持 J2EE 和 ABAP 编程语言，支持各类平台的接口。SAP GUI 作为用户界面可移植运行于多种操作统平台，实施时采用三系统模型，即开发系统、测试系统、生产系统。并通过 VSS 管理项目各阶段文档资料，作为后续查询、修改、跟踪、学习的依据。

该项目是一个综合性的系统工程项目，涉及集团总部、4 个大区公司及其下属的 23 家子公司，在管理模式上存在较大差异，各地区工作流程也不一致，集成专业多。由此可见该项目组织构成复杂、质量要求高、干系人面广人多、不可控因素多，协调难度大。我将项目分为成本、物资、工程、销售、硬件集成部署、SAP 软件开发共 6 个项目小组，分别委派小组长进行管理，明确其职责与权力。为了保证项目圆满完成，我组建了强矩阵的项目组织结构，通过有效的项目管理，特别是出色的项目人力资源管理，带领项目团队全体成员经过奋战获得了良好的绩效，取得了项目的成功。下面分别从规划人力资源管理、组建项目团队、建设项目团队、管理项目团队 4 个方面重点阐述项目人力资源管理。

（1）规划人力资源管理。规划人力资源管理就是决定项目的角色、职责以及报告关系，并创建一个项目人员配备管理计划的过程。本项目中，我在制订完初步项目范围说明书后，根据本项目特点参考公司以往类似的项目，识别出本项目需要的人员，分别是：项目经理 1 人、业务顾问 10 人、开发小组 8 人、商务及外协 3 人、配置管理员 1 人，质量管理员 1 人，同时应建设方的要求帮助其估算需要培养的人力资源需求，包括项目管理小组 5 人、业务专家组 20 人、内部顾问组 40 人、开发组 10 人。小组成员需要向小组长汇报，小组长负责向我汇报。配置管理员直接向我汇报，而质量管理员向公司质量管理部汇报，我将这些信息记入一个 Excel 表中（称为角色和职责矩阵），并在表中描述了这些角色需要的技能和经验、承担的责任、加入项目组的时间、离开项目组的条件等（该表在项目进行过程中根据情况变化进行了动态维护），并根据汇报关系画出项目组织结构图。同时还对如何获得这些资源、需要什么培训、如何进行认可与奖励进行了考虑，也就是对人力资源管理的后续过程进行了计划。

（2）组建项目团队。组建项目团队是指获得人力资源的过程。根据角色和职责矩阵、组织结构图及人员配备管理计划，我开始着手组建项目团队。首先是与职能经理谈判要人，比如向软件开发部要系统设计、代码开发人员，向系统集成部要集成人员，向质量管理部要配置和 QA 人员。经过几轮谈判后，项目骨干人员基本落实，但开发人员数量不够，经过人力资源部协助，我们招聘了几名程序员。根据谈判和招聘的情况，我们将人员到位的时间进行了记录，形成资源日历。首批需求分析、系统设计、开发、测试人员共20人陆续到位，项目团队开始组建起来。

（3）建设项目团队。建设团队就是通过开展一系列的活动提高团队的战斗力。主要包括提高团队成员个人的技能，以及提高团队成员之间的凝聚力和配合度。

对于个人能力提升方面，我们主要通过开展多种形式的培训，以及日常工作中大家的相互学习进行。在培训方面，在项目执行期间，4个模块小组一共进行了16次业务培训、4次技术培训和3次项目管理培训，担任培训任务的老师既有外聘的专家、公司内训师也有我们项目组的同事。通过这些培训，一方面有效地保证了"有合适的资源从事合适的工作"，另一方面，受训的项目组成员也很开心，因为在项目进展的过程中，他们的能力在培训或受训的过程中得到了较大的提高。

对于团队凝聚力提升方面，我们采用的工具和方法主要有：建立团队愿景、制订和实施绩效考核办法、基于人的需求理论的激励方法、规章制度、集中办公、团队聚餐、唱歌、体育活动和员工谈心会等。就拿集中办公来说，由于项目规模大、时间紧，公司为我们项目组单独配备了一个集中办公的地方，我们在办公室的醒目位置悬挂了项目计划进度表和项目实际进度表（项目实际进度每周更新一次），营造了一种积极、紧张的工作氛围。实践证明，团队成员的集中办公，培养了集体荣誉感和团队精神，大大增强了我们的整体战斗力。由于我们团队建设工作做得早，做得到位，项目团队很快度过了震荡阶段，进入规范阶段和发挥阶段。

（4）管理项目团队。管理项目团队，就是跟踪个人和团队的执行情况，提供反馈和协调变更。反馈是一种控制，只有经常进行反馈，好的表现才能得到加强，不好的表现才有可能得到改进。平时我比较留意对成员工作状态的观察，发现成员有异常表现时总会积极地与他们沟通，努力开导并和他们一起寻求问题的解决方案；发现成员有非常积极的表现，我会第一时间表达我的关注和认可。举个例子，在项目的执行过程中，有一名员工每天到办公室很早，我开始关注，了解其工作成果和质量，发现其工作极其投入，工作成果质量很高，我及时在一些适宜的场合进行了表扬，该员工的积极表现及时得到认可，工作起来更加自觉和主动了。

对于团队中出现的冲突，我主要采用"合作/解决"的策略，这样比较容易在双赢的模式下较好地解决问题。比如，项目进行到中期时，项目组来了几名新员工，一起工作一段时间后，老员工反映新员工工作效率太低，新员工反映老员工不好相处，造成紧张气氛，发现情况后，我分别找到了两方员工代表进行交谈，发现老员工有点卖老资格，而新员工又不是很谦虚，所以老员工不愿把先前的一些工作成果向新员工讲解，造成新员工迟迟不能进入角色。了解情况后，我对双方进行了开导和说服，并专门安排了一场晚餐，结果新老员工很快相处融洽，工作效率大大提高。

通过有效的人力资源管理，经过1年的紧张建设，项目与2018年6月1日成功全面上线运行，并顺利通过用户的验收，至今运行良好，得到了用户的高度评价。总结整个项目的实践过程得出以下4条重要经验：①对待项目成员要尽量用说服和讲道理的方式，切忌大发雷霆和简单粗暴。②要多表扬，尽量少批评。当然必要的批评也是少不了的，但批评要注意方式方法，处理问题成员时，采用私下、正式、惩戒的升级原则。③要善于利用人的需求理论，激发成员的工作热情。人之所欲，施之于人。④要营造一种竞争而又协作的团队氛围，在公司大环境下培养小团队文化，在处理团队成员间矛盾时尽可能多用"合作/解决问题"策略。

当然，该项目仍然存在一些不足：对如何灵活处理冲突的 5 种策略（撤退/回避、缓和/包容、妥协/调解、强迫/命令、合作/解决）把握的还不够，导致一些冲突处理不当，个别团队建设活动策划的欠妥，导致大家并非都有兴趣参与。在以后的工作中，我要不断提升自己的业务和管理水平，形成组织过程资产，更好地完成项目的管理工作。

33.7 论项目的沟通管理

33.7.1 沟通管理过程素材

过程名	通俗解释	怎么写
沟通管理计划编制	需要编写一个文档，这个文档记录了如下的相关信息：这个项目有哪些项目干系人，他们需要什么样的信息，他们什么时候需要，我们什么时候给他们，我们如何给他们等	可以从本计划的重要性、编写的方法、原则、过程、计划的内容等方面进行阐述
管理沟通	就是需要按照沟通管理计划去收集、分发、存储信息，去进行沟通	可以写本过程的重要性、可以写输入输出工具和技术、可以写有什么问题、什么原因，怎么解决，还可以写项目报告的内容
控制沟通	就是需要看沟通过程做得怎么样，进行监督和控制	可以写本过程的重要性、可以写输入输出工具和技术、可以写有什么问题、什么原因，如何通过变更流程来解决的，还可以写绩效信息、组织过程资产等

33.7.2 沟通管理范文

摘要：

2018 年 3 月，我参加了××省商业银行绩效考核系统项目的建设，担任了项目经理的角色，该项目投资共 300 万元人民币，建设工期为一年。通过该项目的建设实现了从多角度量化分析柜员、客户经理、部门经理、支行行长、会计主管的工作量以及对银行的利润贡献率等，实施对相关人员工作量、工作效率和利润贡献度的量化考核，为银行提供全面、客观、科学的考核数据，实现对不同对象的业绩考核，从而为银行制订有效的人才激励机制提供有力保证，实现银行绩效管理目标。该项目于 2019 年 3 月顺利验收，系统运行稳定并具有良好的行业示范作用。本文结合作者的实际经验，以该项目为例，讨论了信息系统项目建设过程中的沟通管理，主要从规划沟通管理、管理沟通、控制沟通三个方面进行阐述。

正文：

2018 年 3 月，我参加了××省商业银行绩效考核系统项目的建设，担任了项目经理的角色，该项目投资共 300 万元人民币,建设工期为一年。通过该项目的建设实现了从多角度量化分析柜员、客户经理、部门经理、支行行长、会计主管的工作量以及对银行的利润贡献率等,实施对相关人员工作量、工作效率和利润贡献度的量化考核,为银行提供全面、客观、科学的考核数据,实现对不同对象的业绩考核,从而为银行制订有效的人才激励机制提供有力保证,实现银行绩效管理目标。该系统采用 B/S 架构,服务器使用曙光刀片机,操作系统采用 RHEL7,使用 Java 语言开发,SVN 作为配置管理工具,中间件使用 Weblogic,数据库采用 Oracle。该绩效管理系统的主要功能包括考核指标体系管理、支行绩效管理、客户经理考核、柜员考核、会计和信贷主管考核、业务方报表、大客户信息跟踪。该项目的干系人涉及到客户方项目领导、客户方顾问、客户方项目负责人、我方项目领导、项目顾问、项目经理、分析设计人员、开发人员、测试人员、美工等。

　　由于本项目的顺利上线涉及到业务的考核,因此,在本项目中沟通管理尤为重要。通过公司的项目经理竞争机制,我有幸获得了公司和客户方领导的信任,成为该项目的项目经理。全面主持项目的管理工作。在本项目中,我除了对其他管理领域进行管理外,特别从如下几个方面进行了沟通管理。

　　(1) 规划沟通管理。编制本项目的沟通管理计划时,我遵循了以下两个原则:①全员参与。计划的编制不仅靠一人之力还更应发挥团队的力量。项目中标后,我带领项目组成员,通过召开头脑风暴会议列出项目干系人名单,并邀请部分干系人参与讨论等形式编写了本项目的沟通管理计划。②做好干系人分析。干系人分析是制订沟通管理计划的依据之一。本项目涉及干系人较多,包括建设方总公司的副总经理、信息技术服务中心主管、建设方各个业务部门、我公司项目管理部的负责人等,这就需要我明确沟通人员和其接受的信息。我根据沟通内外有别等原则确定了各干系人的沟通策略。比如建设方总公司副总经理,是本项目的发起人之一,需要在项目建设过程中及时给他递送项目的进展情况,以获取他对于我以及整个项目团队的信任;而我公司的项目管理部负责人更关注于系统整体的开发进展情况,以及项目的总体成本花费情况,我每周都会汇报上述内容,以获取公司层面对我和项目的资源支持。

　　(2) 管理沟通。按照沟通计划,我通过工作会议、邮件、电话等方式为项目干系人及时提供系统开发的相关信息。对于建设方的高层领导和我公司的项目管理部,我在每个月末将项目的进度情况以及当月内产生的各会议评审报告,采用电话和邮件的方式进行发布;对于项目组内部成员,我则是利用公司内部的即时通信软件作为辅助沟通手段,同时每周通过周例会的方式进行沟通交流;在遇到紧急情况时,邀请干系人举行紧急协调会;对于项目的变更严格按照变更流程处理,并及时通知相应干系人。为了更进一步优化管理沟通效果我还采取了绩效报告措施。绩效报告主要是为了定时进行工作的汇报,与制订的进度、成本、范围等基准进行比较,找出实际与计划之间的偏差。针对不同的干系人,进行的绩效报告的方式也不同。对于建设方的高层领导和我公司的项目管理部,主要关注项目的进展情况,所以采用里程碑和阶段评审的方式进行绩效汇报;对于项目组内部成员,我则要求每周五通过邮件提交本周工作汇报,内容包括本周完成的工作和下周任务计划。每个项目组成员都要对自己的总结报告负责,这些信息都会汇总成每周的工作汇报并张贴在项目组宣传栏上展示,并将电子版发给我公司项目管理部的负责人进行查阅,听取其反馈意见。我结合工作汇报召开评审会议,检查项目进展情况,利用挣值管理分析偏差并制订纠偏措施,以此制作项目的绩效报告。通过绩效报告，项目干系人可以获得项目在特定时间内的进展以及资源的使用情况等信息。

（3）控制沟通。 沟通控制可以确定项目成果是否正确，是否满足沟通要求，同时消除产生不良结果的原因，及时纠正缺陷。

有效的沟通控制能够及时发现一些与沟通标准的差异，从而便于及时采取措施。为了有效地做好沟通控制，我要求开发人员在提交代码前，都必须做好单元测试，填写单元测试报告。配置管理员会不定期检查单元测试报告是否齐全。另外由于项目功能点比较多，为避免遗漏，我准备了详细的沟通检查单。对每个模块，我都列出了要测试的功能点及其操作流程，这样大大简化了测试人员的工作。在项目执行过程中，平均每半个月要发布一次版本，要对每个版本都进行所有功能的测试是不现实的。为了检查项目成果与沟通标准的差距，在项目一开始我就定义了四个里程碑点，每个里程碑需要达到一定的沟通要求，对里程碑点发布的版本要求做完备详尽的测试。对于其他版本，则着重检查当前发布版本对上一版本的改进。

沟通控制不但要发现问题，还要分析出问题产生的原因，以便采取相应的措施。在该项目中我采用了专家判断来分析沟通问题产生的原因。首先列出需要分析的结果，然后结合各方面专家意见列出各种可能性，再将它们分类，确定主要类别，最后再确定和主要类别相关的原因。在项目开展一段时间后，对各种引发沟通问题的原因通过专家的专业知识和经验进行分析，能够直观地看出当前阶段影响沟通的主要原因。

经过我们团队不懈的努力，该绩效管理系统在 2019 年 1 月底试运行成功，并在 3 月初通过了验收，为银行提供了全面、客观、科学的考核数据，实现了对不同对象的业绩考核，从而为银行制订有效的人才激励机制提供了有力保证，实现了银行的绩效管理目标。回顾整个项目过程，虽然项目工期长、业务复杂、干系人多，但是通过我有效的沟通管理，不仅使得项目按时上线验收，还多次受到公司和××商业银行的表扬。

但也有一些问题存在，比如：在项目的实施过程中，由于系统业务需求一变再变，导致项目章程制订沟通与原计划相比略有延误，以及在项目实施过程中有个别团队成员推诿、扯皮的现象，不过经过我后期的纠偏，这些问题并没有对项目产生什么影响。在后续的学习和工作中，我将不断地和同行进行交流，提升自己的业务和管理水平，为我国的信息化建设贡献出自己的一份力量。

33.8　论项目的干系人管理

33.8.1　干系人管理过程素材

过程名	通俗解释	怎么写
识别干系人	就是需要看本项目有哪些项目干系人，他们需要什么信息，识别出来	可以写本过程的重要性、可以写输入输出工具和技术，可以详细写有哪些干系人，需要什么信息，还可以写干系人登记册

续表

过程名	通俗解释	怎么写
编写干系人管理计划	需要写个文档来对干系人进行管理	可以从本计划的重要性、编写的方法、原则、过程、计划的内容，输入、输出、工具和技术等方面进行阐述
管理干系人	就是按照干系人管理计划对干系人进行管理	可以写重要性、输入、输出、工具和技术、举例说明哪些干系人是支持的，哪些干系人是反对的，分别怎么做
控制干系人	进行监督控制，看是否有偏差，是否需要进行调整	可以写重要性、输入、输出、工具和技术，可以举例有什么问题、问题的原因、怎么解决。还可以写有什么文件进行了更新

33.8.2 干系人管理范文

摘要：

2018 年 3 月，我作为项目经理参加了××省××市环境数据云平台建设项目，该项目投资 800 万元，工期为 13 个月。通过该项目的实施，充分发挥信息化的作用，运用云计算、大数据推动资源整合、数据共享，实现了××市环境保护工作的规范化、标准化与自动化，解决了××省××市环境数据的封闭、断层等现象，实现了环境数据的共建、共享、共用。该项目于 2019 年 4 月通过了甲方的验收，获得了甲方的一致好评，本文以我的实际经验说明项目干系人管理在项目管理中的重要性。整个项目中我从以下四个方面对干系人进行了管理：识别干系人、规划干系人管理、管理干系人、控制干系人参与。通过我对干系人的不懈管理，使项目顺利实施完成，受到了公司及甲方的认可。

正文：

2018 年 3 月××省××市实施环境数据云平台建设项目，我公司顺利中标，而我作为项目经理全程参与了本项目。该项目共投资 800 万元人民币，工期为 13 个月，在我和项目组成员的共同努力下，项目于 2019 年 4 月顺利通过了甲方的验收。该项目投入运营后，充分发挥了信息化的作用，运用云计算、大数据推动资源整合、数据共享，实现了××市环境保护工作的规范化、标准化与自动化，解决了××省××市环境数据的封闭、断层等现象，实现了环境数据的共建、共享、共用。从根本上提高了环境监管、宏观决策、公众服务的水平，打实了蓝天保卫站基础。智慧环保整个系统分为四层：感知层、网络层、信息处理层、应用层。本项目使用 Oracle 数据库，Java 语言开发，在 PaaS 平台上实现对数据的分析挖掘，在 LAAS 中对各种 IT 基础设施实现集中管控部署。

在项目实施过程中，存在着各类管理工作，而沟通管理与干系人管理尤为重要，有效的沟通在项目干系人之间架起一座桥梁，把具有不同文化和组织背景、不同技能水平、不同观点和利益的各类干系人联系起来。通过沟通管理来满足干系人的需要、解决问题。而管理好干系人，掌握各干系人之间的关系，也能够使沟通更加顺利地进行。在本项目中，在干系人管理上我做了如下四步：

（1）**识别干系人**。识别干系人就是识别能影响项目决策、活动或结果的个人、群体或组织，以及被项目决策、活动或结果影响的个人、群体或组织，并分析和记录他们的相关信息的过程。在项目早期就识别干系人，并分析他们的利益层次、个人期望、重要性和影响力对项目的成功非常重要。整个过程的输入主要有项目章程和采购文件等，在运用干系人分析和专家判断等工具，尤其是权利/利益方格的使用，我和项目团队对整个项目的干系有了总体的掌握，形成了干系人登记手册。权利/利益方格就是根据干系人的职权大小以及对项目结果的关注（利益）程度进行分类。在识别干系人过程中，由于我们对干系人认知的局限性忽视了政府有关部门和社会公众对项目的影响，对项目进度和质量造成了一定的影响。但通过我及时纠错，解决了上述问题，未对项目交付造成影响。

（2）**规划干系人管理**。这个过程就是基于干系人的需求、利益及对项目成功的潜在影响的分析，制订合适的管理策略，以有效调动干系人参与整个项目生命周期的过程。此过程为项目干系人的互动提供清晰且可操作的计划。规划干系人管理是一个反复的过程，应由项目经理定期开展。依据项目管理计划、干系人登记手册，聘请甲方领导、项目组成员及相关领域的专家共同分析研究，最终形成实用高效的干系人管理计划，计划内容包括：①干系人的所需参与程度和当前参与程度；②干系人变更的范围和影响；③干系人之间的相互关系和潜在关系；④项目现阶段的干系人沟通需求；⑤需要分发给干系人的信息；⑥分发相关信息的理由，以及可能产生的影响；⑦向干系人发送信息的频率和时限；⑧随着项目进展，更新和优化干系人管理计划的方法。在规划干系人管理计划中，由于我们对企业在项目中的参与度评估不足，造成企业采集的数据不全面及数据企业的认可度不高。如××企业，由于对监测点设置存在异议（监测点位于排污口不远），认为采集的数据过于片面，不能真实反映环境数据，数次中断数据的采集。认识到一这问题后，我及时与各企业及相关专家沟通，合理调整了监测点的位置，确保了环境数据全面化、客观化。

（3）**管理干系人**。管理干系人是在整个项目生命周期中，与干系人进行沟通和协作，以满足他的需求与期望，解决实际出现的问题，并促进干系人合理参与项目活动的过程。此过程能够帮助项目经理提升来自干系人的支持，并把干系人的抑制降到最低。这一过程的输入主要有干系人管理计划、沟通管理计划等，管理技术和工具有沟通方法和人际关系技能，输出是问题日志和变更请求。在沟通方法上我们采取交互式沟通进行多方信息交换，确保全体参与者对特定话题达成共识。如在监测数据收集问题上，我们将甲方代表、重点企业负责人、交通管理者、河库管理者、村庄代表等方的意见进行交换、商讨，最终形成了覆盖面广、数据精确、代表性强的环境数据。

（4）**控制干系人参与**。全面监督项目干系人之间的关系，调整策略和计划，以调动干系人参与的过程就是控制干系人参与。它的作用是随着项目的进展和环境变化，维持并提升干系人参与活动的效率和效果。要较好地控制干系人参与就是根据项目管理计划、问题日志、工作绩效数据，采用信息管理系统技术，获取、储存和向干系人发布有关项目成本、进度和绩效等方面的信息。进而形成工作绩效信息，变更请求等输出。如在项目开始阶段，我因为万事开头难，事情较多，未能及时向甲方和公司领导汇报项目进展情况，致使甲方代表经常性地向公司领导索要项目进度及效果。使工作进行得很被动，发现问题后，我及时进行改进，定期将项目进展情况向公司和甲方代表进行汇报，并邀请甲方代表定期参与到项目中来,听取他们对项目的要求及改进意见并及时进行项目的更新。

经过我们团队不懈的努力,项目历时 13 个月,终于在 2019 年 4 月通过了业主方组织的验收。为用户解决了环境数据的封闭、断层等现象,实现了环境数据的共建、共享、共用,得到了业主的好评,本项目的成功得益于成功地进行了干系人管理。当然,在本项目中还存在着一些不足之处,如:因暴雨问题致使监测设备及服务器未能及时运输到位,影响了工程的进度,我通过加班和增加人员等方法及时进行纠偏,项目的交付并未受到影响。本项目的实施使我学到了不少东西,也吸取了不少教训,今后的学习工作中,我将不断充实自己,多掌握业务知识,多与同行进行交流,不断提升自己业务和管理水平。力争为我国的信息化建设作出自己的贡献。

33.9 论项目的风险管理

33.9.1 风险管理过程素材

过程名	通俗解释	怎么写
风险管理计划编制	需要编写一个计划,这个文档记录如何来进行项目风险管理的内容	可以写在编写这个计划的工作中用了什么依据、什么方法、什么原则、什么步骤得到了这个计划、这个计划包含了什么内容
风险识别	我们需要识别这个项目里到底有哪些风险,并把它记录下来	可以写在进行风险识别的时候有什么原则,通过什么方法进行了识别,并可以举例识别出具体的风险
定性风险分析	通过风险的发生概率和发生之后对项目的影响情况,对风险进行一个优先级的排序,为下面的工作做准备	可以写通过什么方法进行了风险的定性分析,通过分析起到了什么效果,结合项目的具体情况进行说明
定量风险分析	对定性风险分析之后排序在前的一些风险进行一个量化的计算,求得一个具体的数字	可以写通过什么方法进行了风险的定量分析,通过分析起到了什么效果,结合项目的具体情况进行说明
风险应对计划编制	针对消极风险,我们需要采取相应的措施;对于积极的风险,我们也需要采取相应的措施	可以具体的写在本项目中,对什么风险采取了什么措施,通过这个措施,有了什么样的结果
风险监控	我们需要在项目的整个生命周期中,不断地跟踪已识别的风险,监测一些残余风险,还要识别新的风险,并进行审计,评估我们之前行为的效果	可以具体写在项目过程中跟踪了哪些风险,识别了哪些风险内容,并进行了风险的审计,对前面的结果进行一个评价等

33.9.2 风险管理范文

摘要:

2017 年 10 月,我作为项目经理参与了××省××市智慧环保云平台建设的项目。该项目投资共 800 万元人民币，建设工期为 1 年，通过该项目的建设实施，可充分发挥信息化的作用，运用云计算、大数据推动资源整合、数据共享，体现了××市环境保护工作的规范化、标准化与自动化，从根本上提高了环境监管、宏观决策、公众服务的水平，打实了蓝天保卫站基础。该项目于 2018 年 10 月通过了业主方面的验收，赢得了用户的好评。在整个项目实施过程中，本人结合业务水平及多年的工作经验，十分重视风险管理，在风险管理方面，我主要从风险管理计划编制、风险识别、风险定性分析、风险定量分析、风险应对计划编制、风险监控上下工夫，确保了项目的顺利完成实施。

正文：

随着国家对环境保护事业越来越重视，××市环保信息化系统的建设要求也越来越高，但也存在如下问题：一是现有业务系统大多为独立开发建设，系统之间缺乏数据共享与交换，存在数据的重复建设，数据资源未能有效地利用；二是环境质量监测点分布较少，相关接口标准未统一；三是未建立统一的环保公众交互平台。为了解决上述问题，××市实施了智慧环保云平台建设的项目。2017 年 10 月，我有幸成为该项目的项目经理参与了××省××市智慧环保云平台建设。该项目投资共 800 万元人民币，建设工期为 1 年，通过该项目的建设实施，能够充分发挥信息化的作用，运用云计算、大数据推动资源整合，数据共享，从而促进数据的应用水平，实现了××市环境保护工作的规范化、标准化与自动化，避免了重复建设与"信息孤岛"问题，从根本上提高了环境监管、宏观决策、公众服务的水平，打实了蓝天保卫站基础。智慧环保整个系统分为四层：感知层、网络层、信息处理层、应用层。本项目使用 Oracle 数据库，用 Java 和 C 语言开发，在 PaaS 平台上实现对数据的分析挖掘，在 IaaS 中对各种 IT 基础设施实现集中管控部署。在 PaaS 中为虚拟化对资源实现实时监控管理。

在项目实施过程中，如果不注重风险管理，就会产生这样那样的问题，给项目造成延期、反工以及资源浪费等问题。因此，在整个项目管理中，我尤为重视风险的预防、发现、处理工作。同时也做好其他各类管理工作。以下结合本人工作实际，从风险管理计划编制、风险识别、风险定性分析、风险定量分析、风险应对计划编制、风险监控几方面说明风险管理的重要性。

（1）**编制风险管理计划，打实项目基础。**无规矩不成方圆，没的好的风险管理计划就不能应对项目实施过程中的各类风险。风险管理计划是如何进行项目风险管理的过程，对保证风险管理与项目风险程度和项目对组织的重要性相适应起着重要作用。为此，我依据项目管理计划、项目章程以及干系人登记册等文档，采用干系人风险分析，专家座谈等方式，邀请业务方、团队成员、各方面的专家、企业代表等广泛参与风险计划的制订，最终完成了一份详细、科学的风险管理计划。风险管理计划包含的内容有预算、风险类别、风险概率和影响的定义等。

（2）**识别各类风险，做到心中有数。**风险识别是确定哪些风险会影响项目，并将其记录成文。风险识别是一项反复的过程，随着项目的进行，新风险可能会出现，为了有效地识别项目中的风险，我根据风险管理计划、成本计划、质量计划、进度计划等逐步进行风险识别，在过程中我邀请相关领域专家、甲方负责人等参与到风险识别当中来，采用文档审查、头脑风暴、核对表分析法等工具进行风险的识别，形成了包括风险清单、风险根本原因、风险类别等内容的风险登记册。

（3）**定性风险分析。**我根据风险管理计划中的定义，确定每一个风险的发生可能性，并记录下来。除了风险发生的可能性，还分析了风险对项目的影响，包括对时间、成本、范围等各方面的影响。其中不仅仅包括对项目的负面影响，还分析了风险带来的机会。在风险分析会议中，除了有关项目干系人外，我们还邀请了相关领域的专家参加，以提高分析结果的准确性。例如，对于技术类风险的分析，我们就邀请了业内著名的架构专家参与评估。在确定了风险的可能性和影响后，接下来需要进一步确定风险的优先级。我们列在《风险管理报告》中的高级别风险主要有以下几条：①用户需求难以把握。因为该项目是科委课题项目，用户提出的系统功能要求没有可借鉴的案例，在项目初期用户也无法详细描述出希望实现的系统功能，随着项目的进展，功能才逐步细化，这增加了系统设计的风险。②人员流动风险。IT企业人员流动性大，在项目实施期间，如果出现关键人员流动，可能会严重影响项目实施进度。

（4）**定量风险分析**。对已知风险进行定性分析后，我们还进行了定量分析，定量地分析了各风险对项目目标的影响。在这个过程中，本人组织风险专家对风险清单上的风险进行科学分析，通过风险值计算公式（风险概率×风险影响值），来确定每项风险的具体值，再根据风险可接受程度将识别到的风险进行优先级排序。对于优先级高的风险（比如：进度延误大于25%，或者费用超支大于25%；发生概率大于0.6），我们会将其单独列在《风险管理报告》中，并提交公司高层领导和项目管理部。

（5）**风险应对计划编制**。通过对风险定性与定量分析，本人与风险管理专家和项目团队代表根据风险的重要性、影响范围和发生概率等制订了风险应对计划。在该计划中，充分考虑了以下几个因素：风险重要性、成本有效性、应对的及时性、项目环境中的现实性、干系人接受程度等，并采用责任矩阵，每一个风险都指定了相应的责任人。

对于在《风险管理报告》中列出的重点监控风险，本人专门组织讨论会议，对重点风险的应对给予更有效的应对策略，并使其应对方法取得重要干系人的认同与支持。主要应对策略如下：①对于客户需求，我们采取了目标转化法，从高层到基层逐步调研，形成《用户需求说明书》的正式文件，并让用户逐项确认。对于客户不能明确的需求，组织系统架构专家与用户共同讨论确定系统功能和实现方式，逐个解决问题，尊重客户意见，最终形成用户肯定的设计方案和《用户需求说明书》。②对于人员流动问题，在组建项目团队时，通过非正式沟通了解成员想法，首先选择那些工作积极向上，暂没有离职打算的员工，并与各职能经理确认选择备用人选。通过项目组内各种物质补偿与激励，保持组内人员稳定和高涨的工作热情。

（6）**风险监控**。风险监控是指对风险的发展与变化情况进行全程监督，并根据需要进行应对策略的调整。随着项目的不断进展，内部和外部环境的变化，记录在风险清单中的风险优先级、发生概率和影响范围等都在不断变化，此外还可能出现之前没有预计的新的风险，为此需要持续不断地进行风险审计、监测、跟踪、识别新风险。在本项目的风险管理中，我以周和里程碑为时间，定期对风险进行评估和审计。在项目周例会和里程碑检查点，我们将风险管理作为一个单独议程，确认风险应对措施实施的有效性和风险核查状态，并识别项目是否存在新风险。当识别到项目存在新风险时，本人将其提交到项目管理部门进行评审后，更新到组织级《风险列表库》中，为后续项目制订风险管理计划提供依据。

通过以上一系列有力的管理措施，项目的系统风险逐步得到化解，保证了项目按我们预定的计划一步步进行，在计划的时间内完成了系统实施任务，得到了用户和公司领导的一致好评。本人将在今后的工作中，继续运用科学的风险管理方法，加强对项目实行科学、规范、有效的管理，从而实现最大程度地满足项目干系人的需求和希望的目的。

33.10 论项目的采购管理

33.10.1 采购管理过程素材

过程名	通俗解释	怎么写
采购计划编制	需要编写一个文档，这个文档里写明了需要采购什么、什么时候采购、通过什么采购等内容	可以写采购计划的作用，在编写的过程中采用了什么技术、条件、步骤、原则等内容，并结合本项目描述本计划包含什么内容，也可以适当地描述采购工作说明书
实施采购	就是按照计划去实施，选中了供应商、签订了合同	可以写本过程的输入、输出、工具和技术，可以结合招投标的流程去写，比如投标人会议，比如如何进行供方选择等
控制采购	对采购管理进行监控，监督合同的执行	可以写本过程的重要性、输入、输出、工具和技术，可以举例说明有什么问题，什么原因，怎么解决的
结束采购	我们需要履行合同条款，需要关闭项目的合同	可以举例写如何付款，如何进行验收等工作，如何进行文档归档，还有输入、输出、工具和技术等内容

33.10.2 采购管理范文

摘要：

2018年3月，我参加了××银行××省分行的数据中台项目，并担任项目经理。该项目历时10个月，项目经费500万元。该项目通过构建集实时探查、多维报表展示和分析挖掘于一体的数据中台，解决了业务前台对数据的时效性高、灵活可自定义的要求与后台批量系统响应速度慢、交付方式单一之间的矛盾。项目于2018年12月顺利通过业主方的验收，并得到了业主方的一致好评。项目的成功，离不开我们成功的采购管理。本文以该项目为例，结合作者的实际项目经验，讨论项目的采购管理，分别从规划采购管理、实施采购、控制采购和结束采购四个方面进行阐述。

正文：

2018年3月，我以项目经理的身份参加了××银行××省分行的数据中台项目。该项目历时10个月，项目经费500万元。通过该项目，我们搭建了数据中台，实现了实时的、灵活可配的数据查询，支持多维分析并提供多种图表的报表展示，以及沉淀共性数据、提供多种训练模型的分析挖掘，实现了前台业务经营和后台批量加工的有机融合，为全行各业务条线和各分支机构在开展客户营销、产品设计、风险管控、分析报告和监管报送提供了有力的数据支持，为管理决策和经营分析提供了便捷的数据服务。

项目采用 B/S 架构，使用 J2EE+Hadoop 的开发模式。服务器采用华为 2288H 服务器，操作系统采用 SUSELinux11 企业版，Hadoop 采用 CDH4 版本并做 20 节点的集群，中间件采用 IBM Websphere 并做集群，采用 Docker 构建和管理分析挖掘模型，采用 Congos 实现多维报表的图形化展示和钻取分析。项目采用矩阵型组织架构，从各个职能部门抽取骨干人员组建项目团队。其中，需求小组 2 人，开发小组 10 人，测试小组 2 人，实施小组 2 人，质量和配置小组 2 人。

由于该项目的顺利上线涉及到业务的考核，因此项目的采购管理就显得尤为重要。除了对其他领域的管理之外，我特别对项目采购做了以下四个方面的管理：

（1）规划采购管理。俗话说，好的开始是成功的一半。那么，一个完备的、得到各方认可的采购管理计划就是采购实施成功的一半。由于本项目需要采购的软、硬件产品众多，因此规划采购管理就显得尤为重要。在项目的开始，我组织项目相关的干系人，根据项目章程、项目管理计划和项目范围说明书，对本项目需要采购的产品和服务进行了识别，明白了采购的对象及质量要求，然后根据进度计划制订了采购管理计划和采购工作说明书。需要注意的是，采购的规划不可能一开始就能形成最终版本，而是随着项目的推进不断地完善。在项目的里程碑节点上，我都会组织干系人召开会议，根据项目进度完善采购计划和工作说明书。这样，既保证了采购计划的完备性和准确性，又确保采购能够满足所有干系人的要求。

（2）实施采购。我们根据采购管理计划和工作说明书，编写了标书。由于银行业务的特殊性，我们采用邀请招标的方式，每项产品和服务都从该银行的资源池中选取了 3 到 5 家厂商参与投标，并邀请有意向的投标人组织了投标人会议，对厂商的疑问进行了解答，保证招投标双方对采购的产品和服务的理解一致。在严格遵守招投标相关的法律法规和该银行制度的前提下，我们通过开展谈判、评标、开标等一系列活动，选出了满足要求的厂商，签订了合同。在本项目的采购中，我特别关注以下三点：一是产品和服务不能过多依赖一家或几家的供应，而是采用多家组合的方式。因为如果仅仅依赖一家或少数几家，一旦产品或服务的质量、进度出现问题，必然会影响整个项目的质量和进度；二是通过加权系数减少人为偏见带来的影响，选择领域内资质雄厚、信誉良好的厂商；三是建立"供方档案"系统，从供方名称、产品或服务名称、联系人姓名、联系方式、供货日期、供货数量、供货价格等多方面，备案选中卖方的信息。

（3）控制采购。我们根据前期制订的项目管理计划，以及签订的合同，采用定期的审计和不定期的检查相结合的方式，对合同的履行情况进行管理和监督。针对那些履行不到位之处，我们首先会详细记录出现的问题，然后有理有据地和厂商沟通，争取一个双方都能接受的结果。本项目中就出现了由于厂商对 Hadoop 的细节理解不够到位，导致进度受到影响的问题。出现这种情况之后，我们一方面及时向业主方汇报处理进度，另一方面积极配合厂商一起定位问题，并向开源社区求助，最终找到了解决办法。但是项目的进度因此被耽误了一周的时间。我们根据签订的合同条款，在取得了业主方认可的情况下，要求厂商按照规定增加驻场工程师数量，并延长了维保期限。

（4）结束采购。当采购的产品到货后，我会同业主方、供货方一起在现场对产品进行了验收。首先对设备的外包装进行检查，检查设备和附件的表面是否有残损、锈蚀或者碰伤的痕迹，并进行拍照、记录存档；其次对设备进行加电运行，按照其功能进行检验。对不同批次的产品按照批次进行抽检。当合同验收完成后，我们向供货方发出正式的书面通知，完成尾款的结算。然后再对合同文档进行归档，并对本次的采购管理过程进行总结，总结经验教训。

经过我们团队的不懈努力，历时 10 个月，项目于 2018 年 12 月通过了业主方的验收，为用户构建了一个功能强大、扩展性强、管理完善的数据中台，得到了业主的一致好评。该项目的成功，离不开我成功的采购管理。当然，项目也存在一些不足之处。比如，在项目的实施过程中，有三名员工由于自身原因突然离职，导致项目的建设进度出现了一些小问题。还有，由于采购的服务器在运输过程中出现了一些问题，导致环境搭建的进度有些许滞后。不过，经过我后期的纠偏，这些问题并未对项目产生什么影响。我会在今后的学习和工作中，不断的提升自己的业务水平和管理水平，为我国的信息化建设贡献自己的力量。

33.11 "双拼"论文

33.11.1 "双拼"论文写法

"双拼"的意思是不仅仅考查一个知识领域，而是同时考查两个知识领域，这是最新的考查形式，看起来好像很复杂，但是不用担心，这种题目会有一个侧重点，本身还是按照一个知识领域的过程来写，然后在其中回应子题目，提到该知识领域和另外一个知识领域的关系即可。

比如下面的论文真题，考查人力资源和成本管理，从题目开始的描述可以明显看出，是以人力资源管理为主，因此正文的写作是按照人力资源管理的过程依次展开，而后在过程里结合具体项目去回应下面的子题目，即人力资源和成本的关联问题，成本超支后通过人力资源如何改善。

可以参考后面的范文，加粗部分是二者的关联部分，也是和单个领域区别的地方。

2019 年 5 月 试题二 论信息系统项目的人力资源管理和成本管理

项目中的所有活动都是由人来完成的，因此在项目管理中，"人"的因素至关重要。如何充分发挥人的作用，使团队成员达到更好的绩效，对于项目管理者来说不容忽视。项目的人力资源管理就是有效地发挥每一个参与项目人员作用的过程。

请以"信息系统项目的人力资源管理和成本管理"为题，分别从以下三个方面进行论述：

（1）概要叙述你参与管理过的信息系统项目（项目的背景、项目规模、发起单位、目的、项目内容、组织结构、项目周期、交付的成果等），以及该项目在人力资源方面的情况。

（2）结合项目管理实际情况并围绕以下要点论述你对信息系统项目人力资源管理和成本管理的认识。

1）项目人力资源管理的基本过程和常用方法。

2）项目人力资源管理中涉及到的成本管理问题和成本管理中涉及的人力资源管理问题。

3）信息系统发生成本超支后，如何通过人力资源管理来进行改善。

（3）结合项目实际情况说明在该项目中你是如何进行人力资源管理和成本管理的（可叙述具体做法），并总结你的心得体会。

33.11.2 "双拼"范文

摘要：

2017年4月，我作为承建方的项目经理参与了某集团公司"工程管理集成系统 PowerOn"项目的建设工作，负责项目的全面管理工作。该项目主要是通过充分融入现代项目管理理念，利用信息技术建设一个一体化的管理信息系统平台，实现对工程项目策划和决策、设计与准备、实施与运行以及竣工与验收等阶段的全过程管理。该项目投资592万元，工期13个月，于2018年4月通过该企业正式验收并上线运行。本文结合笔者的项目实践，以该项目为实例，探讨项目的人力资源管理在项目实施过程中的重要性，并分别论述规划人力资源管理，组建项目团队，建设项目团队，管理项目团队，以及**项目管理中人力资源和成本的关系及影响等方面**，科学运用信息系统知识管理项目工作，保障项目顺利进行。

正文：

2017年4月，我单位承建了某集团公司"工程管理集成系统 PowerOn"项目的建设，并任命我为该项目的项目经理。该集团公司是国内领先的清洁能源装备与技术的提供者，随着国家对环保的重视，各行业对清洁能源装备的需求，导致该公司业务量迅速增长。这一现状决定了企业要在优质高效低耗的模式下，充分利用现代化管理手段，以信息技术实现对工程项目策划和决策、设计与准备、实施与运行以及竣工与验收等阶段的全过程管理。实现管理规范化、信息资源利用的最大化，促进公司协同工作效率和管理水平的提升，为公司发展决策提供及时有效的支持，并积累项目最佳实践经验，提高项目的成功可复制性，全面提升工程项目管理水平。

该系统的技术架构主要分成4大部分：数据存储层、基础平台层、业务应用层和门户展现层。系统为B/S+C/S混合结构，使用.net平台开发，Oracle数据库。该系统的二次开发平台可以支持用户进行应用扩展，具备高度扩展性。系统支持多语言切换，支持合同多币种结算，可以满足国外工程需要，支持多公司集团式管理，项目组合管理，项目集管理，单项目管理。系统主要建设包括：一是对原有流程进行优化改造，建立互联网环境下的高效工程业务管理模式；二是按照该集团公司的要求建立一个一体化的管理信息系统平台，覆盖该企业所有工程相关的业务管理；实现以进度计划为主线，以合同管理为中心，以投资控制为目的，达到规范程序、优化流程和科学决策。

该项目涉及该集团公司、子公司设计院、工程项目现场等，这也加大了项目的难度和风险。在项目实施中笔者和项目组成员**充分认识到项目人力资源管理的重要性，同时关注人力资源与成本的相互影响**，并科学地运用项目管理相关理论知识及其指导方法，做好项目的人力资源管理工作，确保项目按照既定目标完成。下面笔者针对该项目建设中的相关经验与实践就项目人力资源管理规划、组建项目团队、建设项目团队、管理项目团队，以及**项目管理中人力资源和成本的关系及影响**等方面进行论述。

（1）统筹兼顾，编制完善的人力资源计划。 人力资源计划编制是识别项目中成员的角色、职责和汇报关系，制订组织结构图、人员配备管理计划等的过程。作为项目经理，我深知对于任何一个项目，人是最重要的因素，而要做到科学高效的管好"人"，制订详细、可行的人力资源管理计划是必不可少的。所以在项目规划阶段，我们就以项目管理计划、活动资源估计为依据，编制了人力资源管理计划,并将其作为整体规划的一部分来指导项目的人力资源管理。在编制人力资源计划时,我们首先确立了项目组织架构和各岗位人员职责,并编绘了组织机构图和角色与职责描述书,具体如下:由我来担任项目经理,负责项目的整体管理和协调工作;然后下设需求调研组4人,系统设计组3人,软件开发组11人,UI组2人,测试联调组6人,上线部署及支持组4人,质量管理人员1人,配置管理人员1人。之后,我还详细制订了项目的人员配备管理计划,明确了人员招募的途径,招募的时间、人员的培训需求以及认可奖励计划。根据项目活动安排,制订了RACI图,明确团队成员的职责。事实证明,充分而详细的人力资源管理计划,为后来项目的顺利实施奠定了坚实的基础。

(2)**争取优质资源,组建项目团队**。组建项目团队就是获取项目所需要的人力资源的过程。因该项目业务复杂,涉及干系人众多,这导致该项目的需求管理工作非常复杂,尤其是需求获取和分析。为实现人力资源计划中,所有人员均由本单位资深员工担任,并且希望寻找经验丰富的需求人员,以便更快、更准确地确定项目范围和边界,降低项目风险。我与本单位的总经理和分管人力资源的负责人进行了深入沟通,陈述了项目对单位收入、产品市场、人才培养等各个方面的重要性,虽然得到了他们的肯定,但是他们表示**因项目业务复杂,干系人众多,需要经验丰富的需求专家,通过谈判**,并考虑到公司人力资源情况及成本问题,将需求专家建立为**虚拟团队**,这样既能满足公司和项目要求,也能节约成本。以此说明项目管理时需兼顾成本及公司实际情况的影响。

(3)**注重激励和培训,做好项目团队建设工作**。项目团队建设的目标是建成一个高效、运行良好的项目团队,提高个人和团队的技能,以便改善项目绩效。

在该项目的团队建设工作中我主要通过以下几个措施来进行:首先,加强技术培训与清洁能源装备设计与施工管理业务知识培训。我根据团队成员的知识技能水平,制订了务实、有效的团队培训计划,针对部分团队成员不熟悉清洁能源装备设计与施工管理业务的现状,我积极协调该集团公司的计划控制部门经理为团队成员进行培训。同时,还定期邀请公司技术专家对团队进行技术知识培训。内容不仅涉及新技术的应用,新开发工具的使用,也包括一些比如职业规划方面的内容等。其次,组织各种团队活动。比如:在里程碑达成时,组织团队聚餐庆祝,或组织户外活动,平时我会主动关心团队成员的思想动态以及在工作、生活中存在的实际困难并尽量协助解决。通过活动增加团队成员之间的交流与沟通,提升团队成员之间的协作能力,让大家取得一致的目标,以"大雁团队"模式建设项目团队,取得了不错的成效。再则,制订了系统化的项目激励机制。我根据项目实际,全面推行项目绩效考核管理,我积极与团队成员进行沟通交流,详细了解他们的实际需求,并采取了有针对性的激励措施。比如,根据马斯洛需求层次理论,我针对刚毕业的大学生,以薪酬激励、发展激励为主,而针对有3~5年工龄的员工,则尽力以感情激励、发展激励,给他们安排富有挑战性的工作或课题研究,以调动他们的工作积极性,满足他们对尊重和自我实现的需求。

(4)**以人为本,管理好项目团队**。管理项目团队就是要跟踪个人和团队的绩效,提供反馈、解决问题,协调各种人员变更,以提高项目绩效。

在管理项目团队过程中,对团队成员之间的冲突进行有效的管理是重中之重。在本次项目开发阶段,由于项目工作紧、任务急,开发组组长给组员的开发任务安排得非常满,导致部分开发人员压力过大,而产生抱怨。发现该问题后,作为项目经理深知团队的负面情绪会影响大家的士气和效率，所以我先从各方了解了情况后，并召集开发组全体成员开发讨论，让大家各抒己见，找出问题的根源所在，最终在保证任务完成的前提下，合理安排轮休，解决了该问题。在项目建设期间，虽然发生了多次冲突，当冲突出现时，笔者首先想到的是通过合作或解决问题的方式来化解冲突，这样最有利于项目的实施，使项目得以顺利完成。

在项目的人力资源管理中我们注意到成本和人力资源的关系，在项目规划时，不仅要考虑资源需求，也要考虑资源成本。我们通过资源日历确定了团队成员参与项目的时间，并对他们的工作负荷等进行了评估，保证项目成员能够全力投入，不浪费人力，不窝工。另外我们还从公司人力资源部那里拿到了每个成员的人工费率数据，以备赶工时使用，看是否有可替代资源等。在项目执行时，当出现成本超支情况，我们可以通过人工费率数据调整可用资源，进而控制成本，确保成本基准不受影响。综上所述，按照信息系统项目管理知识，主要通过以上几个方面对项目进行人力资源管理，使得该项目顺利成功地实施并交付使用，取得了相关干系人的一致好评。现在回头来看，该项目的成功得益于我和项目组成员非常重视项目的人力资源管理，并持续关注项目成本基准不受影响，使项目组成员对阶段的目标非常明确，项目的进度始终保持在可控范围内，极大地提高了项目的实施效率。但是由于该项目涉干系人众多，技术复杂，所以实施过程中在项目的统筹规划方面也存在一定的不足，该项目的实施为我们在今后的工作中积累了宝贵的经验。我也将不断努力，希望在以后的项目管理中能不断提高自己的管理水平。

33.12　大型复杂项目管理范文

33.12.1　大型项目管理写法

大型复杂项目还是在 2015 年之前考查过，后面没再考查，可能已经不会再考这种形式，因为不是所有项目经理都做过大项目，大家有时间可以做个了解。

大型复杂项目写起来也不难，一般论文题目也是根据某个知识领域来问的，例如大型复杂项目的进度管理，**基本的原则还是按照单个知识领域的过程顺序来写，只是项目背景、项目规模都需要修改**，并且一般需要回应子题目，即大型项目的特征、规划等。在这里，我们根据历年真题大型复杂项目的子题目，总结了如下心得，大家可以在大型复杂项目论文里加上：

结合大型项目管理的特点，简要叙述我管理大型项目的心得体会。

项目验收后，我总结出大型复杂项目主要有以下四个特点。

（1）项目周期长，不可控因素多。

（2）项目规模大，功能复杂程度高。

（3）项目干系人多，协调难度大。

（4）项目团队人数多，管理难度大。

根据我管理的大型复杂项目经验，我认为作为项目经理应该重点关注如下五个方面：

（1）把自己的主要精力放在项目计划和对项目整体工作的宏观把控上。

（2）建立起各方的协同工作规则和机制，用机制和规则来推动各项工作的开展。

（3）建立项目内部管理团队，实现分级管理。

（4）必要时一定要了解项目的具体情况。

（5）重视与外部干系人的协调与处理。

简要介绍你在管理大型项目时遇到的最棘手问题以及其解决方法。

项目进展虽然比较顺利，但也出现过一些问题。例如，我们这个项目涉及用户、主机系统供应商、网络设备供应商和数据库系统供应商等多家单位，在沟通和合作方面问题比较明显，如开协调会时人员不齐，需要相关单位派人联调系统时个别单位支持不力等，针对这一情况，作为项目总集成商，我们出台了带有奖惩性质的项目协同工作制度，同时建立起联席会议和通报制度。通过这些正式制度的约束，各单位对该项目的重视和配合程度提高了很多，为整体项目的顺利推进提供了有力的保障。

对下列主题结合项目管理实际情况论述你是如何进行大型信息系统项目管理的。

（1）信息系统项目的组织。

解答：一开始我们就对该大型信息系统项目进行了认真细致地分析。该项目规模大，功能复杂，用户要求高，涉及的技术面很广，需要公司软件、系统集成、网络布线、货品采购等多个技术和智能部门人员的协调配合。综合以上因素，为了既保证项目经理对该项目的控制力度，又充分利用公司跨部门的资源，特别是一些稀缺资源，对本项目我们采用强矩阵的项目组织结构形式。由于项目工作任务多，项目组成成员多，为了实现有效管理，我们根据该项目的实际情况，将其分解成业务软件系统开发、主机和网络安装、数据库安装配置、综合布线和软硬件集成等五个目标，相互关联的项目来统一管理。试图通过分工和协作，发挥团队协同作战的优势。为此，该项目在我之下，还安排了五个子项目经理。他们分别管理这五个子项目，他们对我负责向我报告，我则负责该项目的全面管理。

（2）制订大型信息系统进度计划的方法。

解答：为了着手开展该项目的各项工作，我组织五个子项目经理和相关项目骨干成员，根据项目章程和项目招投标文件及我们所了解到的项目的基本需求，首先搭建了项目管理计划的总体框架。对项目的总体任务目标整体进度安排、项目中存在的主要约束等进行了规划，然后由五个子项目经理各自负责分别编制项目计划。由于该项目涉及面广，业务覆盖面大，任务复杂，我们在编制项目计划时，由总计划到各个子计划，再由各个子项目计划到总计划来来回回，反复了三次，才理顺了整个项目计划各个部分之间的一致性和合理性。就制订项目进度计划来说，我们首先搭建整体项目进度计划的框架，然后每个子项目经理在项目整体进度计划的框架约束下，利用 MSproject 工具软件采用关键路径法制订出各子项目的进度计划，各个项目经理采用了关键路径法和资源平衡，对他们所负责的项目进度计划进行了修正，然后把子计划提交给我。我汇总各自计划的项目计划，并根据相关工作之间的约束关系，对汇总后的计划进行了调整，发现与原定的项目整体进度计划存在较大差异。于是，我们又组织大家开协调会，找出整体进度计划中不合理的地方，子项目经理采用适当赶工和快速跟进的进度压缩技术调整各自的项目进度计划，反复三次后，第一版项目进度计划终于制订完毕。

（3）大型信息系统项目的监控。

解答：在项目工作的推进过程中，项目组成员众多，每天需要检查的工作任务重，在这样的情况下，光靠人工检查比较吃力，于是我们利用公司在网络版 project 的基础上二次开发的功能模块进行监控。这一工具减轻了我们很大的负担。为了避免员工可能出现的虚报工作业绩的行为，我们会随机抽查项目组成员的实际工作完成情况。另外，我们每周五下午会召开项目例会，在项目例会上，各子项目经理需要采用 PPT 的形式向相关领导和项目组成员报告工作完成情况存在的问题，改进措施等，会后形成正式会议纪要，并安排专人监督和跟踪落实，通过这些监控工具和手段的综合使用，有效地保证了项目工作的可控。

（4）大型信息系统项目的风险管理。

解答：我们就按照通过评审和批准的项目管理计划分头行动，在项目工作的开展过程中，我对该项目的风险管理，特别是识别风险和规划风险应对比较重视，该项目我们一共识别了七个主要风险，针对每个风险，我们都准备了应对方案，后来项目的实际效果证明这些应对方案和措施十分有效。这里只举出两个主要风险来说明。

风险一：工期可能紧张的风险。我们的应对措施是采用迭代开发的模型分期提交子系统，项目一开始就抓紧各项工作。

风险二：需求可能模糊的风险。我们的应对措施是选用合适的需求，获取方法，细化需求描述，建立需求变更控制流程。

（5）介绍大型复杂信息系统项目的实施和控制过程。

解答：项目的执行和监控是项目中花时间最多的工作。在本项目的实施和监控过程中，我们用到的实施过程对应到项目管理知识体系，主要有组建项目团队，指导与管理项目工作，实施质量保证，建设项目团队，管理项目团队，管理沟通，实施采购和管理干系人参与等过程。

我们用到的监控过程对应到项目管理知识体系，主要有监控项目工作，实施整体变更控制，控制范围，控制进度，控制成本，控制质量，控制风险，控制采购，范围确认，控制沟通和控制干系人参与等过程。

（6）介绍大型复杂项目的计划过程。

解答：由于该项目涉及面广，覆盖面大，任务复杂，我们在编辑项目管理计划时，由总计划到各个子计划，再由各个子计划到总计划来来回回反反复复修改了三次才理顺了整个项目计划各个部分之间的一致性和合理性。第一版项目管理主计划终于制订完毕。然后我们组织项目成员如 SQA、测试经理、配置管理员、项目现场实施经理等在项目主干计划的指导下，依据制订质量管理计划过程，制订了配置管理计划、项目现场实施计划等过程，制订了项目质量、项目保证计划（项目）、测试计划项目、配置管理计划和培训计划等子计划。最后，我们把这些子计划整合到项目管理计划主干计划中，经过三次调整，第一版项目管理计划终于制订完毕。当然，我们在项目的后续阶段也根据实际情况和需要对项目管理计划进行过调整。

33.12.2　大型项目管理范文

摘要：

本文以我全程负责管理的北京市××党校电子政务三期工程（合同额为 1850 万元，建设周期为 18 个月）为例，基于大型项目的特点，大型项目的计划过程、实施和控制过程这两条主线，结合项目实际情况阐述了项目进度管理的基本概念和主要过程，探讨了承建方在大型信息系统工程项目之进度管理方面遇到的问题及其解决办法，指出项目进度管理在信息系统项目实施中具有重要地位和关键作用。本文结合实践经验归纳总结出：对于大型及复杂软件项目在计划阶段做好工作量估算、正确识别关键任务，在项目的全过程中有效管理和控制风险因素，在实施阶段严格监控项目进度，必要时调整进度表。通过这些切实可行的解决办法或措施，成功地控制了该工程项目的建设进度，项目按期且以较高质量交付使用。目前该电子政务信息化工程系统运行稳定，受到了建设方领导、管理层员工的肯定与好评，这很大程度上得益于成功的项目进度管理。

正文：

信息化建设是现代化党校建设的基础，是党校总体工作格局的重要部分。"十一五"期间，北京市××党校信息化建设的总体目标是，遵循省委提出的"建设一所与××省（市）经济、社会、文化发展相适应的、全国一流省级党校"的指示和要求，以信息化应用为核心、干部教育资源为基础、数字党校为目标，根据新校区数字校园的总体规划，统筹规划、分步实施。着力于建设高效、适用、便捷、安全的校园内网和信息化应用系统，全面实现党校工作与干部教育事业的数字化、网络化、信息化。2006年10月，该校新校区建筑物基本建设完工并进入装修阶段。同期，该校正式启动了电子政务三期工程信息化建设项目（以下简称为"三期建设项目"）的论证、招标等工作。本期工程主要完成以下6大基本系统：校园网络系统（含计算机机房建设工程）、政务内网及政务外网系统、数字化校园应用软件系统、多媒体教学及视频集中监控系统、校园安保监控系统、校园服务一卡通系统等。本人所在公司长期致力于电子政务信息化工程建设，以1850万元的竞标价获得该校这6大基本系统的建设任务（其中，数字化校园应用软件系统的建设经费为690万元），项目建设周期为18个月。在本项目中，我公司成立了以副总经理挂帅的项目领导小组，针对这6大基本系统的建设任务，由谢××等来自不同业务职能部门的主管分别组成4支项目团队，并委派我为高级项目经理，负责这些项目群的日常管理与协调工作。（580字）

××党校电子政务三期工程信息化建设项目，具有以下几个特征：①项目周期长（在本项目早期，我公司向建设方提供了项目建设规划的整体思路，并提交了项目建议书的初稿）；②项目规模较大，目标构成较复杂；③项目干系人构成复杂，不仅包括项目内部所形成的项目管理体系，还包括合作方（如专业性较强的计算机机房工程子项目的分包公司等）；④高级项目经理面临更多"间接管理"的挑战，日常职责更集中于管理职责；⑤费用多、综合性强等。（203字）

对于该大型项目，为以较高的可能性来实现预定的项目目标和结果，提高子项目之间的协作效率，有力保证项目质量，我们建立了以过程为基础的管理体系。在项目团队内部建立以下3个统一的项目过程：①计划过程，用于建立项目组织所需要的各个过程文件，支撑过程实施的操作指南、文档模板和检查表；②执行过程，即按照预定义的过程实施项目；③监督过程，即由独立的组织检查项目组织实施预定义过程的符合度。过程作为一个项目团队内部共同认可的制度而存在，它主要指导约束各个相关方以一致的方式来实现项目。在本大型项目中，我们相应制订了项目的计划过程、监督和控制过程、变更控制过程、配置管理过程、质量保证过程、过程改进过程、产品的验证和确认过程等。

项目管理的首要任务是制订一个构思良好的项目计划，确定项目范围，在给定的时间内完成项目目标。能否按进度正常交付是衡量项目成功与否的重要标志，因此进度控制是项目的首要内容，也是项目管理的灵魂。同时，项目管理是一个带创造性的过程，项目不确定性因素很多，项目的进度控制是项目管理中的主要难点之一。

　　进度管理的目的是合理地分配资源，保证项目能够按照进度计划顺利完成。进度管理的主要过程包括活动定义、活动排序、活动资源估算、活动历时估算、制订进度计划以及项目进度控制等。其中，前5种过程属于计划过程组，而进度控制则属于监督与控制过程组。

　　在本大型项目制订项目计划时，由于里程碑的设置至关重要，因此我们使用了项目管理软件P3E/C的甘特图来制订项目的进度计划；使用关键路径法来确定项目的最短历时，以及有效地对项目进度进行控制；使用PERT估算法来评价项目进度目标的实施风险等。

　　以本大型项目中数字化校园应用软件系统为例，该子项目要求构建一个集网络门户、办公管理、业务系统（如办公自动化OA、教务、人事、科研、后勤等）于一体，集统一数据库、统一认证管理、统一标准规范的数字化校园应用平台。党校作为党委的重要工作部门又承担着干部教育培训的重任，党校工作的特殊性决定了党校数字化校园应用软件系统项目的开发，既不同于高校也不同于政府机关，它是一项具有创新性的探索与尝试。对于承建方而言，与建设方在项目合作办法、投入力度、技术保障、服务措施以及后续的支持保障都必须做出全面的安排、精心的设计和部署。虽然负责该子项目的项目团队成员多数从事过数字化校园系统的开发工作，对高校业务流程有较清晰的了解。但该子项目启动后，在着手项目进度计划过程中也面临诸多问题。例如，该校业务信息化程度较低，缺少基础的信息编码；项目复杂，任务重，用户方在合同中明确了阶段性交付时间，如第11个月前必须正式启用办公自动化应用系统，第13个月必须实现学员评教应用系统等里程碑式任务，相关活动的进度安排只能从后往前排；项目部分内容存在隐秘性和分散性，难以估算工作量，项目实施进度难以监控等。而正确识别关键路径，合理估算工作量和技术难度，活动历时估算适当留有余地，进度动态监控等手段是确保项目按期保质完成的关键所在。

　　（1）正确识别项目关键路径。对于建设方在合同中已明确提出几个重要的时间线约束的项目，项目经理在项目进度管理时如何合理地进行活动排序是至关重要。例如，要保证第13个月实现学员评教应用系统，要求之前完成系统所有的基础代码的编制、教学计划、教学任务、排课、学籍管理等基本教学教务管理活动，同时必须完成学员和所有在职教师等数据的整理、转换、校验和导入。工作量非常巨大，且必须在第12个月前全部完成，这是一项重要的关键任务。对大型及复杂的软件项目，识别关键路径显得尤为重要，期间可能存在多条关键路径和并行性任务。

　　通常，项目进度表有两种方法：一是根据项目任务和资源分配情况制订项目开发进度计划；二是根据提供软件产品的最后期限从后往前安排时间。在大多数场合，项目经理需要面对的是比较被动的第二种方式。同时，为了缩短工程进度，充分发挥人力资源潜力，任务分解应尽力挖掘并行成分，快速跟进。但需在防范风险的前提下实施快速跟进，以免发生平行活动之间的相互干扰、资源冲突甚至返工等现象。

　　（2）合理的估算项目工作量和技术难度。由于信息系统本身的复杂性，历史经验的缺乏，估算工具的缺乏，以及一些人为的因素，导致信息系统项目的规模估算往往和实际情况相差甚远，错误估算已成为软件项目失败的几大原因之一。在该子项目中，历史数据的整理工作量很大，数据杂乱无章，需要花大量的时间参照设计方案去整理、校验、导入系统，而数据整理方面没有可信的绩效历史数据可供参考，造成这部分工作量很难准确估算，只能借助专家评估、类比法粗略测算。因此，在编制进度管理计划时必须充分认识这些问题，在完成需求调研后，基于对系统各方面需求有了较好的了解，再进行项目的进度和成本估算更有利于工作的开展。

（3）活动历时估算适当留有余地。工时估算对于整个项目进度管理而言，是一件重要的工作。如果关键活动估算过紧，进度安排紧凑，在项目过程中要求突然提前或引起其他重要变更时，项目组不至于落到十分被动的地步。反之，在进行关键活动历时估算时，适当地预留一定的机动时间以便应对突发的意外变更，进度纠偏有了灵活的控制，便于在过程中随时把控。

（4）如何进行项目的跟踪与控制。在大型项目的实施与控制过程中，最关键的环节是获取项目实施绩效，然后与项目基准计划进行比较。高级项目经理的主要工作是把控好进度，随时了解项目进度、必要时调整进度表。对于工期较长的项目，进度的把控有别于中、小型项目的管理。周进度表、绩效考核、周例会是是重要的进度跟踪检查手段，而现场检查则能随时了解项目的进展。阶段性里程碑式交付物是我始终牢记在心的进度参考目标。对于本项目所采取的多级进度计划的管理模式，项目管理软件 P3E/C 的相关模型使用起来更能得心应手。(2350字)

该建设项目合同签订及项目启动之日是 2006 年 12 月 1 日，2008 年 4 月前各子项目分期分批次初步建设完成并投入试运行，并于当年 7 月项目终验通过。目前该电子政务信息化工程各个子系统运行稳定，受到建设方领导、管理层员工的肯定与好评，这很大程度上得益于成功的项目进度管理。但个人在本项目实践过程中，深深体会到在今后类似项目的管理过程中必须加强与努力的工作有：①如何在大型项目里对项目进行优先排序，并分配资源；②多个项目同时开展，项目之间的进度、资源等如何更有效地协调与管理；③与合作方签订的合同中，加强对供应商进度管理，以免其在提供产品时出现拖沓现象；④多个项目跨越不同部门、不同业务，项目涉及的人员多，团队间的信息交流和沟通如何高效地进行；……这些都有待于我在今后工作过程中不断学习、探索与总结。(345字)

第4篇 模拟试卷

第34章 综合知识模拟卷

- 信息质量属性中，__(1)__ 指在信息生命周期中，信息可以被非授权访问的可能性。
  - (1) A．稳定性　　　　　B．可靠性　　　　　C．安全性　　　　　D．机密性
- 以下关于信息传输的描述，不正确的是__(2)__。
  - (2) A．信源是产生信息的实体，信息产生后通过它向外传播
  - 　　 B．信息传输模型要素中，噪声主要干扰信息的接受者
  - 　　 C．TCP/IP 网络、4G 网络和卫星网络都是传送信息的通道
  - 　　 D．适当增加冗余编码，可在一定程度上提高信息传输的可靠性
- __(3)__ 关注的是业务，以业务驱动技术，强调 IT 与业务的对齐，以开放标准封装业务流程和已有的应用系统，实现应用系统之间的相互访问。
  - (3) A．面向过程方法　　　　　　　　B．面向对象方法
  - 　　 C．面向构件方法　　　　　　　　D．面向服务方法
- 信息化从"小"到"大"分为以下五个层次，其中智慧城市、互联网金融等是__(4)__ 的体现和重要发展方向。
  - (4) A．企业信息化　　　　　　　　　B．社会生活信息化
  - 　　 C．国民经济信息化　　　　　　　D．互联网+各个传统行业
- __(5)__ 是一种新型的计算机模式，其核心在于对开放网络环境下的大规模互联网用户群体资源进行有效管理和系统利用，以实现智能最大化。
  - (5) A．群智协调计算　　B．边缘计算　　C．泛在计算　　D．量子协同计算
- 在面向对象的编程方法中，下图的 teach() 是__(6)__。

Teacher
-age:int
-gender:char;
+teach()

(6) A. 函数 　　　　B. 对象 　　　　C. 组件 　　　　D. 类

● ___(7)___ 将原型（原型法）实现的迭代特征与线性顺序（瀑布法）模型中控制的和系统化的方面结合起来。使得软件的增量版本的快速开发成为可能。

(7) A. 螺旋开发方法 　　　　　　B. 结构化开发方法
　　C. 面向对象 　　　　　　　　D. 敏捷开发

● ___(8)___ 倾向于提供主动防护，预先对入侵活动和攻击性网络流量进行拦截。

(8) A. 虚拟专用网络（VPN） 　　　B. 防火墙（FW）
　　C. 入侵防护系统（IPS） 　　　D. 分布式拒绝服务（DDoS）

● ___(9)___ 可以实现用户登录进入远程计算机系统。

(9) A. Telnet 　　B. TCP/IP 　　C. DNS 　　D. HTTP

● 在可用性和可靠性规划与设计中，需要引入特定的方法来提高系统的可用性，其中把可能出错的组件从服务中删除属于 ___(10)___ 策略。

(10) A. 错误检测 　　B. 错误恢复 　　C. 错误预防 　　D. 错误清除

● 面向消息中间件（MOM）通过高效可靠的 ___(11)___ ，在分布式环境下扩展进程间的通信，通信协议、语言、应用程序、硬件和软件平台。

(11) A. 消息扩展机制 　　　　　　B. 消息共享机制
　　 C. 消息传递机制 　　　　　　D. 消息处理机制

● 需求分析过程：收集需求、需求分析、需求定义（编写需求说明书）、需求验证。以下关于需求分析的描述错误的是 ___(12)___ 。

(12) A. 通过需求分析，可以检测和解决需求之间的冲突
　　 B. 需求应具有完整性、一致性、可测试性、正确性、必要性等特性
　　 C. 需求获取阶段获得的需求是清晰的，是用户对新系统的期望和要求，可以作为软件设计的依据
　　 D. 通过需求分析，可以发现系统的边界，并详细描述出系统需求

● 信息化系统规划中，制订项目计划通常用到 ___(13)___ 。

(13) A. PERT 图 　　B. R/O 矩阵 　　C. R/D 矩阵 　　D. Pareto 图

● 使软件产品能够在变化的环境中继续使用的维护是 ___(14)___ 。

(14) A. 更正性维护 　　B. 适应性维护 　　C. 预防性维护 　　D. 完善性维护

● ___(15)___ 是发现软件错误（缺陷）的主要手段。

(15) A. 需求跟踪 　　B. 测试 　　C. 试运行 　　D. 维护

● ___(16)___ 指针对 SRS，在交付前以用户为主进行的测试。测试对象为完整的、集成的计算机系统。

(16) A. 回归测试 　　B. 集成测试 　　C. 验收测试 　　D. 配置项测试

● ___(17)___ 不属于新一代信息技术产业。

(17) A. 加快建设宽带、泛在、融合、安全的信息网络基础设施
　　 B. 着力发展集成电路、新型显示、高端软件、高端服务器等核心基础产业

C．提升软件服务、网络增值服务等信息服务能力，加快重要基础设施智能化改造

D．着力推进工业化和信息化深度融合

● 大数据快速发展必须要有云计算的支撑，没有云计算的时代，就没有大数据的时代。据早些年不完全统计数据显示，上海总共加起来有 100 万台左右服务器，现在有 50 个城市建了 100 多个数据中心，全国大概有 800 万台服务器，存储了 50 个 EB 的数据。这体现了大数据__(18)__的特点。

（18）A．价值　　　　B．高速　　　　C．大量　　　　D．多样

● 下图描述了使用共享单车的基本流程。其主要采用了__(19)__技术。

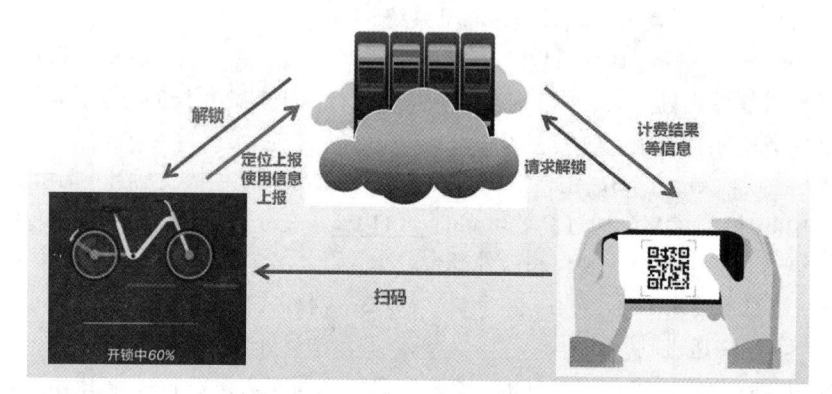

（19）A．物联网　　　B．指纹识别　　C．GPS 定位　　D．花呗

● 智慧城市建设参考模型包括有依赖关系的五层和对建设有约束关系的三个支撑体系。以下不属于五个层次主要内容的是__(20)__。

（20）A．物联感知层　　　　　　　B．基础应用层
　　　C．智慧应用层　　　　　　　D．通信网络层

● 使用 Scrum 进行敏捷项目管理，其中，__(21)__负责维护进程和任务。

（21）A．产品负责人　B．Scrum 主管　C．开发团队　　D．系统架构师

● __(22)__是研究、开发用于模拟、延伸和扩展人的智能理论、方法、技术及应用系统的一门新的技术科学，它是计算机科学的一个分支。

（22）A．人工智能　　B．商业智能　　C．虚拟化技术　D．生物仿生

● 商业智能将企业中现有的数据转化为知识，帮助企业做出明智的业务经营决策，包括数据预处理、建立数据模型、数据分析以及__(23)__。

（23）A．数据复用　　B．数据灾备　　C．数据展现　　D．数据恢复

● 区块链可以理解为一种公共记账的技术方案，系统是完全开放透明的，账簿对所有人公开，实现数据共享，任何人都可以查账。这体现了区块链__(24)__的特性。

（24）A．开放性　　　B．去中心化　　C．不可篡改　　D．分布式数据存储

● 区块链作为__(25)__的底层技术出现。

（25）A．数字签名　　B．比特币　　　C．元宇宙　　　D．分布式数据存储

- 以下关于数字签名的说法错误的是 (26) 。
    - (26) A．签名者事后不能抵赖自己的签名　　B．任何其他人不能伪造签名
    - 　　　C．支持通过验证签名来确认其真伪　　D．签名是共享的
- (27) 是一种主动防御技术，是入侵检测技术的一个重要发展方向，也是一个"诱捕"攻击者的陷阱。
    - (27) A．防火墙　　B．蜜罐技术　　C．DDoS　　D．反间谍软件
- 操作系统的安全威胁包含多种，其中 (28) 是对可用性的威胁。如资源被破坏、不可用；破坏硬盘导致文件管理失效等。
    - (28) A．篡改　　B．截取　　C．切断　　D．伪造
- IT服务标准体系（ITSS）包含了IT服务的规划设计、部署实施、服务运营、持续改进和 (29) 。
    - (29) A．变更跟踪　　B．风险识别　　C．运行维护　　D．经验建议
- 信息系统的生命周期包括 (30) 、系统分析、系统设计、系统实施、运行维护等阶段。
    - (30) A．系统分析　　B．系统设计　　C．系统规划　　D．系统实施
- 系统分析阶段的任务是回答"系统是用来做什么的"问题，而 (31) 阶段要回答的问题是"系统应该怎么做"。
    - (31) A．系统分析　　B．系统设计　　C．系统规划　　D．系统实施
- 经济可行性分析主要是对整个项目的投资及所产生的经济效益进行分析，其中开发费、培训费、差旅费、初试数据录入、设备购置费等费用属于 (32) 。
    - (32) A．支出分析　　B．收益分析　　C．质量成本　　D．应急储备
- 研发成本、行政管理费、销售与分销费用、财务费用和折旧等属于 (33) 。
    - (33) A．研发成本　　B．质量成本　　C．管理成本　　D．开发成本
- 项目评估指在项目可行性研究的基础上，由 (34) 进行的评估过程。其目的是审查项目可行性研究的可靠性、真实性和客观性，为银行的贷款决策或行政主管部门的审批决策提供科学依据。
    - (34) A．第三方（国家、银行或有关机构）　　B．项目变更委员会
    - 　　　C．项目管理办公室　　　　　　　　　　D．专家评审会
- (35) 属于编制项目管理计划的输入。
    - (35) A．项目章程　　　　　　　　　　B．项目发起人决策意见
    - 　　　C．专家意见　　　　　　　　　　D．会议纪要
- (36) 属于项目监控的输出。
    - (36) A．需求文件　　　　　　　　　　B．风险登记册
    - 　　　C．经过批准的变更方案　　　　　D．变更请求
- 围绕整体管理特点，以下说法中 (37) 是正确的。
    - (37) A．项目的各个目标和方案是一致的
    - 　　　B．项目的各个目标和方案是相互支持，而非制约的

C．项目的各个目标和方案是一成不变的

D．项目经理要把项目的可交付物与公司的运营结合起来

- 关于 WBS 的说法中 (38) 是错误的。

    (38) A．项目经理是项目第一负责人，在制订 WBS 时，要起到主导作用、负主要责任，WBS 的制订应遵循项目经理为主，项目成员参与原则

    B．WBS 并非是一成不变的

    C．WBS 中的元素必须有人负责，而且只能由一个人来负责，尽管实际上可能需要多个人参与

    D．WBS 必须符合项目的范围

- (39) 也称为功能测试，主要用于集成测试、确认测试和系统测试中。

    (39) A．灰盒测试　　　B．白盒测试　　　C．黑盒测试　　　D．静态测试

- 信息系统安全可以划分为四个层次：设备安全、数据安全、内容安全、行为安全，除此之外，广义的内容安全还包括信息内容保密、知识产权保护、信息隐藏和隐私保护等诸多方面。关于信息系统安全，以下说法错误的是 (40) 。

    (40) A．设备的稳定性指的是设备在一定时间内不出故障的概率，该特性属于设备安全

    B．数据安全又包括秘密性、完整性和可用性

    C．内容安全是信息安全在政治、法律、道德层次上的要求

    D．数据安全本质上是一种动态的安全

- 战略管理包含战略制订、战略实施和战略评价三个过程，企业（组织）战略主要由四个因素组成，分别是 (41) 、战略方针、战略实施能力、战略措施。

    (41) A．企业愿景　　B．战略资源　　　C．战略目标　　　D．战略计划

- 关于变更管理的描述，不正确的是 (42) 。

    (42) A．变更管理（配置管理）的原则是质量基准化、变更管理过程规范化

    B．变更管理（配置管理）工具可以适当引入使用，但并不是必须要使用的

    C．项目经理对变更是否可以被批准起着决定性作用

    D．规模较小的项目，CCB 人员可以是 1 个人，甚至是兼职人员

- 某信息系统项目在实施过程中，由于前期需求分析阶段，需求获取、需求分析、需求识别、需求评审等工作不彻底，导致项目范围、产品范围等均受到影响，作为项目经理，首先需要开展的工作是 (43) 。

    (43) A．由于项目已经开始实施，之前的范围基准需要进行变化，应及时提交变更申请

    B．追究项目经理责任，必要情况下按照合同要求，进行违约处理

    C．沟通管理计划制订不详细，导致上述问题，应优先对沟通管理计划进行更新完善

    D．优先对拟定 CCB 成员进行筛选，并提出工作要求

- 某国内著名企业自改革开放以来，围绕国家发展方向、紧跟国家政策，公司业务已经涉及到国内各个尖端科技领域，并成绩优异。该公司适合采取 (44) 的方式进行管理。

    (44) A．项目集　　　B．规划设计　　　C．部署实施　　　D．项目组合

● 下图中（单位：天）关于活动 H 和活动 I 之间的关系，描述正确的是___(45)___。

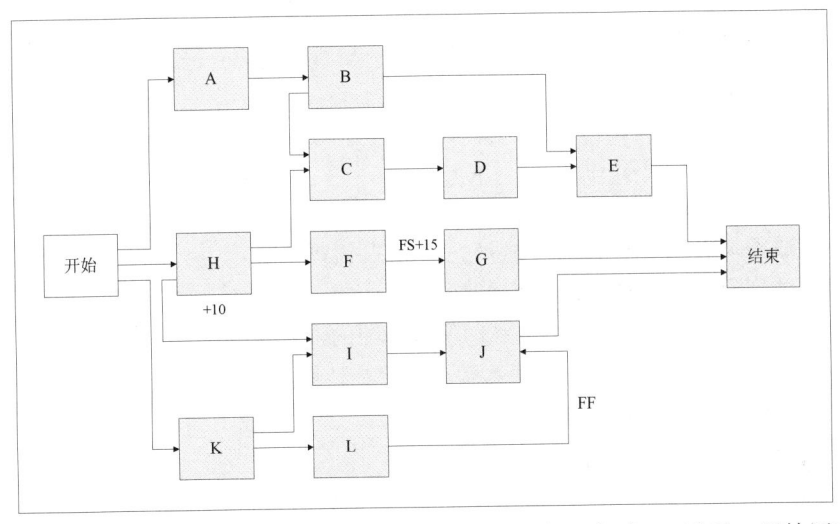

（45）A．活动 H 开始时，开始活动 I　　　B．活动 H 完成 10 天后，开始活动 I
　　　C．活动 H 结束后，开始活动 I　　　　D．活动 H 开始 10 天后，开始活动 I

● 项目经理在编制进度计划时采用下图所示的工具，该工具是___(46)___。

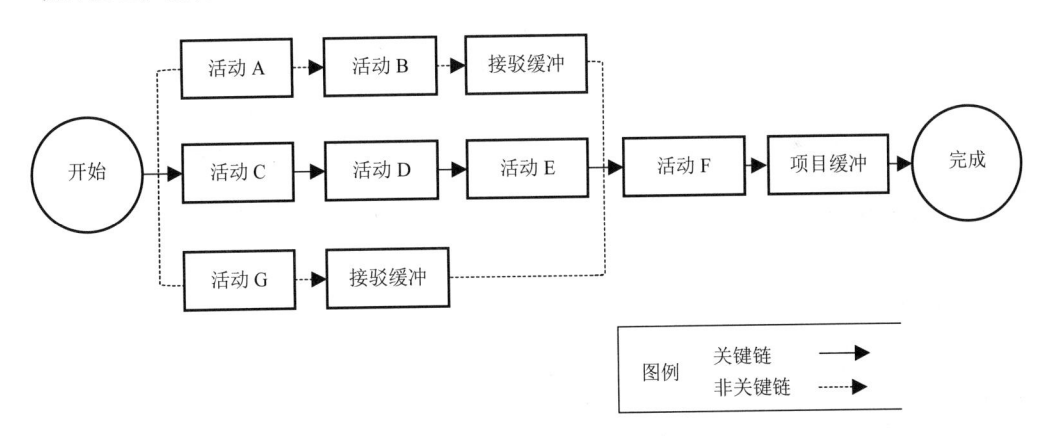

（46）A．关键链法　　B．关键路径法　　C．进度网络分析　　D．建模技术

● 在编制进度计划时，可以采用多种工具与技术，如关键路径法、资源平衡技术、资源平滑技术等。在以下叙述中，不正确的是___(47)___。

（47）A．项目的关键路径可能有一条或多条
　　　B．随着项目的开展，关键路径可能也随着不断变化
　　　C．资源平衡技术往往会导致关键路径延长
　　　D．资源平滑技术往往改变项目关键路径，导致项目进度延迟

● 来自一般管理费用科目或几个项目共同担负的项目成本所分摊给本项目的费用，就形成了项目

的__(48)__，如税金、额外福利和保卫费用等。
(48) A．直接成本　　B．机会成本　　C．间接成本　　D．固定成本
- 某项目 BAC 总额为 64 万元，管理储备 4 万元，现应急储备、管理储备各增加 1 万元。新的 BAC 应该是__(49)__万元。
(49) A．64　　B．65　　C．66　　D．72
- 关于成本基准的描述，不正确的是__(50)__。
(50) A．大项目只能有一个成本基准
　　B．成本基准变更时，应严格遵守变更控制流程
　　C．项目预算是成本基准与管理储备之和
　　D．成本基准是经过批准的、按时间段分配的项目预算
- __(51)__是一种基于历史参数和项目参数，使用某种算法来计算成本或持续时间的估算技术。
(51) A．类比估算　　B．掐指一算　　C．参数估算　　D．项目估算
- __(52)__不属于质量控制的输入。
(52) A．项目管理计划　　　　　　B．质量核对单
　　C．批准的变更请求　　　　　D．变更请求
- __(53)__确保了在建立对未来输出或正在进行的工作在完工时满足特定的需求和期望的信心。
(53) A．质量控制　　B．质量保证　　C．质量改进　　D．质量标准
- 某国内知名手机品牌公司为了保证产品的质量，进行的测试所产生的成本属于__(54)__。
(54) A．项目开发成本，不属于质量成本　　B．质量成本中的非一致性成本
　　C．质量成本中的评价成本　　　　　　D．质量生产中的内部失败成本
- 某制造商面临大量产品退货，产品经理怀疑是采购和货物分类流程存在问题，此时应该采用__(55)__进行分析。
(55) A．流程图　　B．质量控制图　　C．直方图　　D．鱼骨图
- 以下__(56)__属于规划质量管理的输出。
(56) A．项目管理计划　　　　　　B．需求文件
　　C．风险登记册　　　　　　　D．质量核对单
- __(57)__是另一种层次结构图，它用来分解项目中各种类型的资源。
(57) A．WBS　　B．RBS　　C．OBS　　D．SRS
- __(58)__不是管理项目团队过程的输出。
(58) A．冲突管理　　　　　　　　B．人员配备的变化
　　C．团队角色描述的更新　　　D．组织的标准流程
- 关于采购管理过程的描述，不正确的是__(59)__。
(59) A．当订购物资规格和技术条件复杂时，采用协商选择法比较合适
　　B．确定后的采购需求在履行中发生变更，需走变更控制流程
　　C．原厂有相关协议的采购，实施采购时不采用调价比价方法
　　D．不合格品可以退货或调换，也可以由采购员确定是否降级改作他用

- 以下关于配置项的描述中，不正确的是 __(60)__ 。
  - (60) A. 使用配置管理工具后，所有配置项要以一定的目录结构保存在配置库中
       B. 所有配置项的操作权限应该由项目经理严格统一管理
       C. 所有配置项都必须按照相关规定进行统一编号
       D. 基线配置项要向软件开发人员开放读取的权限
- 项目集管理过程主要包括 __(61)__ 。
  ①评估项目集与战略一致性 ②项目集愿景和计划 ③项目集路线图 ④项目组合管理
  (61) A. ①②   B. ②③   C. ①②③   D. ①②③④
- 在项目组合风险管理中，__(62)__ 通常关注如何报告项目组合风险、风险数据的准确性。
  (62) A. 最高管理层   B. 运作管理人员   C. 项目组合经理   D. 项目集和项目团队
- __(63)__ 主要进行授权管理，证明这个用户有什么权限；即"你能做什么"。
  (63) A. PMI   B. PKI   C. 密钥管理   D. 数字签名
- 在实际的生产环境中，__(64)__ 能使底层物理硬件透明化，实现高性能物理硬件和老旧物理硬件的重组使用。
  (64) A. 通用技术   B. 智能化技术   C. 遥感和传感技术   D. 虚拟化技术
- 智慧城市建设参考模型包括：物联感知层、通信网络层、计算与存储层、数据及服务支撑层、智慧应用层。智慧交通属于 __(65)__ 。
  (65) A. 物联感知层   B. 通信网络层   C. 数据及服务支撑层   D. 智慧应用层
- 某项目的双代号网络图如下所示，该项目的工期为 __(66)__ 。

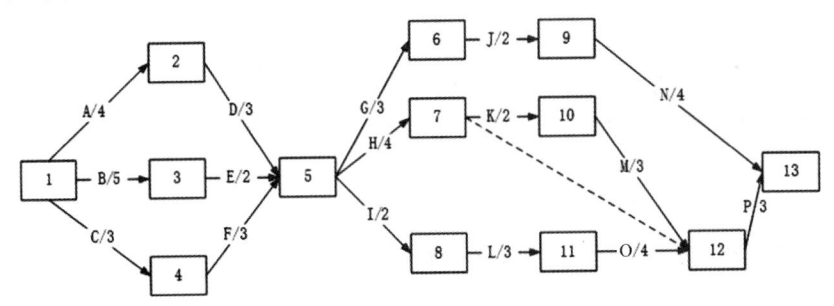

  (66) A. 17   B. 18   C. 19   D. 20
- 某工厂计划生产甲、乙两种产品。生产每套产品所需的设备台时、A、B两种原材料和可获取利润以及可利用资源数量如下表所示。该工厂获利最多是 __(67)__ 万元。

	甲	乙	可利用资源
设备（台时）	2	3	14
原材料 A（千克）	8	0	16
原材料 B（千克）	0	3	12
利润（万元）	2	3	

  (67) A. 13   B. 14   C. 15   D. 16

- 煤气公司想要在某地区高层住宅楼之间铺设煤气管道并与主管道相连，位置如下图所示，节点代表各住宅的楼和主管道位置，线上数字代表两节点间距离（单位：百米），则煤气公司铺设的管道总长最短为___（68）___米。

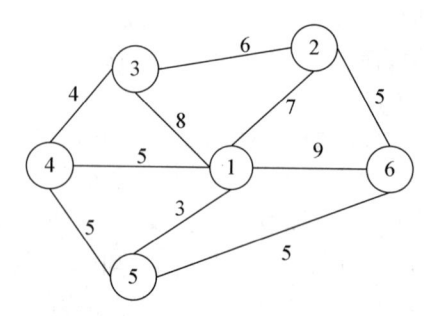

(68) A. 1800　　　　B. 2200　　　　C. 2000　　　　D. 2100

- 某公司要把 4 个有关能源工程项目承包给 4 个互不相关的外商投标者，规定每个承包商只能且必须承包一个项目，在总费用最小的条件下确定各个项目的承包者，总费用为___（69）___。（各承包商对工程的报价如下表所示）。

项目 投标商	A	B	C	D
甲	15	18	21	24
乙	19	23	22	18
丙	26	17	16	19
丁	19	21	23	17

(69) A. 70　　　　B. 69　　　　C. 71　　　　D. 68

- 某公司包含以下项目，各项目数据如下所示：

E 项目 50%概率亏损 90 万元，80%盈利 100 万元，40%概率盈利 30 万元，10%概率亏损 50 万元；

F 项目 30%概率亏损 20 万元，60%盈利 110 万元，40%概率盈利 30 万元，10%概率不亏不获利；

M 项目 50%概率盈利 30 万元，70%盈利 80 万元，40%概率不亏不获利，10%亏损 10 万元；

N 项目 100%亏损；

请问___（70）___最值得公司继续投资。

(70) A. 项目 E　　　B. 项目 F　　　C. 项目 M　　　D. 项目 N

- Cloud storage is a model of computer of computer data storage in which the digital data is stored in logical pools. The physical storage spans multiple servers (sometimes in multiple locations), and the physical environment is typically owned and managed by a hosting company. As for the cloud concept, the cloud storage service is one kind of __(71)__ .

(71) A. IaaS   B. PaaS   C. SaaS   D. DaaS

__(72)__ is a subset of artificial intelligence in the field of computer science that often uses statistical techniques give computers the ability to "learn" (i.e., progressively improve performance on a specific task) with data. Without being explicitly programmed.

(72) A. Machine learning   B. Program language learning
     C. Natural language learning   D. Statistical learning

Configuration management is focus on the specification of both the deliverables and the processes; While __(73)__ is focused on identifying, documenting, and approving or rejecting changes to the project documents, deliverables, or baselines.

(73) A. cost management   B. change management
     C. configuration management   D. capacity management

Quality management ensures that an organization product or service is consistent. It has four main components: quality planning, quality assurance __(74)__ and quality improvement.

(74) A. quality objective   B. quality policy
     C. quality control   D. quality system

In a project plan, when the project manager schedules activities, he (or she) often uses __(75)__ method, precedence relationships between activities are represented by circles connected by one or more arrows. The length of the arrow represents the duration of the relevant activity.

(75) A. causality diagram   B. Gantt chart
     C. Histogram   D. arrow diagram

第35章 案例分析模拟卷

试题一（25分）

阅读下列说明，回答问题1至问题3，将解答填入答题纸的对应栏内。

【说明】

某公司承包一个信息系统项目，公司任命技术部主任刘工担任项目经理，项目实施过程中出现以下事件：

1. 项目初期，刘工邀请所有人共同参与风险识别工作，并对已识别的风险进行汇总、评审，生成风险登记册。

2. 为确保项目实施，需要紧急重新采购一批设备。在供应商选择阶段，刘工主要从供应商提供的产品质量、价格、售后服务、供应商组织能力、业务水平、市场份额、以往业绩等多个方面进行考核，最终选定供应商A。

3. 确定供应商A之后、签订合同之前，刘工实地到该企业进行了视察工作，对相关设备生产流水线、产品现场模拟测试等逐一进行视察。供应商A提供各类产品数据报告、质量证明文件、质量标准依据文件，并建议刘工带回，作为供应商A各类能力证明，主要目的在于积极主动，希望能顺利签订合同；同时向刘工赠送H产品。刘工表示经过视察，认为供应商A具备项目需求，并退回各类证明文档资料。

4. 刘工组织会议，邀请业主代表、各部门主要负责人、行业专家共同研究，并对供应商A以及产品进行简要描述，会议期间业主代表希望刘工出具产品调研报告，但刘工未能提交。

5. 在进行设备采购阶段，供应商A按时送货，并安排两名技术人员配合设备到货验收工作。刘工表示，由于前期曾到现场进行过市场调查，对产品十分了解，因此未接受供应商A的建议。

【问题1】（8分）

结合以上案例，请指出刘工在开展工作时值得借鉴的地方。

【问题2】（8分）

结合以上案例，请指出刘工在开展工作时，值得我们引以为戒的地方。

【问题3】（9分）

（1）请简要说明设备采购到货验收期间建设单位、监理单位、设计单位、供应商各自主要负

责人有哪些。其主要职责是什么？（不用精确至具体负责人、具体职责细节。描述出各组织职责义务之间的区别即可）

（2）请列出采购管理的主要内容。

试题二（25分）

阅读下列说明，回答问题1至问题3，将解答填入答题纸的对应栏内。

【说明】

已知某公司承担一个旅游信息监管系统的开发，整个项目划分为四个阶段九项活动，项目相关信息如表所示：

	活动名称	工期/天（乐观、可能、悲观）	紧前活动	人数/人	总预算/万元
需求分析	A 任务下达	（1、4、7）		6	0.6
	B 需求分析	（12、14、22）	A	15	6.3
设计研发	C 总体设计	（13、14、21）	B	13	10.4
	D 初样实现	（8、9、16）	C	17	24.7
	E 正样研制	（10、17、18）	D	18	10.2
系统测试	F 密码测评	（6、7、8）	E	9	5.1
	G 软件测试	（5、8、11）	E	12	10.6
	H 用户试用	（9、16、17）	FG	20	15.7
项目收尾	I 收尾	（3、5、7）	H	10	3

【问题1】（12分）

结合案例：

（1）每个活动的乐观、可能和悲观成本服从β分布，请计算每个活动的工期，并绘制项目的时标网络图。

（2）如果项目人员均为多面手，可以从事任意活动，请指出项目实施需要的最少人数。

【问题2】（3分）

请确定项目的关键路径，工期。

【问题3】（6分）

项目进展到第70天时，项目已完成总工作量的3/4，花费60万元，请计算此时项目的PV、EV、SV和CV值（假设项目每项活动的日工作量相同，计算结果精确到整数）。

【问题4】（4分）

请指出当前项目绩效情况，并说明项目经理应该采取哪些措施？

试题三（25分）

阅读下列说明，回答问题1至问题5，将解答填入答题纸的对应栏内。

【说明】

A公司承接了可视化系统建设项目，工作内容包括基础环境升级改造、软硬件采购和集成适配、系统开发等，任命小刘为项目经理。

小刘与公司相关部门负责人进行了沟通，从各部门抽调了近期未安排任务的员工组建了项目团队，并指派一名质量工程师编写项目人力资源管理计划。

为了使管理工作简单、高效，小刘对团队成员采用相同的考核指标和评价方式，同时承诺满足考核要求的成员将得到奖金，考虑到项目团队成员长期加班，小刘向公司管理层申请了加班补贴，并申请了一个大的会议室作为集中办公地点。

项目实施中期的一次月度例会上，部分项目成员反馈：一是加班过多，对家庭和生活造成了影响；二是绩效奖金分配不合理，小刘认为公司已经按照国家劳动法支付了加班费用，项目成员就应该按照要求加班，同时绩效考核过程是公开、透明的，奖金多少跟个人努力有关，因此针对这些不满，小刘并没有理会。

项目实施一段时间后，团队成员士气逐渐低落，部分员工离职。同时，出现特殊情况导致项目组无法现场集中办公，需采取远程办公方式。如此种种事先未预料的情况发生，小刘紧急协调各技术部门抽调人员"救火"，但是项目进度依然严重滞后，客户表示不满。

【问题1】（8分）
结合案例，请指出项目在人力资源管理方面存在的问题。

【问题2】（4分）
结合案例，采取远程办公方式后，项目经理在项目沟通管理计划中应该做哪些调整？

【问题3】（5分）
冲突管理的处理的五种措施是哪些？

【问题4】（5分）
组建项目团队的工具技术有哪些？

【问题5】（3分）
判断下列选项的正误（填写在答题纸的对应栏内，正确的选项填写"√"，错误的选项填写"×"）。

（1）在组建项目团队过程中，如果人力资源不足或人员能力不足会降低项目成功的概率，甚至可能导致项目取消。　　　　　　　　　　　　　　　　　　　　　　　　（　　）

（2）项目人力资源管理计划的编制应在项目管理计划之前完成。　　（　　）

（3）解决冲突的方法包括：撤退/回避，缓和/包容，妥协/调解，强迫/命令，合作/解决问题。
　　　　　　　　　　　　　　　　　　　　　　　　　　　　　　（　　）

第36章 论文写作模拟卷

试题一 论信息系统工程项目的沟通管理

项目沟通管理对信息系统项目的成功具有至关重要的意义，在项目沟通管理方面出现的问题，是导致项目失败的一个重要原因。要实现高水平的项目沟通管理，就要做好与项目干系人的沟通，明确沟通方法等。

请围绕"信息系统工程项目的沟通管理"论题，分别从以下三个方面进行论述。

1. 概要叙述你参与的信息系统项目的背景、目的、发起单位的性质、项目周期、交付的产品等相关信息，以及你在其中担任的主要工作。
2. 请简要列出该信息系统项目沟通管理的主要内容，并简要论述如何开展沟通管理工作。
3. 请结合你的项目经历，简要论述做好项目沟通管理的注意事项。

试题二 论信息系统项目的采购管理

项目采购管理对项目的顺利实施起着至关重要的作用，项目经理应对项目采购管理予以足够的重视，例如采购规划、采购实施、采购控制、采购结束各个阶段主要工作，其次还要加强供应商合作之间的关系等。

请以"信息系统项目的采购管理"为题，分别从以下三个方面进行论述：

1. 概要叙述你参与管理过的信息系统项目（项目的背景、项目规模、发起单位、目的、项目内容、组织结构、项目周期、交付的产品等），并说明你在其中承担的工作。
2. 结合信息系统项目管理实际情况并围绕以下要点论述你对信息系统项目采购管理的认识。
   （1）项目采购管理过程包含的主要内容。
   （2）请简要叙述项目采购过程中，项目经理如何进行供应商选择、采用什么手段来保证设备采购的质量等。
3. 请结合论文中所提到的项目，介绍在该项目采购过程中，变更、风险的发生对设备采购造成的影响有哪些，并总结你的心得体会。

第37章 综合知识答案解析

（1）**参考答案**：C

解析：信息质量属性有：

1）精确性，对事物状态描述的精准程度。

2）完整性，对事物状态描述的全面程度。

3）可靠性，指信息的来源、采集、传输过程是可信任的，符合预期。

4）及时性，指获得信息的时刻与事件发生时刻的间隔长短。昨天的天气信息不论怎样精确、完整，对指导明天的穿衣并无帮助，从这个角度出发，这个信息的价值为零。

5）经济性，指信息获取、传输带来的成本在可以接受的范围之内。

6）可验证性，指信息的主要质量属性可以被证实或者证伪的程度。

7）安全性，指在信息生命周期中，信息可以被非授权访问的可能性，可能性越低，安全性越高。

（2）**参考答案**：B

解析：噪声可以理解为干扰，干扰可以来自于信息系统分层结构的任何一层，当噪声携带的信息大到一定程度的时候，在信道中传输的信息可以被噪声淹没导致传输失败。噪声主要对信道形成干扰或影响。

（3）**参考答案**：D

解析：此题考查的是面向对象，必须掌握，为高频考点，面向服务的方法是将接口的定义与实现进行解耦，把一些功能封装为服务，通过服务与服务的组合实现业务功能。使得信息系统快速响应需求与环境变化，提高系统可复用性、信息资源共享和系统之间的互操作。

（4）**参考答案**：B

解析：信息化从"小"到"大"分为以下五个层次（产企业国社）：

1）产品信息化。是信息化的基础。

2）企业信息化。是指企业在产品的设计、生产、经营等环节中利用信息技术，建设企业信息管理系统，培养信息化人才等的过程。企业信息化是国民经济信息化的基础。

3）产业信息化。指农业、工业、交通运输业、生产制造业、服务业等传统产业广泛利用信息技术来完成工艺、产品的信息化，进一步提高生产力水平。

4）国民经济信息化。实现统一的信息大流动，使金融、贸易、投资等组成一个信息大系统。

5）社会生活信息化。指包括商务、教育、政务、公共服务、交通、日常生活等在内的整个社会体系采用先进的信息技术。智慧城市、互联网金融等是社会生活信息化的体现和重要发展方向。

（5）**参考答案**：A

解析：此题考查的是群智协调计算，必须掌握，为高频考点。

此题题干背景里面有群体资源关键词，对应 A 选项群智协调。

在基础理论方面，群体智能理论重点突破群体智能的组织、涌现、学习的理论与方法，建立可表达、可计算的群智激励算法和模型，形成基于互联网的群体智能理论体系；在关键技术方面，重点突破基于互联网的大众化协同、大规模协作的知识资源管理与开放式共享等技术，建立群智知识表示框架，实现基于群智感知的知识获取和开放动态环境下的群智融合与增强，支撑覆盖全国的千万级规模群体感知、协同与演化。

（6）**参考答案**：A

解析：对象基本的运行实体，为类的实例，封装了数据和行为的整体，如学生、汽车等真实存在的实体。对象具有清晰的边界、良好定义的行为和可扩展性。类是对象的抽象，定义了一组大体相似的对象结构，定义了属性和行为。

题干图中 Teacher 是类的概念，-age:int、-gender:char;是属性的概念。+teach()表示类的行为或动作，又称为函数。

（7）**参考答案**：A

解析：螺旋开发方法：在每个迭代周期内加入风险分析。

将原型（原型法）实现的迭代特征与线性顺序（瀑布法）模型中控制的和系统化的方面结合起来，使得软件的增量版本的快速开发成为可能。

（8）**参考答案**：C

解析：入侵检测与防护的技术主要有两种：入侵检测系统（IDS）和入侵防护系统（IPS）。

入侵检测系统（IDS）注重的是网络安全状况的监管，通过监视网络或系统资源，寻找违反安全策略的行为或攻击迹象，并发出报警。因此绝大多数 IDS 系统都是被动的。

入侵防护系统（IPS）则倾向于提供主动防护，预先对入侵活动和攻击性网络流量进行拦截。

（9）**参考答案**：A

解析：Telnet（远程登录协议）：是登录和仿真程序，建立在 TCP 之上，它的基本功能是允许用户登录进入远程计算机系统。

（10）**参考答案**：C

解析：此题考查的是可用性战术，必须掌握，为高频考点。

错误检测：用于错误检测的战术包括命令/响应、心跳和异常。

错误恢复：用于错误恢复的战术包括表决、主动冗余、被动冗余。

错误预防：用于错误预防的战术包括把可能出错的组件从服务中删除、引入进程监视器。

（11）**参考答案**：C

解析：数据访问中间件：此类中间件是为了建立数据应用资源互操作的模式，对异构坏境下的数据库或文件系统实现联接。典型的技术如 Windows 平台 的 ODBC 和 Java 平台的 DBC 等。

远程过程调用中间件：此类中间件可以使开发人员在需要时调用位于远端服务器上的过程，屏蔽了在调用过程中的通信细节。一个应用程序使用 RPC 来远程执行一个位于不同地址空间里的过程，在效果上看和执行本地调用相同。

消息中间件：消息中间件（MOM）指的是利用高效可靠的消息传递机制进行平台无关的数据交流，并基于数据通信来进行分布式系统的集成。

分布式对象中间件：是建立对象之间客户/服务器关系的中间件，结合了对象技术与分布式计算技术。目前主流的对象中间件有 OMG 的 CORBA，Microsoft 的 COM/DCOM/COM+以及 IBM 的 SOM，Sun 的 RMI/EJB 等。

事务中间件：也称事务处理监控器，事务处理监控程序位于客户和服务器之间，完成事务管理与协调、负载平衡、失效恢复等任务，提高系统的整体性能。

（12）**参考答案**：C

解析：需求分析：通过需求分析，可以检测和解决需求之间的冲突；发现系统的边界；并详细描述出系统需求。

在需求获取阶段获得的需求是杂乱的，是用户对新系统的期望和要求，这些要求有重复的地方，也有矛盾的地方，这样的要求（需求）是不能作为软件设计的基础的。

需求分析过程：收集需求、需求分析、需求定义（编写需求说明书）、需求验证。

需求特性：应具有无二义性、完整性、一致性、可测试性、确定性、可跟踪性、正确性、必要性等特性。

需要分析人员把杂乱无章的用户要求和期望转化为用户需求，这就是需求分析的工作。

（13）**参考答案**：A

解析：此题考查的是信息系统规划的工具，必须掌握，为高频考点。

在制订计划时，可以利用 PERT 图和甘特图。

（14）**参考答案**：B

解析：更正性维护：更正交付后发现的错误。

适应性维护：使软件产品能够在变化的环境中继续使用。

完善性维护：改进交付后产品的性能可维护性。

预防性维护：在软件产品中的潜在错误成为实际错误前，检测并更正它们。

（15）**参考答案**：B

解析：《计算机软件测试规范》(GB/T 15532—2008) 中指出，软件测试的目的是：验证软件是否满足软件开发合同或项目开发计划、系统/子系统设计文档、SRS（软件需求规格说明书）、软件设计说明和软件产品说明等规定的软件质量要求。通过测试，发现软件缺陷，为软件产品的质量测量和评价提供依据。

（16）**参考答案**：C

验收测试是指针对 SRS，在交付前以用户为主进行的测试。其测试对象为完整的、集成的计算机系统。验收测试的目的是，在真实的用户工作环境下，检验软件系统是否满足开发技术合同或 SRS。验收测试的结论是用户确定是否接收该软件的主要依据。除应满足一般测试的准入条件外，在进行验收测试之前，应确认被测软件系统已通过系统测试。

（17）参考答案：D

解析：新一代信息技术产业包括：

1）加快建设宽带、泛在、融合、安全的信息网络基础设施。
2）推动新一代移动通信、下一代互联网核心设备和智能终端的研发及产业化。
3）加快推进三网融合，促进物联网、云计算的研发和示范应用。
4）着力发展集成电路、新型显示、高端软件、高端服务器等核心基础产业。
5）提升软件服务、网络增值服务等信息服务能力，加快重要基础设施智能化改造。
6）大力发展数字虚拟等技术，促进文化创意产业发展。

大数据、云计算、互联网+、物联网、智慧城市等是新一代信息技术与信息资源充分利用的全新业态，是信息化发展的主要趋势。

（18）参考答案：C

解析：大数据指无法在一定时间范围内用常规软件工具进行捕捉、管理和处理的数据集合，是需要新处理模式才能具有更强的决策力、洞察发现力和流程优化能力的海量、高增长率和多样化的信息资产。

大数据是具有体量大、结构多样、时效性强等特征的数据，处理大数据需要采用新型计算架构和智能算法等新技术。

大数据的特点有 Value（价值）、Variety（多样）、Veracity（真实性）、Velocity（高速）、Volume（大量）。

其中，大量指的是数据体量巨大。

（19）参考答案：A

解析：B、D 选项直接排除；C 选项 GPS 定位是物联网技术组成部分之一，单靠这一技术无法实现真正的物联网。

物联网的网络架构分为三层：感知层、网络层和应用层。

感知层由各种传感器构成，包括温湿度传感器、二维码标签、RFID 标签和读写器、摄像头、GPS 等感知终端。感知层是物联网识别物体、采集信息的来源。

网络层由各种网络，包括互联网、广电网、网络管理系统和云计算平台等组成，是整个物联网的中枢，负责传递和处理感知层获取的信息。

应用层是物联网和用户的接口，它与行业需求结合，实现物联网的智能应用。

大大小小的物联网应用，都是基于正向数据采集和反向指令控制这两个流程来实现的。

例如共享单车：

正向过程是：单车获取 GPS 位置数据、通过网络上报给服务器、服务器记录单车位置信息、用户在 APP 端查看单车位置。

反向过程是：用户向服务器发出开锁的要求、服务器通过网络把开锁指令下发给单车，单车执行开锁指令。

（20）**参考答案：B**

解析：智慧城市建设参考模型包括有依赖关系的五层和对建设有约束关系的三个支撑体系。其中这五层具体如下。

1）物联感知层：提供对城市环境的智能感知能力，利用信息采集设备、传感器、监控摄像机、GPS 等，实现对城市基础设施、大气环境、交通、公共安全等信息的采集、识别和监测。

2）通信网络层：以互联网、电信网、广播电视网、城市专用网、无线网络（如 Wi-Fi）、移动 4G 为主要接入网，组成网络通信基础设施。

3）计算与存储层：包括软件资源、计算资源和存储资源。

4）数据及服务支撑层：利用 SOA（面向服务的体系架构）、云计算、大数据等技术，通过数据和服务的融合，支撑承载智慧应用层中的相关应用，提供应用所需的各种服务和共享资源。

5）智慧应用层：各种基于行业或领域的智慧应用及应用整合，如智慧交通、智慧园区、智慧社区等。

三个支撑体系如下：

1）安全保障体系：为智慧城市建设构建统一的安全平台。

2）建设和运营管理体系：为智慧城市建设提供整体的运维管理机制。

3）标准规范体系：用于指导和支撑信息化用户、各行业智慧应用信息系统的总体规划和工程建设。

（21）**参考答案：B**

解析：此题考查的是敏捷开发模型，必须掌握，为高频考点。

Scrum 中的主要角色包括同项目经理类似的 Scrum 主管角色负责维护过程和任务，产品负责人代表利益所有者，开发团队包括了所有开发人员。

（22）**参考答案：A**

解析：D 选项生物仿生不单单只针对人类，仿生学的研究对象就是生物体结构（或材料、过程、特性等）与技术系统之间的相似性；仿生学的研究手段是功能分析，主要就是对相似程度的分析评价；仿生学的目的就是使技术系统获得与生物体相似的优异功能。

人工智能是研究、开发用于模拟、延伸和扩展人的智能理论、方法、技术及应用系统的一门新的技术科学，它是计算机科学的一个分支。

（23）**参考答案：C**

解析：商业智能将企业中现有的数据转化为知识，帮助企业做出明智的业务经营决策，包括数据预处理、建立数据模型、数据分析及数据展现 4 个阶段。商业智能 3 个关键技术分别是数据仓库、联机分析处理系统（OLAP）和数据挖掘技术。

（24）**参考答案：A**

解析：区块链主要有以下核心内容：

1）去中心化。这是区块链颠覆性特点，不存在任何中心机构和中心服务器，所有交易都发生在每个人电脑或手机上安装的客户端应用程序中。实现点对点直接交互,既节约资源,使交易自主化、简易化,又排除被中心化代理控制的风险。

2)开放性。区块链可以理解为一种公共记账的技术方案,系统是完全开放透明的,账簿对所有人公开,实现数据共享,任何人都可以查账。

3)不可撤销、不可篡改和加密安全性。区块链采取单向哈希算法,每个新产生的区块严格按照时间线形顺序推进,时间的不可逆性、不可撤销导致任何试图入侵篡改区块链内数据信息的行为易被追溯,导致被其他节点排斥,造假成本极高,从而可以限制相关的不法行为。

(25)参考答案:B

解析:区块链作为比特币的底层技术出现。

(26)参考答案:D

解析:数字签名体系应满足以下3个条件:

1)签名者事后不能抵赖自己的签名。

2)任何其他人不能伪造签名。

3)如果当事的双方关于签名的真伪发生争执,能够在公正的仲裁者面前通过验证签名来确认其真伪。

(27)参考答案:B

解析:蜜罐技术是一种主动防御技术,是入侵检测技术的一个重要发展方向,也是一个"诱捕"攻击者的陷阱。

(28)参考答案:C

解析:操作系统的安全威胁分为:

1)切断:是对可用性的威胁。资源被破坏、不可用,如破坏硬盘、切断通信线路或使文件管理失效。

2)截取:是对机密性的威胁。未经授权(用户、程序、计算机系统)便获得对某资源的访问,如在网络中窃取数据及非法拷贝文件和程序。

3)篡改:是对完整性的攻击。未经授权的用户不仅获得了对某资源的访问,而且进行篡改。

4)伪造:是对合法性的威胁。未经授权的用户将伪造的对象插入到系统中。

(29)参考答案:A

解析:IT服务标准体系(ITSS),包含了IT服务的规划设计、部署实施、服务运营、持续改进和监督管理等全生命周期阶段。

(30)参考答案:C

解析:信息系统的生命周期包括五个阶段:系统规划(可行性分析与项目开发计划)、系统分析(需求分析)、系统设计(概要设计、详细设计)、系统实施(编码、测试)、运行维护等阶段。

从项目管理的角度,信息系统的生命周期还可以划分为项目立项(系统规划)、开发(系统分析、系统设计、系统实施)、运维及消亡四个阶段。

在开发阶段不仅包括系统分析、系统设计、系统实施,还包括系统验收等工作。系统规划属于启动阶段的工作。

（31）**参考答案**：B

解析：系统分析阶段的任务是回答"系统是用来做什么的"问题，而系统设计阶段要回答的问题是"系统应该怎么做"。

（32）**参考答案**：A

解析：经济可行性分析主要是对整个项目的投资及所产生的经济效益进行分析，具体包括支出分析、收益分析、投资回报分析及敏感性分析等。

1）支出分析：信息系统项目的支出可以分为一次性支出和非一次性支出两类。

一次性支出包括开发费、培训费、差旅费、初试数据录入、设备购置费等费用。

非一次性支出包括软、硬件租金，人员工资及福利、水电等公用设施使用费，以及其他消耗品支出等。

2）收益分析：信息系统项目的收益包括直接收益、间接收益以及其他方面的收益等。

直接收益是指通过项目实施获得的直接经济效益，如销售项目产品的收入。

间接收益是指通过项目实施，以间接方式获得的收益，如成本的降低。

3）投资回报分析：对投入产出进行对比分析，以确定项目的收益率和投资回收期等经济指标，包括进行收益投资比、投资回收期分析等。

4）敏感性分析：当如设备和软件配置、处理速度要求、系统的工作负荷类型和负荷量等关键性因素变化时，对支出和收益产生影响的估计。

除了上述经济方面的分析外，一般还需要对项目的社会效益进行分析。例如，通过项目的实施，可以在管理水平、技术手段、人员素质等方面获得潜在的效益。

（33）**参考答案**：D

解析：开发总成本包括研发成本、行政管理费、销售与分销费用、财务费用和折旧。

其中，前三类成本（研发成本、行政管理费、销售与分销费用）的总和称为经营成本。

（34）**参考答案**：A

解析：项目评估指在项目可行性研究的基础上，由第三方（国家、银行或有关机构）进行的评估过程。其目的是审查项目可行性研究的可靠性、真实性和客观性，为银行的贷款决策或行政主管部门的审批决策提供科学依据。

（35）**参考答案**：A

解析：编制项目管理计划的输入包括：①项目章程；②其他规划过程成果；③事业环境因素；④组织过程资产。

（36）**参考答案**：D

解析：项目监控工作的成果有：①变更请求；②工作绩效报告；③项目管理计划更新；④项目文件更新。

（37）**参考答案**：D

解析：项目的各个目标和方案可能是冲突的，项目经理要进行统一权衡；伴随着变更的发生，项目的目标、方案可能会发生变化；项目各个目标和方案是相互支持、相互制约的，例如质量发生问题，就可能造成进度滞后（相互制约），明确项目范围（即工作内容）有利于制订项目的详细进度计划（相互支持）。

项目经理要解决好过程之间的重叠部分的职责问题；项目经理要把项目的可交付物与公司的运营结合起来，可交付物目标是为了未来运营，对项目中可能不需要的过程，项目经理要长远考虑，将该过程与项目各个过程、现在与未来统筹考虑，而不能不考虑。

（38）参考答案：A

解析：WBS 的编制需要所有（主要）项目干系人的参与以及全体项目团队成员的参与。因此 A 选项描述错误。

分解 WBS 的注意事项如下：

1）WBS 必须是面向可交付成果的。
2）WBS 必须符合项目的范围。
3）WBS 的底层应该支持计划和控制。
4）WBS 中的元素必须有人负责，而且只能由一个人来负责，尽管实际上可能需要多个人参与。WBS 和责任人可以使用工作责任矩阵来描述。
5）WBS 的指导。WBS 应控制在 4～6 层。超过 6 层，将大项目分解成子项目，然后针对子项目来做 WBS。每个级别的 WBS 将上一级的一个元素分为 4～7 个新的元素，同一级的元素的大小应该相似。一个工作单元只能从属于某个上层单元，避免交叉从属。
6）WBS 应包括项目管理工作（因为管理是项目具体工作的一部分），也要包括分包出去的工作。
7）WBS 的编制需要所有（主要）项目干系人的参与以及全体项目团队成员的参与。
8）WBS 并非是一成不变的。

（39）参考答案：C

解析：信息系统测试方法按照测试技术主要分为白盒测试、黑盒测试、灰盒测试。

白盒测试：也称为结构测试，主要用于软件单元测试中。主要思想是将程序看作是一个透明的盒子，测试人员完全清楚程序的结构和处理算法，按照程序内部逻辑结构设计测试用例，检测程序中的主要执行通路是否都能按预定要求正确工作。

黑盒测试：也称为功能测试，主要用于集成测试、确认测试和系统测试中。黑盒测试将程序看作是一个不透明的盒子，完全不考虑（或不了解）程序的内部结构和处理算法，而只检查程序功能是否能按照软件需求规格说明书的要求正常使用，程序是否能适当地接收输入数据并产生正确的输出信息，程序运行过程中能否保持外部信息（例如，文件和数据库等）的完整性等。

灰盒测试：介于白盒测试与黑盒测试之间的测试。灰盒测试关注输出对于输入的正确性，同时也关注内部表现，但这种关注不像白盒测试详细、完整，只是通过一些表征的现象、事件、标志来判断内部的运行状态。

（40）参考答案：D

解析：信息系统安全可以划分为以下四个层次：

1）设备安全。信息系统设备的安全是信息系统安全的首要问题。设备安全主要包括以下方面：
①设备的稳定性：设备在一定时间内不出故障的概率。
②设备的可靠性：设备能在一定时间内正常执行任务的概率。

③设备的可用性：设备随时可以正常使用的概率。

信息系统的设备安全是信息系统安全的物质基础。除了硬件设备外，软件系统也是一种设备，也要确保软件设备的安全。

2）数据安全。其安全属性包括秘密性、完整性和可用性。很多情况下，即使信息系统设备没有受到损坏，但其数据安全也可能已经受到危害，如数据泄露、数据篡改等。由于危害数据安全的行为具有较高的隐蔽性，数据应用用户往往并不知情，因此，危害性很高。

3）内容安全。内容安全是信息安全在政治、法律、道德层次上的要求。内容安全主要包括以下方面：

①信息内容在政治上是健康的。

②信息内容符合国家的法律法规。

③信息内容符合中华民族优良的道德规范。

除此之外，广义的内容安全还包括信息内容保密、知识产权保护、信息隐藏和隐私保护等诸多方面。

4）行为安全。数据安全本质上是一种静态的安全，而行为安全是一种动态安全。行为安全主要包括以下方面：

①行为的秘密性：行为的过程和结果不能危害数据的秘密性，必要时，行为的过程和结果也应是秘密的。

②行为的完整性：行为的过程和结果不能危害数据的完整性，行为的过程和结果是预期的。

③行为的可控性：当行为的过程出现偏离预期时，能够发现、控制或纠正。行为安全强调的是过程安全，体现在组成信息系统的硬件设备、软件设备和应用系统协调工作的程序（执行序列）符合系统设计的预期，这样才能保证信息系统的"安全可控"。

（41）参考答案：C

解析：战略管理包含战略制订、战略实施和战略评价三个过程，企业（组织）战略主要由四个因素组成，分别是：战略目标、战略方针、战略实施能力、战略措施。

（42）参考答案：C

解析：CCB 的主要作用就是对变更下达决策，因此"项目经理对变更的批准起着决定性作用"的说法错误。

变更管理（配置管理）的原则是项目基准化、变更管理过程规范化，主要包括以下内容。

1）基准管理：基准是变更的依据。在项目实施过程中，基准计划确定并经过评审后，建立初始基准。此后每次变更通过评审后，都应重新确定基准。

2）变更控制流程化：建立或选用符合项目需要的变更管理流程，所有变更都必须遵循这个控制流程进行控制。

3）明确组织分工：至少应明确变更相关工作的评估、评审、执行的职能。

4）评估变更的可能影响：变更的来源是多样的，既需要完成对客户可视的成果、交付期等变更操作，还需要完成对客户不可视的项目内部工作的变更。

5）妥善保存变更产生的相关文档。

变更管理（配置管理）工具可以适当引入使用，但并不是必须要使用的。

（43）**参考答案**：A

解析：D 选项，不科学；B、C 选项分别阐述了项目前期因"需求管理""沟通管理"工作未能有效开展，而导致项目范围管理过程中，各类问题层出不穷；后续项目经理需要及时整改纠偏，并制订应对计划。

但是，当前迫在眉睫的是要提出项目变更，按照变更流程对项目范围基准进行变更。随后要及时对需求管理计划、需求文件、沟通管理计划等一并进行优化、完善，通过评审后及时发布。

与此同时，受到波及的内容还可能包括项目质量管理、成本管理、进度管理等。

（44）**参考答案**：D

解析：项目组合管理是将项目、项目集，以及其他方面的工作内容组合起来进行有效管理，以保证满足组织的战略性的业务目标。项目组合中的项目、项目集等之间不一定存在相互依赖或者直接相关。

结合题意"公司业务已经涉及到国内各个尖端科技领域"，因此 D 选项更符合题意。

（45）**参考答案**：D

解析：在项目进度网络图中，活动 H 和活动 I 之间的依赖关系表示为 S—S 的关系。"+10"指的是 10 天滞后量，即活动 H 开始 10 天后，开始活动 I。

（46）**参考答案**：A

解析：题干中图示所示的工具是关键链法。

（47）**参考答案**：D

解析：资源平滑不会改变项目关键路径，完工日期也不会延迟。

（48）**参考答案**：C

解析：成本的类型如下：

1）可变成本：随着生产量、工作量或时间而变的成本为可变成本。

2）固定成本：不随生产量、工作量或时间的变化而变化的非重复成本为固定成本。

3）直接成本：直接可以归属于项目工作的成本为直接成本。如项目团队差旅费、工资、项目使用的物料及设备使用费等（注意，此中不包含税金，税金属间接成本）。

4）间接成本：来自一般管理费用科目或几个项目共同担负的项目成本所分摊给本项目的费用，就形成了项目的间接成本，如税金、额外福利和保卫费用等。

5）机会成本：是利用一定的时间或资源生产一种商品时，而失去的利用这些资源生产其他最佳替代品的机会就是机会成本，泛指一切在做出选择后其中一个最大的损失。

6）沉没成本：是指由于过去的决策已经发生了的，而不能由现在或将来的任何决策改变的成本。

（49）**参考答案**：B

解析：BAC=PV 之和+应急储备，应急储备增加 1 万元后，新的 BAC 为 65 万元。

（50）**参考答案**：A

解析：可将大项目分解成可以独立开展的小项目，每一个项目单独确定成本基准。

成本基准是经过批准的、按时间段分配的项目预算，不包括任何管理储备，只有通过正式的变更控制程序才能变更，用作与实际结果进行比较的依据。成本基准是不同进度活动经批准的预算的总和。

汇总的先后顺序为：先汇总各项目活动的成本估算及其应急储备，得到相关工作包的成本；然后汇总各工作包的成本估算及其应急储备，得到控制账户的成本；接着汇总各控制账户的成本，得到成本基准。

此处重点说明的是，在成本基准之上增加管理储备，得到项目预算。当出现有必要动用管理储备的变更时，则应该在获得变更控制过程的批准之后，把适量的管理储备移入成本基准中。

（51）参考答案：C

解析：

参数估算：又称为参数模型，是一种基于历史参数和项目参数，使用某种算法来计算成本或持续时间的估算技术。

通俗地说，参数估计是指利用历史数据之间的统计关系以及与其他参数变量来估算成本、预算、持续时间等活动的参数。

参数估算的准确性取决于参数模型的成熟度与基础数据的可靠性。参数估算可以针对某个项目或者项目中的一部分进行估算，并可与其他估算方法联合使用。

类比估算：指的是利用类似的项目历史数据来估算当前的项目，最终得到一个数据值。例如，目前的项目为盖一栋十层的写字楼，那么就可以把以往盖写字楼的相关数据（如去年有一个项目：盖了十层写字楼投资了 1 个亿，工期为 1 年）作为基础，来估算现在盖一个 10 层的写字楼可能也需要投资 1 个亿，工期可能也是 1 年。

（52）参考答案：D

解析："变更请求"与"批准的变更请求"存在本质的区别；本题 D 选项为迷惑项。

质量控制的输入如下：

1）项目管理计划。
2）质量测试指标。
3）质量核对单。
4）工作绩效数据。
5）批准的变更请求。
6）可交付成果。
7）项目文件。
8）组织过程资产。

（53）参考答案：B

解析：D 选项为迷惑项，质量保证期间其主要工作之一，包含了依据以往质量控制检测结果（即质量偏差）对质量要求（即标准、指标）重新评价，确定采用的质量标准是合理的。

质量保证旨在建立对未来输出或正在进行的工作完工时满足特定的需求和期望的信心。主要包含以下工作：

1）按计划开展质量活动，并保证符合质量要求。

2）设法获取干系人的支持。
3）按过程改进计划执行过程改进，使项目稳定。
4）依据以往质量控制检测结果（即质量偏差）对质量要求（即标准、指标）重新评价，确定采用的质量标准是合理的。

（54）**参考答案：A**

解析：测试是质量成本中的评价成本。质量成本类型如下图所示：

一致性成本	非一致性成本
预防成本 （生产合规产品） • 培训 • 流程文档化 • 设备 • 选择正确的做事时间 评价成本 （评定质量） • 测试 • 破坏性测试导致的损失 • 检查	内部失败成本 （项目内部发现的） • 返工 • 废品 外部失败成本 （客户发现的） • 责任 • 保修 • 业务流失
在项目期间用于防止失败的费用	项目期间和项目完成后用于处理失败的费用

（55）**参考答案：D**

解析：鱼骨图说明了各种要素是如何与潜在的问题或结果相关联的。它可以将各种事件和因素之间的关系用图解表示。

它是利用"头脑风暴法"，集思广益，寻找影响质量、时间、成本等问题的潜在因素，然后用图形的形式来表示的一种方法，它能帮助我们集中注意搜寻产生问题的根源，并为收集数据指出方向。

（56）**参考答案：D**

规划质量管理的输出包括质量管理计划、过程改进计划、质量测量指标、质量核对单、项目文件更新。

（57）**参考答案：B**

解析：层次结构图包括以下三种结构：
1）工作分解结构（WBS）：它用来确定项目的范围，将项目可交付物分解成工作包即可得到该项目的WBS，也可以用WBS来描述不同层次的职责。
2）组织分解结构（OBS）：它与工作分解结构在形式上相似，但它不是根据项目的交付物进行分解的，而是根据组织现有部门、单位或团队进行分解。

3）资源分解结构（RBS）：资源分解结构是另一种层次结构图，它用来分解项目中各种类型的资源。

（58）参考答案：A

解析：此题考查的是管理项目团队的输出，必须掌握，为高频考点。

管理项目团队的输出：①变更请求；②项目管理计划（更新）；③项目文件（更新）；④事业环境因素（更新）；⑤组织过程资产（更新）。冲突管理是管理项目团队的工具和技术。

B项和C项属于项目文件（更新）的内容；D项属于组织过程资产（更新）的内容。

（59）参考答案：D

解析：此题考查的是采购管理，必须掌握，为高频考点。

经进货验证确定为不合格的产品，采购应及时处理：

1）退货。

2）调换。

3）降级改作他用，但降级处理需主管领导批准，并在相关部门备案。

（60）参考答案：B

解析：本题考查的是配置项的相关基础知识，配置管理很重要，必须掌握。配置管理中的各角色权限，所有配置项的操作权限应该由配置管理员严格统一管理。

（61）参考答案：C

解析：项目集管理过程主要包括：①评估项目集与战略一致性；②项目集愿景和计划；③项目集路线图。

（62）参考答案：C

解析：项目组合经理这类角色通常关注如何报告项目组合风险、风险数据的准确性、项目组合组件风险信息的可用性、项目组合的数据质量、项目组合与组织战略目标保持一致性所面临的风险，以及组织最高管理层与运作管理人员所关心的风险。

（63）参考答案：A

解析：PMI（权限/授权管理基础设施）主要进行授权管理，证明这个用户有什么权限，能干什么，即"你能做什么"。

（64）参考答案：D

解析：虚拟化技术主要用来解决高性能物理硬件和老旧物理硬件的重组使用，透明化底层物理硬件。

（65）参考答案：D

解析：智慧城市建设参考模型包括有依赖关系的五层中包含的智慧应用层，主要指的是各种基于行业或领域的智慧应用及应用整合，如智慧交通、智慧家政、智慧园区、智慧社区、智慧政务、智慧旅游、智慧环保等，为社会公众、企业、城市管理者等提供整体的信息化应用和服务。

（66）参考答案：C

解析：本题考查项目进度网络图的基本知识。项目工期就是找出时间最长的一条路径。本题中最长路径为BEHKMP：5+2+4+2+3+3=19。

（67）**参考答案**：B

解析：设甲生产 X 套，乙生产 Y 套，则有：$2X+3Y\leq14$；

$$X\leq2;$$
$$Y\leq4;$$

同时要满足利润最大，只有 X 取 1，Y 取 4 时利润最大，是 14 万元。

（68）**参考答案**：B

解析：这是一道最小生成树的问题，可以采用克鲁斯卡尔算法。依次寻找连通每个节点之间的最小距离（最小边），如果和已选取的边构成回路，则放弃，选取次小边。技巧是边的选择方案不构成回路，最后连通节点的边的数量为 $N-1$ 条，N 为节点数。

题目中：

间距最小的是 5 号楼到 1 号楼的间距为 3；

间距次小的是 3 号楼到 4 号楼的间距为 4；

然后是 1 号楼到 4 号楼的间距为 5，或者 4 号楼到 5 号楼的间距为 5；

5 号楼到 6 号楼的最小间距为 5；

2 号楼到 6 号楼的最小间距为 5。

汇总得出，3+4+5+5+5=22。

所以结果为 22×100=2200（米）（题目中提到，单位为：百米）。

（69）**参考答案**：A

解析：此种题目属于枚举类型的题目，解决该类题目的技巧是通过观察法进行组合然后计算，观察最小值为 15，先假设投标商甲中标项目 A，则有如下几种方案。

组合如下：

1）甲—A，乙—C，丙—B，丁—D，结果为：15+22+17+17=71。

2）甲—A，乙—C，丙—D，丁—B，结果为：15+22+19+21=77。

3）甲—A，乙—B，丙—C，丁—D，结果为：15+23+16+17=71。

4）甲—A，乙—B，丙—D，丁—C，结果为：15+23+19+23=80。

5）甲—A，乙—D，丙—B，丁—C，结果为：15+18+17+23=73。

6）甲—A，乙—D，丙—C，丁—B，结果为：15+18+16+21=70。

同理，可以推断出：

甲—B，乙—A，丙—C，丁—D，结果为：18+19+16+17=70。

其他所有同理推出结果，最小和为 70 的方案还包括：

甲—A，乙—D，丙—C，丁—B 和甲—B，乙—A，丙—C，丁—D。

（70）**参考答案**：A

解析：项目 E（EMV 值）=45+80+12−5=132 万元；

项目 F（EMV 值）=66+12−6=72 万元；

项目 M（EMV 值）=15+56+12−1=70 万元；

项目 N，需赶紧停工。

（71）**参考答案：A**

翻译：云存储是一种计算机数据存储模型，数据存储在逻辑池中。物理存储跨越多个服务器（有时在多个位置），物理环境通常由托管公司拥有和管理。关于云概念，云存储服务是一种 __（71）__ 。

A．IaaS（基础设施即服务）   B．PaaS（平台即服务）
C．SaaS（软件即服务）   D．DaaS（数据即服务）

（72）**参考答案：A**

翻译：__（72）__ 是计算机科学领域的人工智能的一个子集，通常使用统计技术使计算机具有"学习"（即逐步提高特定任务的性能）数据的能力，而不需要进行显式编程。

A．机器学习   B．程序语言学习   C．自然语言学习   D．统计学习

（73）**参考答案：B**

翻译：配置管理关注可交付成果和过程的规范；而 __（73）__ 关注识别、记录和批准或拒绝对项目文档、可交付成果或基线的更改。

A．成本管理   B．变更管理   C．配置管理   D．容量管理

（74）**参考答案：C**

翻译：质量管理确保组织的产品或服务是一致的。它有四个主要组成部分：质量策划、质量保证、__（74）__ 和质量改进。

A．质量目标   B．质量方   C．质量控制   D．质量体系

（75）**参考答案：D**

翻译：在项目计划中，当项目经理安排活动时，他（或她）经常使用 __（75）__ 的方法，将活动之间的优先级关系用一个或多个箭头连接的图来表示。箭头的长度代表相关活动的持续时间。

A．因果图   B．甘特图   C．柱状图   D．箭线图

第38章 案例分析答案解析

试题一参考答案

【问题1】
参考答案：
1. 要求所有人共同参与风险识别工作，并生成风险登记册。
2. 供应商选择阶段，刘工考虑细致，主要从供应商提供的产品质量、价格、售后服务、供应商组织能力、业务水平、市场份额、以往业绩等多个方面进行考核。
3. 对供应商A进行实地考查、设备现场演示、测试等。
4. 召开会议，对供应商A进行综合讨论。

【问题2】
参考答案：
1. 风险识别粒度不够，该工作应伴随项目生命周期，而非只是项目初期。
2. 供应商选择期间，必要的话需要进行实地考查。但是该工作应该在"确定最终供应商"之前就要进行，而非"确定供应商A之后、签订合同之前"；且实地考查应组织评审团队共同参与，而非只有刘工1人。
3. 供应商A赠送礼品违反相关法律法规，刘工未制止；刘工不能收受供应商A馈赠的任何礼品。
4. 实地考查工作结束后，应对考查结果及时整理，作为供应商选择依据之一。
5. 设备到货验收阶段，必须要进行设备到货验收。
6. 设备到货验收工作应由独立第三方进行，供应商A安排的技术人员应尽量避免直接从事测试工作，但有义务进行配合测试工作，必要时应对产品的功能、性能、参数等进行说明。

【问题3】
（1）参考答案：
建设单位主要负责人：项目发起人、用户代表、甲方项目经理。

主要职责：组织设备到货验收工作，成立验收小组，并担任小组组长。

设计单位主要负责人：高管、设计总工程师等。

主要职责：验证产品是否符合设计需求，并担任验收小组副组长。

承建单位主要负责人：公司高管、项目经理。

主要职责：按照采购清单核对产品数量、产品型号等进行核实，支付设备采购款、加强库房管理工作等。

监理单位主要负责人：总监理工程师、监理工程师。

主要职责：对设备进行开箱验收、设备加点测试等，检查设备各类质检报告等质量证明文件是否齐全；出具监理到货验收报告；受理工程款支付申请、出具工程款支付证书；督促承建单位或者建设单位做好产品入库、加强库房管理工作。

供应商 A 主要负责人：公司高管、技术总监、产品经理等。

主要职责：配合设备到货验收工作，出具产品各类质量证明文件，申请采购款支付等。

（2）参考答案：

采购管理主要内容：规划采购、实施采购、控制采购、结束采购。

试题二参考答案

【问题 1】

（1）

工期 A=(1+4×4+7)/6=4 天（0.5 分）

工期 B=(12+4×14+22)/6=15 天（0.5 分）

工期 C=(13+4×14+21)/6=15 天（0.5 分）

工期 D=(8+4×9+16)/6=10 天（0.5 分）

工期 E=(10+4×17+18)/6=16 天（0.5 分）

工期 F=(6+4×7+8)/6=7 天（0.5 分）

工期 G=(5+4×8+11)/6=8 天（0.5 分）

工期 H=(9+4×16+17)/6=15 天（0.5 分）

工期 I=(3+4×5+7)/6=5 天（0.5 分）

双代号时标网络图：（5 分）（圆圈的数字可省略，用黑点代替不会扣分）

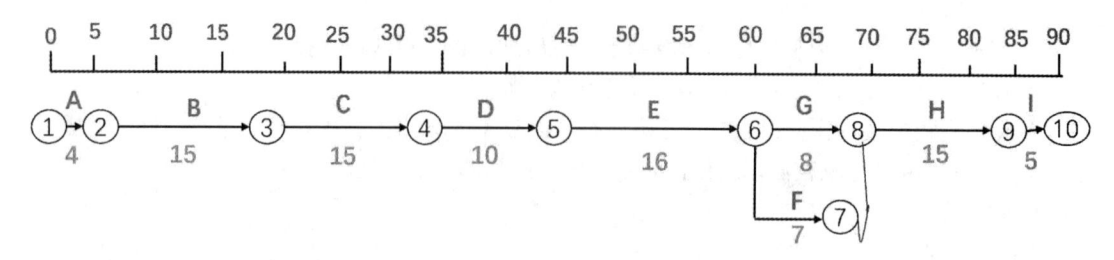

（2）结合时标网络图分析，如果项目人员均为多面手，可以从事任意活动，则该项目最少需

要 21 人（G、F 并行最多需要 21 人）。（2.5 分）

【问题 2】

关键路径为 ABCDEGHI（1 分），工期为 4+15+15+10+16+8+15+5=88 天（2 分）。

【问题 3】

按照计划，项目进展到 70 天时，应该已经完成了 A、B、C、D、E、F、G、D 等活动，H 应该做了 2 天。

PV=0.6+6.3+10.4+24.7+10.2+5.1+10.6+(15.7/15)×2=70 万元（1 分）

AC=60 万元（1 分）

BAC=0.6+6.3+10.4+24.7+10.2+5.1+10.6+15.7+3=86.6 万元（1 分）

EV=BAC×(3/4)=86.6×(3/4)=65 万元（1 分）

SV=EV-PV=65-70=-5 万元（1 分）

CV=EV-AC=65-60=5 万元（1 分）

【问题 4】

目前项目进度落后，成本节约。（2 分）

可以采取的措施有：（2 分）

（1）赶工，投入更多的资源或增加工作时间，以缩短关键活动的工期。

（2）快速跟进，并行施工，以缩短关键路径的长度。

（3）使用高素质的资源或经验更丰富的人员。

（4）减小活动范围或降低活动要求。

（5）改进方法或技术，以提高生产效率。

（6）加强质量管理，及时发现问题，减少返工，从而缩短工期。

试题三参考答案

【问题 1】

参考答案：

（1）质量工程师来制订人力资源管理计划不妥，应该安排熟悉团队成员和项目情况的人来制订初步的人力资源管理计划。

（2）制订人力资源管理计划的流程不对，应各干系人参与制订后，经过评审，高层签字后实施。

（3）组建项目团队有问题，没有根据项目需求来组建，而是从各部门抽调了近期未安排任务的员工来。

（4）建设项目团队有问题，没有团建活动，需要适当做团建。

（5）建设项目团队有问题，没有使用人际关系技能，了解和解决员工的后顾之忧。

（6）冲突处理不当，对于不同的问题要采取不同的措施，而不是对这些不满不予理会。

（7）绩效考核标准单一，应该多标准进行考核，不能采用相同的考核指标和评价方式。

（8）人力资源计划不完善，没有关于人员连续性和储备方案。

【问题2】
参考答案：
沟通管理计划中需要调整沟通的内容有：沟通渠道的选择，沟通频率设定，干系人沟通需求的收集渠道和方法，沟通成本和时间的调整，沟通过程中产生风险的应急措施，沟通过程中需要的技术或方法等。

【问题3】
参考答案：
冲突不可避免。项目经理必须能够找到冲突的原因，然后积极地管理冲突，从而最大程度地降低潜在的负面影响。应该采用直接和合作的方式，尽早并且通常在私下处理冲突。如果破坏性冲突继续存在，则可使用正式程序，包括采取惩戒措施。

有五种常用的冲突解决方法，具体如下。

（1）撤退/回避：从实际或潜在冲突中退出，将问题推迟到准备充分的时候，或者将问题推给其他人员解决。双方在解决问题上都不积极，也不想合作。撤退是一种暂时性的冲突解决方法。

（2）缓和/包容：强调一致、淡化分歧（甚至否认冲突的存在）；为维持和谐与关系而单方面退让一步。这是一种慷慨而宽厚的做法，为了和谐与大局而迁就对方，或者暂时放下争议点，谋求在其他非争议点与对方协作。缓和也是一种暂时性的冲突解决方法。

（3）妥协/调解：为了暂时或部分解决冲突，寻找能让各方都在一定程度上满意的方案。双方在态度上都愿意果断解决冲突，也愿意合作。双方都得到了自己想要的东西，但只是一部分，而不是全部。双方都做了让步，都有得有失。妥协是双方面的包容，包容是单方面的妥协。

（4）强迫/命令：以牺牲其他方为代价，推行某一方的观点；只提供赢输方案。通常是利用权力来强行解决紧急问题。一方赢，一方输。

（5）合作/解决问题：综合考虑不同的观点和意见，采用合作的态度和开放式对话引导各方达成共识和承诺。这是冲突双方最理想的结果，前提是双方要相互尊重、愿意合作、愿意倾听对方。

【问题4】
参考答案：
预分派、谈判、招募、虚拟团队、多标准决策分析。

【问题5】
参考答案：
（1）√　（2）×　（3）√

附录

专业英语词汇表

计算机技术词汇

IS：Information System，信息系统。
MIS：Management Information System，管理信息系统。
ERP：Enterprise Resource Planning，企业资源计划。
MRP：Material Requirement Planning，物料需求计划。
MRPII：Manufacturing Resource Planning，制造资源计划。
BSP：Business System Planning，企业系统规划。
SA：Structured Analysis，结构化分析方法。
OOA：Object-Oriented Analysis，面向对象分析方法。
OOD：Object-Oriented Design，面向对象设计。
OOP：Object-Oriented Programming，面向对象编程。
DFD：Data Flow Diagram，数据流图。
DD：Data Dictionary，数据字典。
E-R：Entity Relationship Diagram，E-R 图。
OLAP：On-Line Analytical Processing，在线联机分析处理。
OLTP：On-Line Transaction Processing，联机事务处理系统。
EDI：Electronic Data Interchange，电子数据交换。
CRM：Customer Relationship Management，客户关系管理。
SCM：Supply Chain Management，供应链管理。
Data Mining：数据挖掘。
Data Warehouse：数据仓库。
Database：数据库。
Data Mart：数据集市。

ITIL：Information Technology Infrastructure Library，信息技术基础架构库。

ITSM：IT Service Management，IT 服务管理。

Message：消息。

Communication：消息通信。

UML：Unified Modeling Language，统一建模语言。

Use Case Diagram：用例图。

Class Diagram：类图。

Object Diagram：对象图。

Component Diagram：构件图。

Deployment Diagram：部署图。

State Diagram：状态图。

Sequence Diagram：序列图。

Collaboration Diagram：协作图。

Activity Diagram：活动图。

C/S：Client/Server，客户机/服务器。

B/S：Browser/Server，浏览器/服务器。

SOA：Service Oriented Architecture，面向服务的体系结构。

Middleware：中间件。

RPC：Remote Procedure Call，远程过程调用。

Web Services：Web 服务。

SOAP：Simple Object Access Protocol，简单对象访问协议。

WSDL：Web Services Description Language，Web 服务描述语言。

UDDI：Universal Description，Discovery and Integration，通用描述、发现与集成服务。

XML：Extensible Markup Language，可扩展标记语言。

HTML：Hypertext Markup Language，超文本标记语言。

Component：构件。

Container：容器。

Work flow：工作流。

WFMS：Workflow Management System，工作流管理系统。

CORBA：Common Object Request Broker Architecture，公共对象请求代理体系结构。

OMG：Object Management Group，对象管理组织。

DCOM：Distributed Component Object Model，分布式构件对象模型。

API：Application Programming Interface，应用程序编程接口。

Logic View：逻辑视图。

Development View：开发视图。

Module View：模块视图。

Process View：进程视图。
Physical View：物理视图。
Scenarios：场景。
Attribute：属性。
Object：对象。
Class：类。
Inheritance：继承。
Dependency：依赖。
Generalization：泛化。
Aggregation：聚合。
Composite：组合。
Association：关联。
Function：函数。
Template：模板。
LAN：Local Area Network，局域网。
Ethernet：以太网。
Token King：令牌环网。
WAN：Wide Area Network，广域网。
Proxy：代理。
Server：服务器。
Workstation：工作站。
Bridge：网桥。
Router：路由器。
Gateway：网关。
Switch：交换机。
OSI：Open System Interconnect，开放式互联系统。
Physical Layer：物理层。
Datalink Layer：数据链路层。
Network Layer：网络层。
Transport Layer：传输层。
Session Layer：会话层。
Presentation Layer：表示层。
Application Layer：应用层。
Virus：病毒。
Firewall：防火墙。
TCP：Transmission Control Protocol，传输控制协议。

UDP：User Datagram Protocol，用户数据包协议。
ARP：Address Resolution Protocol，地址解析协议。
URL：Uniform Resource Locator，统一资源定位器。
FTP：File Transfer Protocol，文件传输协议。
DHCP：Dynamic Host Configuration Protocol，动态主机设置协议。
PPTP：Point to Point Tunneling Protocol，点对点协议。
ATM：Asynchronous Transfer Mode，异步传输模式。
DAS：Direct-Attached Storage，直接连接存储。
NAS：Network Attached Storage，网络连接存储。
SAN：Storage Area Network，存储区域网络。
PDS：Premises Distribution System，综合布线系统。
Work Area Subsystem：工作区子系统。
Horizontal Backbone Subsystem：水平干线子系统。
Administrator Subsystem：管理子系统。
Backbone Subsystem：垂直干线子系统。
Campus Backbone Subsystem：楼宇（建筑群）子系统。
Equipment Room Subsystem：设备间子系统。
SQA：Software Quality Assurance，软件质量保证。
Performance：性能。
Reliability：可靠性。
Availability：可用性。
Security：安全性。
Modifiability：可修改性。
Maintainability：可维护性。
Extendibility：可扩展性。
Reassemble：结构重组。
Portability：可移植性。
Functionality：功能性。
DDN：Digital Data Network，数字数据网。
VPN：Virtual Private Network，虚拟专用网。
FTTR：Fiber To The Remote Module，光纤到远端接入点。
FTTB：Fiber to The Building，光纤到楼。
FTTC：Fiber To The Curb，光纤到路边。
FTTZ：Fiber To The Zone，光纤到小区。
FTTH：Fiber To The Home，光纤到户。
IPSec：The Internet Protocol Security，Internet 协议安全性。

PKI：Public Key Infrastructure，公钥基础设施。

PMI：Privilege Management Infrastructure，授权管理基础设施。

CA：Certification Authorization，认证机关。

Confidentiality：机密性。

Integrity：完整性。

Non-Repudiation：不可否认性。

G2E：Government to Employee，政府对公务员。

G2B：Government to Business，政府对企业。

G2G：Government to Government，政府部门之间。

G2C：Government to Citizen，政府对公众。

BI：Business Intelligence，商业智能。

EC：Electronic Commerce，电子商务。

B2B：Business To Business，企业对企业。

B2C：Business To Customer，企业对消费者。

C2C：Customer To Customer，消费者对消费者。

ISO：International Organization for Standardization，国际标准化组织。

IEC：International Electro technical Commission，国际电工委员会。

ITU：International Telecommunications Union，国际电信联盟。

IEEE：Institute of Electrical and Electronics Engineers，电气电子工程师协会。

ANSI：American National Standards Institute，美国国家标准协会。

GIS：Geographic Information System，地理信息系统。

Cloud Computing：云计算。

Grid Computing：网格计算。

Distributed Computing：分布式计算。

IoT：Internet of Things，物联网。

RAID：Redundant Array of Independent Disk，独立冗余磁盘阵列。

RFID：Radio Frequency Identification，射频识别。

Information Security：信息安全。

DES：Data Encryption Standard，数据加密标准。

IDEA：International Data Encryption Algorithm，国际加密数据算法。

RSA：由 Ron Rivest、Adi Shamirh 和 LenAdleman 三人创建，著名非对称加密算法。

Big Date：大数据。

项目管理词汇

Projects：项目。

PMBOK：Project Management Body Of Knowledge，项目管理知识体系。
Operations：运作。
Process：过程。
Activity：活动。
Activity Definition：活动定义。
Activity Description：活动描述/说明。
Activity List：活动清单。
Phases：阶段。
Approve：批准。
Product Life Cycle：产品生命周期。
PMO：Project Management Office，项目管理办公室。
Project Charter：项目章程。
Project Manager：项目经理。
Project Sponsor：项目发起人。
Project Stakeholder：项目干系人。
Project Management Plan：项目管理计划。
Project Team：项目团队。
Functional Organization：职能组织。
Matrix Organization：矩阵型组织。
Project Organization：项目型组织。
PMIS：Project Management Information System，项目管理信息系统。
Project Management Process Group：项目管理过程组。
Initiating Process：启动过程组。
Planning Process：计划过程组。
Executing Process：执行过程组。
Controlling Process：控制过程组。
Closing Process：收尾过程组。
Plan：计划。
Rolling Wave Plan：滚动式计划。
Do：行动。
Check：检查。
Action：处理。
Walkthrough：走查。
Inspection：审查。
Review：评审。
Demonstration：论证。

Brainstorming：头脑风暴法。

CMM：Capability Maturity Model，能力成熟度模型。

CMMI：Capability Maturity Model Integration，能力成熟度模型集成。

Input：输入。

Output：输出。

Tool：工具。

Method：方法。

Technology：技术。

Enterprise Environmental Factors：事业环境因素。

Organizational Process Assets：组织过程资产。

SOW：Statement Of Work，工作说明书。

CR：Change Request，变更请求。

CCB：Change Control Board，变更控制委员会。

WBS：Work Breakdown Structure，工作分解结构。

Delphi：德尔菲法。

CPM：Critical Path Method，关键路线法。

Gantt Chart：甘特图。

Bar Chart：横道图。

PERT：Program Evaluation and Review Technique，计划评审技术。

Graphical Evaluation and Review Technique：图形评审技术。

Analogous Estimating：类比估算。

Expert Judgment：专家判断。

Monte Carlo Analysis：蒙特卡洛分析。

Sensitivity Analysis：灵敏度分析。

Three-point Estimate：三点估算。

Pareto Chart：帕累托图。

Reserve Analysis：预留分析。

COCOMO：Constructive Cost Model，构造性成本模型。

ADM：Arrow Diagram Method，箭线图法。

PDM：Precedence Diagram Method，前导图法。

Bottom-Up-Estimating：自底向上法。

Decision Tree Analysis：决策树分析。

AOA：Active On the Arrow，双代号网络图法。

Critical Design Review：关键设计评审。

Workaround：权变措施。

Schedule：进度。

Schedule Analysis：进度计划分析。

Schedule Compression：进度计划压缩。

Schedule Control：进度计划控制。

Dummy Activity：虚活动。

Optimistic time：乐观时间。

Most likely time：最可能时间。

Pessimistic time：悲观时间。

ES：Earliest Start Time，最早开始时间。

EF：Earliest Finish Time，最早完成时间。

LS：Latest Start Time，最迟开始时间。

LF：Latest Finish Time，最迟完成时间。

TF：Total Float，总时差。

FF：Free Float，自由时差。

Crashing：压缩、赶工。

Concurrent Engineering：并行工程。

Resource Calendar：资源日历。

Resource Leveling：资源平衡。

Resource Planning：资源规划。

Fast Tracking：快速跟进。

Product Scope：产品范围。

Project Scope：项目范围。

Scope Change：范围变更。

Scope Creep：范围蔓延。

Scope Definition：范围定义。

Scope Verification：范围验证。

Work Package：工作包。

Cost：成本。

ABC：Activity Based Costing，基于活动的成本核算。

EVM：Earned Value Management，挣值管理。

PV：Plan Value，计划工作量的预算费用。

AC：Actual Cost，已完成工作量的实际费用。

EV：Earned Value，已完成工作量的预算成本。

SV：Schedule Variance，进度偏差。

CV：Cost Variance，费用偏差。

CPI：Cost Performed Index，成本绩效指标。

SPI：Schedule Performed Index，进度绩效指标。

EAC：Estimate At Completion，完成时估算。

BAC：Budget At Completion，计划总额。

ETC：Estimate To Complete，完成尚需成本估算。

Cost Estimating：成本估算。

Cost Management Plan：成本管理计划。

Cost Baseline：成本基准。

Cost Budget：成本预算。

Cost Variance：成本偏差。

Cost of Quality：质量成本。

Quality：质量。

TQM：Total Quality Management，全面质量管理。

QA：Quality Assurance，质量保证。

QC：Quality Control，质量控制。

Acceptable Quality Level：可接受质量水平。

Deliverable：可交付物。

Benchmarking Analysis：基准比较分析法。

OBS：Organizational Breakdown Structure，组织分解结构。

RBS：Resource Breakdown Structure，资源分解结构。

RAM：Responsibility Assignment Matrix，责任分配矩阵。

Virtual Team：虚拟团队。

Team Development：团队建设。

Team Members：团队成员。

Communicate：沟通。

Communication Channel：沟通渠道。

Communication Plan：沟通计划。

Information Distribution：信息分发。

Performance Report：绩效报告。

Problem Solving：问题解决。

Compromise：妥协。

Smooth：圆滑。

Force：强迫。

Withdrawal：撤退。

Risk：风险。

Risk Distinguish：风险识别。

Risk Analysis：风险分析。

Quantitative Risk Analysis：定量风险分析。

Qualitative Risk Analysis：定性风险分析。

Risk Response：风险应对。

Risk Acceptance：风险接受。

Risk Aversion：风险规避。

Risk Mitigation：风险缓解。

Residual Transference：风险转移。

Residual Risk：残余风险。

CM：Configuration Management，配置管理。

CCB：Configuration Management Board，配置管理委员会。

CMO：Configuration Management Officer，配置管理员。

CI：Configuration Items，配置项。

Version：版本。

Document：文档。

System Documentation：系统文档。

User Documentation：用户文档。

Product Documentation：产品文档。

Configuration Library：配置库。

Development Library：开发库。

Controlled Library：受控库。

Product Library：产品库。

Base Line：基线。

Milestone：里程碑。

Check Point：检查点。

Configuration Status Report：配置状态报告。

Outsourcing：外包。

APR：Acquisition Plan Review，采购计划评审。

Strategy：战略。

SWOT：Strengths（优势）、Weaknesses（劣势）、Opportunities（机遇）、Threats（挑战）。

Supervisor：监理。

Checklist：检查单。

RFP：Request for Proposal，请求建议书。

RFQ：Request for Quotation，请求报价单。

Contract：合同。

Contract Administration：合同管理。

Contract Close-out：合同收尾。

Contract Target Cost：合同目标成本。

CPFF：Cost Plus Fixed Fee，成本加固定费用（合同）。
CPIF：Cost Plus Incentive Fee，成本加奖励费用（合同）。
FFP：Firm Fixed Price，完全固定总价（合同）。
Discounted Cash Flow：折现现金流。
Claim：索赔。
Accept：验收。
Acceptance Standard：验收标准。